THIRD EDITION

Taller de escritores

GRAMMAR AND COMPOSITION FOR ADVANCED SPANISH

Paula Cañón

Boston, Massachusetts

Madrid Book Fair Pavilion, Madrid, Spain, 2007

Creative Director: José A. Blanco
Publisher: Sharla Zwirek
Editorial Development: Judith Bach, Carlos Calvo, Camilo Cerpa, María Victoria Echeverri, Gonzalo Montoya
Project Management: Rosemary Jaffe
Rights Management: Jorgensen Fernandez, Annie Fuller
Technology Production: Jamie Kostecki, Daniel Ospina
Design: Paula Díaz, Sara Gutiérrez, Radoslav Mateev, Gabriel Noreña, Andrés Vanegas
Production: Oscar Díez, Sebastián Díez, Andrés Escobar, Daniel Lopera

Student Edition (Perfectbound) ISBN: 978-1-54330-900-3
Library of Congress Control Number: 2019932305

1 2 3 4 5 6 7 8 9 HS 24 23 22 21 20 19

Printed in the United States.

Introduction

Promote creative, engaging writing with **Taller de escritores**. The program's unique approach guides advanced-level students through an array of composition formats, supporting them through every step of the writing process.

Here are some of the key features you will find in **Taller de escritores**:

- Annotated readings, including a mix of fiction and nonfiction selections, introduce the genre featured in each lesson and serve as a springboard for discussion and compositional analysis
- Engaging post-reading activities focus on comprehension, form, and composition style
- Vocabulary, grammar, and spelling workshops focus on usage and develop precision and variety in written work
- A process approach to writing covers description, narration, exposition, and argumentation
- A focus on argumentative writing is integrated into every lesson at an accessible and progressively higher level
- Student models reinforce good reading and writing practices

NEW to the Third Edition

- Three new **Lecturas** with audio recordings on the Supersite
- Two new, online-only **En síntesis** workshops with auto-graded activities, practice, and writing prompts based on high-interest, authentic materials
- Revised textbook activities
- More online-only practice activities
- NEW **Expansión** Vocabulary Tools to create personalized vocabulary lists
- New **Estructuras** grammar point that expands on the subjunctive
- Two new **Taller de escritura** "Modelos" connected to the Hispanic world
- Differentiated tests and quizzes
- New **News and Cultural Updates**
- Redesigned textbook icons

Taller de escritura

Taller de escritura

Using *Taller de escritores*

Taller de escritores helps students become better writers both in and out of class. It offers a unique approach to teaching Spanish composition. Each lesson begins with an engaging reading selection that serves as a springboard both for discussion and for compositional analysis. After that, a series of language "workshops" covering vocabulary, grammar, spelling, and punctuation give you the tools to master written Spanish. Finally, three process-oriented writing workshops provide the necessary framework to be a successful writer, with clear, concise presentations, student models, and step-by-step support for writing assignments, including tips on editing and peer review.

This textbook has been designed to fit several upper-level Spanish courses.

- **Composition** This program may be used as a stand-alone text for classes that focus exclusively on composition. Readings can be used as models of good writing and examples of the strategies and writing principles applied by the authors. The **Taller de lengua** strand can be assigned as needed for self-study. Class time can focus on the **Taller de escritura** section, including presentations, sample texts, and peer-editing.

- **Composition for heritage speakers** The spelling and punctuation component provides additional support to improve the writing skills of heritage speakers. The lexical section in the **Taller de lengua** strand presents topics that address the needs of students of Hispanic origin.

- **Composition and grammar** A full, comprehensive grammar scope and sequence allows this text to be used as the primary text in a composition course with a strong emphasis on advanced grammar. Courses in which the emphasis on grammar is more than 50% can use this book in conjunction with **A Handbook of Contemporary Spanish Grammar**.

- **Composition and reading** The wide range of reading materials makes this program suitable for composition courses with a heavy emphasis on reading. Author bios offer insight about the reading selections. Comprehension and expansion activities provide opportunities to engage in textual analysis and personalized discussion. Writing prompts and sample texts provide additional reading materials.

- **Composition and conversation** Pair and group activities in the **Lectura** and **Taller de lengua** strands provide ample opportunities for personalized communication for composition courses that have a strong conversation element.

- **Advanced Spanish** This book may be used as the primary text in post-intermediate courses, as it provides a balanced mix of vocabulary and grammar as well as reading, writing, and speaking opportunities.

Lesson Opener

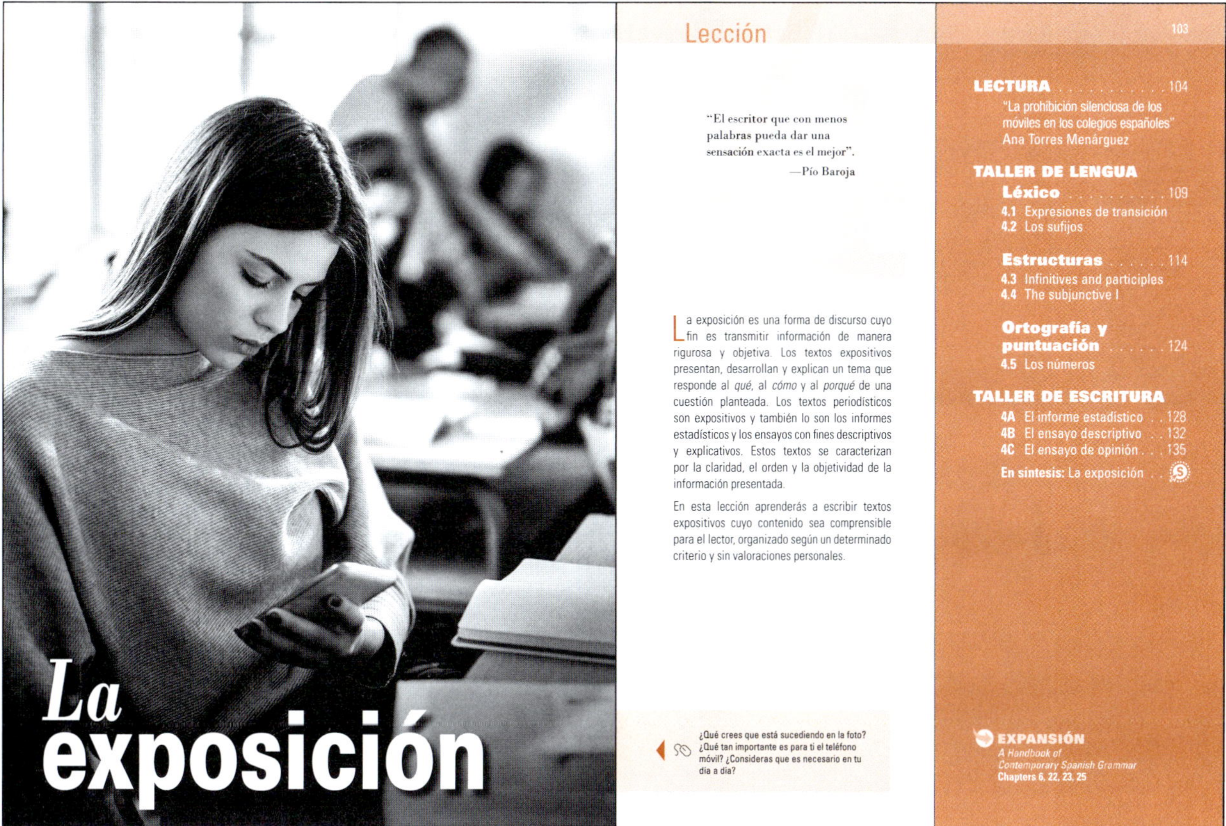

La exposición

Lección

103

"El escritor que con menos palabras pueda dar una sensación exacta es el mejor".
—Pío Baroja

La exposición es una forma de discurso cuyo fin es transmitir información de manera rigurosa y objetiva. Los textos expositivos presentan, desarrollan y explican un tema que responde al *qué*, al *cómo* y al *porqué* de una cuestión planteada. Los textos periodísticos son expositivos y también lo son los informes estadísticos y los ensayos con fines descriptivos y explicativos. Estos textos se caracterizan por la claridad, el orden y la objetividad de la información presentada.

En esta lección aprenderás a escribir textos expositivos cuyo contenido sea comprensible para el lector, organizado según un determinado criterio y sin valoraciones personales.

¿Qué crees que está sucediendo en la foto? ¿Qué tan importante es para ti el teléfono móvil? ¿Consideras que es necesario en tu día a día?

EXPANSIÓN
A Handbook of Contemporary Spanish Grammar
Chapters 6, 22, 23, 25

Photos Compelling photos and thought-provoking questions are a springboard for class discussion.

Quotes Quotes from renowned writers provide special insights into the art of writing.

Introduction A brief introduction presents the type of composition that will be the focus of the lesson.

Lesson overview A lesson outline prepares you for the reading, language topics, and writing workshops you will encounter in the lesson.

Expansión For additional grammar support, a cross-reference feature points you to related content in **A Handbook of Contemporary Spanish Grammar**.

Supersite

Access supersite resources for every section of the lesson at **vhlcentral.com.** Icons show you which textbook activities are also available online, and where additional practice activities are available. The description next to the Ⓢ icon indicates what additional resources can be found online.

Lectura

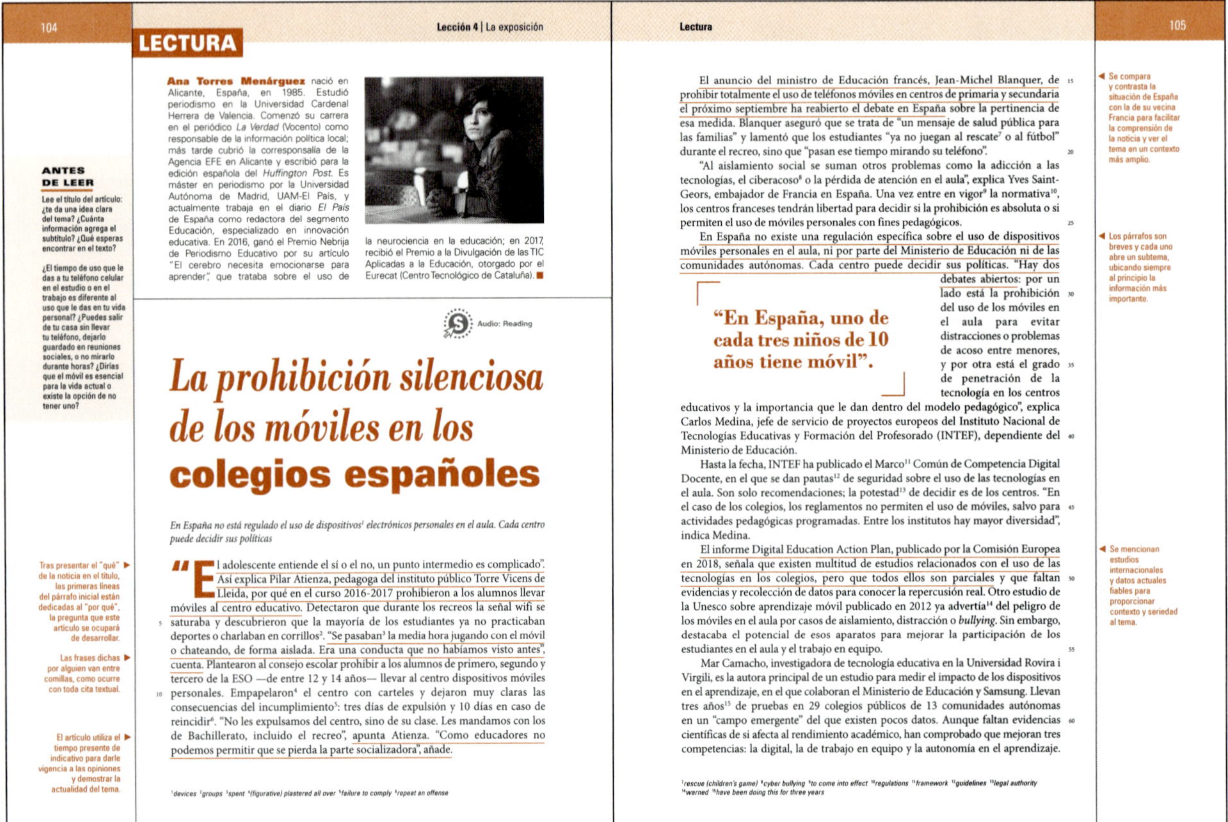

LECTURA

ANTES DE LEER

Lee el título del artículo: ¿te da una idea clara del tema? ¿Cuánta información agrega el subtítulo? ¿Qué esperas encontrar en el texto?

¿El tiempo de uso que le das a tu teléfono celular en el estudio o en el trabajo es diferente al uso que le das en tu vida personal? ¿Puedes salir de tu casa sin llevar tu teléfono, dejarlo guardado en reuniones sociales, o no mirarlo durante horas? ¿Dirías que el móvil es esencial para la vida actual o existe la opción de no tener uno?

Ana Torres Menárguez nació en Alicante, España, en 1985. Estudió periodismo en la Universidad Cardenal Herrera de Valencia. Comenzó su carrera en el periódico *La Verdad* (Vocento) como responsable de la información política local; más tarde cubrió la corresponsalía de la Agencia EFE en Alicante y escribió para la edición española del *Huffington Post*. Es máster en periodismo por la Universidad Autónoma de Madrid, UAM-El País, y actualmente trabaja en el diario *El País* de España como redactora del segmento Educación, especializado en innovación educativa. En 2016, ganó el Premio Nebrija de Periodismo Educativo por su artículo "El cerebro necesita emocionarse para aprender", que trataba sobre el uso de la neurociencia en la educación; en 2017, recibió el Premio a la Divulgación de las TIC Aplicadas a la Educación, otorgado por el Eurecat (Centro Tecnológico de Cataluña). ■

Audio: Reading

La prohibición silenciosa de los móviles en los colegios españoles

En España no está regulado el uso de dispositivos[1] electrónicos personales en el aula. Cada centro puede decidir sus políticas

"El adolescente entiende el sí o el no, un punto intermedio es complicado". Así explica Pilar Atienza, pedagoga del instituto público Torre Vicens de Lleida, por qué en el curso 2016-2017 prohibieron a los alumnos llevar móviles al centro educativo. Detectaron que durante los recreos la señal wifi se saturaba y descubrieron que la mayoría de los estudiantes ya no practicaban deportes o charlaban en corrillos[2]. "Se pasaban[3] la media hora jugando con el móvil o chateando, de forma aislada. Era una conducta que no habíamos visto antes", cuenta. Plantearon al consejo escolar prohibir a los alumnos de primero, segundo y tercero de la ESO —de entre 12 y 14 años— llevar al centro dispositivos móviles personales. Empapelaron[4] el centro con carteles y dejaron muy claras las consecuencias del incumplimiento[5]: tres días de expulsión y 10 días en caso de reincidir[6]. "No les expulsamos del centro, sino de su clase. Les mandamos con los de Bachillerato, incluido el recreo", apunta Atienza. "Como educadores no podemos permitir que se pierda la parte socializadora", añade.

Tras presentar el "qué" de la noticia en el título, las primeras líneas del párrafo inicial están dedicadas al "por qué", la pregunta que este artículo se ocupará de desarrollar. ▶

Las frases dichas por alguien van entre comillas, como ocurre con toda cita textual. ▶

El artículo utiliza el tiempo presente de indicativo para darle vigencia a las opiniones y demostrar la actualidad del tema. ▶

[1]devices [2]groups [3]spent [4](figurative) plastered all over [5]failure to comply [6]repeat an offense

El anuncio del ministro de Educación francés, Jean-Michel Blanquer, de prohibir totalmente el uso de teléfonos móviles en centros de primaria y secundaria el próximo septiembre ha reabierto el debate en España sobre la pertinencia de esa medida. Blanquer aseguró que se trata de "un mensaje de salud pública para las familias" y lamentó que los estudiantes "ya no juegan al rescate[7] o al fútbol" durante el recreo, sino que "pasan ese tiempo mirando su teléfono".

"Al aislamiento social se suman otros problemas como la adicción a las tecnologías, el ciberacoso[8] o la pérdida de atención en el aula", explica Yves Saint-Geors, embajador de Francia en España. Una vez entre en vigor[9] la normativa[10], los centros franceses tendrán libertad para decidir si la prohibición es absoluta o si permiten el uso de móviles personales con fines pedagógicos.

En España no existe una regulación específica sobre el uso de dispositivos móviles personales en el aula, ni por parte del Ministerio de Educación ni de las comunidades autónomas. Cada centro puede decidir sus políticas. "Hay dos debates abiertos: por un lado está la prohibición del uso de los móviles en el aula para evitar distracciones o problemas de acoso entre menores, y por otra está el grado de penetración de la tecnología en los centros educativos y la importancia que le dan dentro del modelo pedagógico", explica Carlos Medina, jefe de servicio de proyectos europeos del Instituto Nacional de Tecnologías Educativas y Formación del Profesorado (INTEF), dependiente del Ministerio de Educación.

"En España, uno de cada tres niños de 10 años tiene móvil".

Hasta la fecha, INTEF ha publicado el Marco[11] Común de Competencia Digital Docente, en el que se dan pautas[12] de seguridad sobre el uso de las tecnologías en el aula. Son solo recomendaciones; la potestad[13] de decidir es de los centros. "En el caso de los colegios, los reglamentos no permiten el uso de móviles, salvo para actividades pedagógicas programadas. Entre los institutos hay mayor diversidad", indica Medina.

El informe Digital Education Action Plan, publicado por la Comisión Europea en 2018, señala que existen multitud de estudios relacionados con el uso de las tecnologías en los colegios, pero que todos ellos son parciales y que faltan evidencias y recolección de datos para conocer la repercusión real. Otro estudio de la Unesco sobre aprendizaje móvil publicado en 2012 ya advertía[14] del peligro de los móviles en el aula por casos de aislamiento, distracción o *bullying*. Sin embargo, destacaba el potencial de esos aparatos para mejorar la participación de los estudiantes en el aula y el trabajo en equipo.

Mar Camacho, investigadora de tecnología educativa en la Universidad Rovira i Virgili, es la autora principal de un estudio para medir el impacto de los dispositivos en el aprendizaje, en el que colaboran el Ministerio de Educación y Samsung. Llevan tres años[15] de pruebas en 29 colegios públicos de 13 comunidades autónomas en un "campo emergente" del que existen pocos datos. Aunque faltan evidencias científicas de si afecta al rendimiento académico, han comprobado que mejoran tres competencias: la digital, la de trabajo en equipo y la autonomía en el aprendizaje.

◀ Se compara y contrasta la situación de España con la de su vecina Francia para facilitar la comprensión de la noticia y ver el tema en un contexto más amplio.

◀ Los párrafos son breves y cada uno abre un subtema, ubicando siempre al principio la información más importante.

◀ Se mencionan estudios internacionales y datos actuales fiables para proporcionar contexto y seriedad al tema.

[7]rescue (children's game) [8]cyber bullying [9]to come into effect [10]regulations [11]framework [12]guidelines [13]legal authority [14]warned [15]have been doing this for three years

Lectura This strand offers a variety of engaging fiction and nonfiction reading selections around which the lesson is structured. These comprehensible and compelling readings present new opportunities for exploring the genre featured in the lesson.

Author bio A brief biography gives you background information about the writer and the reading.

Antes de leer activities prepare you for the reading, and inspire you to explore how the topic relates to your personal experiences.

Sidebars draw your attention to strategies the author uses that you can incorporate into your own writing.

Audio recordings and dramatic audio recordings of all reading selections

Lectura

Lectura | 107 | 108 | Lección 4 | La exposición

Después de leer

1 Comprensión Lee las oraciones e indica cuáles aparecen como argumentos a favor o en contra de la prohibición del móvil y cuáles no están presentes en el artículo.

1. Los estudiantes tienen mejores notas en todas las asignaturas por usar tanto el móvil en clase. __________
2. Cuando los niños pierden sus móviles y tabletas, los padres no tienen dinero para comprarles otros nuevos. __________
3. Durante los recreos, los alumnos se aíslan y miran todo el tiempo su móvil. __________
4. Gracias al celular, se puede compartir información y buscar datos que aporten al trabajo en el aula. __________
5. A veces los chicos toman fotografías de sus compañeros y las usan para ciberacoso. __________
6. El teléfono móvil permite aprender con autonomía y mejorar el desempeño escolar. __________

2 Análisis En parejas, respondan las preguntas de acuerdo con la lectura.

1. ¿En alguna parte de este artículo aparece una opinión o comentario personal de la periodista que lo escribió? ¿Por qué?
2. ¿Cuáles son las dos posturas del debate sobre el uso del teléfono móvil en la escuela?
3. "Como educadores no podemos permitir que se pierda la parte socializadora". ¿De qué se trata esta "parte socializadora" de la que hablan en el artículo? ¿Cuál es la otra parte de la cuestión, según los testimonios y estudios presentados en la nota?
4. El ministro de educación francés afirmó que el uso del teléfono móvil en la escuela puede considerarse un tema de salud pública. De acuerdo con esta postura, ¿el móvil ayuda o perjudica a los estudiantes?
5. ¿Las opiniones de los entrevistados son totalmente opuestas o hay puntos en común entre quienes están a favor de la prohibición y quienes no quieren que se prohíba nada?

3 Conversar En parejas, discutan sobre los temas planteados en las preguntas y respóndalas.

1. ¿El artículo presenta igual número de opiniones de uno y otro lado? ¿Cuáles son estas opiniones?
2. ¿Confunde al lector leer opiniones contrapuestas o, por el contrario, ayuda a la comprensión del tema? ¿Por qué?
3. Además de las personas implicadas en la discusión sobre la prohibición, ¿quién más tendría que opinar y actuar en esta situación (la familia, el gobierno, los profesores, los adolescentes, etc.)? ¿Cómo tendría que actuar?
4. ¿Les parece que los que se oponen al uso del móvil están en contra de la tecnología y de la libertad? Justifiquen su respuesta.

4 Discusión En grupos, lean estas citas y contesten las preguntas. Después, comparen sus respuestas con las de los otros grupos de la clase.

- "Para educar a un niño hace falta la tribu entera". Proverbio africano
- "El que abre la puerta de una escuela, cierra una prisión". Víctor Hugo
- "Es un milagro que la curiosidad sobreviva a la educación formal". Albert Einsten
- "Pobre del estudiante que no aventaje a su maestro". Leonardo da Vinci
- "Pensar sin aprender es esfuerzo perdido; aprender sin pensar, peligroso". Confucio
- "Largo es el camino de la enseñanza por medio de teorías, breve y eficaz por medio de ejemplos". Séneca
- "La vida debe ser una continua educación". Gustave Flaubert

1. ¿Cuál de las citas pondrían al comienzo de este artículo?
2. ¿Cuál cita usarían para apoyar el argumento en contra de la prohibición del móvil en la escuela y cuál para argumentar en favor de la prohibición?
3. ¿Qué cita les parece más acertada para la educación actual?
4. ¿Están en desacuerdo con alguna de estas citas? ¿Por qué?

5 La pirámide invertida La noticia periodística se ordena en forma de "pirámide invertida": la información esencial aparece en el título para captar la atención y comunicar el tema. De ahí en adelante, el texto va de lo más importante a lo menos importante. En parejas, respondan:

a. ¿Cómo interpretan el título "la prohibición silenciosa"? ¿Les parece efectivo para presentar el artículo? ¿Cuál es el tema central de este artículo: la tecnología, la educación, la libertad u otro?
b. En su opinión, ¿cuál es la frase más importante del texto? ¿Por qué?
c. ¿Qué párrafos creen que se podrían quitar sin que la nota pierda ningún dato esencial?
d. ¿Plantea o sugiere el texto que alguna postura merece ganar el debate o tiene más razón que la otra?

6 El público Una máxima del periodismo es identificar al público de la nota para comunicar de manera eficiente el tema. En parejas, respondan en qué detalles (enfoque, opiniones consultadas, datos, brevedad, tono) les parece que cambiaría esta noticia si apareciera en:

1. una revista de actualidad para adolescentes
2. una revista de salud para padres
3. las redes sociales (como Facebook, Twitter o Instagram)
4. el blog de un profesor universitario
5. el periódico estudiantil de una escuela secundaria

7 Composición Imagina que en la escuela de tus sobrinos/as, a la que tú fuiste también hace años, acaban de prohibir el teléfono móvil. Escribe una breve carta de opinión al diario local aprobando la nueva medida u oponiéndote a ella, y expresa tu parecer sobre cuál sería la mejor manera de actuar para el bien de todos/todas.

Practice more at vhlcentral.com

Después de leer Post-reading activities check your comprehension, prompt discussion of the reading, and provide opportunities for self-expression. Focusing on the genre, structure, and strategies used by the author, they also prepare you for the **Taller de escritura** section later in the lesson.

- Textbook activities
- Composition Engine for **Composición** textbook activity
- Additional, online-only practice activities

Taller de lengua

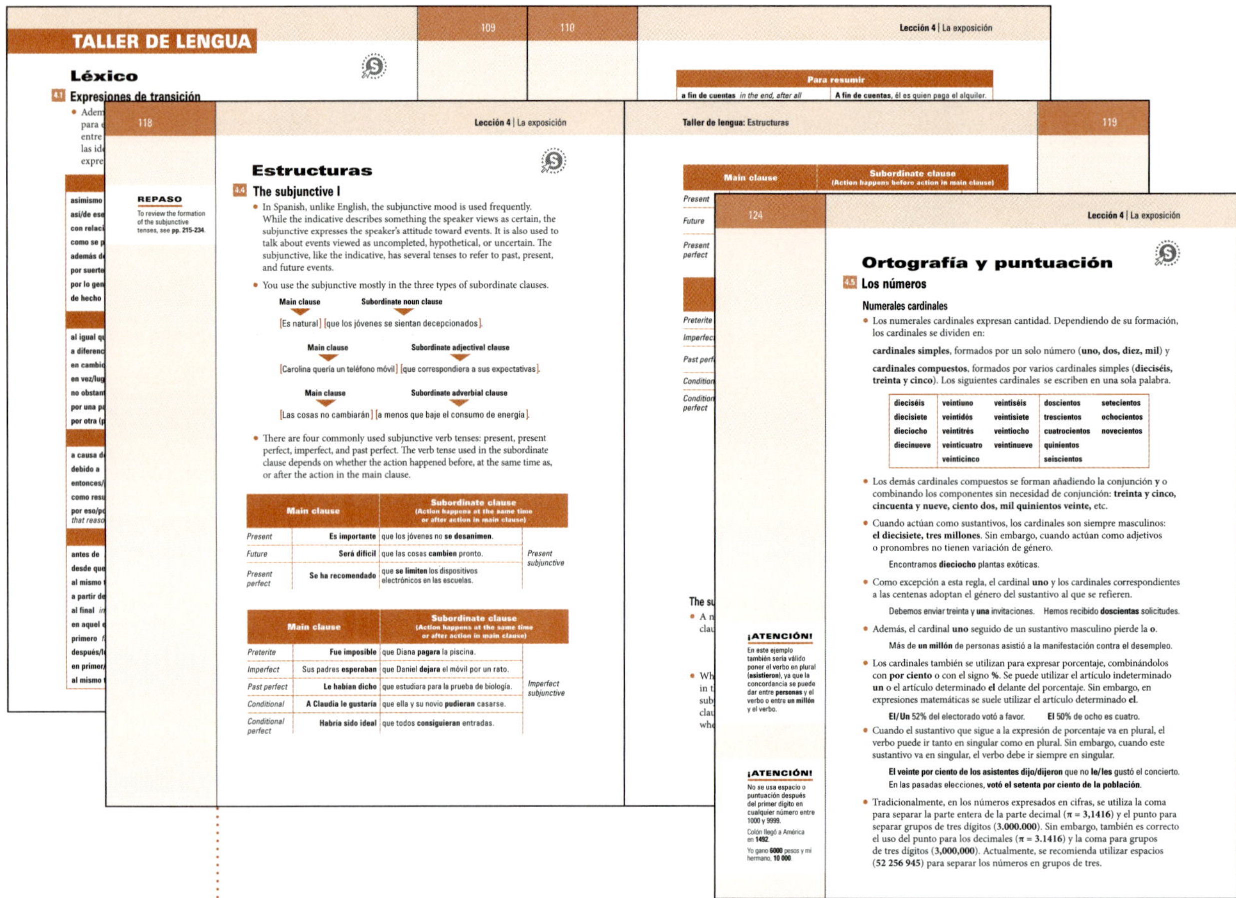

Taller de lengua This strand provides the tools you need to increase your vocabulary, consolidate and expand your knowledge of grammar and usage, and master spelling and punctuation.

Léxico This section enables you to go beyond basic Spanish vocabulary—develop precision and variety, and increase your awareness of lexical difficulties, including false cognates and anglicisms.

Estructuras Grammar presentations focus on usage and function, and are geared toward improving your writing skills.

Ortografía y puntuación This section will help you master the rules for using Spanish accents, capitalization, and punctuation, focusing on differences in usage between Spanish and English.

Sidebars **Atención**, **Repaso**, **Expansión**, and **Estrategia** sidebars expand the presentations and help you make connections to what you already know and to other sections of the text.

Taller de lengua

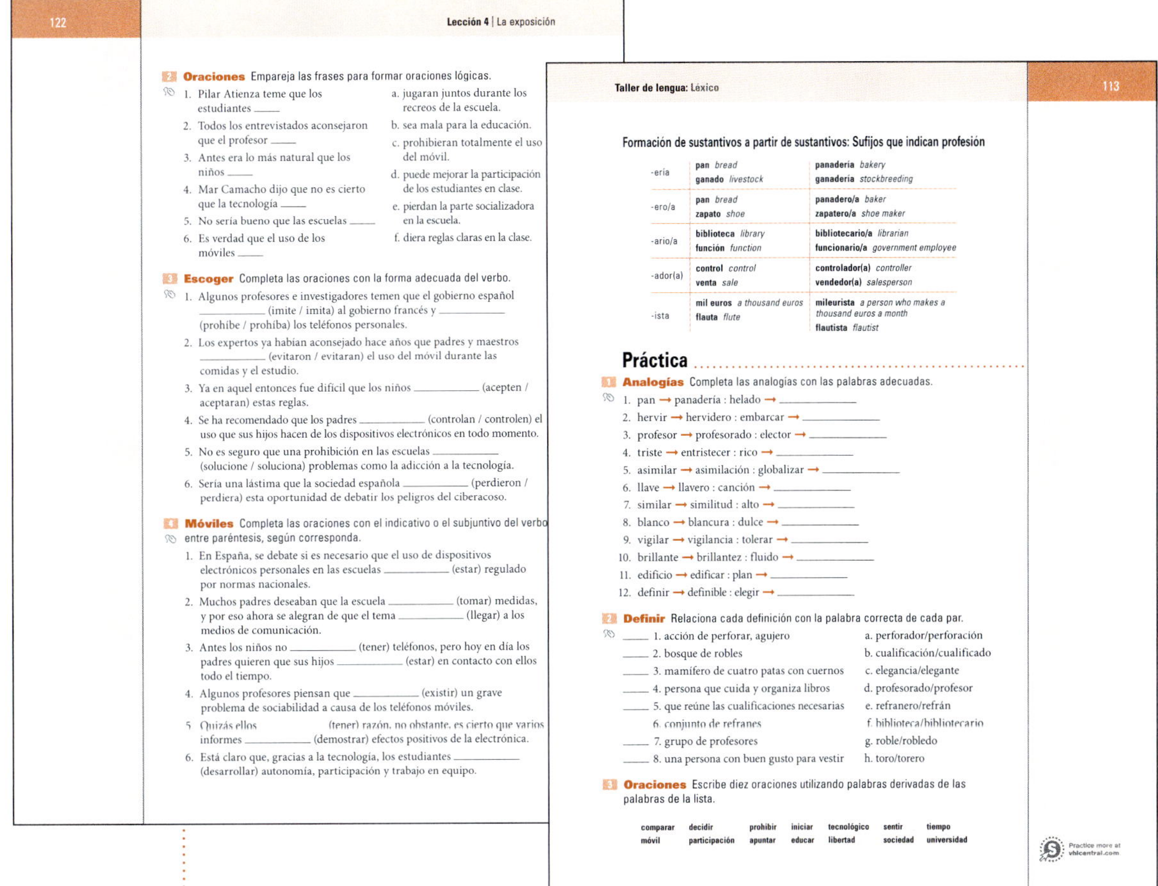

122 Lección 4 | La exposición

2 Oraciones Empareja las frases para formar oraciones lógicas.

1. Pilar Atienza teme que los estudiantes ___
2. Todos los entrevistados aconsejaron que el profesor ___
3. Antes era lo más natural que los niños ___
4. Mar Camacho dijo que no es cierto que la tecnología ___
5. No sería bueno que las escuelas ___
6. Es verdad que el uso de los móviles ___

a. jugaran juntos durante los recreos de la escuela.
b. sea mala para la educación.
c. prohibieran totalmente el uso del móvil.
d. puede mejorar la participación de los estudiantes en clase.
e. pierdan la parte socializadora en la escuela.
f. diera reglas claras en la clase.

3 Escoger Completa las oraciones con la forma adecuada del verbo.

1. Algunos profesores e investigadores temen que el gobierno español ___ (imite / imita) al gobierno francés y ___ (prohíbe / prohíba) los teléfonos personales.
2. Los expertos ya habían aconsejado hace años que padres y maestros ___ (evitaron / evitaran) el uso del móvil durante las comidas y el estudio.
3. Ya en aquel entonces fue difícil que los niños ___ (acepten / aceptaran) estas reglas.
4. Se ha recomendado que los padres ___ (controlan / controlen) el uso que sus hijos hacen de los dispositivos electrónicos en todo momento.
5. No es seguro que una prohibición en las escuelas ___ (solucione / soluciona) problemas como la adicción a la tecnología.
6. Sería una lástima que la sociedad española ___ (perdieron / perdiera) esta oportunidad de debatir los peligros del ciberacoso.

4 Móviles Completa las oraciones con el indicativo o el subjuntivo del verbo entre paréntesis, según corresponda.

1. En España, se debate si es necesario que el uso de dispositivos electrónicos personales en las escuelas ___ (estar) regulado por normas nacionales.
2. Muchos padres deseaban que la escuela ___ (tomar) medidas, y por eso ahora se alegran de que el tema ___ (llegar) a los medios de comunicación.
3. Antes los niños no ___ (tener) teléfonos, pero hoy en día los padres quieren que sus hijos ___ (estar) en contacto con ellos todo el tiempo.
4. Algunos profesores piensan que ___ (existir) un grave problema de sociabilidad a causa de los teléfonos móviles.
5. Quizás ellos ___ (tener) razón, no obstante, es cierto que varios informes ___ (demostrar) efectos positivos de la electrónica.
6. Está claro que, gracias a la tecnología, los estudiantes ___ (desarrollar) autonomía, participación y trabajo en equipo.

Taller de lengua: Léxico 113

Formación de sustantivos a partir de sustantivos: Sufijos que indican profesión

-ería	**pan** *bread* **ganado** *livestock*	**panadería** *bakery* **ganadería** *stockbreeding*
-ero/a	**pan** *bread* **zapato** *shoe*	**panadero/a** *baker* **zapatero/a** *shoe maker*
-ario/a	**biblioteca** *library* **función** *function*	**bibliotecario/a** *librarian* **funcionario/a** *government employee*
-ador(a)	**control** *control* **venta** *sale*	**controlador(a)** *controller* **vendedor(a)** *salesperson*
-ista	**mil euros** *a thousand euros* **flauta** *flute*	**mileurista** *a person who makes a thousand euros a month* **flautista** *flautist*

Práctica

1 Analogías Completa las analogías con las palabras adecuadas.

1. pan → panadería : helado → ___
2. hervir → hervidero : embarcar → ___
3. profesor → profesorado : elector → ___
4. triste → entristecer : rico → ___
5. asimilar → asimilación : globalizar → ___
6. llave → llavero : canción → ___
7. similar → similitud : alto → ___
8. blanco → blancura : dulce → ___
9. vigilar → vigilancia : tolerar → ___
10. brillante → brillantez : fluido → ___
11. edificio → edificar : plan → ___
12. definir → definible : elegir → ___

2 Definir Relaciona cada definición con la palabra correcta de cada par.

___ 1. acción de perforar, agujero
___ 2. bosque de robles
___ 3. mamífero de cuatro patas con cuernos
___ 4. persona que cuida y organiza libros
___ 5. que reúne las cualificaciones necesarias
___ 6. conjunto de refranes
___ 7. grupo de profesores
___ 8. una persona con buen gusto para vestir

a. perforador/perforación
b. cualificación/cualificado
c. elegancia/elegante
d. profesorado/profesor
e. refranero/refrán
f. biblioteca/bibliotecario
g. roble/robledo
h. toro/torero

3 Oraciones Escribe diez oraciones utilizando palabras derivadas de las palabras de la lista.

comparar, decidir, prohibir, iniciar, tecnológico, sentir, tiempo, móvil, participación, apuntar, educar, libertad, sociedad, universidad

Practice more at vhlcentral.com

Práctica This section reinforces the forms you need for successful written communication. Communicative activities help you internalize the content presented in a range of contexts involving pair and group work.

Supersite

- Textbook activities with auto grading
- Additional, online-only practice activities
- New **Expansión:** Vocabulary Tools

Taller de escritura

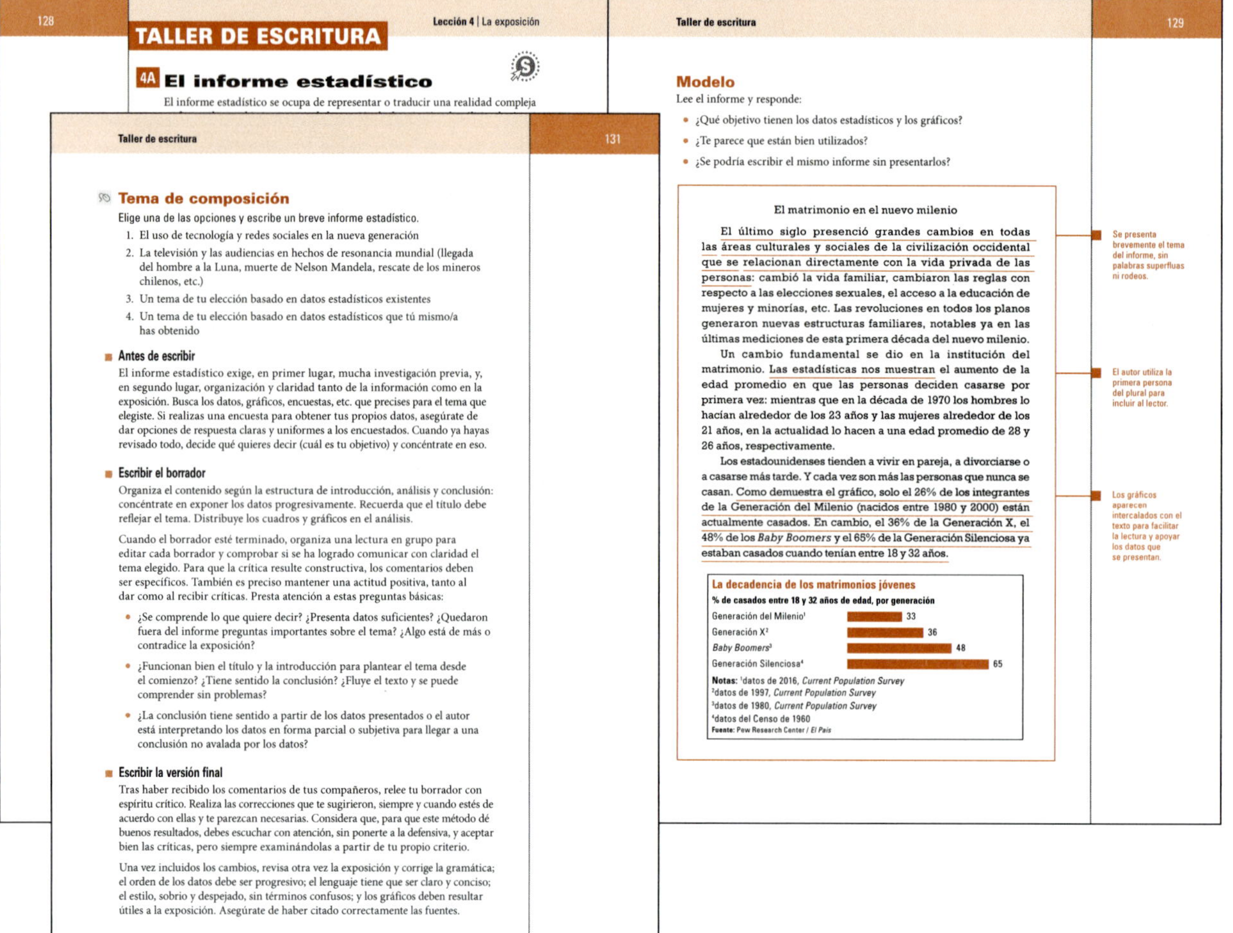

128 Lección 4 | La exposición

TALLER DE ESCRITURA

4A El informe estadístico

El informe estadístico se ocupa de representar o traducir una realidad compleja

Taller de escritura 131

Tema de composición

Elige una de las opciones y escribe un breve informe estadístico.

1. El uso de tecnología y redes sociales en la nueva generación
2. La televisión y las audiencias en hechos de resonancia mundial (llegada del hombre a la Luna, muerte de Nelson Mandela, rescate de los mineros chilenos, etc.)
3. Un tema de tu elección basado en datos estadísticos existentes
4. Un tema de tu elección basado en datos estadísticos que tú mismo/a has obtenido

Antes de escribir

El informe estadístico exige, en primer lugar, mucha investigación previa, y, en segundo lugar, organización y claridad tanto de la información como en la exposición. Busca los datos, gráficos, encuestas, etc. que precises para el tema que elegiste. Si realizas una encuesta para obtener tus propios datos, asegúrate de dar opciones de respuesta claras y uniformes a los encuestados. Cuando ya hayas revisado todo, decide qué quieres decir (cuál es tu objetivo) y concéntrate en eso.

Escribir el borrador

Organiza el contenido según la estructura de introducción, análisis y conclusión: concéntrate en exponer los datos progresivamente. Recuerda que el título debe reflejar el tema. Distribuye los cuadros y gráficos en el análisis.

Cuando el borrador esté terminado, organiza una lectura en grupo para editar cada borrador y comprobar si se ha logrado comunicar con claridad el tema elegido. Para que la crítica resulte constructiva, los comentarios deben ser específicos. También es preciso mantener una actitud positiva, tanto al dar como al recibir críticas. Presta atención a estas preguntas básicas:

- ¿Se comprende lo que quiere decir? ¿Presenta datos suficientes? ¿Quedaron fuera del informe preguntas importantes sobre el tema? ¿Algo está de más o contradice la exposición?
- ¿Funcionan bien el título y la introducción para plantear el tema desde el comienzo? ¿Tiene sentido la conclusión? ¿Fluye el texto y se puede comprender sin problemas?
- ¿La conclusión tiene sentido a partir de los datos presentados o el autor está interpretando los datos en forma parcial o subjetiva para llegar a una conclusión no avalada por los datos?

Escribir la versión final

Tras haber recibido los comentarios de tus compañeros, relee tu borrador con espíritu crítico. Realiza las correcciones que te sugirieron, siempre y cuando estés de acuerdo con ellas y te parezcan necesarias. Considera que, para que este método dé buenos resultados, debes escuchar con atención, sin ponerte a la defensiva, y aceptar bien las críticas, pero siempre examinándolas a partir de tu propio criterio.

Una vez incluidos los cambios, revisa otra vez la exposición y corrige la gramática; el orden de los datos debe ser progresivo; el lenguaje tiene que ser claro y conciso; el estilo, sobrio y despejado, sin términos confusos; y los gráficos deben resultar útiles a la exposición. Asegúrate de haber citado correctamente las fuentes.

Taller de escritura 129

Modelo

Lee el informe y responde:

- ¿Qué objetivo tienen los datos estadísticos y los gráficos?
- ¿Te parece que están bien utilizados?
- ¿Se podría escribir el mismo informe sin presentarlos?

El matrimonio en el nuevo milenio

El último siglo presenció grandes cambios en todas las áreas culturales y sociales de la civilización occidental que se relacionan directamente con la vida privada de las personas: cambió la vida familiar, cambiaron las reglas con respecto a las elecciones sexuales, el acceso a la educación de mujeres y minorías, etc. Las revoluciones en todos los planos generaron nuevas estructuras familiares, notables ya en las últimas mediciones de esta primera década del nuevo milenio.

Un cambio fundamental se dio en la institución del matrimonio. Las estadísticas nos muestran el aumento de la edad promedio en que las personas deciden casarse por primera vez: mientras que en la década de 1970 los hombres lo hacían alrededor de los 23 años y las mujeres alrededor de los 21 años, en la actualidad lo hacen a una edad promedio de 28 y 26 años, respectivamente.

Los estadounidenses tienden a vivir en pareja, a divorciarse o a casarse más tarde. Y cada vez son más las personas que nunca se casan. Como demuestra el gráfico, solo el 26% de los integrantes de la Generación del Milenio (nacidos entre 1980 y 2000) están actualmente casados. En cambio, el 36% de la Generación X, el 48% de los *Baby Boomers* y el 65% de la Generación Silenciosa ya estaban casados cuando tenían entre 18 y 32 años.

Se presenta brevemente el tema del informe, sin palabras superfluas ni rodeos.

El autor utiliza la primera persona del plural para incluir al lector.

Los gráficos aparecen intercalados con el texto para facilitar la lectura y apoyar los datos que se presentan.

- ***Taller de escritura*** Workshops include descriptions of writing genres, help with organization, and opportunities for argumentative writing.
- ***Modelo*** Annotated student samples provide examples of writing types presented and draw attention to the structure of the sample text. Comprehension activities for **Modelos** are available online.
- ***Tema de composición*** Workshops include a series of engaging writing topics.
- **Process approach** Suggestions guide you through the process of organizing ideas, writing a draft, editing, and producing a final version.

Supersite

- Textbook activities with composition engine
- Additional, online-only practice activities
- Online-only **En síntesis** workshops

Each section of your textbook comes with activities on the **Taller de escritores** Supersite. Visit **vhlcentral.com** to explore the wealth of exciting resources.

LECTURA

- All textbook readings
- Audio recording of each **Lectura**
- Auto-graded textbook activities
- **Composición** textbook activity
- Additional, online-only post-reading practice activities

TALLER DE LENGUA

- **NEW Léxico, Estructuras** and **Ortografía y puntuación** presentations
- Auto-graded textbook activities
- Audio recordings of all **Acentuación** activities
- Additional, online-only practice activities
- **NEW Expansión** Vocabulary Tools to create personalized vocabulary lists

TALLER DE ESCRITURA

- **NEW Taller de escritura** (a,b,c) presentations
- **Tema de composición** textbook activity
- Additional, online-only practice activities
- **En síntesis** workshops offer a new reading and more writing practice

Plus! Also found on the Supersite:

- Live Chat tool for video chat, audio chat, and instant messaging all in one browser
- Communication center for instructor notifications and feedback
- A single gradebook for all Supersite activities
- vText—online, interactive student edition with access to Supersite activities
- **NEW** News and Cultural Updates on the Supersite provide current, real-world connections to language and culture via authentic articles and videos, and include pre-, during, and post-reading and viewing activities. New selections are added monthly from September to May, and all postings are archived for easy, continued access.

Textbook Icons

Familiarize yourself with these icons that appear throughout **Taller de escritores**.

- Activity available on Supersite
- Audio activities available on Supersite
- Pair activity
- Group activity

Content available on Supersite

Additional practice on the Supersite, not included in the textbook

Cross-reference to related chapters in **A Handbook of Contemporary Spanish Grammar**

* Students must use a computer for audio recording and select presentations

Reviewers

On behalf of the authors and editors, Vista Higher Learning expresses its sincere appreciation to the many professors nationwide who participated in surveys and reviewed materials from **Taller de escritores**. Their insights, ideas, and detailed comments were invaluable to the final product.

Jill Gibian
Eastern Oregon University, OR

I. Carolina Caballero
Tulane University, LA

Amy McNichols
McDaniel College, MD

Danion L. Doman
Truman State University, MO

Sean W. Gullickson
University of Kansas, KS

José Juan Colín
University of Oklahoma, OK

Erika Shuh
California State University San Marcos, CA

Lisa M. Contreras
Transylvania University, KY

Jaime Meilán del Río
The University of Scranton, PA

Paul Siegrist
Fort Hays State University, KS

Gwen H. Stickney
North Dakota State University, Oklahoma

Natalia Ruiz-Rubio
Eastern Washington University, CA

Maria Inés Canto
University of California, CA

Alberto Descalzo
Franciscan University, OH

Vanesa Cañete-Jurado
University of Nevada, NV

Ana E. Fernández Bravo
University of Iowa, Iowa

Susana Perez
Alverno College, WI

Carla Oñate
University of Maryland, MD

Javier F. González
Cal State University- Channel Islands, CA

Gemma Suñé Minguella
American University, DC

Jean Knight
University of Pennsylvania, PA

Joy Landeira
University of Wyoming, WY

Jason Meyler
Mount Mary University, WI

Anne Cummings Hlas
University of Wisconsin Eau Claire, WI

Yohana Gil Berrio
Temple University, PA

Victor M. Prieto
North Greenville University, SC

Jose Badillo Carlos
Michigan State University, MI

Monica Cantero
Drew University, NJ

Domingo Ledezma
Wheaton College, MA

Gustavo Verzbickis
Abraham Clark High School, NJ

Roberto Mayoral Hernández
University of Alabama at Birmingham, AL

Marcia Picallo
County College of Morris, NJ

Lilian Baeza-Mendoza
American University, DC

Kelley Melvin
Rockhurst University, MO

Jabier Elorrieta
New York University, NY

Tania Gómez
College of Saint Benedict, MN

Deyanira Rojas-Sosa
SUNY New Paltz, NY

Patricia A. Fitzpatrick
SUNY New Paltz, NY

Kathleen Leonard
University of Nevada, NV

Kyle K. Black
Saint Mary's University of Minnesota, MN

Rafael Valadez
The University of Kansas, KS

Yvette Fuentes
Nova Southeastern University, FL

Jannet Cueva
Bonita Vista Middle School, CA

Pilar Alcalde
The University of Memphis, TN

Jill Gómez
Miami University Regionals, Ohio

Joelle Bonamy
Columbus State University, GA

Aurora Castillo-Scott
Georgia College, GA

Rita Tejada
Luther College, IA

Kyle James Matthews
SUNY Geneseo, NY

Wesley J. Weaver III
SUNY Cortland, NY

Marcela A. Depiante
University of Wisconsin–Eau Claire, WI

Marina Guntsche
Ball State University, IN

Michelle Warren
University of Nebraska at Kearney, NE

William O. Deaver, Jr.
Georgia Southern University-Armstrong Campus, GA

Manuel Fernández
University of Wisconsin, WI

Beatriz Calvo Peña
Barry University, FL

Jose M. García-Sánchez
Eastern Washington University, WA

Kim Eherenman
University of San Diego, CA

Marcelo R. Carosi
New York University, NY

Natalia Jacovkis
Xavier University, OH

Paula Gutiérrez
Pitzer College, CA

Ben Coates
North Greenville University, SC

Erik Arreola
Lubbock High School, TX

Dina A. Fabery
University of Central Florida, FL

Sharonah Esther Fredrick
SUNY at Buffalo, NY

Bret Linford
Grand Valley State University, MI

Laura Fox
Grand Valley State University, MI

Tyler K. Anderson
Colorado Mesa University, CO

Pablo Pintado-Casas
Kean University, NJ

Andrea Topash-Ríos
University of Notre Dame, IN

Tana V. Palafox
Atkins Middle School, TX

Christian Rubio
Bentley University, MA

THIRD EDITION

Taller de escritores

GRAMMAR AND COMPOSITION FOR ADVANCED SPANISH

La descripción

"Las palabras son como monedas, que una vale por muchas como muchas no valen por una".

—Francisco de Quevedo

Una descripción es una representación verbal que busca retratar un lugar, objeto, ser o proceso, explicando sus partes, cualidades, circunstancias; básicamente, es una respuesta a la pregunta *cómo es*. Lo esencial para una descripción es la observación de los detalles, que luego deben seleccionarse y ordenarse para cumplir los objetivos de claridad y precisión. A veces, participa también la imaginación para expresar mejor la verdadera esencia de aquello que se quiere representar con palabras. La perspectiva de quien describe tiñe la descripción de su subjetividad y el texto dice tanto de lo observado como del propio observador.

Esta lección te presenta las distintas formas de descripción y cómo escribirlas.

¿Qué ves tú en la foto? Descríbela.
¿Qué te parece interesante?

EXPANSIÓN
A Handbook of Contemporary Spanish Grammar
Chapters 1, 3, 12, 17, 29, 30

LECTURA

Elena Poniatowska Amor nace en París, Francia, en 1932. Huyendo de la Segunda Guerra Mundial, en 1941 emigra a México con sus padres, el príncipe polaco Jean E. Poniatowski y la mexicana Paula Amor. Inicia su carrera periodística en 1953, y desde entonces ha publicado importantes crónicas y entrevistas en destacados periódicos mexicanos y extranjeros. Su primer libro de ficción, *Lilus Kikus*, ve la luz el año siguiente. En 1962, trabaja como asistente del antropólogo estadounidense Oscar Lewis, cuyas investigaciones etnográficas ejercen una gran influencia en su obra. Seis años después, contrae matrimonio con el astrofísico mexicano Guillermo Haro, quien fallece en 1988.

De su amplia producción periodística y literaria se destacan *Hasta no verte, Jesús mío* (1969), novela que narra la historia de Jesusa Palancares, una mujer pobre de Oaxaca, y *La noche de Tlatelolco* (1971), crónica de la matanza estudiantil ocurrida el 2 de octubre de 1968 en la Plaza de las Tres Culturas de Ciudad de México.

Ha ganado importantes premios literarios, como el Cervantes, en 2013, y el Rómulo Gallegos, en 2007, por su novela *El tren pasa primero* (2006). De igual forma, ha recibido ocho doctorados *honoris causa* de varias universidades mexicanas y del exterior. En 2017, participa en el doblaje al español de la película de Disney *Coco*, prestando su voz al personaje de Mamá Coco. "El recado" hace parte de su libro de cuentos *De noche vienes*, publicado en 1979. ■

ANTES DE LEER

Lee el primer párrafo del cuento. ¿Quién crees que es Martín? ¿Quién imaginas que es la narradora? Busca en el texto palabras que justifiquen tus respuestas.

El recado

Vine, Martín, y no estás. Me he sentado en el peldaño[1] de tu casa, recargada[2] en tu puerta y pienso que en algún lugar de la ciudad, por una onda[3] que cruza el aire, debes intuir que aquí estoy. Es éste tu pedacito de jardín; tu mimosa se inclina hacia afuera y los niños al pasar le arrancan las ramas[4] más accesibles… En la tierra, sembradas[5] alrededor del muro, muy rectilíneas y serias veo unas flores que tienen hojas como espadas[6]. Son azul marino, parecen soldados. Son muy graves, muy derechas. Tú también eres un soldado. Marchas por la vida, uno, dos, uno, dos… Todo tu jardín es sólido, es como tú, tiene una reciedumbre[7] que inspira confianza.

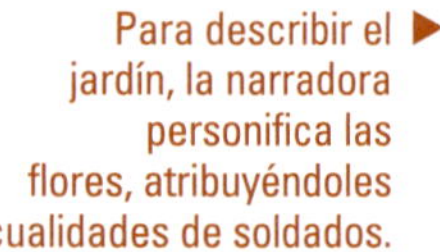

Para describir el jardín, la narradora personifica las flores, atribuyéndoles cualidades de soldados. ▶

La narradora describe a Martín comparándolo con el jardín. ▶

La narradora establece una analogía entre Martín y la casa. ▶

Aquí estoy contra el muro de tu casa, así como estoy a veces contra el muro de tu espalda. El sol da también contra el vidrio de tu ventana y poco a poco se debilita porque ya es tarde. El cielo enrojecido ha calentado tu madreselva[8] y su olor se vuelve aún más penetrante. Es el atardecer. El día va a decaer. Tu vecina pasa. No sé si me habrá visto. Va a regar[9] su pedazo de jardín. Recuerdo que ella te trae una sopa de pasta cuando estás enfermo y que su hija te pone inyecciones… Pienso en ti muy despacito, como si te dibujara dentro de mí y quedaras allí grabado.

[1]*step* [2]*leaning against* [3]*wave* [4]*branches* [5]*planted* [6]*swords* [7]*strength* [8]*honeysuckle* [9]*to water*

Quisiera tener la certeza de que te voy a ver mañana y pasado mañana y siempre en una cadena ininterrumpida de días; que podré mirarte lentamente aunque ya me sé cada rinconcito[10] de tu rostro; que nada entre nosotros ha sido provisional o un accidente.

Estoy inclinada sobre una hoja de papel y te escribo todo esto y pienso que ahora, en alguna cuadra donde camines apresurado[11], decidido como sueles hacerlo, en alguna de esas calles por donde te imagino siempre: Donceles y 5 de Febrero o Venustiano Carranza, en alguna de esas aceras[12] grises y monocordes rotas sólo por el remolino de gente que va a tomar el camión, has de saber dentro de ti que te espero. Vine nada más a decirte que te quiero y como no estás te lo escribo. Ya casi no puedo escribir porque ya se fue el sol y no sé bien a bien lo que te pongo. Afuera pasan más niños, corriendo. Y una señora con una olla advierte irritada: "No me sacudas la mano porque voy a tirar la leche..." Y dejo este lápiz, Martín, y dejo la hoja rayada y dejo que mis brazos cuelguen[13] inútilmente a lo largo de mi cuerpo y te espero. Pienso que te hubiera querido abrazar. A veces quisiera ser más vieja porque la juventud lleva en sí la imperiosa, la implacable[14] necesidad de relacionarlo todo al amor.

◀ En el tiempo del relato, la narración de los hechos ocurre al mismo tiempo que su escritura. Esto crea una sensación de inmediatez de los acontecimientos narrados durante la lectura. El cuento es, en realidad, el recado de la narradora.

◀ Las palabras de la señora cortan el ritmo del monólogo interior de la narradora.

"Y dejo este lápiz, Martín, y dejo la hoja rayada y dejo que mis brazos cuelguen inútilmente a lo largo de mi cuerpo y te espero".

Ladra un perro; ladra agresivamente. Creo que es hora de irme. Dentro de poco vendrá la vecina a prender[15] la luz de tu casa; ella tiene llave y encenderá el foco de la recámara que da hacia afuera porque en esta colonia[16] asaltan mucho, roban mucho. A los pobres les roban mucho; los pobres se roban entre sí... Sabes, desde mi infancia me he sentado así a esperar, siempre fui dócil, porque te esperaba. Te esperaba a ti. Sé que todas las mujeres aguardan. Aguardan la vida futura, todas esas imágenes forjadas en la soledad, todo ese bosque que camina hacia ellas; toda esa inmensa promesa que es el hombre; una granada que de pronto se abre y muestra sus granos rojos, lustrosos; una granada como una boca pulposa de mil gajos[17]. Más tarde esas horas vividas en la imaginación, hechas horas reales, tendrán que cobrar peso y tamaño y crudeza. Todos estamos —oh mi amor— tan llenos de retratos interiores, tan llenos de paisajes no vividos.

◀ La narradora emplea metáforas para describir las expectativas de las mujeres.

Ha caído la noche y ya casi no veo lo que estoy borroneando[18] en la hoja rayada. Ya no percibo las letras. Allí donde no le entiendas en los espacios blancos, en los huecos, pon: "Te quiero"... No sé si voy a echar esta hoja debajo de la puerta, no sé. Me has dado un tal respeto de ti mismo... Quizá ahora que me vaya sólo pase a pedirle a la vecina que te dé el recado; que te diga que vine. ■

[10]*little corner* [11]*hurried* [12]*sidewalks* [13]*hang down* [14]*relentless* [15]*to turn on* [16]*neighborhood* [17]*segments* [18]*scribbling*

Después de leer

1 Comprensión Contesta las preguntas con oraciones completas.

1. ¿Qué plantas ve la narradora en el jardín de Martín?
2. ¿Cómo piensa la narradora que es el jardín de Martín?
3. ¿En qué momento del día ocurre la narración?
4. ¿Qué recuerda la narradora que hacen la vecina y su hija cuando Martín está enfermo?
5. ¿En qué calles imagina la narradora que está Martín?
6. ¿Por qué la narradora va a la casa de Martín?
7. ¿Por qué la narradora quisiera ser mayor?
8. ¿Por qué la narradora ya no percibe las letras del recado?

2 Análisis En parejas, contesten las preguntas.

1. El cuento está narrado en primera persona del singular. ¿Cómo creen que este punto de vista influye en la narración de los hechos?
2. Teniendo en cuenta las acciones de la narradora y la forma en que describe a Martín, ¿cómo piensan que ha sido la relación entre ambos personajes?
3. ¿Cuáles creen que son las ideas de la narradora sobre lo que significa ser mujer?
4. ¿Cómo se imaginan a Martín? ¿Qué piensan que simboliza?
5. La narradora dice que "[t]odos estamos... tan llenos de retratos interiores, tan llenos de paisajes no vividos". ¿A qué retratos y paisajes creen que se refiere?

3 Discusión En grupos de tres, contesten las preguntas.

1. La narradora usa adjetivos, analogías y metáforas para describir lugares, personas, objetos e ideas en el relato. ¿Cuál descripción les gusta más? ¿Por qué?
2. Imaginen el lugar donde vive Martín y descríbanlo utilizando adjetivos, analogías y metáforas. Busquen en el texto fragmentos que justifiquen sus respuestas.
3. Podemos conocer mucho sobre la narradora a partir de sus actos, observaciones y pensamientos. ¿Cómo describirían su carácter? ¿Qué opinan de su forma de pensar?
4. Después de definir la personalidad de la narradora, piensen en el final del cuento: ¿qué creen que hará la protagonista con el recado? ¿Echará la hoja debajo de la puerta o esperará a que Martín llegue? ¿Cómo reaccionaría Martín al verla?

4 Composición Escribe un recado como el del cuento, utilizando lugares, objetos, personas o situaciones que te resulten familiares. ¿Qué dirías? ¿A quién se lo enviarías? Describe el contenido del recado como lo haría la narradora del cuento de Poniatowska.

Practice more at vhlcentral.com.

Léxico

1.1 Vocabulario para describir

- La descripción es una explicación ordenada y detallada de cómo son ciertas personas, lugares u objetos. Antes de escribir una descripción, siempre es útil organizar en categorías la información relevante sobre la persona, lugar u objeto que se quiere describir. Las siguientes categorías son solo ejemplos de cómo se puede organizar la información.

Descripción de lugares, paisajes o ambientes

- Al describir lugares, paisajes o ambientes resulta útil usar palabras y expresiones que nos ayudan a ubicar el sujeto de la descripción tanto en el tiempo como en el espacio.

Ubicación geográfica	Distancia	Ubicación temporal
(más) arriba/abajo	a 10 km de	ahora (mismo)
cerca/lejos	a lo lejos	antes/después
delante/detrás	a (más/menos de) 1 hora	más tarde
dentro/fuera	a un día de viaje	cuando, mientras
(a la) derecha/izquierda	cerca/lejos	de niño/joven/adulto
encima/debajo (de)	en las cercanías de	nunca/a veces/siempre
en medio de/en el centro	en los alrededores de	todos los días/años

Cuando era pequeño, me gustaba mirar a mi padre **cuando** pescaba en el arroyo **a unos quince kilómetros** de casa. **Allí cerca** estaba la vieja cabaña de mi abuelo, donde jugaba **siempre** con mis hermanos. **Ahora, de grande**, ver el arroyo contaminado me da ganas de llorar.

Descripción de un objeto

- Al describir objetos, a menudo utilizamos palabras y expresiones que proporcionan información en cuanto a la forma, el tamaño o el material del que están compuestos y su utilidad. En la siguiente tabla puedes ver ejemplos de expresiones organizadas según estas cuatro categorías.

Forma	Tamaño	Material y características	Utilidad
alargado	alto/bajo	áspero/suave	(poco) práctico, (in)útil
cuadrado	enorme, gigante, inmenso	de cartón/papel	Se recomienda para viajar.
delgado	grande/pequeño	de colores	Se usa para cortar.
fino/grueso	ínfimo, minúsculo	de cuadros/rayas	Se utiliza para trabajar.
ovalado		de lana/seda	Sirve para comer.
rectangular		de madera/metal	Son para leer.
redondo		blando/duro	

El almohadón **de plumas** es **grande** y **blando**. Es muy cómodo **para dormir**.

Descripción de una persona

- Al describir personas debemos ofrecer información acerca de sus rasgos físicos y de su carácter. Hay ciertos verbos y expresiones que se prestan especialmente para la descripción de personas.

ESTRATEGIA

Un diccionario de sinónimos y antónimos es la herramienta ideal para darle riqueza y variedad a una descripción. Pero no debes suponer que los sinónimos o los antónimos que busques tienen exactamente el mismo significado o el opuesto. Usa el diccionario para buscar opciones, pero siempre comprueba el significado de los sinónimos en un diccionario monolingüe o bilingüe.

EXPANSIÓN

You can create personalized vocabulary lists on the Supersite. Go to **vhlcentral.com** and add your words to the Vocabulary Tools.

¡ATENCIÓN!

Cuando utilizamos expresiones sobre el material y las características de un objeto, conviene utilizar la preposición **de**, no la preposición **a**. Por ejemplo: pantalón **de** rayas, falda **de** cuadros.

¡ATENCIÓN!

Muchos de los adjetivos que indican rasgos del carácter son subjetivos. Por eso, es conveniente incluir información adicional. Por ejemplo, al decir que alguien es perezoso, conviene aclarar las razones por las que pensamos que es perezoso: no trabaja, se levanta tarde, etc.

Rasgos físicos	Rasgos de carácter	Verbos
alto/bajo	agradable/desagradable	acostumbrar, soler
claro/oscuro	alegre/serio	adornarse, cubrirse
esbelto/corpulento/atlético	antipático/simpático	llevar, tener, usar, vestir
fuerte/débil	hablador/callado	mostrarse
guapo/feo	prudente/confiado	parecer
joven/adulto/viejo, anciano	sincero/mentiroso	permanecer
moreno/pelirrojo/rubio	trabajador/perezoso	sentirse

Juan **es alto** y **moreno**. **Parece antipático**, pero en realidad, para quienes lo conocen, es muy **alegre**, **hablador** y **simpático**.

Práctica

1 Expresiones Completa el párrafo con las expresiones de la lista.

a 10 kilómetros	cerca	de piedra	detrás de	inmensa	rojo
agradable	confiados	delante de	enormes	oscuras	sobrecogedor

Nos encontrábamos (1)__________ de la vieja ermita. Hacía una tarde (2)__________ y todos estaban con unas ganas (3)__________ de comenzar la ascensión. (4)__________ nosotros se erigía una montaña (5)__________ con riscos (*crags*) (6) __________ y granito (7)__________. El sol creaba claros y sombras que hacían de la pared un espectáculo (8)__________. (9)__________ la montaña podíamos ver nubes (10)__________ que se desplazaban lentamente (11)__________ de la cumbre. Los cuatro alpinistas del equipo se mostraban (12)__________ y listos para atacar la cumbre por su cara más difícil: la cara norte.

2 Reescribir Reemplaza las expresiones subrayadas con otras expresiones descriptivas.

Al final de la calle se elevaba el Ayuntamiento, un edificio clásico, con un elegante balcón y ventanales de madera en la planta baja. Junto a la puerta de madera, en letras doradas, se podía leer la inscripción CASA CONSISTORIAL. Cerraban la calle las fachadas pintadas de blanco de siete casas de dos pisos, con sus balcones repletos de geranios. En los balcones iluminados, había gente de todas las edades, con expresión vivaz y animada. Las miradas de todos los presentes se dirigían hacia un palco que habían montado en medio de la plaza, en frente del Ayuntamiento. Sobre el palco, la orquesta animaba con su música la cálida noche de fiesta.

3 Agrupar En parejas, clasifiquen las expresiones de la lista en estas categorías: **ubicación geográfica/temporal, distancia, forma o tamaño, material y características,** y **rasgos personales**. Luego, escriban un párrafo usando diez de estas expresiones.

a años luz	de cristal	en las cercanías	frágil	risueño
a cinco días en barco	delicadas	en los alrededores de	lejos de	sereno
arqueado	descomunal	en medio de	minúsculo	simultáneamente
corpulento	en el interior	exhibir	ovalado	sólido

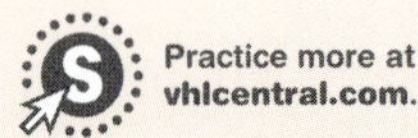
Practice more at vhlcentral.com.

Léxico

1.2 Expresiones de percepción sensorial

- Las palabras y expresiones sensoriales nos ayudan a representar lo que percibimos a través de los cinco sentidos. En las siguientes tablas, encontrarás algunos ejemplos de palabras para expresar y enfatizar sentimientos y percepciones. Utiliza estas expresiones sensoriales, y otras que conozcas, para que tus descripciones sean más precisas y fáciles de comprender para el lector.

La vista

Sustantivos		Adjetivos		Verbos	
aspecto	luminosidad	alargado	inmenso	acechar	examinar
belleza	palidez	arrugado	luminoso	avistar	mirar
brillo	panorama	atractivo	nublado	contemplar	observar
colorido	perspectiva	brillante	opaco	descubrir	presenciar
horizonte	sombra	deslumbrante	pálido	divisar	ver

El oído

Sustantivos		Adjetivos		Verbos	
canto	risa	apacible	ruidoso	aullar	murmurar
carcajada	ronquido	arrullador	rumoroso	balbucear	oír
estruendo	ruido	ensordecedor	sibilante	cantar	sentir
explosión	silbido	estridente	sigiloso	explotar	sonar
grito	susurro	estruendoso	silencioso	hablar	susurrar
murmullo	voz	resonante	susurrante	ladrar	tartamudear

El tacto

Sustantivos		Adjetivos		Verbos	
aspereza	porrazo	aceitoso	mojado	acariciar	pulsar
caricia	roce	aterciopelado	pegajoso	golpear	rozar
codazo	rugosidad	esponjoso	peludo	manejar	sentir
fricción	suavidad	frío	seco	manipular	tantear
golpe	textura	húmedo	sedoso	palpar	teclear
masaje	toque	liso	suave	pegar	tocar

El olfato

Sustantivos		Adjetivos		Verbos	
aroma	humedad	aromático	oloroso	advertir	oler
esencia	moho	desagradable	penetrante	apestar	olfatear
especias	olor	dulce	perfumado	aromatizar	olisquear
flores	perfume	fragante	podrido	despedir	percibir
fragancia	pestilencia	fresco	quemado	exhalar	perfumar
hedor	pudrimiento	hediondo	rancio	exudar	sentir

¡ATENCIÓN!

Usa la preposición **a** para indicar olores y sabores.

Huele **a** pintura, **a** chocolate.

Sabe **a** menta, **a** pino.

También puede usarse con adjetivos.

Tiene olor **a** quemado.

Tiene sabor **a** podrido.

El gusto

Sustantivos	Adjetivos		Verbos	
amargor	ácido	insípido	aderezar	paladear
degustación	agridulce	pasado	catar	probar
insipidez	amargo	picante	condimentar	saber
paladar	avinagrado	quemado	consumir	saborear
sabor	azucarado	salado	degustar	salar
sensación	dulce	sazonado	endulzar	sazonar

- A continuación puedes ver un párrafo repleto de expresiones sensoriales:

> En el reino animal, el desarrollo de los sentidos puede llegar a límites inimaginables. Por ejemplo, muchos animales "ven" a través de su olfato. El perro cuenta con doscientos millones de células olfativas. A menudo, no necesita ver algo o a alguien para identificarlo. Cuando huele algo que le llama la atención, retiene el aire momentáneamente, "saborea" lo que le interesa y lo almacena. Al nacer, el perro no puede oír ni ver, pero a través del tacto llega a la leche de su madre y siente el calor que le suministran sus hermanos. Las almohadillas de sus patas son tan sensibles que detectan hasta las más insignificantes vibraciones. En cuanto al gusto, las preferencias del perro por un sabor u otro dependen del olor del alimento u objeto. Si le gusta el olor, lo ingiere; si le desagrada, lo rechaza. La vista no es su sentido más desarrollado, ya que no es muy eficaz de cerca. Sin embargo, su visión a larga distancia es muy buena. El perro puede divisar movimientos a 350 metros.

¡ATENCIÓN!

En ocasiones, las expresiones sensoriales de diferentes sentidos se combinan para dar mayor riqueza o una imagen poética al discurso. Este tipo de figura retórica se llama sinestesia y se aprecia en el cuento "El recado":

"... en alguna de esas aceras grises y monocordes ...".

Práctica

1 Sentidos Subraya las expresiones sensoriales e indica a qué sentido pertenecen.

1. El sol da también contra el vidrio de tus ventanas y poco a poco se debilita porque ya es tarde. El cielo enrojecido ha calentado tu madreselva y su olor se vuelve aún más penetrante. Es el atardecer.
2. Y dejo este lápiz, Martín, y dejo la hoja rayada y dejo que mis brazos cuelguen inútilmente a lo largo de mi cuerpo y te espero. Pienso que te hubiera querido abrazar.
3. Ladra un perro; ladra agresivamente. Creo que es hora de irme. Dentro de poco vendrá la vecina a prender la luz de tu casa.
4. Ha caído la noche y ya casi no veo lo que estoy borroneando en la hoja rayada. Ya no percibo las letras. Allí donde no le entiendas en los espacios blancos, en los huecos, pon: "Te quiero"...

2 Anuncios Escribe un párrafo sobre algún producto. Dale un tono exagerado y promocional, como si fuera a incluirse en un anuncio publicitario. Utiliza expresiones de percepción sensorial.

Modelo *La esencia del cremoso chocolate suizo se derrite en su paladar ofreciéndole un sabor apetitoso y penetrante...*

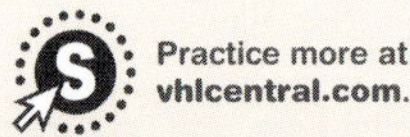

Estructuras

1.3 The present tense; ser and estar

- You have already learned the simple present (**el presente simple**) and the present continuous (**el presente continuo**). Both tenses narrate and describe events, but their uses differ. Notice how they are used in the sentences below about the reading.

  Son azul marino, parecen soldados. **Son** muy graves, muy derechas. *(simple description)*

  ... ella **te trae** una sopa de pasta cuando **estás** enfermo. *(narrates habitual actions and states)*

  Estoy inclinada sobre una hoja de papel... *(narrates an action in progress)*

The simple present

Main uses of the simple present	
to describe qualities and ongoing states	Todo tu jardín **es** sólido, **es** como tú...
to narrate present events	El sol **da** también contra el vidrio de tu ventana y poco a poco **se debilita...**
to narrate events in the near future	Mañana **es** otro día. **Espero** por ti en el jardín.
historical present	Elena Poniatowska **nace** en 1932, en París.
to narrate past events in a more immediate way	Veo cómo tu mimosa **se inclina** hacia afuera y los niños al pasar le **arrancan** las ramas...

- The usage of the last example sometimes corresponds to the informal English use of present tense to relate a past event:

  *So yesterday, **I'm walking** past the library and I **see** Tyler.*

The present continuous

- To form the present continuous, combine a present-tense form of **estar** with the present participle (the **-ando, -iendo** form) of another verb.

Main uses of the present continuous	
to narrate an action that is in progress	Ella **está escribiendo** en una hoja.
to express an event that is viewed as unusual, temporary, or surprising	A Martín le encanta su jardín, pero hoy no lo **está cuidando.**
to express an event that is constantly repeating	Tu vecina te **está visitando** mucho por estos días, Martín.

- Some verbs have spelling changes in their present participles: **-ir** stem-changing verbs (**durmiendo, pidiendo, diciendo**) and verbs like **creer, traer, construir**, and **oír** (**creyendo, trayendo, construyendo, oyendo**).

¡ATENCIÓN!

The present continuous is used less frequently in Spanish than the simple present. Unlike in English, the present continuous is not used to describe states or conditions.

El niño **lleva** una chaqueta roja.

*The boy **is wearing** a red jacket.*

Ser and *estar*

- Both **ser** and **estar** express *to be*, but their meanings differ. In general, **ser** is used to describe the essential nature or identity of something. **Estar** is used to describe condition, state, or location. The speaker considers these traits to be circumstantial or temporary, rather than inherent.

- **Ser** is used:

to identify someone or something	La autora del cuento **es** Elena Poniatowska.
to describe physical traits, personality, and other characteristics perceived as inherent or permanent	El jardín **es** sólido y las flores **son** como espadas.
to identify possession	El jardín **es** de Martín.
to describe what something is made of	La hoja **es** de papel.
to identify the location of events	La cita **es** en tu casa, como siempre.

- **Estar** is used:

to describe states that are perceived as temporary or not inherent	¡Qué bonito **está** el jardín por estos días!
to describe a change in state	En primavera tu jardín **está** en su mejor momento.
to identify the location of someone or something	Martín **está** en algún lugar de la ciudad.
to narrate an action in progress, using the present continuous	¿De qué **está hablando** la narradora de la historia?

- Some adjectives have a different meaning depending on whether you use them with **ser** or **estar**.

La protagonista no **es** nada **callada.** *The protagonist is never quiet.*	Ella **está callada**, esperando a Martín. *She is quiet, waiting for Martin.*
Para ti, ¿**es** interesante o **aburrida** esta historia? *Is this story interesting or boring to you?*	Cuando la narradora está **aburrida**, escribe. *When the narrator is bored, she writes.*
Martín no es un hombre **pobre.** *Martin is not a poor man.*	**Pobre** Martín, ¿acaso está enfermo? *Poor Martin, maybe he is sick?*
No sabemos si ella **es guapa** o no. El cuento no la describe. *We don't know if she is good looking or not. The story doesn't describe her.*	La vecina **está guapa** el día de hoy. *The neighbor is good looking today.*
La narradora **es** una persona muy **lista.** *The narrator is a very clever person.*	Ella **está lista** para entregar el recado. *She is ready to send the message.*

¡ATENCIÓN!

Notice how **ser**, used for inherent characteristics, is generally translated as *to be* in English. **Estar**, used for characteristics that are viewed as less permanent, is often translated with a more specific verb that better reflects the context.

Práctica

1 Completar Completa las oraciones sobre la lectura con el verbo correspondiente en el tiempo presente simple.

La narradora (1) ______________ (ir) a la casa de Martín para decirle que lo (2) ______________ (querer). Como Martín no (3) ______________ (estar) en su casa, la narradora le (4) ______________ (escribir) un recado mientras lo espera. La narradora (5) ______________ (pensar) en muchas cosas: en su relación con Martín, en el lugar de la ciudad donde él podría estar, en la juventud y en el amor. La vecina de Martín (6) ______________ (regar) el jardín de su casa y los niños (7) ______________ (correr) afuera. Ya (8) ______________ (ser) tarde. La narradora no (9) ______________ (poder) ver lo que escribe porque ha caído la noche. Un perro (10) ______________ (ladrar) y la narradora (11) ______________ (creer) que es hora de irse. En la colonia donde vive Martín (12) ______________ (robar) mucho. La narradora no (13) ______________ (saber) si echar el recado debajo de la puerta de Martín o pedirle a la vecina que le diga que vino.

2 ¿Ser o estar? Usa **ser** o **estar** de acuerdo con cada una de las situaciones. Sigue el modelo.

Modelo to say that a woman is sitting on the stairs at Martin's house
estar: *una mujer está sentada en las escaleras de la casa de Martín*

1. to describe the color of the flowers in Martin's garden
2. to say that Martin's neighbor is watering her plants
3. to say that the woman sitting on the stairs at Martin's house is writing a message
4. to ask who the kids running on the street are
5. to ask why the woman carrying a pot is annoyed
6. to say that the woman sitting on the stairs at Martin's house is young
7. to say that the neighborhood is dangerous
8. to say that Martin's neighbor is turning on the lights of his house
9. to ask whose dog is barking
10. to say that Martin's neighbor and the woman sitting on the stairs at Martin's house are talking to each other

3 Verbos En parejas, escriban tres oraciones para cada una de las ilustraciones. Una oración debe incluir un verbo en el tiempo presente simple; otra debe usar el presente continuo; y la tercera debe incluir **ser** o **estar**.

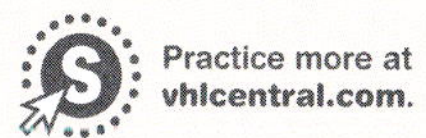

Estructuras

1.4 Prepositions

- Prepositions (**Las preposiciones**) combine parts of a sentence to express a relationship between those parts.

  La narradora pasa **por** la plaza. Va **hacia** la casa de Martín. Ve la casa de la vecina **desde** el jardín. Espera **entre** las flores.

a *to, at, into*
ante *in front of, before, facing*
bajo *beneath, under*
con *with*
contra *against, despite*
de *of, about, from, as*
desde *from*
durante *during*
en *in, on, at, into*
entre *between, among*
hacia *toward, about, around*
hasta *as far as, until, up to*
mediante *by means of*
para *for, to, in order to, by*
por *because of, by, by means of, for, through, down, up, along*
según *according to, depending on*
sin *without*
sobre *about, on, over, on top of*
tras *behind, after*

¡ATENCIÓN!

The preposition **con** forms the following contractions:
con + **mí** → **conmigo**
con + **ti** → **contigo**

¿Con quién van los chicos? ¿**Conmigo** o **contigo**?

The contraction **consigo** means *with himself/herself* and is formed from **con** + **sí**:

La narradora habla **consigo** misma mientras espera.

- In Spanish, prepositions are not always used in the way they are in English (**pp. 149–150**).

  tocar a la puerta = *to knock **on** the door*   **consistir en** = *to consist **of***

- Spanish prepositions often have several English equivalents. Note the different meanings of the prepositions **a** and **en** in the following examples.

El perro se va **al** prado.	*The dog goes **to** the meadow.*
El hombre viene **a** nosotros.	*The man comes **toward** us.*
El museo abre **a** las diez.	*The museum opens **at** ten.*
Está **a** la vuelta.	*It's **around** the corner.*
Tardaron dos horas **en** llegar al pueblo.	*It took them two hours **to** get to the village.*
En el camino, se encontraron con un hombre.	***On** the way they met up with a man.*
En el verano hace mucho calor.	***In (During)** the summer it's very hot.*
Las fotos están **en** esa mesa.	*The photos are **on** that table.*

- In Spanish, just as in English, prepositions can combine to form compound prepositions (**locuciones preposicionales**). Below are some examples.

acerca de *about*
además de *as well as*
al lado de *next to*
alrededor de *around*
antes de *before* (time)
a partir de *starting from*
cerca de *near*
con respecto a *with respect to; in reference to*
de acuerdo con *in accordance with*
debajo de *below*
delante de *in front of*
dentro de *within; inside of*
después de *after* (time)
detrás de *behind*
encima de *on top of*
en contra de *against*
en medio de *in the middle of*
frente a *opposite; facing*
fuera de *outside of*
junto a *next to; close to*
lejos de *far from*

Antes de leer la obra, no sabía mucho **acerca de** ese tema.

Me imagino a Martín, **en medio de** su jardín; **junto a** él está la narradora y **detrás de** ellos se ve parte de la ciudad...

- You already know that **por** and **para** can both mean *for*, but their uses differ. In general, **para** expresses destination and purpose, while **por** expresses motive or cause.

Usos de *para*	
to indicate purpose or destination	El recado es **para** Martín. Va a la ciudad **para** dejarle un recado.
to indicate direction	Iba **para** su casa cuando se encontró a la vecina.
to indicate a specific time in the future	**Para** el mes que viene, ya tendré nuevas flores en mi jardín.
to indicate need; to express *in order to*	**Para** escribir bien hay que practicar.
to express *by* or *for* with respect to time	Necesito leer el cuento **para** el martes.
to indicate opinion or reaction	**Para** la narradora, Martín es muy importante.
to express *for being*	El cuento es complejo **para** ser tan corto.

Usos de *por*	
to express cause or motive	Cancelaron el viaje **por** la lluvia. Todos admiran el jardín **por** su belleza.
to describe an exchange	¿Cuánto pagaste **por** el auto?
to express *all over, through, in, along*	Subieron **por** el camino.
to express *during*	Llegaron a la ciudad **por** la mañana.
to express *by means of*	Llamaron a los niños **por** teléfono.
to express *by*, in passive constructions	El cuento fue escrito **por** Elena Poniatowska.

¡ATENCIÓN!

Common expressions with **para**:

no es para tanto
it's not a big deal

para colmo
on top of it all

para decir (la) verdad
to tell you the truth

para mañana
for/by tomorrow

para siempre
forever

¡ATENCIÓN!

Common expressions with **por**:

por cierto *by the way*

¡**Por** Dios! *For God's sake!*

por ejemplo *for example*

por fin *finally*

por lo tanto *therefore*

por lo visto *apparently*

por si acaso *just in case*

por supuesto *of course*

por último *finally, last*

Práctica

1 Preposiciones Completa el párrafo sobre Elena Poniatowska.

Elena Poniatowska Amor nace (1) ____________ (en/a) París. (2) ____________ (A/En) 1941, su familia emigra a México, país donde vive (3) ____________ (desde/por) entonces. (4) ____________ (A partir de/ Después de) estudiar en los Estados Unidos y (5) ____________ (con/de) trabajar como secretaria bilingüe, comienza su carrera periodística en 1953. Publica su primer libro (6) ____________ (sobre/de) ficción en 1954. Trabaja (7) ____________ (para/ante) el antropólogo estadounidense Oscar Lewis, cuyo trabajo etnográfico marca el resto de su obra. La novela *Hasta no verte, Jesús mío*, protagonizada (8) ____________ (por/mediante) Jesusa Palancares, una mujer pobre (9) ____________ (en/de) Oaxaca, y la crónica *La noche de Tlatelolco*, (10) ____________ (acerca de/para) la masacre de estudiantes ocurrida (11) ____________ (hasta/durante) la tarde del 2 de octubre de 1968 en Ciudad de México, son dos de sus libros más conocidos. (12) ____________ (Además del/Al lado del) Rómulo Gallegos, ha ganado el Premio Cervantes, (13) ____________ (sin/entre) otros importantes premios literarios.

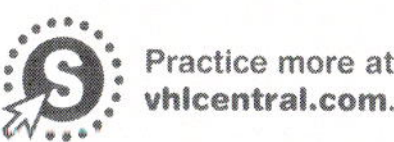

Estructuras

1.5 Adjectives

REPASO

Most adjectives agree in gender and number with the nouns they modify: **burro hermoso, casa hermosa, prados hermosos, flores hermosas**. Adjectives with neutral endings (such as those that end in **-a**, **-e**, **-s**, and **-l**), only show agreement in number: **burro grande, casa grande, prados grandes, flores grandes**.

Placement

- When placed after a noun, adjectives serve to differentiate that particular noun.

un día **gris** | una ciudad **mexicana** | un río **seco**

- Adjectives can be placed before a noun to emphasize or intensify a particular characteristic, to suggest that it is inherent, or to create a stylistic effect or tone.

la **talentosa** escritora, Elena Poniatowska | las **feas** casas de ese pueblo

- In some cases, placing the adjective before the noun indicates a value judgment on the part of the speaker. Compare:

Paseamos por las **hermosas** calles.
(for the speaker, all the streets are lovely, not just some)

Paseamos por las calles **hermosas**.
(some of the streets are lovely, but not all)

- When more than one adjective is used to describe a noun, the adjective that expresses a distinguishing characteristic of the noun goes right after the noun:

una interesante **novela inglesa**	un famoso **ingeniero químico** francés
una **novela inglesa** interesante	un **ingeniero químico** francés famoso

- Ordinal numbers are placed before the noun (**el primer capítulo**). Other adjectives that indicate order are also usually placed before the noun (**las últimas calles, los próximos días**).

- Adjectives of quantity, ownership, or volume also go before the noun:

Ella escribió **cuatro** libros. | La escritora está orgullosa de **su** novela. | Ellos pasan **mucho** tiempo juntos.

- Some adjectives change meaning depending on whether they are placed before or after the noun.

Adjective	Placed after	Placed before
cierto/a	una respuesta **cierta** *a right answer*	una **cierta** actitud *a certain attitude*
grande	una ciudad **grande** *a big city*	un **gran** país *a great country*
medio/a	el sueldo **medio** *the average salary*	un trabajo a **medio** tiempo *a part-time job*
mismo/a	el artículo **mismo** *the article itself*	el **mismo** problema *the same problem*
nuevo/a	una chaqueta **nueva** *a (brand) new jacket*	un **nuevo** amigo *a new/different friend*
pobre	el hombre **pobre** *the man who is poor*	el **pobre** hombre *the unfortunate man*

REPASO

The adjective **grande** becomes **gran** and changes meaning before masculine and feminine singular nouns: **un gran libro, una gran idea**. The adjectives **bueno, malo, primero**, and **tercero** lose the **-o** ending before masculine singular nouns: **hace buen/mal tiempo, el primer día**.

Adjective	Placed after	Placed before
puro/a	el agua **pura** *the pure (uncontaminated) water*	la **pura** verdad *the whole truth*
único/a	un amor **único** *a unique love*	mi **único** amor *my only love*
viejo/a	una amiga **vieja** *a friend who is old*	una **vieja** amiga *an old friend (friend for a long time)*

Comparatives and superlatives

- In Spanish, as in English, adjectives can be used to form comparatives (**comparativos**) and superlatives (**superlativos**).

Adjective	Comparative	Superlative
elegante *elegant*	**más/menos** elegante(s) **que** *more/less elegant than*	**el/la/los/las más/menos** elegante(s) **de** *the most/least elegant of/in*

- To form comparisons of equality, use the formula **tan** + *adjective* + **como**.

  Martín es **tan bueno como** tú.

- Some common adjectives have irregular comparatives and superlatives.

  bueno/a → **mejor** → **el/la mejor**
  malo/a → **peor** → **el/la peor**
  grande *and* **viejo/a** → **mayor** → **el/la mayor**
  pequeño/a *and* **joven** → **menor** → **el/la menor**

- When **grande** and **pequeño/a** refer to size and not age or quality, the regular comparative and superlative forms are used.

  El libro es **más grande** de lo que pensaba, pero **más pequeño** que mi diccionario.

- When **bueno/a** and **malo/a** refer to the moral quality of a person, the regular comparative and superlative forms are used.

  Tengo a la mujer **más buena** del mundo. Ese hombre es **más malo** que el demonio.

- The absolute superlative (**superlativo absoluto**) expresses *very* or *extremely*. To form the absolute superlative of adjectives, drop the ending and add **-ísimo/a/os/as**.

  interesante → **interesantísimo** **guapo** → **guapísimo**
  muchas → **muchísimas** **fea** → **feísima**

- Absolute superlatives of words ending with **-z**, **-c**, or **-g** before the final **-o** have spelling changes.

  rico → **riquísimo** **loca** → **loquísima**
  largo → **larguísimo** **andaluz** → **andalucísimo**

- To form the absolute superlative of words ending in **-n** or **-r**, add **-císimo/a/os/as**.

  joven → **jovencísimo** **mayor** → **mayorcísimo**

¡ATENCIÓN!

The superlative ending **-ísima** can also be used with adverbs ending in **-mente**.

Habla **clarísimamente**.

In the case of short adverbs that are identical to adjectives, **-ísimo** is used.

Corre **rapidísimo**.

Práctica

1 Lugares Completa la descripción de este espacio natural con la frase correcta. Presta atención a la posición de los adjetivos.

1. Este lugar tiene una laguna de ___________ (agua dulce / dulce agua), no salada.
2. El lugar está formado por ___________ (lagunas cuatro / cuatro lagunas).
3. Allí viven ___________ (tipos varios / varios tipos) de aves, como las garzas y las águilas.
4. La laguna es también un lugar de paso para muchas ___________ (aves migratorias / migratorias aves).
5. Algunas de ___________ (aves esas / esas aves) migran desde el ___________ (continente africano / africano continente).
6. Se encuentran allí unas ___________ (especies amenazadas / amenazadas especies).
7. Puedes hacer un recorrido por un ___________ (sendero corto / corto sendero).
8. Es un lugar de ___________ (importancia mucha / mucha importancia) para las plantas y animales de la zona.
9. En los alrededores existen ___________ (plantaciones forestales / forestales plantaciones) de pino.
10. Es un ___________ (lugar gran / gran lugar).

2 Comparativos y superlativos Expresa tus ideas sobre los siguientes grupos de palabras. Para cada grupo, escribe dos oraciones: una con comparativos y otra con superlativos. Incluye algunos ejemplos del superlativo absoluto en tus oraciones.

Modelo burros / perros / gatos (inteligente)
Los gatos son **más inteligentes que** *los burros, creo. Pero, para mí, los perros son* **los más inteligentes de** *todos. De hecho, son* **inteligentísimos**.

1. poemas / novelas / cuentos (difícil)
2. Poniatowska / Lorca / Machado (famoso)
3. diarios / películas / series de televisión (interesante)
4. playa / lago / río (divertido)
5. comida española / comida italiana / comida mexicana (bueno)
6. uvas / fresas / naranjas (rico)
7. casa / mansión / apartamento (elegante)
8. Nueva York / Madrid / Londres (estresante)

3 Escribir Describe en un párrafo a una persona que admiras y compárala con otras. Usa algunos de los adjetivos de la lista u otros que has aprendido.

alto / bajo	**célebre / desconocido**
delgado / corpulento	**callado / extrovertido**
intelectual / deportista	**estadounidense / europeo**

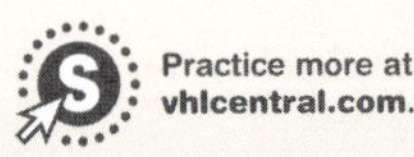
Practice more at vhlcentral.com.

Ortografía y puntuación

1.6 Acentuación I

- Al hablar, no pronunciamos todas las sílabas con la misma intensidad, sino que una sílaba recibe mayor realce que las demás (acento prosódico o tónico). Por ejemplo, en "pluma", el acento prosódico recae sobre la primera sílaba: [pluma]. Esta sílaba se llama sílaba tónica, y la que no tiene acento, sílaba átona. Debemos identificar la sílaba tónica de una palabra para dominar el uso de la tilde (*written accent*) en palabras de dos o más sílabas.

  A veces quisiera ser más vieja porque la juventud lleva en sí la imperiosa, la implacable necesidad de relacionarlo todo al amor.

Palabras agudas

- Las palabras agudas son aquellas cuya última sílaba es tónica.

  algodón, cristal, ideal

- Las palabras agudas llevan tilde cuando terminan en **-n**, en **-s** o en **vocal**.

  camión, compás, sofá, colibrí

- Cuando terminan en **-s** precedida de otra consonante, se escriben sin tilde.

  robots, tictacs, carnets

Palabras llanas

- Las palabras llanas o graves son aquellas cuya penúltima sílaba es tónica.

  pequeño, peludo, suave

- Las palabras llanas llevan tilde cuando no terminan en **-n**, en **-s** o en **vocal**.

  lápiz, frágil, fácil

¡ATENCIÓN!

Las palabras llanas que terminan en -s precedida de otra consonante también se acentúan: **fórceps, bíceps**.

Palabras esdrújulas y sobresdrújulas

- Las palabras esdrújulas son aquellas cuya antepenúltima sílaba es tónica, y las palabras sobresdrújulas son aquellas en las que es tónica alguna de las sílabas anteriores a la antepenúltima.

  rozándolas, crepúsculo, cómetelo, cómpraselo

- Las palabras esdrújulas y sobresdrújulas siempre llevan tilde.

  fantástico, lágrima, ídolo, ábaco, arréglaselo

Práctica

1 Las tildes Escribe la tilde en las palabras que lo necesiten.

"El recado" es una conmovedora historia de Elena Poniatowska. Aparecio en su segundo libro de relatos, *Los cuentos de Lilus Kinus* (1967). En "El recado", la narradora aguarda la llegada de un hombre y comienza a recordarlo. Mientras espera su llegada, le escribe una carta pero siente miedo de que su recado se extravie, asi que duda de seguir escribiendo. Este relato es un excelente ejemplo de un texto de ficcion descriptivo.

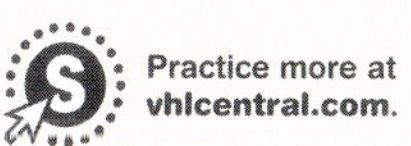

Ortografía y puntuación

1.7 Puntuación I

- Las reglas básicas de puntuación en español son similares a las reglas de puntuación en inglés.

El punto

- El punto se usa para señalar gráficamente la pausa que marca el final de una oración (que no sea interrogativa o exclamativa). También se usa detrás de las abreviaturas.

  Se ve que usted no ha leído este cuento.

- A diferencia del inglés, en español el punto se escribe siempre detrás de las comillas, los paréntesis y las rayas de cierre.

  "Después de decir esto se fue, dando un portazo". (Creo que estaba muy enfadada).

- Si después del punto comienza otra oración en la misma línea, se denomina **punto (y) seguido**. Cuando el punto separa dos párrafos distintos, se denomina **punto (y) aparte**. Si se escribe al final del texto, se denomina **punto final**.

La coma

- Al igual que en inglés, la coma se utiliza normalmente para indicar la existencia de una pausa breve dentro de una oración.

Usos principales	Ejemplos
Para separar los elementos de una enumeración.	Es una chica muy educada, amable y estudiosa.
Para aislar explicaciones (se utiliza una coma delante del comienzo del inciso y otra al final).	Cuando llegó Daniel, el hermano de mi vecina, todos lo saludaron. Los hombres del campo, vestidos de limpio y despaciosos, se quedan mirándolo.
Para separar sustantivos con función de vocativo.	Ha de saber, amigo mío, que lo principal es la felicidad.
Para aislar interjecciones.	No sé, ¡Dios mío!, qué va a ser de nosotros.
Para separar el sujeto de los complementos verbales cuando se omite el verbo por haber sido mencionado anteriormente.	Durante el invierno vive en la costa; durante el verano, en la montaña.
Delante de **excepto**, **salvo** y **menos**, y delante de conjunciones como **pero**, **aunque**, **sino**, **así que**, etc.	Todo le molesta, excepto el silencio. Haz lo que quieras, pero no olvides que te advertí.
Cuando se invierte el orden regular de las partes de una oración.	Fruta, no suelo comer.
Detrás de determinados enlaces como **esto es**, **es decir**, **ahora bien**, **en primer lugar**, etc.	Hoy podrán visitarnos. No obstante, los esperaremos mañana.
Para separar el lugar y la fecha en la datación de cartas.	En Bogotá, a 12 de marzo de 2020

¡ATENCIÓN!

A diferencia del inglés, cuando la enumeración es completa, el último elemento va introducido por una conjunción sin coma delante de ella.

Los dos puntos

Usos principales	Ejemplos
Para introducir una enumeración explicativa.	Ayer visité a tres amigos: Javier, Miguel y Lucía.
Para introducir citas y palabras textuales escritas entre comillas.	Como dijo el gran filósofo Aristóteles: "La verdad es la única realidad".
Tras las fórmulas de saludo en cartas y documentos.	Muy señor mío:
Para conectar oraciones relacionadas entre sí sin necesidad de emplear otro nexo.	Se le ha hecho tarde: no podrá quedarse a cenar.

¡ATENCIÓN!

Es incorrecto escribir dos puntos entre una preposición y el sustantivo o sustantivos que esta introduce:

En el colegio, había estudiantes de Bélgica, Holanda y otros países europeos.

El punto y coma

Usos principales	Ejemplos
Para separar los elementos de una enumeración cuando hay expresiones complejas que incluyen comas.	Quiero que hagan lo siguiente: primero, tomen asiento; después, saquen sus libros; y finalmente, comiencen la lectura.
Para separar oraciones sintácticamente independientes, pero relacionadas semánticamente.	Sigan circulando; aquí no hay nada que ver.
Delante de nexos adversativos como **pero**, **mas**, **aunque**, **sin embargo**, etc., cuando la oración precedente es larga.	La dirección de la empresa intentó recortar gastos durante todo el año; sin embargo, siguió teniendo pérdidas.

Práctica

1 Oraciones Escribe los signos de puntuación necesarios en las oraciones.

1. Cuando llegó Emilia la cuñada de mi amiga todo se aclaró
2. Toda mi familia incluido mi hermano estaba de acuerdo
3. Ayer me compré tres libros un ordenador una impresora y dos pares de zapatos
4. Llegué vi vencí
5. No te vayas sin sacar a pasear al perro recoger el correo y limpiar la casa
6. Volved a casa inmediatamente niños
7. Su hija mayor es alta la pequeña baja
8. Hazlo si quieres pero luego no digas que no te avisé
9. Juana me regaló dos libros uno de Carlos Fuentes y otro de Cortázar
10. Ya lo dijo Ortega y Gasset "España sin los toros no se entendería"
11. Siempre me ha gustado ser servicial Dicho de otro modo me gusta ayudar a los demás
12. Cada equipo viajará por una ruta diferente el primero por la izquierda el segundo por la derecha el tercero de frente
13. Teníamos que mantener el negocio abierto toda la noche hubo que pedir un crédito
14. No sé si decírselo o no decírselo No sé qué hacer
15. Dijo que quería venir pero no pudo

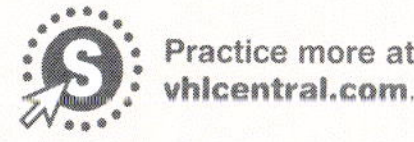

TALLER DE ESCRITURA

1A La descripción de lugares y objetos

La descripción de objetos y lugares —es decir, la representación verbal de sus características— es uno de los actos más comunes y, al mismo tiempo, más complejos del lenguaje. ¿Cómo expresar con meras palabras la infinita variedad de cualidades que nuestros sentidos registran? A veces, lo difícil es lograr la mayor precisión posible. Un anuncio de venta en el periódico, por ejemplo, busca comunicar de forma clara, concisa y objetiva las características del objeto para que el lector lo perciba como si lo tuviera presente. Otras veces la precisión no basta y, para expresar la verdadera esencia de un sitio o un objeto, es necesario recurrir a la imaginación, a comparaciones y a metáforas que acuden a nuestras asociaciones familiares y nos obligan a considerar las cosas como por primera vez.

Al comenzar una descripción, ten en cuenta las siguientes categorías:

Características objetivas

Son las características que percibimos a través de nuestros sentidos y que dos observadores distintos compartirán independientemente de sus gustos personales. Define exactamente qué impresión provoca el objeto en tus sentidos. Usa lenguaje preciso para describir sus propiedades. Piensa en preguntas de este tipo:

Para un objeto	¿Qué es? ¿Qué dimensiones tiene? ¿Qué partes lo integran? ¿Cómo está compuesto? ¿Cuál es su función? ¿Cómo o para qué se usa?
Para un lugar	¿Dónde está? ¿Cómo es? ¿Qué vería, oiría y olería una persona que estuviera allí? ¿Qué tiene de interesante para alguien que nunca ha estado allí?

Impresiones subjetivas

Un objeto puede causar reacciones distintas dependiendo de las asociaciones y preferencias personales del que lo observa. Decir que el color de un auto es "feo" es una evaluación subjetiva. Decir que es "chillón" es más objetivo, aunque también dependerá un poco de cómo entiende cada persona esa palabra. Las impresiones subjetivas no deben menospreciarse ni necesariamente excluirse de una descripción, pero es útil intentar definir de dónde provienen y cómo comunicárselas a un lector que podría no compartir nuestros gustos. Analiza tus propias reacciones para ver qué aspectos particulares del objeto o el lugar las provocan y por qué.

Analogías y metáforas

Al describir un objeto, ten siempre en cuenta las siguientes preguntas: ¿A qué se parece? ¿Con qué puedo compararlo? Una de las mejores formas de describir algo que el lector no conoce es a través de analogías con elementos que le sean familiares. Por ejemplo: "El tronco del ombú es grueso como un barril". La metáfora, comparación tácita y a menudo más poética e imaginativa, puede emplearse para llevar a cabo descripciones menos literales, pero más interesantes. Pablo Neruda, en su *Oda a la cebolla*, describe esta sencilla planta como una "redonda rosa de agua", "clara como un planeta".

Modelo

Lee la siguiente descripción y observa cómo busca comunicar tanto características objetivas como impresiones subjetivas sobre el lugar. Presta atención al uso de adjetivos, comparaciones y metáforas. ¿Hay palabras o frases que cambiarías por otras más precisas? ¿Agregarías algo más?

La Plaza de Santa Catarina

En la ciudad de México, en uno de los viejos barrios coloniales de la ciudad, se encuentra la Plaza de Santa Catarina. Rodeada por caserones blancos con arcadas en tres de sus costados, y en el cuarto por una antigua iglesia de fachada barroca, la pequeña plaza empedrada es un sitio tranquilo, elegante y encantador, un pedacito del pasado que se escapó del tiempo. En el centro hay una fuente baja y redonda, con una sencilla columna y una cara tallada en piedra de cuya boca brota un fresco chorrito de agua.

Los niños vienen a tirar sus monedas y a pedir sus deseos. Alrededor de la fuente hay frondosos y ancianos árboles que como amables gigantes brindan sombra a los paseantes, así como bancos de piedra donde sentarse a descansar. En una de las esquinas hay un antiguo café con mesas al aire libre, y por las mañanas el delicioso aroma de los granos tostándose en el molinillo se mezcla con la brisa fresca y llena la plaza.

Todo cambia el fin de semana, cuando se hace un mercado de frutas y verduras, y la gente del barrio viene a comprar y a pasear. Entonces todo es bullicio, movimiento y color. Apenas se puede circular por los pequeños caminos entre los puestos de los vendedores, y los gritos con que anuncian su mercancía y el murmullo incesante del regateo y la conversación crean dentro del reducido espacio de la plaza una especie de tempestuoso oleaje de ruidos y voces.

"¡A cinco las papas!", grita un vendedor. El afilador de cuchillos toca su silbato y los niños corren a ver las chispas que saltan de la piedra. Incluso hay un vendedor de pájaros que lleva colgadas de un palo una multitud de pequeñas jaulas. El lunes vuelve la calma. Las palomas picotean entre las piedras. El café abre sus puertas. La campana de la iglesia toca humildemente la hora y cede al silencio.

Las primeras frases describen el carácter general del lugar. "Pequeña" y "empedrada" son características objetivas. "Encantadora" es una afirmación subjetiva que debe ser respaldada con detalles.

La descripción es en parte literal (la fuente es "baja y redonda") y en parte metafórica (la plaza es "un pedacito del pasado", y los árboles son "amables gigantes").

La descripción intenta abarcar todos los sentidos.

Algunas observaciones podrían ser más específicas. ¿En qué parte de la ciudad de México está la plaza exactamente? ¿Qué tipo de árboles son? ¿Qué frutas y verduras se venden en el mercado? ¿Cómo es la gente del barrio?

Tema de composición

Elige una de estas opciones y escribe una descripción.

1. Describe uno de estos objetos o lugares.
   a. el lugar que más miedo te ha dado en la vida
   b. el mejor regalo que te han hecho
   c. tu comida preferida
   d. esta fotografía

2. El poeta inglés Craig Raine escribió un poema titulado "Un marciano envía una postal a casa", en el cual describe objetos familiares desde el punto de vista de un marciano que los ve por primera vez. Por ejemplo, los libros le parecen "pájaros mecánicos de muchas alas" que a veces se posan en las manos. Un auto es "una habitación con el cerrojo por dentro, se da vuelta la llave para liberar al mundo y ponerlo en movimiento". Elige un objeto familiar y descríbelo sin mencionar su nombre desde un punto de vista "marciano". Después, dáselo a leer a un(a) compañero/a, quien deberá adivinar de qué objeto se trata.
3. Describe un animal imaginario: incluye su aspecto, sus hábitos, lo que come, el medio ambiente en el que vive y todo lo demás que se te ocurra.

Antes de escribir

Antes de empezar a escribir, conviene pensar en algunas preguntas fundamentales que determinarán el carácter de tu descripción.

- ¿Qué tipo de lector o de público tienes en mente?
- ¿Cuánto sabe de antemano sobre el lugar o el objeto que piensas describirle?
- ¿Qué cosas le interesan?

Si es un lector familiarizado con el tema, tu descripción puede dar ciertas cosas por sentadas que de otra forma tendrías que explicarle. La persona que compra una guía de viajes para leer sobre lugares que quiere visitar busca descripciones concisas, fáciles de leer y llenas de información útil para el viajero; en cambio, el lector de una novela aprecia las descripciones más detalladas y elaboradas.

Escribir el borrador

Ten en cuenta estos puntos.

- Si puedes tener frente a ti el objeto o el lugar sobre el que quieres escribir, mucho mejor. Si no es posible, intenta al menos tener a mano fotografías e imágenes. Al escribir una descripción de memoria, incluso si solo han pasado unas horas, corres el riesgo de olvidar muchos detalles.
- Antes de componer párrafos enteros, escribe simples listas de palabras y frases que describan el objeto, ya sea desde el punto de vista de sus características objetivas, de la impresión subjetiva que provoca en ti o de analogías y metáforas que lo comparen con otro objeto. Luego puedes ir hilando estas frases para formar una descripción más extensa y articulada.
- A diferencia de una narración, que en general sigue el orden cronológico de los sucesos, una descripción no tiene una estructura predeterminada. Puede empezar por cualquier aspecto del objeto y saltar a otro. Sin embargo, las descripciones deben tener cierta continuidad lógica para que el lector las pueda seguir. Al describir un lugar, por ejemplo, puedes organizar tu descripción de acuerdo con lo que vería una persona caminando de un punto a otro. Al describir un objeto, conviene organizar la descripción de forma que las distintas observaciones sobre cada uno de sus aspectos (apariencia física, función, etc.) queden agrupadas.

Escribir la versión final

- Una vez terminado el borrador, comienza el trabajo de revisión y edición para producir una versión final. La fase de revisión y edición no consiste en "pulir" el borrador mediante pequeñas correcciones de ortografía y gramática, y mucho menos en apretar el botón de corrección de estilo en el procesador de texto. Consiste en *reescribir* el borrador, a veces cambiando la estructura y eliminando o añadiendo párrafos enteros. Al terminar un borrador y antes de editarlo, es bueno dejar pasar unas horas o un día entero para tomar distancia y juzgarlo objetivamente.
- En las descripciones, los adjetivos y adverbios suelen ser esenciales. Al revisar tu descripción, evalúa cada adjetivo y adverbio y piensa en posibles sinónimos o palabras afines que sean más precisas. Incluso palabras que podrían parecer equivalentes a primera vista suelen tener connotaciones distintas. Decir que una casa es "vieja" es distinto a decir que es "antigua". Decir que una calle es "lúgubre" es distinto a decir que es "siniestra", "triste" o "sombría". Un buen diccionario de sinónimos y antónimos puede ayudarte a encontrar la palabra exacta.
- Al editar, considera también los posibles excesos o repeticiones en tu descripción. Por ejemplo, la descripción de la Plaza de Santa Catarina habla de un "fresco" chorrito de agua, que en cierto sentido es repetitivo, ya que la mención de la fuente y del agua sugiere de por sí la sensación de frescura. Una buena descripción debe ser completa, pero también eficiente en su uso del lenguaje.

1B La descripción de personas

La descripción tiene mucho en común con una pintura o una fotografía, ya que intenta plasmar lo que se ve, la imagen de la realidad que se percibe. Como la mayoría de las historias tratan sobre personas, aunque no nos demos cuenta, leemos, escuchamos y hacemos descripciones de personas constantemente.

Cada libro o relato necesita describir a sus personajes: los sitios de Internet o revistas que promocionan citas amorosas presentan descripciones de los candidatos; los artículos periodísticos o entrevistas hacen una presentación acerca de los entrevistados; y hasta las conversaciones cotidianas incluyen descripciones de las personas involucradas.

La descripción de una persona siempre implica tres elementos fundamentales:

- **observación** de los detalles que se destacan de esa persona
- **selección** de las características que la representan
- **organización** de los detalles percibidos (desde lo general a lo particular, de lo exterior a lo interior, etc.)

Para decir cómo es una persona no basta con conocer su aspecto, cómo se viste o de qué color es su cabello. Una descripción estrictamente física no nos dará demasiados datos sobre alguien, pero señalar cómo habla y piensa, qué le gusta y qué no, y cómo la perciben los demás puede resultar mucho más informativo.

Existen distintos tipos de descripciones de personas según los rasgos que se describan:

Prosopografía	Descripción física, de características exteriores: los rasgos más importantes son el aspecto general (estatura, peso, edad, etc.), el rostro (color de piel, cabello, ojos, forma de la nariz, etc.) y la vestimenta.
Etopeya	Descripción de rasgos internos, psicológicos o morales: manera de ser y actuar, carácter, personalidad, reacciones, costumbres y sentimientos.
Retrato (o autorretrato)	Descripción combinada de las dos anteriores.
Caricatura	Retrato exagerado donde se acentúan o distorsionan ciertos rasgos o defectos; tiene, generalmente, una intención humorística o satírica.

Una descripción puede ser estrictamente objetiva, cuando se busca reflejar la realidad con exactitud, o puede ser subjetiva, cuando la persona que describe presenta su visión; en este caso, los sentimientos, ideas y pareceres del observador quedarán reflejados en la descripción. También se pueden colar estereotipos, que son formas de representar (y de juzgar) a la gente en términos fijos e inflexibles a partir de un modelo mental muy simplificado que se puede tener de un grupo determinado.

Los medios de comunicación muchas veces se sienten atraídos por estos estereotipos, que proporcionan imágenes rápidas al espectador ("el vago", "el niño bien", "la mala", "el anciano avaro", etc.). Sin embargo, hay que tener en mente que los estereotipos siempre manifiestan una visión limitada y esquemática porque ignoran la complejidad psicológica de cada persona y reducen sus rasgos hasta llegar, a veces, a la caricatura.

Modelo

Lee la siguiente descripción y presta atención al tono y al uso del lenguaje. ¿Qué clase de persona te parece que es el observador? ¿Qué importancia tiene eso en su descripción? ¿Cómo se filtran en el texto los sentimientos que le despiertan los personajes que describe?

Clientes VIP

En cuanto entraron a la tienda, los reconocí perfectamente, como si ya supiera quiénes eran, aunque nunca los había visto hasta ese día. Él tenía el aspecto del típico niño adinerado, con su auto nuevo estacionado en la puerta, regalo de papá, seguramente. Ella estaba vestida a la moda y miraba por encima del hombro a todo el mundo. Después supe que él se llamaba Ramiro y que seguía los pasos de todos los hijos menores de su familia; es decir, era la oveja negra. A pesar de tener ya más de veinticinco años, no había trabajado nunca. Vivía de fiesta en fiesta y usaba sin remordimientos la multitud de tarjetas de crédito que guardaba en una gorda cartera de cuero. Era algo torpe, tenía el cabello cuidadosamente desprolijo y los ojos hinchados de sueño (aunque ya era pasado el mediodía). Llevaba un traje impecable y zapatillas de colores que le daban el toque imprescindible para alguien de su clase que quiere estar a la moda.

Ella, de nombre Valentina, Delfina, Justina o algo parecido, intentaba no fijar sus hermosos ojos dorados en nadie ni nada. No tendría más de veintidós años y se notaba que también acababa de levantarse, pero todavía no parecía del todo despierta. Estaba sospechosamente delgada y las grandes gafas de sol sostenían hacia atrás su cabello rubio platino que le caía sobre la espalda. A cada paso daba la impresión de que se iba a caer, trepada a sus altísimos Louboutin (los reconocí por la suela roja). Esta es otra que no trabajó nunca, pensé entonces, mientras me adelantaba a recibir a Ramiro y su novia Valentina, Delfina o Justina: la chica Louboutin, como la bauticé mentalmente.

No podrían importarme menos, pero yo sí trabajaba (no tenía otra opción), necesitaba ganar algunas comisiones de ventas y ellos eran clientes potenciales que evidentemente no se fijaban en el dinero: iban a ser presa fácil.

Al comienzo se establece el tono fijando estereotipos, como "niño adinerado", que desarrollará el resto del texto.

Se presentan los aspectos morales del personaje y luego el aspecto general, siempre buscando reafirmar el estereotipo que mantiene el observador.

Se recurre a un lenguaje teñido de doble sentido, con frases como: "sospechosamente delgada".

Se incluyen abiertamente los sentimientos que los personajes despiertan en el observador. La descripción podría ser muy distinta si la hiciera otro observador con diferentes puntos de vista, estereotipos, sentimientos, etc.

Tema de composición

Elige una de las siguientes opciones y escribe una descripción:

1. autorretrato
2. etopeya de un personaje literario o cinematográfico
3. caricatura de un personaje público

Antes de escribir

Antes de comenzar a escribir, consulta las instrucciones del taller 1A (**p. 22**). Recuerda que es importante que decidas a qué clase de lector te diriges. Mediante tu descripción (y únicamente con ella), el lector debe poder identificar a la persona que "pintas" con la misma claridad que tendría si la estuviera viendo en ese momento. Piensa también cuál será el tono más conveniente para el tipo de descripción que has elegido realizar: serio, irónico, censurador, etc.

Escribir el borrador

Para escribir tu borrador, puede resultarte útil formar tres listas:

- Características del personaje que vas a describir: sus rasgos físicos; cómo actúa, se mueve y habla; qué siente, piensa o desea, etc. Si te parece que encaja en algún estereotipo, puedes incluirlo en tu descripción tanto para afirmarlo como para negarlo. Lo importante es que sumes datos para responder a estas preguntas: ¿Cómo es él/ella? ¿Qué clase de persona es?
- Sentimientos que te produce a ti este personaje: admiración, rencor, ira, ternura, etc.
- Metáforas o comparaciones que se te ocurran para describir mejor y con más viveza las características de esta persona.

Luego, de las listas que escribiste, elige los rasgos que te parezcan más característicos del personaje que vas a describir y elimina los que resulten innecesarios para tu tipo de descripción.

Presta atención a cierto orden lógico en la enumeración: del aspecto general a los detalles más concretos o viceversa. Elige un ambiente o situación en el que puedas presentar al personaje conversando, jugando o trabajando; es decir, realizando la actividad que mejor lo "pinta" para que cobre vida ante los ojos del lector.

Escribe un borrador de tu descripción a partir de todo lo que has reunido. Al final, puedes intercambiarlo con un(a) compañero/a y hacer la prueba de que identifique al personaje únicamente a partir de tu composición. Además, puedes pedir a tu compañero/a sugerencias para pulir tu descripción.

Escribir la versión final

Revisa tu borrador siguiendo las instrucciones del taller 1A (**p. 22**) e incorporando las correcciones y comentarios que te haya hecho tu compañero/a. Recuerda que tu descripción debe ser un retrato lo más claro posible de una persona, de tal modo que el lector pueda identificarla o conocerla, y recrearla en el momento de la lectura. Para ello, usa los recursos expresivos que logren hacer más viva y novedosa tu descripción: adjetivos, comparaciones, analogías, imágenes sensoriales y metáforas.

1C La comparación

A veces, para describir una realidad desde nuestro punto de vista necesitamos expresarla en forma comparativa: para esto bastan dos términos (pueden ser objetos, situaciones, hechos o personas) entre los que se establece una relación, ya sea para destacar las similitudes o señalar las diferencias. Así, por comparación o contraste, comunicamos lo que queremos decir con mayor claridad.

Este recurso es común en publicidades de productos que cumplen una función similar, en la presentación de políticos que son candidatos para el mismo puesto de gobierno, en informes sobre situaciones laborales y salariales de hombres y mujeres, en análisis de estadísticas de diferentes épocas, etc. Incluso todos utilizamos la misma estructura de pensamiento en nuestra vida diaria cuando decidimos qué zapatos comprar, si ir de vacaciones a la montaña o al mar, o qué camino nos conviene tomar para llegar más rápido a una cita.

A la hora de escribir una comparación hay que tomar varias decisiones: se puede intentar una objetividad casi científica, pero también dar rienda suelta a la subjetividad y expresar fuertemente una opinión personal sobre el tema. La decisión dependerá del tipo de comparación que estamos haciendo. Por otro lado, podemos elogiar los dos términos de la comparación y señalar similitudes, o elogiar uno y criticar el otro.

Tenemos además opciones en cuanto al esquema de redacción: describir los términos en bloques separados, cada uno en un párrafo diferente, o comparar los términos punto por punto en el mismo párrafo o incluso en la misma oración. Lo importante es elegir el esquema que exprese con más claridad nuestro punto de vista y que sea más adecuado para el tipo de composición.

Siempre es recomendable tener en cuenta el siguiente orden:

Introducción	Es preciso informar claramente de qué se va a hablar, plantear el tema e indicar cuáles serán los términos que se van a relacionar mediante la comparación.
Descripción	La descripción puede enfocarse o bien en los rasgos comunes que comparten los dos términos, o bien en los que los diferencian, e ir avanzando por bloques o punto por punto. Es preciso elegir una estructura y mantenerla con claridad: esto ayuda a establecer analogías a partir de rasgos variables (tamaño, forma, procedencia, historia, costo, utilidad, etc.) y organizar todo esto siguiendo un orden lógico, ya sea cronológico, temático o el que mejor sirva el propósito de la descripción.
Conclusión	Por último, hay que expresar una conclusión, resumiendo los datos más importantes que se han destacado y retomando lo anunciado en la introducción para ratificarlo o modificarlo.

Para escribir la comparación, puedes utilizar adjetivos comparativos y superlativos; también comparar y contrastar cualidades, tamaños, cantidades, historias, situaciones, actitudes, etc. Los dos términos deben ser tratados en forma paralela para que el lector vea la relación entre ambos términos sin tener que esforzarse; de lo contrario, el objetivo no se consigue y todo el esquema fracasa.

Modelo

Lee el texto y observa cómo se desarrolla el tema a partir de la presentación de comparaciones y contrastes. ¿Te parece que esta estructura favorece la exposición o habría sido preferible optar por un esquema en bloques?

Desde el principio se establece el tema de la comparación (la compatibilidad de los signos del zodíaco) y el objetivo del texto (encontrar la forma de saber si una pareja va a funcionar bien o no).

El autor propone algunos ejemplos y contrasta punto por punto las cualidades de uno y otro para destacar más las diferencias.

Aquí se desarrolla la tesis opuesta, a partir de la comparación de cualidades y características similares.

Al final se retoman el tema y el objetivo enunciados en el comienzo, modificando el planteo inicial y proponiendo una nueva idea: solo hacer "caso al corazón".

La pareja ideal

Hay quienes señalan que, a la hora de elegir un alma gemela, es fundamental conocer la compatibilidad de los signos zodiacales de una y otra parte porque, mientras algunas uniones pueden llevarnos al paraíso, otras podrían resultar verdaderos desastres cósmicos.

Por ejemplo, cuando el destino enamora a Aries de Cáncer, las cosas se vuelven complicadas, porque sus caracteres son opuestos. Cáncer quiere quedarse en su casa, que transforma en un nido de amor y estabilidad: para él (o ella), la familia es lo primero, y su temperamento afectuoso precisa de un clima cálido para sentirse bien; mientras que Aries es impulsivo y no le agradan las responsabilidades del hogar ni sentirse atado, así que pronto comenzarán los desacuerdos. Algo parecido ocurre con la dupla Virgo-Sagitario: Virgo es muy formal, se organiza mejor que nadie y se esfuerza por evitar cualquier riesgo. Por el contrario, Sagitario es efusivo y alegre, y necesita lanzarse a la vida sin reparos.

Podríamos suponer, entonces, que lo mejor es buscar ciertas similitudes para asegurarnos una relación exitosa. Sin embargo, a veces, las dificultades pueden surgir precisamente por ser demasiado parecidos, como en el caso de Escorpio y Leo: los dos exhiben un carácter fuerte y son igualmente individualistas y ambiciosos; competirán para ver quién brilla más y pasarán del amor al odio en un instante. Lo mismo sucede con Capricornio y Libra: ambos intentarán constantemente dominarse el uno al otro para ver quién tiene más poder en la pareja.

Entonces, ¿cuál sería la solución ideal? Nadie lo sabe. Pero si eres Libra o Cáncer, tu romanticismo incurable te hará pensar que el amor todo lo puede; a Capricornio, la intolerancia al fracaso le hará perseverar con su pareja elegida; Virgo sabe adaptarse mejor que muchos; Escorpio es demasiado obstinado para hacer caso a nadie; y Aries ama los riesgos más que cualquier otra cosa. Y, como todo depende del cristal con que se mire, la sabiduría popular aporta dos frases que pueden venirte como anillo al dedo para que en el amor solo le hagas caso al corazón: "Polos opuestos se atraen", dice una, y "los parecidos andan unidos", pregona la otra. Vaya cada uno a saber...

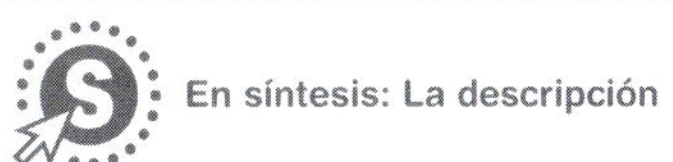

En síntesis: La descripción

Tema de composición

Observa con atención las fotografías. Imagina que, por alguna razón (adopción de mascotas, concurso de perros, etc.), necesitas comparar estos dos perros. Preséntalos destacando sus características, rasgos y comportamiento.

Antes de escribir

Planea la razón por la que escribirás la comparación y dedica unos minutos a observar las dos fotografías hasta que hayas captado las características de cada uno de los perros retratados y decidido tu enfoque del tema. Elige el tono: puede ser objetivo (por ejemplo, si los perros son protagonistas de una película cuyos personajes te toca describir) o subjetivo (por ejemplo, son los perros de tu abuela y uno te gusta y el otro no).

Escribir el borrador

Haz dos listas, una para cada foto, anotando todas las características que observas y también las que se te ocurran a partir de las imágenes. Puedes poner un nombre a cada perro e inventar sus biografías y una o dos anécdotas que puedas utilizar para exponer el tema que hayas elegido. Intenta identificar los paralelismos que te servirán para estructurar las comparaciones o contrastes; elige las analogías que vas a presentar y el esquema del texto; y escribe algunos párrafos.

Escribir la versión final

Después de corregir tu borrador, escribe la versión final. Recuerda que la introducción y la conclusión deben estar unidas: lo que se expuso al comienzo debe retomarse en la conclusión, bien para resumir o ratificar, o bien para modificar la propuesta de la introducción. Comprueba que eso se cumpla.

La narración

"Un buen escritor expresa grandes cosas con pequeñas palabras: a la inversa del mal escritor, que dice cosas insignificantes con palabras grandiosas".

—Ernesto Sábato

La narración es uno de los tipos textuales más comunes. Existen narraciones formales, como los cuentos, las novelas, las obras autobiográficas, los textos de historia. Pero existen también infinidad de narraciones informales: postales, cartas, chistes, anécdotas. Todas las narraciones tienen elementos comunes: un narrador relata para una audiencia una serie de acciones o incidentes que involucran a uno o más protagonistas. En los relatos autobiográficos, el autor es a su vez narrador y protagonista. En otros relatos, el narrador es un observador externo diferente del autor.

En esta lección, te daremos las herramientas necesarias para ser un narrador eficaz en español.

Observa la foto. ¿Qué está sucediendo? ¿Qué eventos crees que provocaron esta escena? ¿Qué sucederá después?

EXPANSIÓN
A Handbook of Contemporary Spanish Grammar
Chapters 1, 15, 18

LECTURA

Gabriel García Márquez (1927–2014) nació en Aracataca, Colombia, un pequeño pueblo cerca del mar Caribe. García Márquez fue criado por sus abuelos entre mitos, leyendas y libros fantásticos. Eso fue construyendo la base de su futura obra narrativa. Comenzó a estudiar derecho, pero lo abandonó para dedicarse al periodismo. Como corresponsal en Italia, viajó por toda Europa. Vivió en diferentes lugares y escribió guiones (*scripts*) cinematográficos, cuentos y novelas. En 1967 publicó su novela más famosa, *Cien años de soledad*, cuya acción transcurre en el mítico pueblo de Macondo. En 1982 recibió el Premio Nobel de Literatura.

"La siesta del martes", uno de los siete relatos que integran *Los funerales de la Mamá Grande* (1962), también tiene lugar en Macondo. Sin embargo, es un relato puramente realista, sin los elementos fantásticos que suelen asociarse con el realismo mágico de García Márquez. Con un estilo parco y sencillo, y a través de una multitud de detalles meticulosamente observados, el cuento revela poco a poco el carácter y la vida interior de sus personajes. García Márquez dijo alguna vez que se trata de su mejor cuento y que, como toda su obra, tuvo su origen en una imagen simple: "la visión de una mujer y una niña vestidas de negro, con un paraguas negro, caminando bajo el sol abrasante de un pueblo desierto". ■

ANTES DE LEER

¿Sabes qué ocurre durante las horas de la siesta en los países hispanos? Busca la confirmación de tu respuesta en la **página 36.**

¿Según tu experiencia, cómo se vive el duelo de un ser querido? ¿Por qué crees que se llevan flores a las tumbas cuando se muere una persona?

¿Qué razones piensas que puede tener alguien para no permitirse llorar en público?

Audio: Dramatic Reading

La siesta del martes

El cuento comienza súbitamente y sin ninguna explicación, situando al lector, de golpe, en lo que está ocurriendo. ▶

El tren salió del trepidante[1] corredor de rocas bermejas[2], penetró en las plantaciones de banano, simétricas e interminables, y el aire se hizo húmedo y no se volvió a sentir la brisa del mar. Una humareda sofocante entró por la ventanilla del vagón. En el estrecho[3] camino paralelo a la vía férrea había carretas de bueyes cargadas de racimos verdes. Al otro lado del camino, en intempestivos[4] espacios sin sembrar, había oficinas con ventiladores eléctricos, campamentos de ladrillos rojos y residencias con sillas y mesitas blancas en las terrazas entre palmeras y rosales polvorientos. Eran las once de la mañana y aún no había empezado el calor.

Para indicar un diálogo se debe usar la **raya** o **guion largo**. Ver **p. 55**. ▶

—Es mejor que subas el vidrio —dijo la mujer—. El pelo se te va a llenar de carbón.

La niña trató de hacerlo, pero la persiana[5] estaba bloqueada por óxido.

Eran los únicos pasajeros en el escueto[6] vagón de tercera clase. Como el humo de la locomotora siguió entrando por la ventanilla, la niña abandonó el puesto y puso en su lugar los únicos objetos que llevaban: una bolsa de material plástico con cosas de comer y un ramo de flores envuelto en papel de periódicos. Se sentó en el asiento opuesto, alejada de la ventanilla, de frente a su madre. Ambas guardaban un luto[7] riguroso y pobre.

[1]*shaking* [2]*crimson* [3]*narrow* [4]*wild* [5]*window blinds* [6]*bare* [7]*were in mourning dress*

La niña tenía doce años y era la primera vez que viajaba. La mujer parecía demasiado vieja para ser su madre, a causa de las venas azules en los párpados y del cuerpo pequeño, blando y sin formas, en un traje cortado como una sotana[8]. Viajaba con la columna vertebral firmemente apoyada contra el espaldar del asiento, sosteniendo en el regazo con ambas manos una cartera de charol desconchado[9]. Tenía la serenidad escrupulosa de la gente acostumbrada a la pobreza.

A las doce había empezado el calor. El tren se detuvo diez minutos en una estación sin pueblo para abastecerse de agua. Afuera, en el misterioso silencio de las plantaciones, la sombra tenía un aspecto limpio. Pero el aire estancado dentro del vagón olía a cuero sin curtir. El tren no volvió a acelerar. Se detuvo en dos pueblos iguales, con casas de madera pintadas de colores vivos. La mujer inclinó la cabeza y se hundió en el sopor[10]. La niña se quitó los zapatos. Después fue a los servicios sanitarios a poner en agua el ramo de flores muertas.

Cuando volvió al asiento la madre le esperaba para comer. Le dio un pedazo de queso, medio bollo de maíz y una galleta dulce, y sacó para ella de la bolsa de material plástico una ración igual. Mientras comían, el tren atravesó muy despacio un puente de hierro y pasó de largo por un pueblo igual a los anteriores, sólo que en éste había una multitud en la plaza. Una banda de músicos tocaba una pieza alegre bajo el sol aplastante[11]. Al otro lado del pueblo en una llanura cuarteada[12] por la aridez, terminaban las plantaciones.

"Tenía la serenidad escrupulosa de la gente acostumbrada a la pobreza".

La mujer dejó de comer.

—Ponte los zapatos —dijo.

La niña miró hacia el exterior. No vio nada más que la llanura desierta por donde el tren empezaba a correr de nuevo, pero metió en la bolsa el último pedazo de galleta y se puso rápidamente los zapatos. La mujer le dio la peineta.

—Péinate —dijo.

El tren empezó a pitar mientras la niña se peinaba. La mujer se secó el sudor del cuello y se limpió la grasa de la cara con los dedos. Cuando la niña acabó de peinarse el tren pasó frente a las primeras casas de un pueblo más grande pero más triste que los anteriores.

—Si tienes ganas de hacer algo, hazlo ahora —dijo la mujer—. Después, aunque te estés muriendo de sed no tomes agua en ninguna parte. Sobre todo, no vayas a llorar.

La niña aprobó con la cabeza. Por la ventanilla entraba un viento ardiente y seco, mezclado con el pito de la locomotora y el estrépito de los viejos vagones. La mujer enrolló la bolsa con el resto de los alimentos y la metió en la cartera. Por un instante, la imagen total del pueblo, en el luminoso martes de agosto, resplandeció en la ventanilla. La niña envolvió las flores en los periódicos empapados, se apartó un poco más de la ventanilla y miró fijamente a su madre. Ella le devolvió una expresión apacible[13]. El tren acabó de pitar y disminuyó la marcha. Un momento después se detuvo.

[8]*cassock* [9]*peeling* [10]*lethargy* [11]*crushing* [12]*cracked* [13]*peaceful*

◀ La narración de una historia suele ser en el pasado. Aquí, el autor emplea el **imperfecto**, el **pretérito perfecto simple** y el **pretérito pluscuamperfecto**. Ver **pp. 46–48**.

◀ El escritor estructura el orden temporal de los sucesos al utilizar conjunciones como **cuando** y **mientras**.

◀ Los adjetivos que emplea un escritor pueden ser objetivos (**la llanura desierta**) o subjetivos (**el pueblo triste**), en cuyo caso cada lector formará su propia imagen del pueblo.

No había nadie en la estación. Del otro lado de la calle, en la acera sombreada por los almendros, sólo estaba abierto el salón de billar[14]. El pueblo flotaba en calor. La mujer y la niña descendieron del tren, atravesaron la estación abandonada cuyas baldosas[15] empezaban a cuartearse por la presión de la hierba, y cruzaron la calle hasta la acera de sombra.

Eran casi las dos. A esa hora, agobiado[16] por el sopor, el pueblo hacía la siesta. Los almacenes, las oficinas públicas, la escuela municipal, se cerraban desde las once y no volvían a abrirse hasta un poco antes de las cuatro, cuando pasaba el tren de regreso. Sólo permanecían abiertos el hotel frente a la estación, su cantina y su salón de billar, y la oficina del telégrafo a un lado de la plaza. Las casas, en su mayoría construidas sobre el modelo de la compañía bananera, tenían las puertas cerradas por dentro y las persianas bajas. En algunas hacía tanto calor que sus habitantes almorzaban en el patio. Otros recostaban un asiento a la sombra de los almendros y hacían la siesta sentados en plena calle.

"... la mujer y la niña penetraron en el pueblo sin perturbar la siesta".

Buscando siempre la protección de los almendros, la mujer y la niña penetraron en el pueblo sin perturbar[17] la siesta. Fueron directamente a la casa cural[18]. La mujer raspó con la uña la red metálica de la puerta, esperó un instante y volvió a llamar.

—Necesito al padre —dijo.

—Ahora está durmiendo.

—Es urgente —insistió la mujer.

Su voz tenía una tenacidad reposada.

[14]*billiard room* [15]*paving stones* [16]*exhausted* [17]*disturb* [18]*parish house*

La puerta se entreabrió sin ruido y apareció una mujer madura y regordeta, de cutis[19] muy pálido y cabellos color hierro. Los ojos parecían demasiado pequeños detrás de los gruesos cristales de los lentes.

—Sigan —dijo, y acabó de abrir la puerta.

Entraron en una sala impregnada de un viejo olor de flores. La mujer de la casa las condujo hasta un escaño[20] de madera y les hizo señas de que se sentaran. La niña lo hizo, pero su madre permaneció de pie, absorta, con la cartera apretada en las dos manos. No se percibía ningún ruido detrás del ventilador eléctrico.

La mujer de la casa apareció en la puerta del fondo.

—Dice que vuelvan después de las tres —dijo en voz muy baja—. Se acostó hace cinco minutos.

—El tren se va a las tres y media —dijo la mujer.

Fue una réplica breve y segura, pero la voz seguía siendo apacible, con muchos matices[21]. La mujer de la casa sonrió por primera vez.

—Bueno —dijo.

Cuando la puerta del fondo volvió a cerrarse la mujer se sentó junto a su hija. La angosta sala de espera era pobre, ordenada y limpia. Al otro lado de una baranda de madera que dividía la habitación, había una mesa de trabajo, sencilla, con un tapete de hule[22], y encima de la mesa una máquina de escribir primitiva junto a un vaso con flores. Detrás estaban los archivos parroquiales. Se notaba que era un despacho arreglado por una mujer soltera.

"Es el ladrón que mataron aquí la semana pasada. Yo soy su madre".

La puerta del fondo se abrió y esta vez apareció el sacerdote limpiando los lentes con un pañuelo. Sólo cuando se los puso pareció evidente que era hermano de la mujer que había abierto la puerta.

—¿Qué se les ofrece? —preguntó.

—Las llaves del cementerio —dijo la mujer.

La niña estaba sentada con las flores en el regazo y los pies cruzados bajo el escaño. El sacerdote la miró, después miró a la mujer y después, a través de la red metálica de la ventana, el cielo brillante y sin nubes.

—Con este calor —dijo—. Han podido esperar a que bajara el sol.

La mujer movió la cabeza en silencio. El sacerdote pasó del otro lado de la baranda, extrajo del armario un cuaderno forrado de hule, un plumero de palo y un tintero, y se sentó a la mesa. El pelo que le faltaba en la cabeza le sobraba en las manos.

—¿Qué tumba van a visitar? —preguntó.

—La de Carlos Centeno —dijo la mujer.

—¿Quién?

—Carlos Centeno —repitió la mujer.

El padre siguió sin entender.

—Es el ladrón que mataron aquí la semana pasada —dijo la mujer en el mismo tono—. Yo soy su madre.

[19]*complexion* [20]*bench* [21]*nuances* [22]*rubber mat*

El sacerdote la escrutó[23]. Ella lo miró fijamente, con un dominio reposado, y el padre se ruborizó. Bajó la cabeza para escribir. A medida que llenaba la hoja pedía a la mujer los datos de su identidad, y ella respondía sin vacilación, con detalles precisos, como si estuviera leyendo. El padre empezó a sudar. La niña se desabotonó la trabilla[24] del zapato izquierdo, se descalzó el talón y lo apoyó en el contrafuerte. Hizo lo mismo con el derecho.

El *flashback* es una técnica narrativa que interrumpe el orden cronológico de los eventos para narrar sucesos anteriores. ▶

Todo había empezado el lunes de la semana anterior, a las tres de la madrugada y a pocas cuadras de allí. La señora Rebeca, una viuda solitaria que vivía en una casa llena de cachivaches[25], sintió a través del rumor de la llovizna que alguien trataba de forzar desde afuera la puerta de la calle. Se levantó, buscó a tientas en el ropero un revólver arcaico que nadie había disparado desde los tiempos del coronel Aureliano Buendía, y fue a la sala sin encender las luces. Orientándose no tanto por el ruido de la cerradura como por un terror desarrollado en ella por 28 años de soledad, localizó en la imaginación no sólo el sitio donde estaba la puerta sino la altura exacta de la cerradura. Agarró el arma con las dos manos, cerró los ojos y apretó el gatillo. Era la primera vez en su vida que disparaba un revólver. Inmediatamente después de la detonación no sintió nada más que el murmullo de la llovizna en el techo de zinc. Después percibió un golpecito metálico en el andén de cemento y una voz muy baja, apacible, pero terriblemente fatigada: "Ay, mi madre". El hombre que amaneció muerto frente a la casa, con la nariz despedazada, vestía una franela a rayas de colores, un pantalón ordinario con una soga en lugar de cinturón, y estaba descalzo. Nadie lo conocía en el pueblo.

"Agarró el arma con las dos manos, cerró los ojos y apretó el gatillo".

—De manera que se llamaba Carlos Centeno —murmuró el padre cuando acabó de escribir.

—Centeno Ayala —dijo la mujer—. Era el único varón.

El sacerdote volvió al armario. Colgadas de un clavo en el interior de la puerta había dos llaves grandes y oxidadas, como la niña imaginaba y como imaginaba la madre cuando era niña y como debió imaginar el propio sacerdote alguna vez que eran las llaves de San Pedro. Las descolgó, las puso en el cuaderno abierto sobre la baranda y mostró con el índice un lugar en la página escrita, mirando a la mujer.

—Firme aquí.

La mujer garabateó[26] su nombre, sosteniendo la cartera bajo la axila. La niña recogió las flores, se dirigió a la baranda arrastrando los zapatos y observó atentamente a su madre.

El párroco suspiró.

—¿Nunca trató de hacerlo entrar por el buen camino?

La mujer contestó cuando acabó de firmar.

—Era un hombre muy bueno.

El sacerdote miró alternativamente a la mujer y a la niña y comprobó con una especie de piadoso estupor[27] que no estaban a punto de llorar. La mujer continuó inalterable:

[23]*scrutinized* [24]*strap* [25]*junk* [26]*scrawled* [27]*amazement*

—Yo le decía que nunca robara nada que le hiciera falta a alguien para comer, y él me hacía caso. En cambio, antes, cuando boxeaba, pasaba tres días en la cama postrado[28] por los golpes.

—Se tuvo que sacar todos los dientes —intervino la niña.

—Así es —confirmó la mujer—. Cada bocado que comía en ese tiempo me sabía a los porrazos[29] que le daban a mi hijo los sábados a la noche.

—La voluntad de Dios es inescrutable —dijo el padre.

Pero lo dijo sin mucha convicción, en parte porque la experiencia lo había vuelto un poco escéptico, y en parte por el calor. Les recomendó que se protegieran la cabeza para evitar la insolación. Les indicó bostezando y ya casi completamente dormido, cómo debían hacer para encontrar la tumba de Carlos Centeno. Al regreso no tenían que tocar. Debían meter la llave por debajo de la puerta, y poner allí mismo, si tenían, una limosna para la Iglesia. La mujer escuchó las explicaciones con mucha atención, pero dio las gracias sin sonreír.

Desde antes de abrir la puerta de la calle el padre se dio cuenta de que había alguien mirando hacia adentro, las narices aplastadas contra la red metálica. Era un grupo de niños. Cuando la puerta se abrió por completo los niños se dispersaron. A esa hora, de ordinario, no había nadie en la calle. Ahora no sólo estaban los niños. Había grupos bajo los almendros. El padre examinó la calle distorsionada por la reverberación, y entonces comprendió. Suavemente volvió a cerrar la puerta.

"Yo le decía que nunca robara nada [...] y él me hacía caso".

—Esperen un minuto —dijo, sin mirar a la mujer.

Su hermana apareció en la puerta del fondo, con una chaqueta negra sobre la camisa de dormir y el cabello suelto en los hombros. Miró al padre en silencio.

—¿Qué fue? —preguntó él.

—La gente se ha dado cuenta —murmuró su hermana.

—Es mejor que salgan por la puerta del patio —dijo el padre.

—Es lo mismo —dijo su hermana—. Todo el mundo está en las ventanas.

La mujer parecía no haber comprendido hasta entonces. Trató de ver la calle a través de la red metálica. Luego le quitó el ramo de flores a la niña y empezó a moverse hacia la puerta. La niña siguió.

—Esperen a que baje el sol —dijo el padre.

—Se van a derretir —dijo su hermana, inmóvil en el fondo de la sala—. Espérense y les presto una sombrilla.

—Gracias —replicó la mujer—. Así vamos bien.

Tomó a la niña de la mano y salió a la calle. ■

[28]*prostrate* [29]*blows*

Después de leer

1 Comprensión Contesta estas preguntas con oraciones completas.

1. ¿Adónde viajan la señora y la niña? ¿Por qué motivo?
2. ¿Por qué van a ver al cura del pueblo?
3. ¿Quién es Carlos Centeno? ¿Cómo murió?
4. ¿Quién es la señora Rebeca?
5. ¿Por qué le pide el cura a la señora que firme el cuaderno?
6. ¿Por qué les dice el cura a la señora y a la niña que salgan por la puerta del patio?

2 Análisis Responde las preguntas con base en el cuento.

1. ¿Cómo es la jerarquía social que describe o sugiere el autor? ¿Cómo se relacionan entre sí los personajes de distintas clases sociales? Da ejemplos del texto.
2. ¿La transgresión del hijo justifica el precio que paga? ¿Qué consecuencias sufren otros personajes?
3. ¿Por qué crees que ciertos personajes como la madre, la niña, el párroco y su hermana no tienen nombre?
4. El narrador de "La siesta del martes" nunca dice lo que piensan o sienten los personajes. ¿Cómo logra comunicar el carácter y la personalidad de cada uno? Escribe tres adjetivos que describan a cada uno de los personajes centrales, y explica cómo lo concluyes a partir del relato. Por ejemplo: "Creo que el cura es insensible, porque bosteza cuando le dice a la señora cómo encontrar la tumba de su hijo".
5. ¿Qué relación crees que tenía la madre con su hijo? ¿Piensas que la madre defiende los actos de su hijo? ¿Por qué?
6. ¿Por qué crees que García Márquez decidió titular su cuento "La siesta del martes"? Explica por qué "La siesta del martes" es o no es un buen título.

3 Interpretación En parejas, contesten estas preguntas.

1. ¿Por qué el autor describe tan detalladamente el paisaje y el clima? ¿Cómo se relacionan estos con lo que les sucede a los personajes?
2. Además del paisaje y del clima, ¿qué otros elementos elige destacar el autor? ¿Por qué creen que son importantes?
3. Hay muchas formas de narrar una historia: en primera persona o en tercera persona, desde el punto de vista de alguien involucrado en los sucesos o de un observador imparcial. ¿Cómo describirían la "voz" del narrador en "La siesta del martes"?
4. El cuento termina de manera súbita: "Tomó a la niña de la mano y salió a la calle". ¿Por qué decide García Márquez interrumpir la narración en ese momento? ¿Les parece una buena manera de concluir?
5. ¿Qué función creen que tiene en el relato el personaje de la niña? ¿Cómo cambiaría el cuento si la madre fuera al pueblo sola?

4 Orden cronológico y orden del relato

A. Estos son algunos de los incidentes de "La siesta del martes", en orden cronológico. Ordénalos según se mencionan o describen en el cuento. Pon entre paréntesis los eventos que no se mencionan explícitamente.

_____ a. Carlos Centeno boxea para ganar un poco de dinero.
_____ b. Carlos Centeno intenta robar la casa de la señora Rebeca.
_____ c. La muerte de Carlos Centeno.
_____ d. El entierro de Carlos Centeno.
_____ e. La señora y la niña llegan al pueblo en tren.
_____ f. La señora y la niña visitan al cura.
_____ g. La señora y la niña van al cementerio.
_____ h. La señora y la niña regresan a su pueblo en el tren de las 3:30 p.m.

B. En grupos pequeños, contesten estas preguntas.

- ¿Por qué crees que el orden del relato no es estrictamente cronológico?
- ¿Por qué el autor no incluye eventos que podrían parecer importantes?

5 Discusión

En grupos de tres, contesten estas preguntas.

1. "Si tienes ganas de hacer algo, hazlo ahora [...] Después, aunque te estés muriendo de sed no tomes agua en ninguna parte. Sobre todo, no vayas a llorar". ¿Por qué le dice esto la señora a la niña? ¿Qué nos dicen estas palabras sobre su carácter?
2. García Márquez declaró en una entrevista que "toda buena novela es totalmente inconformista y tiene [...] una función subversiva, así sea involuntaria". ¿Crees que este cuento también es subversivo? ¿Por qué?
3. ¿Qué sentimientos despierta en ti el relato? ¿Crees que la intención de García Márquez es despertar ciertos sentimientos en el lector o simplemente describir un incidente lo más detalladamente posible?
4. Ernest Hemingway, un escritor muy admirado por García Márquez, dijo que un cuento debe ser como un iceberg: "La dignidad de movimientos de un iceberg se debe a que solamente un octavo de su masa aparece sobre el agua". Esta teoría sugiere que en un cuento las cosas más importantes no deben ser mencionadas abiertamente. ¿Crees que este cuento sigue este modelo? ¿Qué ha sumergido García Márquez bajo la superficie del relato?

6 Composición

Elige uno de estos temas y escribe un párrafo imitando el estilo de "La siesta del martes". Utiliza las preguntas sugeridas y otras que se te ocurran para recrear la escena como si estuvieras presente.

1. El entierro de Carlos Centeno. ¿A qué hora del día ocurre? ¿Quién está presente? ¿Cómo son el ataúd y la tumba?
2. La visita de la señora y la niña al cementerio. ¿Cómo es el cementerio? ¿Qué dicen o hacen la señora y la niña cuando encuentran la tumba?
3. La niña es ahora una señora mayor. Mientras intenta dormir la siesta un martes, recuerda esa tarde en que fue a visitar la tumba de su hermano. ¿Qué detalles le vienen a la memoria? ¿Cómo entiende la experiencia que tuvo de niña?

TALLER DE LENGUA

Léxico

2.1 Ampliar el vocabulario: ser, estar, haber, hacer, ir y venir

- Es común que un estudiante de español recurra constantemente a los verbos más básicos. Por ejemplo, puede repetir el verbo **estar** en casos en los que en inglés usaría *to be, to stay, to feel, to find oneself*, etc.

  I feel tired. → **Estoy** cansado. *I stayed home.* → **Estuve** en casa.

- En estos ejemplos extraídos de "La siesta del martes", se podría haber usado el verbo ir. Sin embargo, García Márquez usa expresiones y verbos diferentes.

  Viajaba con la columna vertebral firmemente apoyada...
  La niña [...] **se dirigió** a la baranda arrastrando los zapatos...
  Luego le quitó el ramo de flores a la niña y **empezó a moverse** hacia la puerta.

- Observa la lista de verbos y expresiones que puedes usar en lugar de algunos de los verbos más comunes. En algunos casos, se trata de sinónimos. En otros casos, son palabras y expresiones que destacan matices diferentes.

Verbo	Concepto	Verbos y expresiones	Modelos
ser	característica, cualidad	mantenerse	María **se mantiene** muy activa.
		parecer	El libro **parece** interesante.
		resultar	El trabajo **me resultó** difícil.
	material	estar hecho/a	La estatua **está hecha** de madera.
	expresar acontecimientos	hacerse, realizarse	La fiesta **se hizo/realizó** en mi casa.
		tener lugar	¿Dónde **tendrá lugar** la reunión?
	origen	provenir	El cacao **proviene** de América.
estar	ubicación	encontrarse	La casa **se encuentra** en las afueras de la ciudad.
		permanecer	**Permaneció** allí durante cinco horas.
		quedar	La tienda **queda** en la otra esquina.
	estado, sentimiento	encontrarse	Marcela **se encontraba** muy enferma.
		hallarse	Las víctimas **se hallan** confundidas.
		lucir	Tu prima **lucía** radiante.
		parecer	Juan **parecía** muy cansado.
		sentirse	**Me siento** un poco agobiado.
haber	existencia	producirse	**Se produjo** de repente un gran bullicio.
		surgir	Después del discurso, **surgieron** muchas dudas.
		suceder	**Sucedieron** cosas muy extrañas ese día.
		tener lugar	Aquí **tuvo lugar** una violenta protesta.
hacer(se)	producción, realización, acontecimiento	llevar(se) a cabo	Los sindicalistas **llevaron a cabo** una protesta.
		realizar(se)	Los familiares **realizaron** una ceremonia en su honor.
	consecuencia	convertir(se)	La tarea **se convirtió** en algo imposible.
		causar	Los gritos **causaron** mucho revuelo.
		producir	La caída **produjo** un fuerte estruendo.
		provocar	La noticia **provocó** llanto entre las mujeres.

EXPANSIÓN

Go to **vhlcentral.com** and add your words to the Vocabulary Tools.

¡ATENCIÓN!

La tabla incluye solo algunos ejemplos para ayudarte a ampliar tu vocabulario. Si al redactar una composición observas que siempre recurres a los verbos básicos (**ser, estar, ir, hacer,** etc.), hazte estas preguntas: **¿Cómo puedo evitar repetir los mismos verbos? ¿Qué sinónimos puedo usar? ¿Estoy tratando de comunicar un matiz particular que se puede expresar con una palabra más específica?**

Verbo	Concepto	Verbos y expresiones	Modelos
ir(se)/ venir	movimiento, dirección	acercarse	El abogado **se acercó** al acusado.
		alejarse	Cuando le hablé, enseguida **se alejó**.
		avanzar	Los soldados **avanzaron** hacia el frente.
		dirigirse	Juan **se dirigió** a la puerta.
		emprender la marcha	Los soldados **emprendieron la marcha** a las seis.
		provenir	Los ruidos **provenían** del sótano.
		regresar	El presidente **regresó** a su despacho.
	participación	asistir	Los estudiantes no **asistieron** a clase.

ESTRATEGIA

Al consultar un diccionario, debes verificar los distintos matices y sutilezas asociadas con distintas palabras. Presta atención a la información adicional y a los ejemplos. Observa esta definición de un diccionario bilingüe. ¿Qué verbo elegirías en español para decir *They made a movie*?

make
1 (*un cambio, una llamada*) hacer
2 (*un café, una comida*) hacer, preparar
3 (*coches, productos*) fabricar [**from,** de]: **it's made from steel**, es de acero
[...]
9 (*un error*) cometer
10 (*un pago*) efectuar
11 (*una película*) rodar

Práctica

1 Completar Completa el párrafo sustituyendo los verbos entre paréntesis con la forma correcta de los verbos y expresiones de la lista.

acercarse | asistir | dirigirse | encontrarse | parecer | provenir | sentirse | tener lugar

La fiesta (1)__________ (se hizo) en el rancho de mis abuelos. Mientras todos cenaban, (2)__________ (fui) a la cocina para llamar a mi prima Marcela. (3)__________ (Estaba) preocupado porque ella (4)__________ (estaba) muy triste la última vez que la vi. Marcela no había podido (5)__________ (venir) a la fiesta porque dijo que tenía que estudiar. Cuando (6)__________ (estaba) a punto de marcar su número, escuché unos ruidos que (7)__________ (venían) de la ventana. (8)__________ (Fui) a la ventana y de repente...

2 Nuevas oraciones Reescribe dos veces cada una de estas oraciones.

Modelo La casa estaba en una colina y era muy vieja.
La casa se encontraba en una colina y parecía muy vieja.
La casa quedaba en una colina y lucía muy vieja.

1. Hubo un ruido muy extraño y todos fueron al patio.
2. La estatua era de madera y estaba quemada.
3. Mario estaba muy cansado, pero igualmente fue a la fiesta.

3 Fin de la historia En parejas, escriban la continuación de la historia de la **Actividad 1** usando al menos cinco de los verbos de la lista.

acercarse	**hacerse**	**provocar**	**regresar**	**sentirse**	**surgir**
causar	**hallarse**	**quedar**	**resultar**	**suceder**	**tener lugar**

4 Clasificar Con la ayuda de un diccionario, indica a qué categoría pertenecen estos verbos. Luego, escribe un párrafo usando cuatro de los verbos.

categorías		verbos		
ser	**hacer(se)**	**acontecer**	**elaborar**	**radicarse**
estar	**ir**	**alojarse**	**emprender el rumbo**	**volver**
haber	**venir**	**consistir en**	**encaminarse**	**yacer**

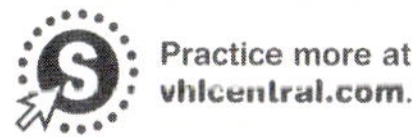

Léxico

2.2 Expresiones de tiempo

- En español existen varias formas de expresar información acerca del tiempo o el momento en que se realiza una acción:

1. *Usando adverbios*: **Mañana** saldremos de excursión.
2. *Usando frases adverbiales*: Nuestro experto lo llamará **el viernes por la tarde**.
3. *Usando conjunciones para introducir cláusulas adverbiales:* Por favor, llámame **tan pronto (como)** llegues a casa.

- Los adverbios de tiempo añaden información circunstancial a la oración, explicando cuándo se desarrolla la acción. Esta es una lista de algunos adverbios de tiempo.

ahora *now*	**frecuentemente** *frequently*	**posteriormente** *later*
anoche *last night*	**hoy** *today*	**primeramente** *first*
antes *before*	**inicialmente** *initially*	**pronto** *soon*
asiduamente *often*	**inmediatamente** *immediately*	**recientemente** *recently*
aún *still*	**jamás** *never*	**repentinamente** *all of a sudden*
ayer *yesterday*	**luego** *after*	**siempre** *always*
constantemente *constantly*	**mañana** *tomorrow*	**tarde** *late*
después *after*	**mientras** *while*	**temprano** *early*
entretanto *meanwhile*	**nunca** *never*	**todavía** *still*
finalmente *finally*	**ocasionalmente** *occasionally*	**ya** *already*

¡ATENCIÓN!

Algunos adverbios y frases adverbiales de tiempo expresan la frecuencia con que se realiza la acción principal de la oración: **siempre, constantemente, casi siempre, (muy) frecuentemente, con (mucha) frecuencia, a menudo, regularmente, normalmente, a veces, de vez en cuando, ocasionalmente, rara vez, casi nunca, nunca, jamás.**

- También existen multitud de frases y expresiones que se utilizan como adverbios de tiempo.

Por aquel entonces, Eduardo vivía en Londres.

Hace un año que estudio español.

Visito a mis abuelos **todos los meses**.

De vez en cuando, salimos a caminar por el parque.

- Las conjunciones de tiempo introducen cláusulas adverbiales que hacen referencia al tiempo en que se desarrolla la acción principal. Recuerda que las conjunciones deben estar seguidas de un verbo conjugado. En algunos casos, debes usar el subjuntivo. Ver **pp. 118-121** y **152-153**.

antes (de) que *before*	**en el momento que** *at the moment when*
apenas *as soon as*	**hasta que** *until*
cuando *when*	**mientras** *while*
después (de) que *after*	**siempre que** *every time*
en cuanto *as soon as*	**tan pronto (como)** *as soon as*

Después de que recibí la noticia, llamé a mi madre.
Visito la tumba de mi abuelo **siempre que** puedo.

¡ATENCIÓN!

Puedes usar preposiciones para formar frases preposicionales que funcionan como adverbios de tiempo. Recuerda que las preposiciones van seguidas de un sustantivo o un infinitivo.

antes de ir
desde mayo
después de comer
hasta hoy

Práctica

1 Seleccionar Completa las oraciones con una de las expresiones de tiempo.

1. Felipe me llamó ____________ llegó a casa. (después / tan pronto como)
2. Azucena viajará a España ____________ tenga el dinero suficiente. (hasta que / tan pronto como)
3. José quiere esperar ____________ se gradúe para casarse. (hasta que / cuando)
4. Voy a tener más dinero ____________ mi jefe me aumente el sueldo. (antes de / en cuanto)
5. Cuando era niña, ____________ pasaba días enteros leyendo. (a menudo / antes de que)
6. Mi familia visita a mi abuela todos los domingos y ella viene a mi casa ____________. (ya / de vez en cuando)

2 Expresiones Une cada par de oraciones con una expresión de tiempo de la lista.

antes de que	**después de que**	**mientras**
apenas	**en cuanto**	**siempre que**
cuando	**hasta que**	**tan pronto como**

1. Cada día, los clientes hacen cola. / El cajero llega al trabajo.
2. Las aves migratorias vuelan hacia el sur. / Se acerca el invierno.
3. Los agricultores comienzan el día de trabajo. / Sale el sol.
4. Eva toca el clarinete. / Eduardo escucha atentamente.
5. El ayuntamiento cierra la piscina. / Las clases empiezan en septiembre.

¡ATENCIÓN!

Observa la lista de expresiones en la **p. 47**. La conjunción **mientras** hace referencia a una acción continuada. Por esta razón suele ir acompañada de un verbo en pretérito imperfecto.

El tren empezó a pitar **mientras** la niña **se peinaba**.

Por el contrario, el adverbio **inmediatamente** modifica una acción única en el tiempo con un principio y un final.

Inmediatamente después de la detonación, no **sintió** nada más que el murmullo de la llovizna en el techo de zinc.

3 Anécdota Completa esta narración con las expresiones de tiempo adecuadas.

(1)____________ llegamos a la cabaña, nos dimos cuenta de que nos habíamos olvidado de la llave. Sin pensarlo dos veces, y (2)____________ se hiciera de noche, nos metimos en la camioneta y buscamos el hotel más cercano para pasar la noche.

Salimos del hotel (3)____________ desayunar e (4)____________ llamamos a un cerrajero (*locksmith*). El cerrajero cambió la cerradura (5)____________ nosotros revisábamos los alrededores de la cabaña. (6)____________ aquel día, (7)____________ que salgo de casa, hago una lista de todo lo que necesito llevar cuando viajo.

4 Así fue En parejas, escriban un párrafo sobre una anécdota divertida o inusual. Usen al menos ocho expresiones de tiempo de la lista.

anoche	**después de**	**en cuanto**	**hasta que**	**rara vez**
constantemente	**después de que**	**en el momento que**	**jamás**	**tan pronto como**
cuando	**el año pasado**	**frecuentemente**	**mientras**	**temprano**

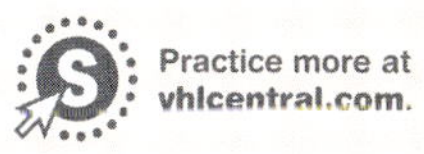

Estructuras

2.3 Narrating in the past

- In Spanish, several tenses can be used to describe past events, as in these examples from "La siesta del martes".

pretérito perfecto simple (volvió) — **pretérito imperfecto** (esperaba)

Cuando **volvió** al asiento la madre le **esperaba** para comer.

pretérito perfecto simple (Se levantó, buscó)

Se levantó, buscó a tientas en el ropero un revólver arcaico que nadie **había disparado** desde los tiempos del coronel Aureliano Buendía, y **fue** a la sala.

pretérito pluscuamperfecto (había disparado) — **pretérito perfecto simple** (fue)

REPASO

The four principal tenses for past events are *the preterite, the imperfect, the present perfect,* and *the past perfect.* See **pp. 215-234.**

The preterite and the imperfect

- **The preterite** (**pretérito perfecto simple** or **pretérito indefinido**) and the imperfect (**pretérito imperfecto**) express different ways of describing past actions and states.

Uses of the preterite	
to refer to actions completed in the past	—Es el ladrón que **mataron** aquí la semana pasada —**dijo** la mujer en el mismo tono.
to indicate the beginning or end of a state or action	Cuando la niña **acabó** de peinarse el tren **pasó** frente a las primeras casas de un pueblo más grande pero más triste que los anteriores.
to refer to a change in state	...el aire **se hizo** húmedo y no **se volvió a sentir** la brisa del mar.
to narrate a series of events	**Agarró** el arma con las dos manos, **cerró** los ojos y **apretó** el gatillo.
Uses of the imperfect	
to express habitual actions in the past	Los almacenes, las oficinas públicas, la escuela municipal, **se cerraban** desde las once y no **volvían** a abrirse hasta un poco antes de las cuatro, cuando **pasaba** el tren de regreso.
to refer to past actions or states that were ongoing, incomplete, or in progress	El pueblo **flotaba** en calor. La niña tenía doce años y **era** la primera vez que **viajaba**. Una banda de músicos **tocaba** una pieza alegre bajo el sol aplastante.
to refer to a future event, seen from a past time	La mujer dijo que **iban** al cementerio.

¡ATENCIÓN!

The imperfect also describes what was happening or ongoing at the time of another past action.

Varios pasajeros **dormían** cuando el tren se detuvo en la estación.

- The preterite and the imperfect are often used together. The imperfect provides the background information, while the preterite narrates what happened.

Eran los únicos pasajeros en el escueto vagón de tercera clase. Como el humo de la locomotora **siguió** entrando por la ventanilla, la niña **abandonó** el puesto y **puso** en su lugar los únicos objetos que **llevaban**: una bolsa de material plástico con cosas de comer y un ramo de flores envuelto en papel de periódicos.

- Some common verbs change meaning in the preterite.

Verb	Preterite	Imperfect
tener	*to receive* El padre **tuvo** una visita inesperada: la madre y su hija.	*to have* La hija **tenía** dificultades para abrir la persiana.
saber	*to find out* **Supieron** que Carlos se murió el lunes.	*to know* El padre no **sabía** quiénes eran.
querer	*to try* La mujer **quiso** visitar el cementerio donde estaba enterrado su hijo.	*to want* La gente del pueblo se asomaba a la ventana porque **quería** ver qué sucedía.
conocer	*to meet* Cuando el padre **conoció** a la mujer, se quedó muy sorprendido.	*to know* Nadie **conocía** a Carlos en ese pueblo.
poder	*to manage to do (something)* La mujer **pudo** convencer al ama de casa de que fuera a buscar al padre.	*to be able to* En la distancia, **se podía** escuchar la música que tocaba la banda.

- Use the preterite for past actions or situations that are finished, and the imperfect for those that are ongoing. For each tense, there are different sets of conjunctions and adverbial expressions.

Expressions in the preterite tense	Expressions in the imperfect tense
anoche *last night*	**a medida que** *as*
ayer *yesterday*	**a veces** *sometimes*
de repente *suddenly*	**con frecuencia** *frequently*
entonces *then*	**en aquel entonces** *back then*
finalmente *finally*	**mientras** *while*
inmediatamente *immediately*	**muchas veces** *often*
primero *first*	**(casi) nunca** *(almost) never*
una vez *once, one time*	**(casi) siempre** *(almost) always*
el verano/mes/año pasado *last summer/month/year*	**todos los días/meses/años** *every day/month/year*

Anoche mi mamá **cenó** con su mejor amiga.

En aquel entonces, no **existían** las computadoras portátiles.

El verano pasado fuimos a Bogotá.

Mientras Julia **miraba** la televisión, su hermana **hacía** la tarea.

¡ATENCIÓN!

The simple imperfect and, the continuous imperfect are about past actions that were taking place at the time.

Todos **estaban durmiendo** cuando llegaron al pueblo.

¡ATENCIÓN!

The *preterite* and the *present perfect* (formerly **pretérito indefinido** and **pretérito perfecto**), nowadays, are referred to as **pretérito perfecto simple** and **pretérito perfecto compuesto**.

The present perfect vs. the preterite

- Use the present perfect (**pretérito perfecto compuesto**) to describe past events with respect to the present.

  Todavía no **han llegado** al pueblo. (*but they will soon*)

  Muchas personas **han ido** a la casa del padre para verlas. (*and they are still there*)

- Use the preterite, however, to describe events that took place and ended in the past.

  Finalmente **llegaron** al pueblo. (*they arrived; it's over*)

  Muchas personas **fueron** a la casa del padre ese día. (*that day is done*)

- You can use the present perfect with adverbs such as **esta semana, hoy, todavía, ya, alguna vez (dos veces, tres veces), nunca,** and **siempre**.

  Ya he leído tres novelas de Gabriel García Márquez. (*up to now*)

  ¿**Has ido alguna vez** a Colombia? (*ever, until now*)

The preterite and the past perfect

- Use the past perfect (**pretérito pluscuamperfecto**) to describe actions that took place before another past event.

  Cuando la madre y su hija llegaron al pueblo, ya **habían enterrado** a Carlos.

- Used with the preterite, the past perfect relates a sequence of past events, where one event (past perfect) took place prior to another (preterite).

  Cuando la niña **volvió** a su asiento, **vio** que su madre ya **había sacado** el almuerzo.

- You can also use past perfect on its own when the subsequent past actions are implied or explained later.

  Todo **había empezado** el lunes de la semana anterior, a las tres de la madrugada y a pocas cuadras de allí. *(This statement is followed by a series of events that took place after last Monday.)*

¡ATENCIÓN!

The past perfect progressive describes past actions in progress prior to another past action, by combining the past perfect of **estar** with a present participle.

Al despedirse de la mujer y su hija, el padre se asomó a la ventana y vio que casi todo el pueblo **había estado esperando** afuera.

Práctica

1 Escoger Elige la opción correcta para completar cada oración.

1. García Márquez (publicó / ha publicado) este cuento en 1962.
2. García Márquez (ha estudiado / había estudiado) derecho antes de convertirse en escritor.
3. Mientras (vivía / había vivido) en Europa, escribió guiones.
4. García Márquez (recibió / había recibido) el Premio Nobel de Literatura en 1982.
5. Ayer (compraba / compré) la novela *Cien años de soledad*, pero no (he comenzado / había comenzado) a leerla.
6. Ya lo (compré / había comprado) el año pasado, pero lo (perdí / he perdido) cuando me mudé el mes pasado.

2 Preguntas Completa cada pregunta sobre el cuento con la forma correcta del verbo entre paréntesis. Utiliza los tiempos del pasado. Después, en parejas, contesten las preguntas prestando atención a los tiempos verbales.

1. ¿Qué tiempo ____________ (hacer)?
2. ¿Cómo ____________ (ser) la mujer? ¿Y su hija?
3. ¿Qué ____________ (llevar) la niña en el tren? ¿Para quién o para qué ____________ (ser) las flores?
4. ¿Qué ____________ (comer) ellas en el tren?
5. Antes de llegar al pueblo, ¿qué le ____________ (decir) la madre a su hija?
6. ¿Qué ____________ (hacer) la madre y su hija al bajarse del tren?
7. ¿Por qué no ____________ (ver) a nadie al caminar por el pueblo?
8. ¿Adónde ____________ (ir) ellas? ¿Por qué?
9. ¿Qué tumba ____________ (ir) a visitar?
10. ¿Qué ____________ (suceder) en el pueblo antes de la llegada de la mujer y la niña?
11. Según la madre, ¿quién y cómo ____________ (ser) Carlos Centeno?
12. ¿Quiénes ____________ (reunirse) cerca de la casa del padre? ¿Por qué?

3 Oraciones En parejas, combinen elementos de los dos grupos para formar oraciones basadas en el cuento. Incluyan dos verbos con dos tiempos verbales distintos en cada oración y añade los detalles necesarios.

Modelo *Como la señora Rebeca no sabía quién forzaba la puerta de su casa, tuvo mucho miedo y buscó el revólver.*

la mujer	**buscar**	**encontrar**	**pedir**	**ser**
la niña	**decidir**	**estar**	**querer**	**tener**
el padre	**decir**	**ir**	**robar**	**ver**
la hermana del padre	**dormir**	**morir**	**saber**	**viajar**
la señora Rebeca				
Carlos Centeno Ayala				
la gente del pueblo				

4 Mi viaje "La siesta del martes" trata de un viaje extraordinario. Escribe un relato sobre un viaje que hayas hecho en el que sucedieron cosas inesperadas. Tu relato debe incluir una variedad de tiempos verbales en el pasado. Utiliza estos puntos como guía.

- adónde fuiste, cuándo, con quiénes y por qué
- de dónde surgió la idea de hacer este viaje
- cómo eran el lugar y tus compañeros de viaje
- qué sucedió, cómo te sentiste y qué dijiste
- qué habías pensado antes del viaje y cómo te cambió la experiencia
- qué otros viajes has hecho desde aquel entonces

Estructuras

2.4 Adjectival relative clauses

- Adjectival relative clauses are subordinate clauses that function like adjectives: they modify a noun or pronoun in the main clause. Such clauses are introduced by relative pronouns (**pronombres relativos**) or relative adverbs (**adverbios relativos**). The noun or pronoun they refer to in the main clause is called an *antecedent*.

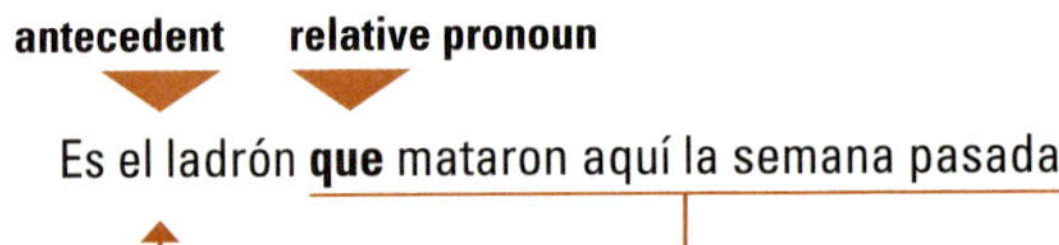

- Adjectival relative clauses can be *non-defining* (**explicativas**) or *defining* (**especificativas**). Non-defining relative clauses provide additional information about the antecedent and are placed between commas. Defining relative clauses identify the antecedent within a group and are not separated by commas.

  Non-defining
  Desde la casa, **que queda en la cima de la colina**, se ve el cementerio.
  (*The clause adds information about the house.*)

  Defining
  Desde la casa **que queda en la cima de la colina** se ve el cementerio.
  (*The clause identifies one house in a group of houses.*)

- Use relative clauses to avoid repetition and to create a smoother, more descriptive sentence.

  Es el ladrón. Mataron al ladrón aquí la semana pasada.

  main clause **relative clause**

  Es el ladrón **que mataron aquí la semana pasada**.

Relative pronouns	English	Usage
(lo) que	*that, which, who, whom*	• is the most common relative pronoun • refers to both people and objects • is the only relative pronoun that can be used without a preposition in defining relative clauses
quien(es)	*who, whom*	• refers to a person or people • agrees in number with its antecedent • can be used in defining relative clauses when there is a preposition
el/la/lo que, los/las que	*that, which, who, whom*	• use instead of **que** or **quien** • can be used in defining relative clauses when there is a preposition
el/la cual, los/las cuales	*that, which, who, whom*	• follows the same rules as **el/la que, los/las que,** but it is used more in writing or formal speech
cuyo/a(s)	*whose*	• refers to people or things • is always used together with a noun • agrees in gender and number with the person or thing it references

¡ATENCIÓN!

The interrogatives **qué**, **quién(es)**, and **cuál(es)** have written accents, but the relative pronouns **que**, **quien(es)**, and **cual(es)** do not.

- Use **lo que/cual** when the antecedent is not a specific noun but actually an entire situation, or a previously stated idea.

  Llegaron durante la siesta, **lo que/cual** les trajo complicaciones.

  La madre salió por la puerta del frente, **lo que/cual** nos sorprendió.

- After the prepositions **a, de, en,** and **con,** use **que** or **el/la que, los/las que, el/la cual,** or **los/las cuales** when the antecedent is not a person. Use **quien(es)** or *article* + **que/cual** when the antecedent is a person.

  La casa **en (la) que** vivo tiene tres pisos.

  La casa **en la cual** vivo tiene tres pisos.

  La mujer **con quien** hablé es de Cali.

  La mujer **con la que/cual** hablé es de Cali.

- After all other prepositions, you must use **que** with a definite article.

  Tengo un examen **para el que** tengo que estudiar mucho.

  La casa **sobre la que** te hablé sigue disponible.

- You can use any relative pronoun in a non-defining relative clause. But you cannot use **quien/quienes**, **el/la que/cual** or **los/las que/cuales** to introduce a defining relative clause, unless a preposition is used.

  Mis padres, **que/quienes** murieron en el ochenta y cinco, también están en ese cementerio.

  Tengo un hermano **que** vive en El Salvador.

  Tengo un primo **con quien/el que/el cual** me llevo muy bien.

  Compré una casa **cuya** dueña anterior ahora vive en París.

  Mi bisabuelo, **cuyo** rostro no recuerdo, trabajó muchos años en Italia.

- In English, relative pronouns can sometimes be omitted. In Spanish, relative pronouns are always required.

  ¿Me prestas el libro que compraste?
  Can I borrow the book (that) you bought?

  Mañana estrenan la película sobre la que te hablé.
  Tomorrow they release the movie (that) I talked to you about.

- You can use the relative adverbs **donde, cuando,** and **como** to replace **en que** or **en** + *article* + **que/cual**. **Como** is not often used in this case.

  El cementerio **donde** está enterrado queda lejos.

  El cementerio **en el que/cual** está enterrado queda lejos.

  Llegó en el tiempo **cuando** florecían los almendros.

  Llegó en el tiempo **en el que** florecían los almendros.

  No me gusta la manera **como** te vistes.

  No me gusta la manera **en que** te vistes.

Práctica

1 Completar Completa las oraciones con el pronombre relativo o el adverbio relativo correcto.

1. Pablo Neruda fue un poeta chileno __________ ganó el Premio Nobel de Literatura en 1971.
2. Fue un escritor a __________ le interesaba la política.
3. Mientras estaba en Barcelona conoció a Federico García Lorca, con __________ participó en un círculo literario.
4. En el momento __________ finalizó la Guerra Civil Española, ayudó a muchos españoles a exiliarse en Chile.
5. Tuvo que exiliarse de Chile, __________ siguió escribiendo su poesía.
6. El *Canto General*, __________ versos reflejan un compromiso social con toda América Latina, es una de sus obras más conocidas.

2 Oraciones Empareja los elementos para formar oraciones completas.

1. El libro ___
2. El abogado con ___
3. El autobús en ___
4. Mis tíos ___
5. La familia con ___

a. quien trabajé durante diez años se jubila este mes.
b. el que viajamos a Honduras era muy cómodo.
c. que me prestaste el mes pasado me gustó mucho.
d. la cual viví en Buenos Aires era muy bohemia.
e. cuyos hijos viven en Madrid vienen a almorzar mañana.

3 Nuevo párrafo Reescribe este párrafo agregando cláusulas relativas explicativas y especificativas a los sustantivos subrayados.

Modelo En el medio de las montañas, queda el pueblo.
En el medio de las montañas, queda el pueblo en el cual vive la familia González.

En el medio de las montañas, queda el pueblo. El pueblo es atravesado por un río. Allí se ubica la casa. La familia tiene cinco hijos. Los lunes, todos bajan a la ciudad. Algunos trabajan en la fábrica. Las dos niñas más pequeñas van a la escuela.

4 Planes En parejas, combinen las oraciones en el párrafo utilizando pronombres y adverbios relativos. Pueden agregar detalles adicionales a cada oración.

El semestre que viene iré a estudiar a Cusco. Cusco es una ciudad con muchos sitios arqueológicos. Viviré en una pensión con otros estudiantes. Los estudiantes vienen de Europa, Sudamérica y los Estados Unidos. Haré algunas visitas turísticas a pueblos cercanos. Los pueblos tienen ruinas y mercados típicos. Me recomendaron probar la comida local. Los platos típicos de la comida local son los pimientos rellenos y el maíz con queso.

Ortografía y puntuación

2.5 Acentuación II: Casos especiales

- Además de las reglas básicas de acentuación presentadas en **1.6 (p. 19)**, existen ciertos casos especiales en los que utilizamos el acento (o tilde) para diferenciar palabras que se escriben y pronuncian igual, pero que tienen distinto significado (**homónimos**). Este tipo de acento se llama **acento diacrítico**.

A **mí** no me gusta.
(**mí** = pronombre personal)

Aquel es **mi** coche.
(**mi** = adjetivo posesivo)

do, re, **mi**, fa, sol, la, si
(**mi** = nota musical)

Yo le decía que nunca robara nada que le hiciera falta a alguien para comer, y **él** me hacía caso.
(**él** = pronombre personal)

El padre examinó la calle distorsionada por la reverberación, y entonces comprendió.
(**el** = artículo definido)

Acento diacrítico		
aun	adverbio de concesión (=**incluso**)	**Aun** cuando hace calor, uso chaqueta.
aún	adverbio de tiempo (=**todavía**)	**Aún** no hemos llegado.
de	preposición	Una mesa **de** madera.
dé	verbo	Espero que me **dé** la mano.
el	artículo definido	Devuélveme **el** libro que te presté.
él	pronombre personal	Saldré en cuanto **él** me llame.
mas	conjunción	Quise tranquilizarla, **mas** no fue posible.
más	adverbio	Necesito **más** tiempo.
mi	adjetivo posesivo	¿Por qué no me esperas en **mi** casa?
mí	pronombre personal	Esta carta es para **mí**.
se	pronombre personal	**Se** bebió toda el agua.
sé	verbo (**saber, ser**)	No **sé** qué decir. / **Sé** amable con ellos.
si	conjunción	**Si** hace frío, necesitaremos el abrigo.
sí	adverbio/ pronombre personal	Dile que **sí**. / Siempre habla de **sí** misma.
te	pronombre personal	**Te** lo he dicho mil veces: no llegues tarde.
té	sustantivo	¿Te apetece un **té**?
tu	adjetivo posesivo	¿Dónde has puesto **tu** corbata?
tú	pronombre personal	**Tú** nunca dices mentiras.

¡ATENCIÓN!

Como regla general, las palabras monosílabas (consistentes de una sola sílaba) no llevan tilde (**bien, mal, no, gris, sol, pie**). En algunas obras literarias antiguas podemos encontrar palabras monosílabas acentuadas que no siguen las reglas de acentuación de monosílabos.

- Los pronombres, adjetivos y adverbios que tienen un sentido interrogativo o exclamativo llevan acento diacrítico. Este tipo de palabras pueden estar en oraciones interrogativas o exclamativas indirectas. Por consiguiente, pueden aparecer en oraciones sin signos de interrogación (¿?) o exclamación (¡!).

Cuando llegaron, me preguntaron **qué** estaba haciendo.
Todos sabemos **cuántas** calamidades ha sufrido.
Desconocemos **cuál** es el motivo.
Desde el primer día me explicaron **cómo** querían que hiciera mi trabajo.

¡ATENCIÓN!

Algunas palabras pueden perder o ganar una tilde al pasar de su forma singular a su forma plural o al añadir pronombres o sufijos. Simplemente debemos aplicar las reglas de acentuación básicas para saber si llevan o no llevan tilde.

canción → canciones
camión → camiones
acción → acciones
tirolés → tiroleses
dame → dámelo
cabeza → cabezón

- Los pronombres y adverbios relativos siguen las reglas de acentuación generales; es decir, no llevan tilde porque son monosílabos o palabras llanas terminadas en **s** o vocal.

  El libro **que** te presté es muy interesante.

  Son pocas las personas en **quienes** confío.

- Los adverbios terminados en **-mente** se acentúan igual que el adjetivo a partir del cual están formados. Si el adjetivo lleva tilde, entonces el adverbio también la lleva. Si el adjetivo no lleva tilde, el adverbio se considera una palabra llana terminada en vocal; por lo tanto, no lleva tilde.

  r**á**pida → r**á**pidamente
  lenta → lentamente
  enf**á**tica → enf**á**ticamente
  feliz → felizmente

- En algunas palabras, la sílaba acentuada cambia al formar el plural.

  carácter → caracteres

- Los demostrativos **este, ese, aquel, esta, esa, aquella** y sus variantes en plural solían acentuarse cuando funcionaban como pronombres. Igualmente, a la palabra **solo** se le ponía tilde cuando equivalía a **solamente**. Según las reglas actuales, estas palabras nunca necesitan tilde, ni siquiera en caso de ambigüedad. En estos casos, se recomienda evitar usos que provoquen ambigüedad y usar otras estructuras.

  Me dijo que **ésta** mañana se irá.
  (**ésta** = la persona que se irá mañana; en este caso es mejor usar **ella**.)

  Me dijo que **esta** mañana se irá.
  (**esta** = determina al sustantivo *mañana*)

- Antes se escribía con tilde la conjunción **o** cuando aparecía entre dos números a fin de evitar confundirla con el número 0, pero esta regla también está en desuso.

  3 **o** 4 personas

  en 1991 **o** al año siguiente

Práctica

1 Seleccionar Completa las oraciones con la palabra adecuada.

1. Antes de arreglar el jardín, consulta con ____________ (el / él).
2. ____________ (Esta / Ésta) novela es muy interesante.
3. Creo que ____________ (tu / tú) madre quiere verte.
4. Confía en ____________ (mi / mí).
5. Confía en ____________ (mi / mí) experiencia.
6. ¿Quieres que tomemos un ____________ (te / té)?
7. No ____________ (te / té) lo tomes tan en serio.
8. No quiero estar ____________ (solo / sólo).
9. Necesito nueve dólares ____________ (mas / más).
10. ____________ (Sí / Si) te cuento lo que pasó, debes guardar el secreto.
11. Cuando le dijo que ____________ (sí / si), se echó a llorar.
12. En cuanto me ____________ (de / dé) permiso, me tomaré unas vacaciones ____________ (de / dé) dos semanas.

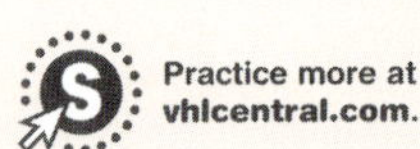

Ortografía y puntuación

2.6 Puntuación II

- El uso de los signos de puntuación presentados en **1.7 (p. 20)** es muy parecido en español y en inglés. Sin embargo, algunos signos de puntuación se comportan de forma diferente en cada idioma.
- En español, siempre debemos colocar la puntuación correspondiente a la misma oración detrás de las comillas y del paréntesis de cierre. Sin embargo en inglés, el punto siempre se coloca delante de las comillas y del paréntesis.

Y a continuación Eva dijo: "no quiero que me llames nunca más".
(Seguramente estaba muy enfadada).
And then Eva said: "I don't want you to call me ever again."
(She was probably very upset.)

La raya

Usos	Ejemplos
Para aislar aclaraciones que interrumpen en el discurso de una oración.	Emilio —gran amigo mío— viene a visitarme siempre que tiene ocasión.
Para indicar cada intervención en un diálogo, sin escribir el nombre de la persona que habla.	—¿Cuánta gente crees que lo sabrá? —No tengo ni idea.
Para introducir o aislar los comentarios del narrador sobre las intervenciones de los personajes de un diálogo. Si la oración continúa después del comentario del narrador, es necesario utilizar una raya de cierre al final del comentario.	—Espero que no sea grave —dijo Ramón con gesto preocupado— porque no me apetece tener que volver al hospital.
Para indicar la repetición de un concepto. En este caso, debe dejarse un espacio entre la raya y el concepto.	Adjetivos demostrativos — posesivos — calificativos — explicativos — interrogativos

- La raya de apertura va separada por un espacio de la palabra que la antecede, y pegada (sin espacios) a la primera palabra del texto que interrumpe la oración. La raya de cierre va pegada a la palabra que la precede y separada por un espacio de la palabra que sigue.

Entró —**era el hombre más grande que había visto**— y se sentó en la barra del bar.

Las comillas

- En español hay tres tipos diferentes de comillas: las comillas angulares (« »), las comillas inglesas (" ") y las comillas simples (' '). Generalmente, puede utilizarse cada tipo de comillas de forma indistinta. Sin embargo, se alternan cuando se utilizan las comillas en un texto ya entrecomillado. El punto va siempre colocado detrás de las comillas.

Al acabarse las bebidas, Ana comentó «menudo "problemita" tenemos ahora».
Cuando llegó Raúl con su motocicleta, Ricardo me dijo «ni se te ocurra montarte en esa "tartana" oxidada».

- Las comillas se utilizan en los siguientes casos:

Usos	Ejemplos
Para reproducir citas textuales.	El aduanero dijo: "por favor, el pasaporte".
Para reproducir el pensamiento de los personajes en textos narrativos.	"Esto pasa hasta en las mejores familias", pensó el padre en silencio.
Para indicar que una palabra es inapropiada, vulgar, de otra lengua o utilizada con ironía.	Estaba muy ocupado con sus "asuntos importantes".
Para citar títulos de artículos, cuentos, poemas y obras de arte.	En este museo podemos ver "Las Meninas" de Velázquez.
Para comentar una palabra en particular de un texto.	Antes, para referirse a una farmacia, se utilizaba el término "botica".
Para aclarar el significado de una palabra.	"Espirar" ('expulsar aire') no es lo mismo que "expirar".

Los paréntesis y los corchetes

- Los paréntesis se utilizan para encerrar aclaraciones o información complementaria dentro de una oración. El punto debe colocarse detrás del paréntesis de cierre.

  La tía de Julio (una excelente cocinera) nos preparó una cena inolvidable.

  El año en que nació (1988) es el mismo en que murió su abuela.

  Todos sus amigos viven en Tenerife (España).

- Los corchetes se utilizan de forma similar a los paréntesis, para añadir información complementaria o aclaratoria en una oración que ya va entre paréntesis.

  La última vez que vi a Mario (creo que fue en el verano que nos graduamos [1992]) le dije que me escribiera.

Los puntos suspensivos

Usos	Ejemplos
Para indicar una pausa transitoria que expresa duda, temor o suspenso.	No sé qué hacer... estoy confundido.
Para interrumpir una oración cuyo final ya se conoce.	A caballo regalado...
Para insinuar expresiones malsonantes.	Eres un...
Con el mismo valor que la palabra **etc.**	Puedes ir a donde quieras: Europa, América, Asia...
Para enfatizar y alargar emotivamente una expresión.	Ay... la juventud... divino tesoro.
Entre corchetes, para indicar la supresión de un fragmento en una cita. Esta supresión también se llama "elipsis".	"En un lugar de la mancha [...] no ha mucho tiempo que vivía un hidalgo de los de lanza en astillero, adarga antigua, rocín flaco y galgo corredor".

¡ATENCIÓN!

Tras los puntos suspensivos pueden colocarse otros signos de puntuación, sin dejar entre ambos signos ningún espacio de separación:

Pensándolo bien**...:** mejor que no venga.

Práctica

1 Diálogo En parejas, reescriban el diálogo utilizando rayas para diferenciar las intervenciones de cada persona. Intenten reemplazar las palabras entre corchetes utilizando rayas.

Modelo Inés: ¡Qué sorpresa [sorprendida]!

—¡Qué sorpresa! —dijo Inés sorprendida.

Pablo: Hola, Inés. ¡Cuánto tiempo hace que no nos vemos!

Inés: ¡Qué sorpresa [sorprendida]!
La última vez que nos vimos éramos solamente unos niños.

Pablo: Es cierto. No puedo creer que todavía te acuerdes de mí [emocionado].
¿Te apetecería que almorzáramos juntos un día de estos?

Inés: Me encantaría; y así podríamos contarnos todo lo que nos ha pasado durante estos años.

Pablo: Perfecto. ¿Te viene bien el domingo por la tarde?

Inés: No, lo siento. El domingo tengo una fiesta de cumpleaños [apenada].
¿Qué te parece el sábado por la tarde?

Pablo: El sábado por la tarde es ideal. ¿A qué hora quedamos?

Inés: A las doce y cuarto en el café Pascual [con tono seguro].

2 Comillas Reescribe las oraciones colocando comillas donde sea preciso.

1. El policía nos preguntó: ¿Tienen ustedes algo que declarar?
2. No comprendo muy bien qué es eso de la movida madrileña.
3. Los delincuentes se escondieron en un bosque.
4. El poema que mejor recuerdo es Canción del jinete.
5. La historia comienza así: Érase una vez un niño muy curioso.
6. Según dice el refrán: A buen entendedor, pocas palabras.
7. Mi profesor siempre me decía: ¿Otro día sin el libro?
8. ¿Todavía no sabe el abecedario?, le preguntó el profesor.

3 Paréntesis Reescribe las oraciones colocando los paréntesis que faltan.

1. Gabriel García Márquez 1927–2014 escribió "La siesta del martes".
2. La ONU Organización de las Naciones Unidas se fundó en 1945.
3. Creo haberte dicho ya y si no lo digo ahora que quien mucho abarca poco aprieta.
4. Los seres humanos estamos compuestos en gran parte por agua.
5. La célebre batalla de Vitoria fue perdida por José Bonaparte Pepe Botella.
6. Juan Ramón Jiménez nació en Moguer Huelva.

4 Reescribir Elige un párrafo de "La siesta del martes" y acórtalo utilizando elipsis. Recuerda que el párrafo acortado debe tener sentido y debe poder leerse correctamente.

TALLER DE ESCRITURA

2A La narración de un evento

Narrar un evento es un acto tan natural que rara vez nos detenemos a pensar en lo que implica. La nota que leemos en el periódico, la novela que llevamos a la playa, la anécdota que le contamos a un amigo son todas narraciones de eventos. Al mismo tiempo, cada narración tiene propósitos y características particulares. En algunos casos la intención es simplemente informarnos de algo que ha ocurrido. En otros, puede ser instruir, divertir o conmover. Todo narrador toma una serie de decisiones (a menudo inconscientes) que determinan la estructura y efectividad del relato. Un periodista suele poner los hechos más importantes al comienzo de su nota, mientras que un escritor de cuentos policiales los pone al final para crear suspenso. Hay mil maneras de contar "lo que pasó", algunas mejores que otras dependiendo de tu objetivo y del tipo de lector que tengas en mente.

Aunque no existe una única fórmula para narrar eventos, hay ciertos elementos básicos que debes tener en cuenta.

Argumento	El argumento, o la trama, es la serie de sucesos que constituyen la narración. En otras palabras, "lo que ocurre".
Ambiente	El ambiente es la ubicación temporal y geográfica del relato, o dónde y cuándo ocurre. Estos son datos básicos para orientar al lector y a menudo se mencionan al comienzo de un relato.
Personajes	Los personajes son los participantes en las acciones del relato. A veces el propósito central de una narración es contar un suceso para comprender el carácter y la personalidad de los personajes.
Descripción	Más allá de su argumento básico, un relato suele incluir detalles descriptivos sobre el ambiente, los personajes y sus actos. La descripción puede interrumpir el flujo del relato, por lo cual debe ser efectiva, pero económica.
Tono	El tono de un relato comunica el estado de ánimo del narrador y su actitud ante los sucesos que describe. Como al hablar, al escribir adoptamos distintos tonos (serio, solemne, irónico, burlón, etc.) que comunican un estado emocional al lector.

Estas categorías te ayudarán a evaluar cuál es la mejor manera de presentar tu relato. Teniendo en mente el argumento, por ejemplo, podrás decidir si es mejor que el relato presente los eventos en orden cronológico, o que avance y retroceda en el tiempo (por ejemplo, mediante un *flashback*) para crear suspenso e intriga. También sabrás qué incidentes merecen una mayor extensión, por ser esenciales, y cuáles pueden ser más breves ya que actúan como momentos de transición. De igual manera, podrás evaluar si tu relato describe con suficiente precisión el ambiente y los personajes o si es necesario agregar detalles.

Modelo

Lee el siguiente relato y presta atención a las decisiones que toma el narrador. ¿En qué orden presenta los eventos? ¿Qué detalles incluye y qué otros podría haber incluido? ¿Qué expresiones emplea para darle una estructura temporal y lógica al relato?

¡Qué susto!

Este fin de semana mi hermano y yo fuimos de campamento. Salimos temprano por la mañana y manejamos unas horas hasta llegar a la sierra Colorada. Después nos cargamos las mochilas al hombro y subimos por el sendero empinado que lleva al campamento. Como solo íbamos a estar una noche, las mochilas no eran muy pesadas y la caminata resultó muy agradable. A eso de las cuatro llegamos y montamos la tienda de campaña. Éramos los únicos. La vista era espectacular, y cerca había un arroyo donde nos refrescamos. Mi hermano había traído su caña de pescar, pero no tuvo suerte y nos tuvimos que conformar con una simple cena de comida enlatada. Cuando se hizo de noche aparecieron más estrellas en el cielo de las que jamás habíamos visto. Nos quedamos hablando hasta tarde y mi hermano dijo que le gustaría que la vida siempre fuera así de fácil y de tranquila. Finalmente nos metimos en la tienda de campaña y nos fuimos a dormir. Unas horas después (deben haber sido las dos o las tres de la mañana) me despertó el ruido de unos roces y rasguños contra el exterior de la tienda. Desperté a mi hermano y nos quedamos quietos escuchando.

—¿Por qué no sales a averiguar? —susurró mi hermano.

—¿Por qué no sales tú? —le contesté.

Se quedó callado y luego dijo:

—¿Qué tal si es un gato montés?

Yo había leído en una revista que los animales no suelen atacar a la gente si uno se queda dentro de la tienda de campaña, así que nos pasamos la noche en vela, con el corazón en la boca por los ruidos que continuaban a nuestro alrededor. Cuando por fin se empezó a hacer de día, vimos unas sombras chiquitas contra la tela de la tienda y salimos a investigar. Resulta que el supuesto gato montés no era más que una familia de perdices que seguramente habían estado tan asustadas como nosotros.

—Ni una palabra de esto a nadie —dijo mi hermano.

El narrador debe siempre situar su relato temporalmente.

Se podrían usar descripciones mucho más detalladas. ¿Cómo era el paisaje exactamente? ¿Qué cenaron los hermanos? ¿De qué hablaron?

Para comunicar lo que alguien dijo, puedes incluir el diálogo en discurso directo o relatarlo en discurso indirecto.

Tema de composición

Elige uno de estos comienzos y escribe un breve relato. Puede ser algo que realmente te haya ocurrido o un evento imaginario.

1. "Anoche tuve el sueño más extraño de mi vida..."
2. "Recuerdo claramente la primera vez que me enamoré..."
3. "Nunca me he divertido tanto como la vez que..."

Antes de escribir

Haz una lista de todos los sucesos esenciales que debes comunicar al lector para que comprenda el relato. Esta lista puede servir como un armazón sobre el cual elaborar la narración.

Luego, piensa en estos temas:

- ¿Qué estructura tendrá tu relato?
- ¿Cuál será el argumento?
- ¿En qué orden narrarás los distintos incidentes?

Escribir el borrador

Recuerda que el borrador es la primera versión, no la versión final. Piensa en el borrador como una oportunidad de escribir con total libertad lo que se te vaya ocurriendo, sin preocuparte todavía por que esté perfecto.

Al escribir el borrador de un relato, incluye todos los detalles posibles. Si se trata de una experiencia propia, esfuérzate por recordar la situación lo más claramente posible. Si se trata de un evento ficticio, intenta imaginarlo como si estuvieras presente y piensa en lo que percibirías con todos tus sentidos. Cuanto más escribas, más material tendrás sobre el cual trabajar.

Escribir la versión final

Estos son algunos temas que puedes considerar al editar y reescribir tu relato:

- ¿Has incluido todos los incidentes esenciales? ¿Falta alguno? ¿Están relacionados lógica y claramente para que el lector pueda seguir el hilo de tu narración? ¿Faltan momentos de transición que conecten los principales sucesos?
- ¿Cuánto espacio ocupa cada parte del relato? Si un incidente o una descripción que no es esencial ocupa demasiado espacio, se puede romper la continuidad del relato.
- Revisa tu vocabulario. ¿Hay adjetivos o verbos débiles o imprecisos que puedas sustituir con palabras más efectivas? Piensa en posibles sinónimos.
- Revisa la gramática. ¿Has empleado los tiempos verbales adecuados? ¿Has utilizado cláusulas adjetivas relativas para explicar o especificar?

2B El relato periodístico

Todos los días leemos en el periódico o en Internet sobre lo que ocurre en el mundo. Algunas noticias se nos olvidan a los cinco minutos. Otras —las que están bien narradas— permanecen en nuestra memoria y nos afectan profundamente. Una buena crónica o relato periodístico debe cumplir con dos metas principales: la primera es informarnos de una serie de hechos; la segunda es comunicarnos su importancia y lograr que se conviertan en una realidad y no en un suceso abstracto. Estos son algunos factores que hay que tener en cuenta en un relato periodístico.

Contenido	Toda noticia debe relatar los hechos de manera clara, breve y completa. Debe responder a estas preguntas. • ¿QUÉ ocurrió? • ¿CUÁNDO ocurrió? • ¿DÓNDE ocurrió? • ¿POR QUÉ ocurrió? • ¿A QUIÉN le ocurrió y a quién afecta? Más allá de estas preguntas básicas, una noticia bien narrada debe involucrar al lector en los sucesos y hacer que este sienta su importancia. Para ello los sucesos deben ser descritos en forma vívida y detallada o narrados desde el punto de vista de alguien directamente afectado, lo que transportará al lector al lugar de los hechos.
Punto de vista	La misma noticia puede narrarse desde muchos ángulos distintos. Por ejemplo, el comienzo de una guerra puede narrarse desde el punto de vista de los políticos que toman la decisión de enfrentarse, desde el punto de vista de un soldado a punto de entrar en batalla, o desde el punto de vista de un civil atrapado entre los ejércitos. El punto de vista que elijas determinará cómo entiende tu lector los hechos.
Estilo	El estilo periodístico suele ser más serio y elevado que el del habla cotidiana, sin ser rebuscado, ya que la claridad y facilidad de lectura son esenciales.
Veracidad y objetividad	Tanto en su labor puramente informativa como en sus aspectos más expresivos y literarios, la narración de una noticia está guiada por dos valores esenciales: la veracidad y la objetividad. Ante todo, la noticia debe ser un relato fiel, detallado e imparcial de la realidad.

Modelo

A continuación verás dos formas de relatar la misma noticia. Una es puramente informativa, la otra profundiza más en los detalles y las implicaciones del suceso. Una no es mejor que la otra, todo depende de cuánto espacio haya para la nota, de la intención del narrador y del público al que esté dirigida.

Reliquias prehispánicas halladas al excavar en el metro

Siete esculturas prehispánicas en piedra fueron halladas accidentalmente esta semana durante la excavación de la Línea 6 del metro en la Ciudad de México. Las piezas, que representan dioses del panteón azteca, se han preservado en excelente estado y serán transportadas al Museo Nacional de Arqueología para ser estudiadas.

Aquí se resumen los hechos esenciales mencionados en el título.

Esta nota relata el mismo suceso, pero suministra más detalles y recurre al testimonio directo de un protagonista.

El título y el primer párrafo son misteriosos y sugerentes. Buscan atraer al lector relatando la experiencia del hombre que halló las esculturas.

Las citas son una buena forma de darle veracidad al relato.

El descubrimiento se sitúa dentro de un contexto amplio, sugiriendo temas de reflexión como la relación entre la modernidad y la historia.

Próxima estación: el pasado

En los quince años que ha trabajado como excavador en las obras del metro, Ezequiel García se ha topado con toda clase de cosas, desde restos humanos hasta una colonia de murciélagos. Pero lo que descubrió la semana pasada mientras trabajaba en la Línea 6 del metro no tiene precedentes.

"Sentí que la punta del taladro tocaba algo más firme", dice, "y paré y empecé a quitar tierra con las manos". Lo que surgió de la oscuridad del túnel fue la espeluznante y sonriente cara de piedra de un dios azteca. Y eso fue solo el comienzo. Tras unos días de excavación, se descubrieron siete esculturas monumentales de más de dos metros de alto, preservadas casi intactas en el subsuelo por más de cinco siglos. Una vez que sean transportadas al Museo Nacional de Antropología, los expertos intentarán determinar qué figuras representan y por qué quedaron enterradas en ese sitio.

Aunque este nuevo hallazgo es particularmente especial, no es del todo insólito. Desde que en el Distrito Federal se empezaron a excavar túneles para el metro en 1967, han sido muchas las piezas y construcciones prehispánicas y coloniales halladas accidentalmente. Paradójicamente, un proceso de modernización urbana que podría parecer ir en contra del pasado histórico de la ciudad se convirtió en una exploración arqueológica. Los túneles del metro resultaron ser túneles del tiempo. "Dada la densidad de la ciudad, no hubiera sido posible cavar debajo de los edificios y llegar a estos lugares", dice Jorge Solórzano, uno de los arqueólogos que supervisa las obras del metro y que estará a cargo del estudio de este nuevo descubrimiento. Aunque es demasiado pronto para aventurarse a identificar el origen y el tema de las esculturas, Solórzano cree que la cara sonriente que espantó a Ezequiel García en el túnel es la de Mictlantecuhtli, el dios azteca de la muerte. "Estaba tan cómodo en su reino y le vinieron a construir una línea de metro", dice con ironía. Y cuando nosotros viajamos en metro, ¿qué otros dioses yacen tras los muros del túnel, viéndonos pasar?

Tema de composición

Elige uno de estos titulares y escribe un relato periodístico. No te limites a relatar los hechos: involucra al lector en los sucesos y explora sus causas y consecuencias. Si lo deseas, también puedes reescribir el titular.

1. "Extraño visitante sorprende a una clase de primer grado"
2. "La NASA anuncia nueva misión a Marte"
3. "Fin a un conflicto bélico de dos décadas"

Antes de escribir

Al escribir una noticia, hay ciertas preguntas básicas que debes plantearte antes de comenzar. ¿Para quién escribes? ¿Con qué intención? ¿Qué tan informado estará tu lector sobre el tema y cuánto tendrás que explicar? ¿Qué tipo de lenguaje y de vocabulario son apropidados para tu lector? Además, debes tener en cuenta otras cuestiones que son específicas de la narrativa periodística:

- ¿Cuáles son los datos esenciales que tu noticia debe relatar? Escribe una lista para que no se te olvide ninguno.
- ¿Cuáles son los distintos puntos de vista desde los que podrías narrar la noticia? ¿Desde qué ángulo conviene enfocarla? Por ejemplo, si quieres que la nota tenga un impacto emocional, puedes elegir el punto de vista de una persona afectada por los hechos.
- ¿Llevarás a cabo entrevistas? De ser así, haz una lista de distintas personas a las que convendría entrevistar. Pueden ser expertos en el tema o gente directamente afectada.

Escribir el borrador

Al redactar la noticia, empieza por escribir todo lo que hayas averiguado sobre el evento sin preocuparte de que la estructura sea perfecta. Puede que no sepas hasta el final cómo empezará tu noticia. El primer párrafo puede ser el más difícil de escribir, ya que es el que debe atraer al lector (a menos que tu nota sea puramente informativa, en cuyo caso el primer párrafo debe contener simplemente todos los datos esenciales).

Escribir la versión final

Además de la revisión, edición y corrección de estilo que requiere todo tipo de redacción, el relato periodístico conlleva un particular trabajo de verificación que es de suma importancia.

- Lee tu artículo cuidadosamente. Cada vez que se presente un dato, una descripción o una afirmación, asegúrate de poder respaldarla. La noticia no debe contener nada inventado. Esta labor es tan importante que las revistas y periódicos tienen personal especializado (los *fact-checkers*) dedicado a revisar que todo el contenido sea fidedigno.
- La noticia no solo debe ser veraz, sino también objetiva. Asegúrate de no haber introducido opiniones personales o juicios de valor. A veces un simple adjetivo puede comunicar tu opinión personal sobre una persona o un suceso.

2C Carta de opinión

Todos podemos escribir cartas de opinión: no es necesario ser escritor profesional ni pretender un estilo exquisito para animarse a hacerlo. Se trata, sobre todo, de dar voz a algo que pensamos, sentimos o experimentamos y que fundamentalmente queremos comunicar. La sección llamada "Cartas de lectores" es una sección estable de los periódicos que da la oportunidad de opinar, expresar puntos de vista sobre algún tema de dominio público, agradecer una buena acción, denunciar algo, o poner en conocimiento de todos algo que de otra forma podría pasar inadvertido.

Hay varios puntos que es preciso respetar a la hora de escribir una carta de opinión. En este caso, como en muchos otros, la impresión es lo que cuenta.

Objetivo	Desde el comienzo es importante decir por qué se escribe la carta: hay que establecer el propósito específico en el primer párrafo. En el resto de la carta se deben concentrar y resumir los argumentos en un texto con introducción, desarrollo y conclusión.
Tema	La carta tiene que estar enfocada en el tema en cuestión desde el comienzo. De lo contrario, podría peligrar la atención del lector que, al no encontrar un punto de interés, tal vez abandone la lectura de la carta. El vocabulario de la carta debe ser sencillo y claro, y es preciso evitar las repeticiones y las generalizaciones.
Argumentos	El tema debe presentarse con argumentos que tengan un peso de objetividad sobre la base de hechos o estadísticas comprobables. Si se apoya en los dichos de otras personas, sus palabras deben ser citadas con exactitud. Cuanto más preciso parezca lo expuesto, más fuerte y convincente resultará el argumento.
Tono	Más allá del argumento que expongas, el tono de la carta debe ser amable y gentil, con un lenguaje moderado y respetuoso, sin recurrir a sarcasmos, burlas o palabras de jerga que puedan ser malinterpretadas o que resulten difíciles de comprender.

Estas indicaciones te ayudarán a lograr el primer y esencial objetivo de la carta de opinión: atraer la atención, en primer lugar, del editor del periódico y, en segundo lugar, de los lectores.

También hay aspectos prácticos importantes:

- El periódico puede tener un límite de palabras o caracteres para esa sección; conocer esa información aumenta la posibilidad de que tu carta sea elegida.
- Es necesario incluir los datos personales con precisión, requisito exigido por los diarios para publicar las cartas de lectores y que sirve para avalar la opinión expresada.
- Si el tema de tu carta está vigente, tendrá más posibilidades de publicación y de conexión con los lectores.

Artículo de opinión

A continuación vas a leer un artículo periodístico, y luego leerás una carta de opinión sobre el artículo, escrita por un estudiante.

Lo que sé sobre toros y toreros

Arturo Pérez-Reverte

Hace cosa de un mes, por una de esas emboscadas[1] que a veces te montan los amigos, anduve metido en pregones[2] y otros fastos[3] taurinos[4] sevillanos. Fue agradable, como lo es todo en esa ciudad extraordinaria; y quedé agradecido a la gente de la Maestranza, amable y acogedora. Pero todo tiene sus daños colaterales. Ayer recibí una carta desde una ciudad donde cada año, en fiestas, matan a un toro a cuchilladas por las calles, preguntándome con mucha retranca[5] cómo alguien que se manifiesta contrario a la muerte de los animales en general, y a la de los toros en particular, habla a favor del asunto. También me preguntan, de paso, cuánto trinqué[6] por envainármela[7]. Y como resulta que hoy no tengo nada mejor que contarles, voy a explicárselo al remitente. Con su permiso.

En primer lugar, yo nunca cobro por conferencias ni cosas así; considérenlo una chulería[8] como otra cualquiera. Las pocas veces que largo en público suelo hacerlo gratis, por la cara. Y lo de Sevilla no fue una excepción. En cuanto a lo de los toros, diré aquí lo que dije allí: de la materia sé muy poco, o lo justo. En España, afirmar que uno sabe de toros es fácil. Basta la barra de un bar

y un par de cañas. Sostenerlo resulta más complejo. Sostenerlo ante la gente de la Maestranza habría sido una arrogancia idiota. Yo de lo único que sé es de lo que sabe cualquiera que se fije: animales bravos y hombres valientes. El arte se lo dejo a los expertos. De las palabras bravura y valor, sin embargo, puede hablar todo el mundo, o casi. De eso fue de lo que hablé en Sevilla. Sobre todo, del niño que iba a los toros de la mano de su abuelo, en un tiempo en que los psicoterapeutas, psicopedagogos y psicodemagogos todavía no se habían hecho amos[9] de la educación infantil. Cuando los Reyes Magos, que entonces eran reyes sin complejos, aún no se la cogían con papel de fumar y dejaban pistolas de vaquero, soldaditos de plástico, caballos de cartón y espadas. Hasta trajes de torero, ponían a veces.

Aquel niño, como digo, se llenó los ojos y la memoria con el espectáculo del albero[10],

[1] *ambushes* [2] *proclamations* [3] *luxuries* [4] *bullfighting (adj.)* [5] **con mucha...** *subtly* [6] *earned* [7] *for causing so much trouble* [8] *presumption* [9] *masters* [10] *type of bullfighting ring*

ampliando el territorio de los libros que por aquel tiempo devoraba con pasión desaforada: la soledad del héroe, el torero y su enemigo en el centro del ruedo. De la mano del abuelo, el niño aprendió allí algunas cosas útiles sobre el coraje y la cobardía, sobre la dignidad del hombre que se atreve y la del animal que lucha hasta el fin. Toreros impasibles con la muerte a tres centímetros de la femoral. Toreros descompuestos que se libraban con infames bajonazos[11]. Hombres heridos o maltrechos[12] que se ajustaban el corbatín mirando hacia la nada antes de entrar a matar, o a morir, con la naturalidad de quien entra en un bar y pide un vaso de vino. Toros indultados[13] por su bravura, aún con la cabeza erguida, firmes sobre sus patas, como gladiadores preguntándose si aún tenían que seguir luchando.

Así, el niño aprendió a mirar. A ver cosas que de otro modo no habría visto. A valorar pronto ciertas palabras —valor, maneras, temple, dignidad, vergüenza torera, vida y muerte— como algo natural, consustancial a la existencia de hombres y animales. Hombres enfrentados al miedo, animales peligrosos que traían cortijos[14] en los lomos[15] o mutilación, fracaso, miseria y olvido en los pitones[16]. El ser humano peleando, como desde hace siglos lo hace, por afán de gloria, por hambre, por dinero, por vergüenza. Por reputación.

Pero ojo. No todo fue admirable. También recuerdo las charlotadas, por ejemplo. Ignoro si todavía se celebran esos ruines espectáculos: payasos en el ruedo, enanos con traje de luces[17], torillos atormentados entre carcajadas infames de un público estúpido, irrespetuoso y cobarde. Nada recuerdo allí de mágico, ni de educativo. Quizá por eso, igual que hoy aprecio y respeto las corridas de toros, detesto con toda mi alma las sueltas de vaquillas[18], los toros embolados[19], de fuego, de la Vega o de donde sean, las fiestas populares donde un animal indefenso es torturado por la chusma[20] que se ceba[21] en él. Los toros no nacen para morir así. Nacen para morir matando, si pueden; no para verse atormentados, acuchillados por una turba de borrachos impunes. Un toro nace para pelear con la fuerza de su casta y su bravura, dando a todos, incluso a quien lo mata, una lección de vida y de coraje. Por eso es necesario que mueran toreros, de vez en cuando. Es la prueba, el contraste de ley. Si la muerte no jugase la partida de modo equitativo, el espectáculo taurino sería sólo un espectáculo; no el rito trágico y fascinante que permite al observador atento asomarse a los misterios extremos de la vida. Sólo eso justifica la muerte de un animal tan noble y hermoso. Ahí está, a mi juicio, la diferencia. Lo demás es folklore bestial, y es carnicería[22].

El Semanal - 04/05/2008

[11]*low thrusts* [12]*battered* [13]*pardoned* [14]*country estates* [15]*backs* [16]*tips of a bull's horns* [17]*bullfighter's outfit*
[18]**sueltas de...** *running of calves* [19]*with wooden balls on their horns* [20]*mob* [21]*takes a sadistic delight in* [22]*slaughter*

Modelo

Al leer la carta, presta atención a la exposición de los argumentos.

- ¿Sobre qué tema trata?
- ¿Cuál es el objetivo?
- ¿Cumple los requisitos de brevedad y concentración?
- ¿Qué expresiones indican el tono de esta carta?
- ¿Qué cambiarías tú?

Señor director:

En *El Semanal* del 4 de mayo se publicó un artículo de Arturo Pérez-Reverte, gran escritor y periodista, con el que, en esta ocasión, no podría estar menos de acuerdo. Para mi gran sorpresa, él alaba allí las corridas de toros y destaca que en la arena vemos el espectáculo de un hombre valiente enfrentándose a un toro que "nace para pelear con la fuerza de su casta y su bravura, dando a todos, incluso a quien lo mata, una lección de vida y de coraje".

Donde no se equivoca el ilustre escritor es al señalar que los toros son como gladiadores, porque, al igual que aquellos guerreros esclavos, están privados del derecho a vivir. Los toros no nacen para pelear, sino que son criados para morir dando el mejor espectáculo posible. Y la tortura sigue siendo tortura, aunque la rodeemos de palabras bellas como tradición, cultura, temple y dignidad.

En cuanto al arte, le diría humildemente al señor Reverte que, aunque no soy escritor como él, para mí, arte es creación y vida. Y eso es precisamente lo que brilla por su ausencia en la sangre que corre sobre la arena del ruedo, sea la del toro o la del torero.

Sarah Calera Cañón
Bilbao

Se deben señalar al comienzo la fecha y la fuente del artículo al cual se refiere la carta.

Al citar el artículo, usa comillas y palabras exactas.

El uso del sarcasmo es un arma de doble filo (algunos pueden tener dificultad en comprender su verdadero sentido).

Es preferible no comenzar oraciones con conjunciones como **y**, **pero** y **porque**.

La conclusión de la carta con una reflexión le da fuerza al mensaje.

Practice more at **vhlcentral.com**.

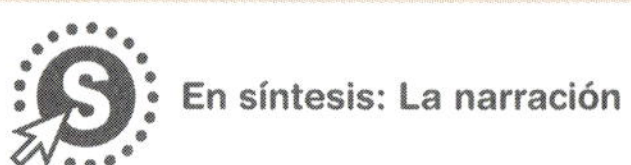

Tema de composición

Elige uno de estos temas y escribe una carta de opinión.

1. A partir del artículo de Arturo Pérez-Reverte, escribe una carta de opinión como la del modelo, donde expreses una posición a favor o en contra.
2. Elige un artículo que hayas leído recientemente en un periódico o revista en español y escribe una carta dando tu opinión.

Antes de escribir

Antes de empezar a escribir, es necesario tomar algunas decisiones. En primer lugar, hay que reducir las ideas al objetivo esencial que motiva la carta. Ese propósito debe quedar claro desde el principio; por lo tanto, debe incluirse en el primer párrafo.

- ¿Qué quieres expresar? ¿Cuál será el tema de tu carta? ¿Por qué es importante para ti?
- ¿Con qué argumentos piensas que puedes demostrarlo? Haz una lista de argumentos y ordénalos de la manera que más le convenga a tu exposición.
- ¿Qué información o antecedentes necesita el lector? Si se trata de un evento, anota con precisión fecha, hora, lugar y todos los datos que sean necesarios para que el lector comprenda bien lo que ocurrió. Si respondes a un artículo, tenlo frente a ti para ser exacto en las citas.
- Usa un cuadro como el de la **p. 64** para organizar tus ideas.

Objetivo	
Tema	
Argumentos	
Tono	

Escribir

- Es buena idea comenzar por escribir un borrador para poder releerlo cuantas veces sea necesario, agregando o descartando oraciones y argumentos. En esta etapa puedes extenderte todo lo que quieras. Considera que la brevedad y concisión no aparecen por inspiración de las musas, sino que son el resultado del trabajo sobre el texto y las sucesivas relecturas y reescrituras.
- Si necesitas explicar varios puntos, sepáralos en párrafos que hagan más fácil la lectura.
- Dirige la carta al Editor o al Director de la publicación con el encabezamiento formal típico de una carta de negocios (Estimado Editor...). Al final, antes de firmar la carta, no olvides dar las gracias por su publicación en el periódico (Agradeciendo desde ya su gentileza...).

Después de escribir

Relee varias veces tu borrador y corrige errores de ortografía, puntuación, concordancia y gramática. Puedes pedirles a personas en las que confías que lean tu versión final: cuatro ojos ven más que dos y, además, pueden moderar tu opinión en caso de que te hayas sobrepasado. En esta etapa puedes revisar si has cumplido los puntos indicados en el cuadro de la **p. 64.**

- ¿Has expresado con claridad tu objetivo? ¿Las palabras que elegiste son las adecuadas? ¿Conseguiste ser breve y preciso en tu exposición?
- ¿No dejaste ningún cabo suelto en cuanto al tema? ¿Explicaste bien y completamente la situación? Si incluiste alguna ironía, ¿te parece que puede ser comprendida por la mayoría de los lectores? ¿Evitaste generalizaciones que hagan peligrar la impresión de objetividad?
- ¿La exposición de los argumentos es ordenada y prolija? ¿La información que incluye tu carta es comprobable y tiene fuerza para sustentar tu posición?
- ¿Lograste que tu carta tuviera un tono amable y respetuoso? ¿No ofendiste a nadie? ¿Planteaste alguna solución, reflexión o propuesta alternativa? ¿La conclusión de la carta cierra el mensaje con la fuerza necesaria?

El ensayo narrativo

Lección 3

"El ensayo es la ciencia
sin la prueba explícita".

—José Ortega y Gasset

En el ensayo narrativo, el autor busca interpretar una serie de hechos y darles sentido desde un punto de vista determinado. Ya sea que se trate de un evento histórico, de sucesos de la actualidad o de un relato personal, el escritor debe recurrir a la investigación y a fuentes fiables, y debe desarrollar su relato de forma clara y coherente con el objetivo de persuadir al lector.

En esta lección, tendrás la oportunidad de narrar hechos históricos y utilizarlos como trasfondo para compartir o transmitir tu opinión.

Describe la imagen. ¿Dónde piensas que se encuentran las personas de la foto? ¿Qué crees que sucedió en ese lugar?

EXPANSIÓN
A Handbook of Contemporary Spanish Grammar
Chapters 1, 16, 20, 21, 28

LECTURA

Isabel Allende es una escritora chilena nacida en Lima, Perú, en 1942. Hija de un diplomático, vivió en distintos países durante su infancia. Inició su carrera como periodista en diarios y televisión de Chile, pero dos años después del golpe de Estado del general Augusto Pinochet se exilió con su familia en Venezuela, donde vivió durante trece años. En 1981, al enterarse de que su abuelo estaba por morir, comenzó a escribirle una carta que se convertiría luego en la novela *La casa de los espíritus*, de enorme éxito en todo el mundo. A partir de entonces, continuó publicando libros de gran popularidad como *Eva Luna*, *De amor y de sombra* y *El plan infinito*. Sus libros, traducidos a 42 idiomas, han vendido más de 70 millones de ejemplares, y dos de sus novelas fueron llevadas al cine. Desde 1987 vive en California, y en 2003 obtuvo la ciudadanía estadounidense.

Su ensayo "Una bandera rota y embarrada" fue publicado en marzo de 2010 en el diario español *El País*. Chile acababa de sufrir un grave terremoto al que le siguió un *tsunami*, y la escritora viajó hasta allí para colaborar en la recaudación de fondos organizada por un programa de televisión. ■

ANTES DE LEER

¿Qué desastres naturales de repercusión mundial recuerdas?

¿Cómo actúa la gente después de una catástrofe? ¿Crees que la reacción es la misma en todas partes?

Audio: Dramatic Reading

Una bandera rota y embarrada

La autora titula el ensayo con una imagen que resume su perspectiva de la experiencia que va a describir. ▶

El terremoto que ha asolado[1] Chile ha sacado a la luz lo mejor y lo peor de su sociedad: la solidaridad y el pillaje[2], el coraje y el dolor, el nuevo desarrollo y la enorme desigualdad económica entre ricos y pobres.

Se explica el título y se establece brevemente el tema y el objetivo de la autora, el cual se reafirma en la conclusión. ▶

La imagen que simboliza el terremoto en Chile es una bandera chilena destrozada que un joven extrajo[3] de los escombros[4] de su casa.

La autora ubica al lector en las circunstancias del hecho histórico y escribe en primera persona para establecer una conexión más cercana con el lector. ▶

Vengo llegando de Chile, donde fui de carrera a participar en la Teletón *Chile ayuda a Chile*, una cadena nacional de 27 horas cuyo objetivo era juntar el equivalente de 30 millones de dólares. Se lograron 60 millones; hasta los damnificados que quedaron sin nada, aportaron unas monedas. Ese ejemplo de solidaridad levantó el ánimo del país.

Se alternan narración y descripción para comunicarle al lector la realidad concreta de los hechos. ▶

La destrucción se nota apenas aterriza el avión en Santiago. El aeropuerto estuvo cerrado un par de días, porque se desmoronaron[5] pedazos del techo y hay grietas[6] estructurales serias, pero pronto levantaron carpas[7] y se organizaron para atender con la mayor normalidad posible. Esperamos casi dos horas para hacer inmigración, pero al salir, seis días más tarde, el sistema era mucho más eficiente, aunque todavía los pasajeros hacían cola en el calor, sin aire acondicionado ni agua y debían esperar horas sentados en el suelo. Nadie se quejaba y el personal trabajaba amablemente. Siempre me maravilla la calma, el orden, la buena voluntad y ese buen humor estoico de los chilenos en tiempos de catástrofe.

Después de la mortandad[8] de Haití, el terremoto en Chile no ha causado el impacto en el mundo que habría tenido en otras circunstancias.

[1]*devastated* [2]*pillaging* [3]*extracted* [4]*rubble* [5]*crumbled* [6]*cracks* [7]*tents* [8]*loss of life*

Es uno de los más fuertes registrados hasta ahora, duró varios minutos, ha tenido más de 200 temblores posteriores y lo que no se cayó con el remezón[9] se lo llevó el *tsunami*. Hospitales, escuelas, comisarías, puentes, caminos, miles y miles de viviendas, todo en el suelo. Las imágenes de televisión no pueden dar una idea aproximada de la destrucción. Hay pocos muertos dada la tremenda destrucción, en parte porque el país tiene códigos de construcción muy severos y en parte porque tenemos experiencia en este tipo de catástrofe. Apenas empezó a temblar, la gente en la costa corrió a los cerros. No hicieron lo mismo los turistas o los afuerinos[10].

Todavía no hay electricidad, comunicaciones, teléfonos o agua potable en muchos lugares. A las pocas horas del terremoto dejaron de funcionar los celulares, porque se agotaron las baterías y no había electricidad para cargarlas. Incluso las comunicaciones de las Fuerzas Armadas y Carabineros[11] fueron traicionadas por la tecnología. Mucho *BlackBerry*, pero a la hora de la verdad parece que los métodos antiguos —como radio aficionados— eran más eficientes. En la isla Juan Fernández, que sufrió el impacto mayor del *tsunami*, sólo murieron seis personas porque una niña de 12 años corrió a tocar la alarma cuando vio que el mar amenazaba, así despertó a la población, que alcanzó a ponerse a salvo en los cerros. El jefe de la plaza estaba esperando que la Armada confirmara el peligro.

Hay mil historias de coraje y de dolor que me hacen llorar al recordarlas, como una madre a quien el *tsunami* le arrancó[12] de los brazos a dos niños pequeños y todavía anda buscando los cuerpos, o el abuelo llorando por su nieto entre las ruinas de su casa, o las miles de mascotas que deambulan[13] hambrientas y desorientadas en lo que antes fue un pueblo. Berta, la mujer que ha trabajado en casa de mis padres por 34 años, y es más querida por ellos que cualquiera de los hijos o nietos, es de Iloca, uno de los pueblos arrasados[14] por el mar. Su familia perdió todo y varios de sus parientes aparecieron en la televisión mostrando la devastación. Habían levantado un techo y hervían agua en una fogata[15] para ofrecer té a vecinos, periodistas y carabineros. En eso llegó un camión con adolescentes que habían juntado manzanas, frazadas[16], salchichas para esa gente en pijama que no había comido desde el día anterior. Uno de esos adolescentes era mi sobrino. Esto ilustra cuán de cerca nos golpeó a todos.

“Hay innumerables anécdotas de valor y solidaridad, pero la prensa extranjera ha publicado más que nada sobre el pillaje”.

◀ Mediante apreciaciones personales y la inclusión de anécdotas, reconstruye el evento histórico. Esto reafirma y desarrolla la tesis presentada en el título y en el primer párrafo.

En Santiago y otras ciudades la gente hacía donaciones de comida, pañales[17], medicinas, agua, etcétera. Se hacían colectas en las calles y ciertos bancos estuvieron abiertos noche y día para recibir depósitos. En algunas escuelas los chicos recibían las donaciones, otros empaquetaban, luego llevaban las cajas a los camiones. A cierta hora vi salir 40 camiones con banderas chilenas, tocando bocinas[18], rumbo al sur. Y después vi en televisión la llegada a los campamentos de emergencia, donde eran recibidos con lágrimas, abrazos... y la infaltable “tacita de té”, símbolo de la hospitalidad chilena.

◀ Cada párrafo contiene un tema u observación sobre la situación y los eventos ocurridos; esto le da claridad y fluidez al ensayo.

Hay innumerables anécdotas de valor y solidaridad, pero la prensa extranjera ha publicado más que nada sobre el pillaje. Es cierto que se cometieron desmanes[19] en algunas ciudades antes de que la presidenta, Michelle Bachelet, sacara el Ejército a la calle e impusiera el toque de queda[20].

[9]*earthquake* [10]*non-residents* [11]*Chilean national police* [12]*tore away* [13]*roam* [14]*destroyed* [15]*campfire* [16]*blankets* [17]*diapers* [18]*blowing horns* [19]*misdeeds* [20]*curfew*

Parece que la mayor parte del pillaje fue cometido por bandas organizadas, los mismos maleantes[21] que trafican drogas y cometen otros delitos[22]. Muchos han sido identificados, la policía allanó[23] los sitios donde habían acumulado televisores, lavadoras, muebles, licores y otras cosas, y se recuperó una buena parte. La presidenta ha dicho que serán procesados[24]. Otros ladrones de última hora, que no son profesionales del delito, devolvieron lo que se habían llevado, por vergüenza. No puedo menos que hacer la comparación con lo que ocurrió el 11 de septiembre de 1973, el día del golpe militar, cuando bombardearon la casa del presidente Salvador Allende en la calle Tomás Moro y luego los vecinos, gente pudiente[25] del barrio alto, se robó lo que pudo, desde cuadros hasta fotos familiares.

Entremezcla opiniones y juicios de valor personales con los pasajes narrativos y descriptivos, los cuales dan objetividad a sus argumentos. ▶

Sugerir una idea antes que afirmarla categóricamente, ya sea porque es difícil de demostrar o porque invita al lector a formar su propia opinión o a pensar en ello, es una técnica efectiva. ▶

Supongo que en una crisis lo mejor y lo peor de la sociedad quedan expuestos. En este caso la desigualdad ha quedado en evidencia. Chile ya no se considera un país en desarrollo, su crecimiento económico lo ha colocado entre las naciones del llamado Primer Mundo, pero la distribución del ingreso y de los recursos es una de las peores. Los 20 años de gobiernos democráticos de centro-izquierda de la Concertación[26] han logrado reducir la pobreza dramáticamente, pero no han nivelado a la gente. En Chile los ricos son riquísimos y además ostentosos, un fenómeno que comenzó con la dictadura y se ha ido acentuando; antes los chilenos éramos sobrios[27], no había nada más *kitsch* que la ostentación. Este desequilibrio crea resentimiento social y violencia.

"Supongo que en una crisis lo mejor y lo peor de la sociedad quedan expuestos".

Michelle Bachelet terminaba su presidencia con el más alto porcentaje de aprobación de nuestra historia cuando ocurrió la catástrofe. El nuevo presidente es Sebastián Piñera, un billonario de derechas que llega al Gobierno con un equipo de empresarios jóvenes formados, en su mayoría, en universidades americanas. El discurso político y los valores cambiarán. (Éste es el chiste de actualidad; "Bienvenido a Chile, atendido por sus dueños"). El golpe brutal sufrido por el país puede ayudar a Piñera porque dará empleo en la reconstrucción, habrá ayuda y créditos internacionales, los trabajadores postergarán sus demandas y la oposición tendrá que colaborar con el Gobierno.

La transición temporal introduce la reflexión final, en la que la autora subraya su opinión y cierra las ideas que argumentó en el desarrollo. ▶

Dos semanas después del terremoto los chilenos están de pie, han superado la depresión y el miedo de los primeros días y se aprontan[28] para reconstruir. Estamos acostumbrados a los coletazos[29] de la naturaleza. Vivimos en el país más bello del mundo, pero expuestos a terremotos, *tsunamis*, inundaciones, sequías y de vez en cuando cataclismos políticos. Nunca somos mejores que en tiempos de crisis, cuando desaparece nuestra arrogancia y mezquindad[30], pero pronto se nos olvida y volvemos a nuestras malas costumbres. Sería estupendo que esta vez permaneciéramos unidos y generosos una vez que pase el estado de emergencia. Tal vez el abrazo de Michelle Bachelet con Sebastián Piñera en la Teletón sea un buen augurio. Sé que Chile se va a recuperar de las pérdidas materiales; espero que esta tragedia nos obligue a reforzar el tejido[31] moral de la sociedad.

Al llegar a Estados Unidos un periodista me preguntó si tenía un mensaje para los americanos. ¿Qué podía responderle? Sólo que no hay seguridad para nadie en este mundo, como cualquiera que no sea un idiota privilegiado lo sabe. Se puede perder todo en un instante, pero casi siempre se puede volver a comenzar. La capacidad de sobrevivencia de los seres humanos es asombrosa[32]. Eso aprendí esta semana en mi país, tan golpeado y tan querido. ■

[21]*hoodlums* [22]*crimes* [23]*raided* [24]*prosecuted* [25]*well-to-do* [26]*Coalition* [27]*simple* [28]*get ready* [29]*whiplashes* [30]*pettiness* [31]*fiber* [32]*amazing*

Después de leer

1 Comprensión Indica si las oraciones son ciertas o falsas según el ensayo. Luego, en parejas, corrijan las falsas.

Cierto	Falso	
☐	☐	1. Isabel Allende viajó a Chile para brindar ayuda tras el terremoto.
☐	☐	2. El aeropuerto de Santiago se mantuvo abierto después de que tuvo lugar el desastre natural.
☐	☐	3. Se pudo ver con exactitud en la televisión la magnitud de la destrucción provocada por el terremoto.
☐	☐	4. Como la tecnología falló, se recurrió a métodos antiguos para comunicarse.
☐	☐	5. Una niña de doce años salvó a los pobladores de una isla al tocar la alarma y avisarles del *tsunami*.
☐	☐	6. La "tacita de café" simboliza la hospitalidad chilena.
☐	☐	7. Los turistas corrieron a refugiarse en los cerros apenas comenzó el temblor.
☐	☐	8. Afortunadamente se mantuvo el orden y no se produjeron desmanes ni robos después de la catástrofe.
☐	☐	9. Según la autora, las consecuencias que dejó el terremoto pueden ayudar a consolidar al nuevo presidente.
☐	☐	10. Los chilenos no están preparados para las catástrofes naturales.

2 Análisis En parejas, respondan estas preguntas.

1. ¿Cuál es el sentido del título de este ensayo? ¿Qué nos dice la imagen de la bandera destrozada sobre la visión que tiene Allende de lo ocurrido?
2. En las líneas 55–57, la ensayista escribe: "En eso llegó un camión con adolescentes que habían juntado manzanas, frazadas, salchichas para esa gente en pijama que no había comido desde el día anterior. Uno de esos adolescentes era mi sobrino. Esto ilustra cuán de cerca nos golpeó a todos". ¿Qué aspecto de la sociedad chilena expresa con este ejemplo?
3. ¿Cómo entienden la expresión "a la hora de la verdad" relacionada con el fallo de la tecnología? ¿Qué ocurrió con el país entero "a la hora de la verdad"?
4. ¿A qué creen que se refiere el chiste "Bienvenido a Chile, atendido por sus dueños"? ¿Por qué piensan que se menciona en el ensayo?
5. ¿En qué sentido el poder de algunos perjudica a la sociedad entera, según Allende?
6. En su opinión, la escritora ¿tiene una visión optimista o pesimista del futuro del país? Justifiquen su respuesta con pasajes del ensayo.
7. ¿Qué sensación les dejó la respuesta de Allende al periodista, con la que concluye este ensayo? ¿Están de acuerdo con ella? ¿Por qué?

3 Discusión En grupos de tres, contesten estas preguntas.

1. ¿Qué piensan de la frase de Isabel Allende: "Los chilenos mantienen la calma en las catástrofes geológicas. [...] Nos encanta el drama"? Si tuvieran que definir a su país con una frase así, ¿cuál sería?
2. ¿Cuál es la visión de la escritora: la de una protagonista o una observadora? ¿Qué fuentes de información tiene? ¿De qué manera esto beneficia su ensayo?
3. ¿Cuáles son los conflictos sociales del país que la escritora ve reflejados en la situación del terremoto, y qué consecuencias prevé? ¿Les parece que su interpretación está influenciada por su perspectiva sobre el futuro del país, o creen que logra mantener la imparcialidad? ¿Por qué?
4. La escritora presenta puntos de vista paradójicos en su ensayo: ¿qué discurso es el que predomina al referirse a los chilenos: positivo o negativo?
5. Redacten brevemente la tesis presentada en la lectura. Tengan en cuenta que la estructura del ensayo funciona sobre dos ejes narrativos que se cruzan: la catástrofe natural y la solidaridad de los chilenos.

4 Citas En parejas, lean las citas y contesten las preguntas. Después, comparen sus respuestas con las de otra pareja.

> "Historia es, desde luego exactamente lo que se escribió, pero ignoramos si es lo que sucedió".
>
> —Enrique Jardiel Poncela

> "El único deber que tenemos con la historia es reescribirla".
>
> —Oscar Wilde

> "La historia se repite: es uno de los errores de la historia".
>
> —Charles Darwin

> "La historia no es mecánica porque los hombres son libres para transformarla".
>
> —Ernesto Sábato

1. ¿Con cuál(es) de las citas están de acuerdo? ¿Por qué?
2. ¿Cuál de las citas muestra la actitud más constructiva hacia nuestro pasado histórico? ¿Y hacia un futuro mejor?
3. ¿Qué cita podría tomar Isabel Allende como motivación para su ensayo?

5 Narración y argumento En el ensayo hay partes especulativas que defienden la perspectiva de Allende sobre los hechos históricos narrados.

- Busca en el ensayo tres afirmaciones que sean parte de la postura de Allende, ya sea que se trate de opiniones personales o de interpretaciones discutibles.
- Determina en cada caso por qué serían afirmaciones especulativas. ¿En qué se diferencian de las objetivas?

6 Composición Elige una situación de la historia antigua o reciente que te interese y piensa en cómo la expondrías para extraer de ella un mensaje. ¿Cuál sería el punto crucial de ese evento? ¿Qué argumentos o datos usarías para sostener tu perspectiva del hecho? Luego, escribe el primer párrafo de un ensayo en el que expreses su tema y su objetivo (la tesis).

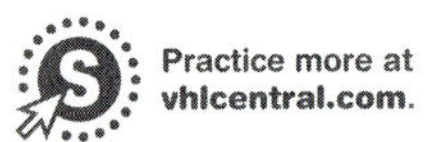

TALLER DE LENGUA

Léxico

3.1 Las conjunciones

- Las conjunciones son expresiones invariables que enlazan elementos sintácticamente equivalentes (conjunciones coordinantes) o que encabezan enunciados que dependen de la oración principal (conjunciones subordinantes).

  Raúl estudia filosofía **y** Lucía trabaja en un banco.
  Me molestó **que** no me dijeras la verdad.

- En la primera oración, la conjunción **y** enlaza dos oraciones de igual valor sintáctico para construir una oración mayor. En la segunda, la conjunción **que** encabeza la parte dependiente de la oración, subordinándola a la oración principal. Tanto las conjunciones coordinantes como las subordinantes se dividen en varios subgrupos.

Conjunciones coordinantes

Tipo	Usos	Ejemplos
Copulativas: **y, e, ni, que**	Enlazan dos elementos equivalentes para formar una oración mayor.	Vinieron los padres **y** los hijos. No fue a visitar a su tío **ni** me acompañó. Ella ríe **que** ríe.
Adversativas: **pero, sino, sino que, mas**	Contraponen de forma parcial o total dos partes de la misma oración.	Creo que son primos, **pero/mas** no estoy seguro. No llegué tarde porque perdí el autobús, **sino** porque me quedé dormido.
Disyuntivas: **o (bien), u**	Unen oraciones o palabras que expresan una elección entre opciones.	No sabe si caminar **o** ir en tren. Puedes escoger este **u** otro tema para tu tesis.

Conjunciones subordinantes

- La conjunción subordinante más común es **que**. Equivale al inglés *that*, pero no puede omitirse.

  Por favor, dime **que** lo harás. Me parece **que** hoy va a nevar.

- Las conjunciones subordinantes se dividen en varias categorías.

Tipo	Usos	Ejemplos
Causales: **pues, porque, a causa de, ya que**	Encabezan oraciones subordinadas que indican causa, razón o motivo.	Sabía perfectamente de qué estaba hablando, **porque** estaba bien informado. Lo escuché detenidamente, **pues** me interesaba conocer su opinión.
Temporales: **cuando, antes (de) que, después (de) que, mientras**	Enlazan oraciones según su relación de precedencia en el tiempo.	Te llamaré por teléfono **después (de) que** terminemos de estudiar. Trataré de lavar el auto **antes (de) que** se haga de noche.
Concesivas: **aunque, por más que, a pesar de que**	Expresan una concesión o un consentimiento.	**Por más que** trabajes, nunca te harás rico. **Aunque** te disculpes mil veces, nunca te perdonará.

EXPANSIÓN

Go to **vhlcentral.com** and add your words to the Vocabulary Tools.

¡ATENCIÓN!

Cuando la palabra siguiente comienza por **i** o **hi**, se emplea **e** en lugar de **y**. Excepciones: la palabra siguiente comienza con **hi** + [vocal que forma diptongo con la **i**] (acero **y** hierro); la conjunción tiene valor interrogativo (¿**Y** Ignacio?).
Cuando la palabra siguiente comienza por **o** u **ho**, se emplea **u** en lugar de **o**.

¡ATENCIÓN!

Ciertas preposiciones se combinan con la conjunción **que** para introducir oraciones subordinadas.

a: Espero **a que** llegue.

con: Me conformo **con que** me llames una vez a la semana.

desde: Desde que vino, soy muy feliz.

¡ATENCIÓN!

La oración subordinada consecutiva encabezada por la conjunción **que** funciona como modificador directo del grupo que la precede formado por **tanto(s)/a(s)**, **tan** o **tal(es)**.

¡ATENCIÓN!

Además de las conjunciones, también podemos unir oraciones mediante el uso de otras expresiones de transición que sirven como enlaces para introducir ideas (**como se puede ver, sin duda, al contrario, por ejemplo, al igual que, en cambio, en resumen, claro que,** etc.). Ver **pp. 109-110**.

Tipo	Usos	Ejemplos
Consecutivas: **así que, pues, que**	Encabezan una oración subordinada que expresa una consecuencia de lo antes expresado.	Terminé el trabajo, **así que** iré a pasear. Comió tanto **que** se descompuso.
Finales: **para que, a fin de que**	Encabezan una subordinada que indica propósito o finalidad.	**Para que** no te quejes más, te voy a conceder lo que me pediste. **A fin de que** no haya más problemas, hemos decidido no volver a verlos.
Modales: **igual que, como, según, conforme, de la misma forma**	Indican la forma o manera en que se produce la acción principal.	Realizó la tarea **según** le indicaron. Se viste **igual que** una estrella de cine.
Condicionales: **si, en caso de que, a menos que, como, con tal de que, siempre y cuando**	Encabezan subordinadas que dependen de la acción en la oración principal.	Te acompaño a la fiesta **con tal de que** me presentes a Juan. **Como** no me digas la verdad, me voy a enojar mucho.

Práctica

1 Escoger Completa las oraciones con la conjunción correcta.

1. ¿Puedes llamar a Ramón ______________ (u / o) a Inés, por favor?
2. Ese pintor tiene mucho talento ______________ (y / e) imaginación.
3. Ana esquía bien, ______________ (pero / porque) no sabe nadar.
4. No solo llegaron tarde ______________ (pero / sino / sino que) me insultaron.
5. Luis quiere un suéter blanco ______________ (porque / o / bien) rojo.
6. La cesta pesa bastante, ______________ (e / pues / u) tiene naranjas.
7. Hoy vamos al teatro, ______________ (e / ya que / u) Sara compró los boletos.

2 Idiomas Completa el párrafo con conjunciones de la lista.

a causa del	**de la misma forma**	**igual que**	**por más que**	**u**
cuando	**e**	**pero**	**porque**	**y**

Los idiomas evolucionan (1) ______________ que evolucionan la ciencia (2) ______________ la técnica. Hoy en día, no hablamos el español (3) ______________ se hacía en la época de Cristóbal Colón o Calderón de la Barca. Los idiomas evolucionan (4) ______________ se enriquecen, (5) ______________ los avances de la ciencia aportan nuevas palabras (6) ______________ incorporan vocablos de otros idiomas (7) ______________ no tienen uno equivalente. Esta evolución enriquecedora es positiva, (8) ______________ no tiene nada que ver con la degeneración de un idioma.

3 Escribir Escribe un párrafo usando al menos cinco de las conjunciones de la lista.

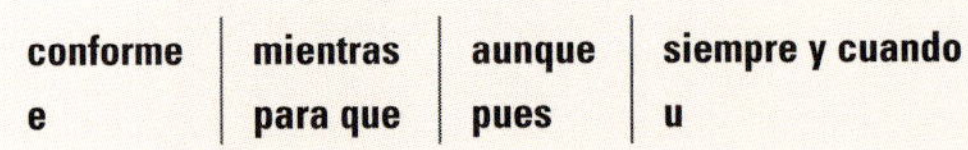

conforme	**mientras**	**aunque**	**siempre y cuando**
e	**para que**	**pues**	**u**

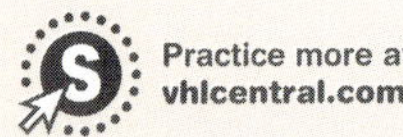

Léxico

3.2 Gentilicios y topónimos

- Los topónimos son los nombres propios de un lugar, de una ciudad, de un país o de una región. Los gentilicios, por su parte, son las palabras que nombran a la gente de un lugar, ciudad, país o región. Por ejemplo, la palabra **peruano** es el gentilicio del topónimo **Perú**.
- En español, a diferencia del inglés, los gentilicios se escriben con minúscula inicial.

China → chino/a *Chinese*
Uruguay → uruguayo/a *Uruguayan*

- Generalmente, los gentilicios se forman añadiendo un sufijo a los topónimos.

-ense	-ano/a	-eño/a	-és/-esa	-ino/a; -íno/a
parisiense	colombiano/a	panameño/a	cordobés/cordobesa	bilbaíno/a
londinense	ecuatoriano/a	brasileño/a	barcelonés/barcelonesa	alicantino/a
nicaragüense	boliviano/a	salvadoreño/a	berlinés/berlinesa	florentino/a
costarricense	sevillano/a	hondureño/a	danés/danesa	granadino/a
canadiense	italiano/a	extremeño/a	finlandés/finlandesa	neoyorquino/a

¡ATENCIÓN!

La mayoría de los gentilicios varían en género y número, con la excepción de los terminados en **-a**, **-í** y **-e**, que varían solo en número.

un(a) marroquí
dos marroquíes

- Algunos gentilicios son palabras totalmente diferentes a sus topónimos.

Topónimo	Gentilicio
Alcalá de Henares	complutense
Río de Janeiro	carioca
Dinamarca	danés/danesa

Topónimo	Gentilicio
Suiza	helvético/a
Puerto Rico	boricua
Buenos Aires	porteño/a

- Algunos topónimos tienen más de un gentilicio.

Suiza → suizo/a, helvético/a
Puerto Rico → puertorriqueño/a, boricua

- Otros gentilicios irregulares, al añadir su terminación correspondiente, provocan un ligero cambio en la raíz de su topónimo.

Topónimo	Gentilicio
Venezuela	venezolano/a
Cádiz	gaditano/a
Lugo	lucense

Topónimo	Gentilicio
Londres	londinense
Grecia	griego/a
Salamanca	salmantino/a

- Algunos topónimos idénticos tienen gentilicios diferentes.

Santiago de Chile → santiaguino/a
Santiago de Cuba → santiaguero/a
Santiago del Estero → santiagueño/a
Santiago de Compostela → santiagués, santiaguesa

¡ATENCIÓN!

Aunque su uso sea opcional, se recomienda anteponer el artículo al nombre de aquellos países que tradicionalmente lo llevan en español, como en los casos de **la India, el Líbano, el Perú,** etc. También se debe anteponer el artículo a los topónimos que empiezan por una palabra que indica un tipo de división política o su forma de organización política: **los Países Bajos, los Emiratos Árabes Unidos, el Reino Unido, la República Dominicana,** etc.

¡ATENCIÓN!

Existen varios topónimos para referirse a las partes del continente americano.

Norteamérica/ América del Norte

Centroamérica/ América Central

Sudamérica/Suramérica/ América del Sur

- Cuando un lugar tiene ya un nombre establecido en español, se debe usar ese topónimo. Por ejemplo: **Florencia, Londres, Nueva York, Nueva Jersey, Carolina del Norte...**
- **México** y otros topónimos y gentilicios de origen mexicano deben escribirse con **x**. Esta **x** debe pronunciarse como una **j** y no **/ks/**. Existen algunas excepciones, como **jalapeño**. Asimismo, coexisten **tejano/a** y **texano/a**; sin embargo, es más común con **x**.

México → mexicano/a
Texas → texano/a, tejano/a
Xalapa → xalapeño/a, jalapeño
Oaxaca → oaxaqueño/a

¿Hispano, latino o latinoamericano?

- En Norteamérica, se alterna entre el uso de **hispano/a** o **latino/a** para referirse a las personas que provienen de países hispanohablantes. Ambos términos son correctos y la preferencia por uno u otro obedece a percepciones personales sobre diferencias entre ambas palabras. Fuera de Norteamérica, se recomienda el uso de **hispano/a**, ya que **latino/a** se refiere a todos los pueblos europeos y americanos que hablan idiomas derivados del latín.
- **Latinoamericano/a** se refiere a las personas de los países americanos de habla española, portuguesa y francesa, mientras que **hispanoamericano/a** se refiere exclusivamente a los países americanos de habla española. **Iberoamericano/a** abarca a las personas de los países americanos de habla española y portuguesa o puede incluir también a España y Portugal. Estas distinciones se aplican también a los topónimos correspondientes.

Práctica

1 Gentilicios Completa las oraciones con los gentilicios correctos.

1. La Universidad de Salamanca fue fundada en 1218. Los ______________ presumen de tener la universidad más prestigiosa de España.
2. La economía ______________ (Nicaragua) depende principalmente del turismo.
3. La mayoría de los ______________ (Buenos Aires) son fanáticos del fútbol.
4. Los ciudadanos ______________ (Dinamarca) gozan de un nivel de vida superior al resto de los europeos.
5. Desde 1989, los ______________ (Berlín) disfrutan de una ciudad sin divisiones.
6. Se dice que los ______________ (Nueva York) viven en la ciudad que nunca duerme.
7. Los ______________ (Barcelona) están muy orgullosos de la arquitectura modernista de la ciudad.
8. Jorge Icaza era un conocido escritor ______________ (Ecuador).

2 Actualidad Escribe un párrafo en el que informes sobre las noticias internacionales del momento. Utiliza al menos cinco gentilicios y cinco topónimos.

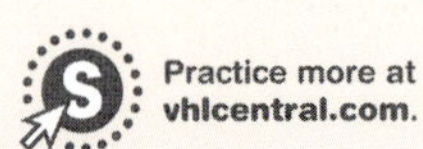

Estructuras

3.3 Passive constructions

- In Spanish, as in English, you can express an action in both active and passive constructions.
- Active constructions emphasize the agent (**el agente**), the person or thing that carries out an action. In contrast, passive constructions emphasize the action itself, rather than the agent.
- Spanish has several ways to express passive actions. In this lesson, you will learn about the passive voice with **ser** and passive constructions with **se**.

  Los ciudadanos **aportaron** dinero para la reconstrucción.
  El dinero para la reconstrucción **fue aportado** por los ciudadanos.
  Se aportó dinero suficiente para la reconstrucción.

- Using passive constructions can be an important technique in writing. The choice between using the active voice and a passive construction defines whether or not the writer is assigning agency—responsibility—for an action. If an action is tied closely to the heart of an argument, using the active voice might be more appropriate; if an action is background information or if the writer wishes to state something but not necessarily focus on it or defend it, using a passive construction is more appropriate.

The passive voice with *ser*

- In the active voice, the subject (agent) performs the action, whereas in the passive voice, the agent is the recipient of the action.

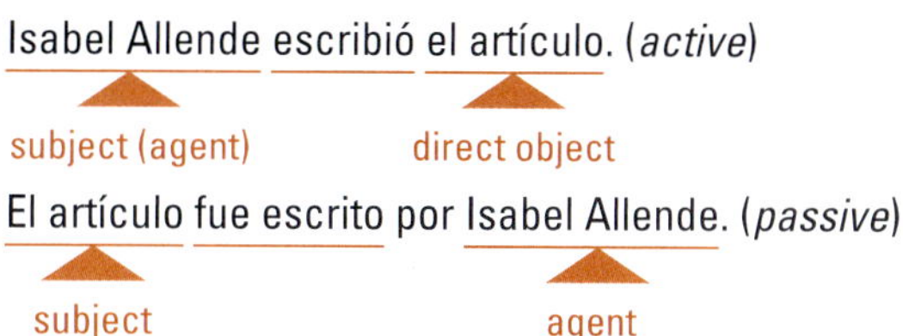

- As you can see in the examples above, the direct object of a sentence written in the active voice would be the subject of a sentence written in the passive voice.
- In the passive voice, the noun receiving the action of the verb is followed by a form of the verb **ser** and the past participle of a transitive verb. The verb **ser** is conjugated to agree with the subject.

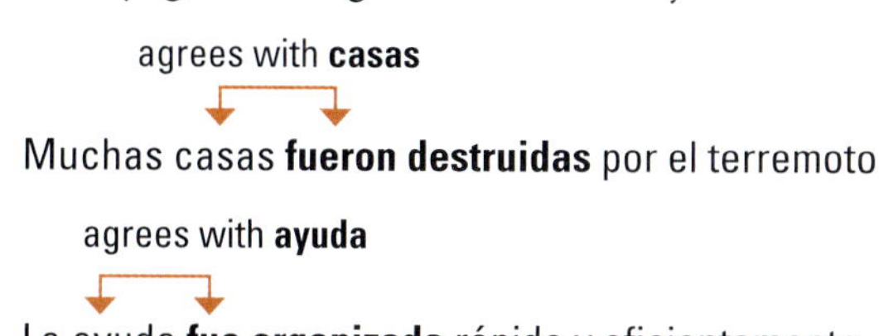

- Notice that the past participle (**el participio**) of the main verb agrees in gender and number with the noun receiving the action.

¡ATENCIÓN!

To form the past participle, drop the infinitive ending (**-ar, -er, -ir**) and add these endings:

-ar verbs → **-ado**
-er verbs → **-ido**
-ir verbs → **-ido**

Remember that a number of common verbs have irregular past participles:

abrir → abierto
decir → dicho
escribir → escrito
hacer → hecho
poner → puesto

To review past participle formation, see **pp. 215-234**.

¡ATENCIÓN!

The passive with **ser** is less common in Spanish than in English. It is generally used in formal speech and written language.

- Use **por** to indicate the agent in passive constructions with **ser**.

  Este ensayo fue escrito **por** Isabel Allende.

  Las mercancías robadas fueron recuperadas **por** la policía.

- The passive with **ser** is used most frequently in the preterite, future, and perfect tenses.

  Las donaciones **fueron recibidas** por los niños de la escuela.

  Los ladrones **serán procesados** por la justicia.

  Tras el terremoto, el país **ha sido reconstruido** con el esfuerzo de todos.

- It is rarely used with imperfect, present, or continuous tenses, except when the present tense expresses a timeless, ongoing action, or the historical present.

  Los **eventos son recordados** con emoción por todos los habitantes.

- Note the difference in meaning between the passive with **ser** and verbal periphrasis **estar** + *participle*. The passive with **ser** expresses an action. In contrast, **estar** + *participle* indicates a resulting state or condition.

  El aeropuerto **fue cerrado** inmediatamente por las autoridades.

  El aeropuerto **estaba cerrado** los primeros días.

- The passive with **ser** is never used with an indirect object as a subject. In the sentence *We were given the bad news yesterday*, it is clear that *we* is an indirect object if the sentence is converted to the active voice: *They gave the bad news to us yesterday*. Spanish uses other constructions to express the idea of something being done to someone.

  English: *He was told the history of his city.*

  Spanish equivalents: Le contaron la historia de su ciudad.
  Se le contó la historia de su ciudad.

- **Quedar(se)** and **resultar** can also be used in passive constructions. Unlike **ser** with a participle, these two verbs stress more the condition or result that arose from the event, rather than the event itself.

  Miles de mascotas **quedaron abandonadas** tras el terremoto.

  Las comunicaciones **resultaron dañadas** por la catástrofe.

Passive constructions with *se*

¡ATENCIÓN!

Passive constructions with **se** can only be formed with transitive verbs, never intransitive verbs. You will learn more about the difference between transitive and intransitive verbs when you study the impersonal **se** on **p. 157**.

- Passive constructions with **se** are another way to express passive actions. Place the pronoun **se** before the third-person singular or plural of a transitive verb. The verb always agrees with the noun receiving the action.

  agrees with **camiones**

  Los **camiones** cargados de donaciones **se detuvieron** en el campamento. (*plural*)

  agrees with **colecta**

  La **colecta** de ropa y alimentos **se hace** el lunes. (*singular*)

- Passive constructions with **se** are more common in everyday, informal speech than is the passive voice with **ser**.

  Muchos objetos **se hallaron** en la reconstrucción.

- While the agent can be expressed in passive constructions with **ser**, it is never expressed in constructions with **se**, where it is considered unimportant or unknown. The construction **por** + *agent*, therefore, is never used with **se**.

    El perro perdido **fue encontrado por un grupo de niños**.
    The missing dog was found by a group of children.

    Se encontró al perro perdido.
    *The missing dog **was found**.*

- To understand the similarities and differences between active and passive constructions, compare these examples.

Active	Passive voice with *ser*	Passive with *se*
El terremoto **destruyó** miles de viviendas en minutos.	Miles de viviendas **fueron destruidas** por el terremoto en minutos.	**Se destruyeron** miles de viviendas en minutos.
Una niña de doce años **dio** la alarma a tiempo.	La alarma **fue dada** a tiempo por una niña de doce años.	**Se dio** la alarma a tiempo.

- When nouns refer to people or are viewed as animate, the passive **se** may be confused with the reciprocal **se** or the reflexive **se**. In Spanish, this confusion often leads to ambiguity.

Spanish	English equivalents
Según el artículo, ¿**se respetan** o **se ignoran** los ciudadanos chilenos tras una catástrofe?	*According to the article, are citizens respected or ignored after a catastrophe?* (passive) *According to the article, do citizens respect or ignore themselves?* (reflexive) *According to the article, do citizens respect or ignore one another?* (reciprocal)

- In cases such as these, use the impersonal construction **se** + *transitive verb in the singular* + *personal* **a** + *noun*.

    Según el artículo, **se ayudó a los ciudadanos** tras la catástrofe.
    According to the article, the citizens were helped after the catastrophe.

¡ATENCIÓN!

An infinitive or a noun clause can be the subject of a passive construction with **se**.

Se permite **tomar fotografías**.

Se comenta **que abrirán un nuevo museo**.

¡ATENCIÓN!

Notice that in this case the verb is singular, even if the noun it refers to is plural. See **pp. 156-157**.

Práctica

1 Convertir Completa las oraciones con la voz pasiva con **ser**, usando el verbo entre paréntesis. En algunos casos, hay más de un tiempo verbal posible.

Modelo Según Allende, la reconstrucción ______________ (organizar) de inmediato.
*Según Allende, la reconstrucción **es / ha sido / fue organizada** de inmediato.*

La escritora relata cómo los chilenos (1)________________ (golpear) por el terremoto. Viviendas, hospitales y caminos (2)________________ (destruir) en el temblor, pero todos se unieron para ayudar, y así la solidaridad y espíritu de los chilenos (3)________________ (demostrar). Allende viajó al país para participar en un programa de televisión que recolectaba fondos para las víctimas y al final (4)________________ (reunir) 60 millones, los cuales superaron las expectativas. Allende destaca que el ánimo (5)________________ (recuperar) rápidamente por la gente, y dos semanas después del terremoto, la depresión y el miedo (6)________________ (superar) y Chile se dedica a la reconstrucción.

2 **De nuevo** En parejas, reescriban estas oraciones usando la voz pasiva con **ser**.

Modelo El terremoto interrumpió las comunicaciones.
Las comunicaciones fueron interrumpidas por el terremoto.

1. Las autoridades cerraron el aeropuerto durante un par de días.
2. A pesar de las dificultades, el personal atendía a los pasajeros con amabilidad y calma.
3. Un canal de TV organizó el Teletón *Chile ayuda a Chile.*
4. Los damnificados aportaron dinero para alcanzar el propósito previsto.
5. El terremoto de Chile no ha causado un impacto internacional tan grande como el de Haití.
6. Los severos códigos de construcción salvaron al país de una tragedia mucho peor.
7. La tecnología moderna traicionó a las fuerzas armadas.
8. Algunos adolescentes reunieron comida y frazadas para las víctimas.
9. La televisión mostró la llegada de camiones cargados de donaciones.
10. Los testigos identificaron a los delincuentes responsables de los robos y los desmanes.

3 **Noticias** Eres periodista de un programa de televisión que va a informar a la población sobre el terremoto. Explica lo que sucedió usando una construcción pasiva con **se**, las palabras dadas y tus propias ideas para formar oraciones.

Modelo colectas para comprar medicamentos / realizar / en ¿?
Se realizan colectas para comprar medicamentos en los hospitales. /
Las colectas para comprar medicamentos se realizan en los hospitales.

1. frazadas y comida / entregar / en ¿?
2. recomendaciones de las autoridades / informar / en ¿?
3. toque de queda / iniciar / a las ¿?
4. donaciones / recibir / en ¿?
5. aeropuerto / abrir / a partir de ¿?
6. teléfonos celulares / recargar / en ¿?
7. voluntarios / buscar / para ¿?
8. campamentos de emergencia / cerrar / a partir de las ¿?
9. datos sobre mascotas perdidas y halladas / pedir / en ¿?
10. salir a la calle / prohibir / desde las ¿? hasta las ¿?

4 **Folleto** En grupos de tres, preparen un texto para el folleto informativo de un museo de Ciencias Naturales. El folleto debe incluir:

- una descripción del museo que use la voz pasiva con **ser** y construcciones pasivas con **se**
- las reglas del museo, usando construcciones pasivas con **se**

Modelo *El museo fue fundado en...*
En la sala..., se exhiben...
Se prohíbe fumar.

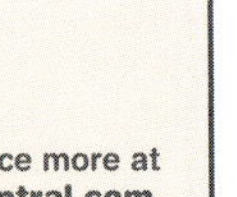
Practice more at **vhlcentral.com.**

Estructuras

3.4 The future and the conditional

- In Spanish, as in English, the future (**el futuro**) is used to make predictions, and the conditional (**el condicional**) is used for speculation.

¡ATENCIÓN!

To review future and conditional tense formation, see **pp. 215-234**.

The future

- The future tense is used to express what will happen.

  Los habitantes **recuperarán** la confianza y el ánimo.

  El golpe sufrido por el país **dará** empleo y la oposición **colaborará** con el presidente.

- **Si** clauses in the present tense can be combined with clauses in the future to express probability.

  Si olvidamos lo que pasó, **volveremos** a las viejas costumbres.

- In informal, everyday speech, the simple present tense or **ir** + **a** + *infinitive* are used to express future events. This is especially true when the event is already scheduled, or will be happening within a known time frame. Time markers such as **luego, mañana, este fin de semana,** etc. are used with the simple present to show that it refers to a future event.

  Voy a regresar a Venezuela **mañana**.

  Dentro de unos días, el aeropuerto **va a funcionar** con normalidad.

- The most common use of the future tense in spoken Spanish is to express an assumption, prediction, or speculation about an event in the present. In this usage, the future conveys the idea of *I wonder..., I bet..., It must/might be..., It's probably...,* etc.

  ¿Cuánta gente **habrá** en este refugio?
  ***I wonder** how many people **there are** in this shelter.*

  El guardia **tendrá** unos veinte años aproximadamente, ¿no crees?
  *That guard **is probably** twenty years old, don't you think?*

- Note that future perfect is frequently used to make assumptions or conjectures about what happened.

  —¿Dónde **estará** Fernando?
  —*Where **could** Fernando **be**?*

  —No sé, **se habrá ido** al campamento con el resto del grupo.
  —*I don't know; **he must have gone** to the camp with the rest of the group.*

- To talk about a future event from the point of view of the past, you can use the conditional or **ir** + **a** + *infinitive* in the imperfect. Compare the following examples:

  El presidente **dice** que el país **recibirá** ayuda y préstamos del extranjero.
  *The president **says** that the country **will get** loans and aid from abroad.*

  El presidente **dijo** que el país **recibiría/iba a recibir** ayuda y préstamos del extranjero.
  *The president **said** that the country **would get/was going to get** loans and aid from abroad.*

The conditional

- The conditional is used to say what would happen or what someone would do under certain circumstances.

  Me **gustaría** saber más sobre la historia chilena.

  Sería interesante ver documentales sobre estos eventos.

- It is very commonly used in clauses with **si** + *imperfect subjunctive* to make hypothetical or contrary-to-fact statements.

  Si pudieras ayudar a las víctimas del terremoto, **¿donarías** dinero?

  ¿Cómo te **sentirías** tú **si fueras** la niña que alertó a la población sobre el *tsunami*?

- The conditional is also used to express an assumption, prediction, or speculation about an event in the past. In this usage, the conditional conveys the idea of *I wonder..., I bet..., It must have been/It would have been..., It was probably...*, etc.

  Para reconstruir la ciudad después de aquel terremoto, el gobierno **necesitaría** a miles de trabajadores, ¿no?
  *To rebuild the city after that earthquake, the government **would have needed** thousands of workers, don't you think?*

  ¿Cómo se **protegería** la gente de los desastres naturales en el pasado?
  *How **could people have protected** themselves from natural disasters in the past?*

  ¿Cuántas personas **morirían** por falta de atención médica?
  *How many people **must have died** due to lack of medical assistance?*

¡ATENCIÓN!

In English, to express probability about an event, or to wonder or speculate about something, you use expressions such as *I bet...; I wonder...; Probably; It must be...;* etc. in addition to a verb form. In Spanish, these extra expressions are not needed. The future and conditional, when used in this context, already convey the meaning of these expressions.

- The conditional of **poder, deber,** and **querer** frequently expresses polite requests, and is used to soften commands.

  ¿Podría usted cerrar la ventana?

  Los vecinos **deberían** ayudarnos con donaciones para las víctimas del terremoto.

- You can also use the conditional to talk about a future event from the point of view of the past. Compare these examples.

  Creo que los ciudadanos **van a beneficiarse** con las nuevas medidas.

  Yo creía que los ciudadanos se **beneficiarían** con esas medidas.

- To talk about something that could have happened but did not, use the conditional perfect.

  Los turistas y afuerinos **habrían tomado** precauciones.

  Ella **habría ido** hasta el hospital, pero estaba cerrado.

- The conditional perfect may also express conjecture or probability about a past event.

  ¿Una prevención más eficiente **habría evitado** tantas pérdidas y daños?

  Probablemente una mejor preparación **habría ayudado** mucho.

¡ATENCIÓN!

You will learn about **si** clauses on **pp. 159-160**.

Práctica

1 Predicciones Completa cada predicción con el futuro del verbo entre paréntesis.

1. Yo __________ (intentar) explicarles lo ocurrido en mi artículo periodístico.
2. Tras superar el terremoto, las cosas en Chile __________ (volver) a la normalidad muy pronto.
3. Los hospitales y las escuelas __________ (reabrir) lo antes posible.
4. La reconstrucción __________ (llevar) un largo tiempo.
5. Los ladrones identificados y capturados __________ (recibir) el castigo previsto por la ley.
6. El presidente __________ (deber) unir al país y trabajar con la oposición para salir de esta situación.
7. Debemos aceptar que los chilenos __________ (sufrir) nuevos terremotos, y para eso el país __________ (estar) preparado.
8. Una vez que superemos el estado de emergencia, la crisis __________ (pasar) y el pueblo __________ (volver) a sus antiguas costumbres.
9. Nosotros nunca __________ (olvidar) lo que ocurrió durante estos días y las imágenes de la tragedia __________ (quedar) grabadas en nuestras memorias.
10. Lo aprendido __________ (reforzar) el tejido moral de toda la sociedad.

2 Planes Estás organizando un viaje a Chile con tu familia y amigos. ¿Qué podrían hacer allí? En parejas, escriban ocho oraciones combinando un elemento de cada columna. Usen el condicional.

Modelo *Mis amigas y yo **visitaríamos** la casa del presidente Allende.*

yo	poder ir a	la casa museo de Pablo Neruda
mi familia	leer	el centro de esquí
mis compañeros	visitar	los volcanes
mi mejor amigo/a	subir a	el museo de Arte Precolombino
mi novio/a y yo	explorar	la ciudad de Valparaíso
los guías	probar	el festival de música de Viña del Mar
todos nosotros	viajar a/con	los mariscos
tú	conocer (a)	el Valle de la Luna
	sacar fotos de	la poesía de los premios Nobel Pablo Neruda y Gabriela Mistral
	asistir	

3 ¿Qué harías? Imagina que en tu ciudad ocurre un terremoto. ¿Qué harías? ¿Cómo te sentirías? Escribe ocho oraciones utilizando los verbos del recuadro, conjugados en condicional.

Modelo *Si escuchara la alarma, correría hacia los cerros.*

buscar	organizar	querer
correr	pedir	sentirse
escapar	pensar	tratar de

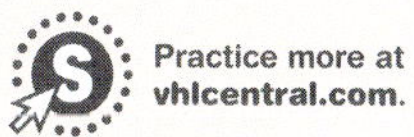

Ortografía y puntuación

3.5 Acentuación III: Los diptongos y los hiatos

REPASO

Acentuación I (ver **p. 19**)
Acentuación II: Casos especiales (ver **pp. 53-54**)

- Un diptongo es la secuencia de dos vocales distintas pronunciadas dentro de la misma sílaba: **sua-ve, cau-sa, vien-to, a-cei-te**.
- En español pueden formar diptongo las siguientes combinaciones de vocales:

  vocal abierta **(a, e, o)** + vocal cerrada **(i, u)** átona: **au-la, can-táis, pei-ne**
  vocal cerrada átona + vocal abierta: **cua-dro, cie-lo**
  vocal cerrada + vocal cerrada: **cui-dado, ciu-dad**

- Un hiato es la secuencia de dos vocales que se pronuncian en sílabas distintas: **frí-o, pa-ís, ca-er**.
- Hay hiato cuando se dan las siguientes combinaciones de vocales:

  vocal abierta átona + vocal cerrada tónica: **tran-se-ún-te, ma-íz, o-ír, re-ír**
  vocal cerrada tónica + vocal abierta átona: **sa-bí-a, rí-e, frí-o, ca-ca-tú-a**
  dos vocales iguales: **po-se-er, chi-i-ta, al-co-hol**
  dos vocales abiertas distintas: **co-á-gu-lo, ca-er, po-e-ta, te-a-tro**

¡ATENCIÓN!

Aunque al hablar pueden articularse dos vocales abiertas como diptongo **(petróleo, leona)**, esta combinación de vocales se considera siempre hiato.

- La **h** intercalada (entre vocales) no tiene ninguna influencia al considerar si hay diptongo o hiato en una secuencia vocálica. Existen grupos de vocales con **h** intercalada que forman diptongo y otros que forman hiato.

diptongo	hiato
prohi-bir ahu-mar	pro-hí-be a-hín-co

- Un triptongo es la secuencia de tres vocales pronunciadas dentro de la misma sílaba: **co-piéis, es-tu-diáis**. En español, solo puede formar triptongo la combinación de *una vocal cerrada átona* + *una vocal abierta* + *otra vocal cerrada átona:* **con-fiéis, anunciáis, miau**.
- No se considera triptongo la secuencia de *vocal cerrada* + *vocal abierta* + *vocal cerrada* en el caso de que una de las dos vocales cerradas sea tónica. En este caso hay un hiato seguido de un diptongo, cuando la primera vocal cerrada es tónica: **vi-ví-ais**; o un diptongo seguido de un hiato, cuando la segunda vocal cerrada es tónica: **lim-pia-ú-ñas**.
- Las palabras con diptongo o triptongo siguen las reglas generales de acentuación. Por consiguiente, la palabra **fue** no lleva tilde por ser monosílaba, **copió** lleva tilde por ser aguda terminada en vocal y **béisbol** la lleva por ser llana terminada en consonante distinta de **-n** o **-s**. **Huevo** y **peine** no llevan tilde porque son palabras llanas terminadas en vocal. **Cuéntame** y **diálogo** llevan tilde porque son esdrújulas.

- Observa en esta tabla la aplicación de las reglas de acentuación en el caso de las palabras con hiato.

Clases de hiatos	¿Cuándo llevan tilde?	Ejemplos
dos vocales iguales	Según las reglas generales de acentuación	esdrújula: **cré-e-me** llana: **chi-i-ta** aguda: **po-se-er, re-hén**
dos vocales abiertas distintas	Según las reglas generales de acentuación	esdrújula: **hé-ro-e** llana: **a-or-ta** aguda: **le-ón**
vocal cerrada (**i**, **u**) tónica + vocal abierta (**a**, **e**, **o**) átona	Siempre	**ac-tú-e, pú-a, e-va-lú-as, bú-ho**
vocal abierta (**a**, **e**, **o**) átona + vocal cerrada (**i**, **u**) tónica	Siempre	**re-ír, la-úd, ma-ú-lla, pa-ís, ma-íz**

Práctica

1 **Mayúsculas y tildes** En los periódicos y libros antiguos, las mayúsculas no llevaban tilde porque la tipografía no lo permitía. Sin embargo, ya no existen justificativos para esta excepción y los acentos deben escribirse siempre que la regla los requiera. Coloca la tilde en las palabras que la necesiten.

AIRE	CONSTRUI	ENTIENDE	PERTENECIO
AREA	DESPUES	EXTENDIA	PROFECIA
ARTILLERIA	DIECISEIS	HEROICO	REUNO
BIOGRAFIA	DIOS	LEIDO	REIRSE
BURGUESIAS	DIRIA	MEDITERRANEO	TAMBIEN
CUENTO	ESCRIBIO	NAVIOS	VENCIO

2 **Tildes** Coloca la tilde en las palabras que la requieran.

A lo largo del tiempo, el heroe epico medieval adquirio proporciones comparables a las de un dios. Acompañado de armas con puas, espadas, buhos y laudes, disfrutaba de las riquezas que rehenes y aliados le proporcionaban. Incluso animales como el leon, el dragon o el caiman temian el poder sobrehumano atribuido al heroe epico. Con el tiempo, la fantasia popular contribuyo al mito de los personajes heroicos, convirtiendolos en entidades inmortales. Hoy en dia, disfrutamos de obras como el *Cantar de Mio Cid* gracias a esta fantasia.

Practice more at vhlcentral.com.

Ortografía y puntuación

3.6 Las citas

- En los relatos periodísticos, los ensayos y los trabajos académicos es común recurrir a citas como ejemplos o para respaldar un argumento. Las citas extraídas directamente de los materiales en los que se basa un ensayo o relato son uno de los tipos de evidencia a los que puede recurrir un escritor.

  Nunca somos mejor, dice Isabel Allende, que en tiempos de crisis, cuando desaparece nuestra arrogancia y mezquindad.

- La manera más común de introducir una cita es utilizando un verbo seguido de dos puntos o un verbo seguido de **que**. También se pueden usar expresiones como **según, de acuerdo con** u oraciones introducidas por **como**. En estos últimos casos, se debe usar una coma antes de la cita.

  Isabel Allende **señala que** "se puede perder todo en un instante, pero casi siempre se puede volver a comenzar".

  Isabel Allende **señala**: "Se puede perder todo en un instante, pero casi siempre se puede volver a comenzar".

  Según Isabel Allende, "se puede perder todo en un instante, pero casi siempre se puede volver a comenzar".

  Como dice Isabel Allende, "se puede perder todo en un instante, pero casi siempre se puede volver a comenzar".

- Las citas pueden ser directas o indirectas. A su vez, una cita directa puede ser completa o parcial.

  Cita directa completa
  En su ensayo, Isabel Allende explica: "En Chile los ricos son riquísimos y además ostentosos, un fenómeno que comenzó con la dictadura y se ha ido acentuando".

  Cita directa parcial
  Isabel Allende señala que, a partir de la dictadura, los ricos en Chile "son riquísimos y además ostentosos".

  Cita indirecta
  En el artículo, Allende afirma que, desde la dictadura, la ostentación de los ricos es uno de los problemas de Chile.

- Las citas directas o textuales deben estar entre comillas (**p. 55**). Si se omiten partes internas de la cita, es necesario indicar la elipsis (**p. 56**).

  Isabel Allende sostiene que "Chile ya no se considera un país en desarrollo, su crecimiento económico lo ha colocado entre las naciones del llamado Primer Mundo, pero la distribución del ingreso y de los recursos es una de las peores".

  Isabel Allende sostiene que "Chile ya no se considera un país en desarrollo [...] pero la distribución del ingreso y de los recursos es una de las peores".

- Los corchetes también se utilizan cuando en una cita textual el escritor modifica alguna palabra, ya sea para corregir un error en la cita original o para aclarar información para los lectores.

  Isabel Allende predice: "El golpe brutal sufrido por el país [con el terremoto] puede ayudar a Piñera [el nuevo presidente] porque dará empleo en la reconstrucción, habrá ayuda y créditos internacionales, los trabajadores postergarán sus demandas y la oposición tendrá que colaborar con el Gobierno".

- En las citas indirectas, a veces resulta necesario hacer cambios en los tiempos verbales y en otros referentes (**pp. 194-196**). Esto se produce en particular cuando la cita se introduce por medio de un verbo en tiempo pasado.

  "La capacidad de sobrevivencia de los seres humanos **es** asombrosa".
  En su ensayo, Allende manifestó que la maravillaba lo asombrosa que **era** la capacidad de sobrevivencia de los seres humanos.

- Es importante evitar el uso constante del mismo verbo (por ejemplo, el verbo **decir**) al introducir citas.

Verbos para introducir citas				
afirmar	confirmar	defender	informar	opinar
anunciar	contar	explicar	insistir	preguntar
asegurar	decir	expresar	manifestar	reiterar
aseverar	declarar	indicar	mantener	sostener

Práctica

1 Citar Compara las palabras textuales de Isabel Allende con las citas hechas por otra persona. Corrige los errores en las citas.

Palabras textuales de Isabel Allende	Citas
1. "Incluso las comunicaciones de las Fuerzas Armadas y Carabineros fueron traicionadas por la tecnología. Mucho *blackberry*, pero a la hora de la verdad parece que los métodos antiguos —como radio aficionados— eran más eficientes".	1. Allende comenta que, "incluso las comunicaciones de las Fuerzas Armadas y Carabineros fueron traicionadas por la tecnología. A la hora de la verdad parece que los métodos antiguos eran más eficientes".
2. "Hay innumerables anécdotas de valor y solidaridad, pero la prensa extranjera ha publicado más que nada sobre el pillaje".	2. Según la escritora "Hay innumerables anécdotas de valor y solidaridad, pero la prensa extranjera publica más que nada sobre el pillaje".

2 Otra vez Reescribe la primera cita como cita parcial y la segunda como cita indirecta.

1. "Estamos acostumbrados a los coletazos de la naturaleza. Vivimos en el país más bello del mundo, pero expuestos a terremotos, *tsunamis*, inundaciones, sequías y de vez en cuando cataclismos políticos. Nunca somos mejores que en tiempos de crisis, cuando desaparece nuestra arrogancia y mezquindad, pero pronto se nos olvida y volvemos a nuestras malas costumbres. Sería estupendo que esta vez permaneciéramos unidos y generosos una vez que pase el estado de emergencia".
2. "El nuevo presidente es Sebastián Piñera, un billonario de derechas que llega al Gobierno con un equipo de empresarios jóvenes formados, en su mayoría, en universidades americanas. El discurso político y los valores cambiarán. (Éste es el chiste de actualidad; "Bienvenido a Chile, atendido por sus dueños".)".

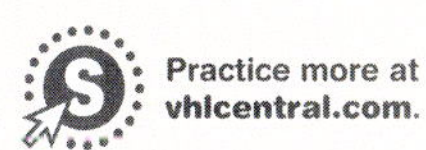

TALLER DE ESCRITURA

3A La narración de un evento histórico

La narración de un evento histórico comparte ciertas características esenciales con otros tipos de narración: presenta una serie de hechos y describe lo más vívidamente posible a los personajes y ambientes involucrados. Como el relato periodístico, se esfuerza por brindar una versión objetiva e imparcial de lo sucedido.

Dado que el historiador no es un testigo ocular de los hechos, debe elaborar su narración a partir de una cuidadosa labor de investigación histórica. Por otra parte, el historiador se esfuerza por comprender el *porqué* de los hechos, situándolos dentro de una visión más panorámica de sus causas y efectos.

Estos son algunos aspectos que hay que tener en cuenta al narrar un evento histórico.

Los hechos	La base de toda narración histórica es una serie de acontecimientos que el autor describe y explica. La presentación de los hechos debe ser lógica y orgánica: no un mero listado de fechas y actos, sino una verdadera narrativa que vaya guiando al lector paso a paso.
El argumento	La narración de un evento histórico puede ir más allá de la descripción de los hechos, elaborando un argumento implícito o explícito sobre su significado. El historiador hace preguntas específicas y desarrolla una tesis que las responde. Por ejemplo, "la conquista europea de América" es un tema demasiado amplio para una narración histórica, pero se puede enfocar mediante preguntas de este tipo: • "¿Cómo pudo Cortés, al mando de solo quinientos hombres, conquistar todo un imperio indígena?" • "¿En qué difería la mentalidad de los colonos ingleses, en lo que hoy es Estados Unidos, de la de los colonos españoles en lo que hoy es Latinoamérica?" Estos son temas más específicos y razonables sobre los cuales se puede presentar un argumento al lector.
Las fuentes	Toda narrativa histórica debe estar basada en una meticulosa investigación de fuentes primarias y secundarias. Las fuentes primarias son contemporáneas a los sucesos (diarios, cartas y escritos de gente que participó en ellos, o reportes periodísticos de la época). Las fuentes secundarias son los libros y ensayos de historia que se han escrito sobre el tema desde que ocurrió. Toda fuente primaria o secundaria que emplees debe ser citada explícitamente, ya sea mediante una mención dentro de la narración o mediante notas a pie de página (ver **pp. 198-199**). De otra forma, estarás plagiando el trabajo de otra persona.
La descripción	Un buen relato histórico no es una simple lista de incidentes, sino una verdadera narrativa que los describe vívida y memorablemente. Se puede hablar de una "imaginación histórica" que intenta darle vida al pasado, comunicándole al lector la realidad concreta de los hechos: lo que vio, escuchó, pensó y sintió la gente de esa época. Sin embargo, toda reconstrucción histórica debe estar basada en fuentes primarias y secundarias. El historiador, a diferencia del novelista, no debe nunca inventar.
Tono y vocabulario	En la narración de un evento histórico se emplea, por lo general, un lenguaje más elevado, formal y académico que en la narrativa personal o periodística de un evento. Esto no quiere decir que el lenguaje debe ser apático y aburrido. Por el contrario, es importante comunicarle al lector lo importantes y emocionantes que son los hechos que se relatan, pero manteniendo siempre un tono serio.

Modelo

Los siguientes párrafos son la introducción de una narración sobre un evento histórico. ¿Te parece bien escrita? ¿Por qué? Presta atención al uso de las fuentes y a la organización lógica y temporal de la narrativa.

La llave del cielo: Galileo y el telescopio

En agosto de 1609, el matemático pisano Galileo Galilei le demostró a un grupo de senadores venecianos cómo utilizar un nuevo instrumento óptico que él mismo había construido a partir de rumores y descripciones de su invención en Holanda. Dentro de un delgado tubo de plomo había un lente cóncavo y otro convexo que permitían, como por arte de magia, que uno viera cosas lejanas como si estuvieran cerca. A los venecianos les gustó la idea: con uno de estos "telescopios", sus barcos en alta mar podrían divisar al enemigo sin ser vistos.

Sin embargo, el verdadero impacto del nuevo instrumento no sería tanto militar como científico. Unas semanas después de su demostración, Galileo esperó a que cayera la noche y apuntó hacia el cielo una versión mejorada del telescopio. Esa noche, y durante las siguientes semanas, realizó sorprendentes descubrimientos: la Luna no era una esfera pulida e inmaculada (como se había supuesto desde que Aristóteles dividió el universo en un mundo "sublunar" e imperfecto y un cielo completamente regular y eterno), sino que tenía un rugoso cutis de valles y montañas. Venus presentaba fases crecientes y menguantes. Pero lo más asombroso era que Júpiter tenía sus propios satélites, algo que contradecía las antiguas teorías astronómicas y parecía favorecer la hipótesis heliocéntrica de Copérnico. "Doy infinitas gracias a Dios", escribe Galileo en su breve *Mensajero Celeste* de 1610, "que le haya complacido hacerme el primer observador de una cosa admirable oculta por tantos siglos".

El telescopio, como señala el historiador John North en su libro *Cosmos*, no surgió de la nada. Mucho antes de Galileo se había observado que las gotas de agua y algunos fragmentos de vidrio pulido aumentaban el tamaño de los objetos. Los fabricantes de anteojos habían usado lentes convexos desde el siglo XIII. Lo que no se había logrado era un instrumento tan sofisticado como para observar objetos celestes. Incluso, cuando los primeros telescopios se difundieron por Europa a comienzos del siglo XVI, muchos los apuntaron al cielo sin conseguir los resultados de Galileo. De hecho, el genio de Galileo no consistió tanto en *ver* cosas nuevas, sino en *interpretarlas* desde una nueva perspectiva científica.

El autor comienza por un primer momento histórico que ubica al lector y sirve como punto de referencia.

La transición del primer al segundo párrafo es temporal ("unas semanas después"), pero también lógica ("sin embargo...") y toma en cuenta las consecuencias del evento.

El libro de Galileo es una fuente primaria; el de North, secundaria. Una fuente puede citarse entre comillas o su argumento puede mencionarse en términos generales.

Observa el uso del pluscuamperfecto para establecer hechos previos al momento histórico que describe la narración.

A medida que continúe, la narración tendrá que definir más claramente el ángulo desde el cual narra el suceso histórico. ¿Es un episodio en la historia de la astronomía? ¿Del telescopio? ¿De la vida de Galileo? ¿De la revolución científica?

Tema de composición

Elige un suceso histórico dentro de una de las siguientes categorías y escribe los primeros párrafos de una narración que lo relate.

1. Un viaje histórico (por ejemplo: el viaje de Colón, el primer viaje a la Luna, el primer viaje en llegar al Polo Sur, etc.)
2. Un gran descubrimiento
3. Una catástrofe natural o humana

Antes de escribir

La narración de un evento histórico requiere más preparación e investigación que otros tipos de narraciones. Antes de empezar a escribir, piensa:

- ¿Cuál es tu tema? Más allá del evento histórico sobre el cual quieres escribir, ¿qué preguntas específicas y qué posibles argumentos podrías elaborar?
- ¿Desde qué ángulo abordarás el tema para que tu narración sea coherente y esté bien enfocada? Por ejemplo, la historia de los viajes espaciales es un tema demasiado general para una narración, pero puedes escribir sobre el primer viaje a la Luna o sobre la experiencia de un astronauta en particular. Es probable que no descubras tu tema o argumento específico sino hasta haber hecho bastante investigación, pero es importante estar en su búsqueda desde el principio.
- ¿Qué fuentes primarias y secundarias vas a emplear? La calidad de tus fuentes determinará en gran medida la calidad de tu narración: sin buenas fuentes, el lector no tiene ningún motivo para creer en tu relato o en tu argumento. Internet es un buen sitio para empezar tu investigación, pero no para concluirla. Busca libros y artículos. Evalúa tus fuentes del mismo modo que el lector juzgará tu narración: ¿por qué son dignas de confianza? ¿Qué evidencia presentan?

Al leer fuentes primarias y secundarias, toma nota con cuidado de toda oración o idea que pienses usar como evidencia, y del libro o artículo donde la encontraste. Puedes usar fichas bibliográficas (*index cards*) o un documento en tu computadora. De otra forma, al escribir, habrá ideas que quieras usar sin poder recordar dónde las encontraste, lo cual te expone al plagio.

Usa este cuadro para organizar tus ideas antes de comenzar a escribir.

Tema	
Preguntas que hay que responder	
Fuentes	

Escribir el borrador

Puede ser útil hacer una lista de los hechos esenciales que quieres presentar en tu narración para no dejar ninguno fuera. Sin embargo, no te dejes aprisionar por el orden cronológico. La narrativa histórica puede emplear *flashbacks*, empezando por un episodio sorprendente para capturar la atención del lector y luego trazando el curso de los eventos que llevó hasta este momento. La historia no es una rígida cadena de hechos, sino una vasta red de sucesos interconectados.

Presta particular atención a las frases y conjunciones que empleas al pasar de un párrafo de tu narración a otro. Si todas son puramente temporales ("después... después... después"), es probable que estés escribiendo una lista de eventos y no una verdadera narrativa histórica. La transición debe ser lógica ("debido a esto...", "el resultado de esta decisión fue...").

Escribir la versión final

Lee tu narración y asegúrate de que toda afirmación que hayas incluido esté bien fundamentada por fuentes primarias o secundarias. ¿Has inventado sin darte cuenta algún detalle? ¿Has dado por sentado que algo es cierto solo porque lo leíste en alguna parte?

Revisa tu narración para asegurarte de no haber cometido ningún plagio. Si empleaste las ideas u observaciones de otros autores, siempre debes mencionar la fuente.

Si incluyes como evidencia oraciones o párrafos escritos por otros autores, deben aparecer entre comillas, con una nota a pie de página que explique dónde las encontraste (ver **3.6 Las citas, pp. 90–91,** y **6.6 Notas y referencias bibliográficas, pp. 198-199**). La regla general es la siguiente: si afirmas algo que es de conocimiento público (por ejemplo, "Alejandro Magno nació en el año 356 a.C."), no es necesario citar la fuente.

Si afirmas algo que es la idea u observación de un autor en particular, debes mencionar la fuente ("Alejandro Magno, como afirma el historiador José Pellegrini en su libro *Imperio y civilización*, no fue solo un conquistador, sino alguien que difundió la cultura griega por todo el Mediterráneo.").

Una vez te hayas asegurado de que la narración está bien fundamentada y no comete ningún tipo de plagio, léela de corrido para ver si tiene la fluidez y la estructura orgánica de un buen relato. La historia no debe perderse en una multitud de detalles desconectados, ni dar grandes saltos lógicos que dejen perplejo al lector.

3B El ensayo narrativo

En la vida cotidiana, a menudo contamos historias desde nuestro punto de vista: lo hacemos al compartir un chisme, al opinar sobre el último escándalo político, o al criticar la jugada fallida en el partido del fin de semana. Algo parecido sucede en un ensayo narrativo; puede tratarse de un evento histórico, de un suceso autobiográfico o de un evento de ficción: lo importante es presentar una tesis que se examina y demuestra mediante la referencia a hechos históricos o una historia personal. En un ensayo, hay lugar para la subjetividad de quien lo escribe. Sin embargo, las opiniones subjetivas se deben fundamentar. Generalmente, el ensayo adopta el punto de vista de la primera persona para establecer una conexión más íntima entre escritor y lector.

El ensayo se escribe con un lenguaje claro y expositivo. En los ensayos narrativos personales, a diferencia de los ensayos académicos, la inclusión de apreciaciones personales, detalles anecdóticos y humor abre la puerta al mundo del escritor y hace más interesante la historia. Habitualmente se narra en orden cronológico, aunque puede no ser así. El ensayo no pretende ser exhaustivo con respecto al tema en su totalidad, sino hacer un corte profundo que exprese una visión personal.

Las características esenciales del ensayo narrativo son:

- estructura flexible
- tono, extensión y tema variable
- estilo simple, natural y elegante
- enfoque novedoso, originalidad
- subjetividad (elaboración personal fundamentada)

El ensayo implica una serie de acciones: evaluar, analizar, criticar, explicar, describir, argumentar y demostrar. Aunque su estructura es flexible, se puede organizar de la siguiente manera:

Título	Como el ensayo es literario, el título no tiene que limitarse a informar del tema del ensayo y puede permitirse libertad creativa, ya que su efecto es más bien artístico. Si bien se ubica al principio, el título suele escribirse al final.
Introducción	Se expresa brevemente el tema del ensayo y su objetivo (la tesis); puede comenzar con una declaración fuerte que ubique el tono y las razones para el texto, y que encuentra su afirmación final en la conclusión.
Desarrollo	El ensayo presenta aquí los argumentos y datos, expone el tema en todos sus puntos y desarrolla la tesis de la introducción. Pueden figurar preguntas o respuestas personales, estableciendo un diálogo abierto con el lector para que reflexione sobre el tema y sobre la forma de pensar que expresa el ensayo. El ensayo narrativo, en vez de exponer, narra: es básicamente una historia sobre algo que ocurrió. En esta parte, que constituye el cuerpo del ensayo (y la mayor parte del texto), se cuentan los detalles de lugar, personajes, momento, anécdotas, etc., y la opinión personal del escritor. Es decir, se utiliza plenamente la narración con todos sus elementos.
Conclusión	Tras narrar, explicar y demostrar, el ensayo llega al final: el escritor subraya su opinión y cierra todas las ideas que evaluó y argumentó en el desarrollo. En paralelo con la introducción, retoma la tesis inicial para reafirmarla, respondiendo o dejando interrogantes al lector.

Modelo

Lee el siguiente ensayo narrativo y concéntrate en identificar el tema y el objetivo. ¿Cómo describirías el tono con el que se cuenta la historia y la conclusión que extrae el ensayista?

Escapar es para audaces

Cuando en la escuela propusieron entrevistar a inmigrantes europeos sobre su experiencia en la guerra, no sabía todavía que aprendería una valiosa lección de vida.

El primer párrafo ubica al lector en el tema y las circunstancias de la historia.

"¿Y a quién entrevisto?", le pregunté a mi padre, intentando escapar de alguna manera de la tarea. ¿Tal vez él podía hacerle las preguntas a algún conocido...? Pero hundió mis últimas esperanzas cuando sacó su libreta para escribirme nombres y direcciones.

Como se narra una historia, se utiliza el tiempo verbal típico de la narración: el pretérito perfecto simple.

La primera persona que mi padre me sugirió visitar no me abrió la puerta y la segunda gruñó las respuestas volviéndose a cada rato para mirar sobre su hombro. Mi imaginación se disparó ante la idea de que algo lo acechaba desde su pasado. Pero cuando apareció su esposa, gritando que estaba harta de tener que perseguirlo con las pastillas para el corazón, entendí todo, excepto sus respuestas. Al salir noté que, además, había olvidado encender mi grabadora, y fui en busca del tercer hombre, mi abuelo, vasco de Bilbao, de voz potente y certezas absolutas, a preguntarle sobre su escape.

El autor incluye descripción, pero privilegiando siempre su subjetividad, lo que piensa mientras ocurren las cosas.

"Fue mi madre", empezó. "En España había Guerra Civil, y, una mañana, ella le dijo a mi padre: Nos vamos de aquí. He soñado que van a bombardear la ciudad y no pienso quedarme a esperar".

Los diálogos le dan ritmo al ensayo y hacen más viva la narración.

Mi bisabuelo subió a su esposa y a sus tres hijos a un tren rumbo a un pueblito cercano para tranquilidad propia y obediencia a rajatabla de la intuición femenina. Y el bombardeo se produjo. Solo que no en la ciudad, sino en el pueblito en el que se refugió la bisabuela con sus tres hijos, y cuyo nombre no olvidaré jamás: Guernica se llamaba. Se salvaron de milagro y cuando, poco después, ella le dijo a su marido que Franco no duraría nada en el poder, el bisabuelo armó las valijas y se llevó a su familia fuera de España.

Podría extenderse más el relato de cada parte, pero es preciso recordar que no todo lo que sucede sirve para la historia y el peligro es perder el hilo.

"Cuarenta años duró Franco en el gobierno...", concluyó mi abuelo.

Y mientras él se quedó meditando sobre la intuición femenina, yo escapé de regreso a casa, más o menos como lo hicieron de Bilbao ellos en 1939, habiendo aprendido mi lección: escapar no es lo esencial, sino saber de qué, cuándo y, especialmente, hacia dónde.

El final enlaza el tema presentado al comienzo con los hechos narrados y cierra destacando el sentido de la historia para el ensayista.

Tema de composición

Hay momentos históricos que todos conocemos o compartimos, pero desde diferentes lugares, es por eso que cada persona puede hacer un relato distinto del mismo hecho. Elige uno de los siguientes temas como disparador para contar qué hacías tú mientras ocurría ese momento histórico. ¿Recuerdas esas películas donde una voz en *off* relata lo que sucede? Aquí, tú eres la voz en *off*.

1. Elección de Donald Trump como presidente
2. Muerte de Michael Jackson
3. Huracán María

Antes de escribir

Escribe el tema que hayas elegido y piensa cuál es tu objetivo al contar esta historia: el ensayo narrativo tiene como propósito encontrar un sentido, una lección, una verdad universal o personal a partir del evento narrado.

Escribir el borrador

Sin preocuparte todavía por las formas o estructuras, comienza a escribir lo que se te ocurra a partir de estos dos elementos: el tema y el significado que tiene para ti. Concéntrate en tus impresiones: tú eres el punto de vista, la voz en *off* de la película, aunque los protagonistas de la historia que vas a contar sean otros. Aprópiate de esa voz, que es tu voz, y, a partir de ella, cuenta la historia de principio a fin.

Cuando esté terminado, comienza a releer. Si no te convence lo que escribiste, descansa un rato haciendo otra cosa. Luego, vuelve a leer tu borrador y trata de responder estas preguntas:

- ¿Cuál es la columna vertebral de tu ensayo?
- ¿Encontraste el hilo que mantiene unidos con coherencia todos los hechos que contaste?, ¿pudiste expresarlo con claridad?

Haz los cambios necesarios, concentrándote en que el lector pueda captar el sentido que esa historia tuvo para ti. Agrega descripciones (ver **pp. 7–10**), diálogos, detalles que hagan viva la narración. Reescribe todo lo que sea necesario.

Escribir la versión final

Cuando estés conforme con tu borrador, es hora de prestar atención a la estructura y organizar el contenido en introducción, desarrollo y conclusión. Revisa el vocabulario y la longitud de las oraciones para eliminar repeticiones. Edita el texto: si hay demasiados detalles y descripciones que hagan perder el hilo, bórralos. ¿Fluye la narración? ¿Se entiende bien el objetivo?

Recuerda que lo que apareció en el primer párrafo (introducción), en el cual presentaste el tema, debe reformularse en el párrafo final (conclusión). Por supuesto que reformular nunca significa copiar literalmente. Se trata de sintetizar y reforzar la tesis inicial.

Cuando tengas listo tu ensayo, reúnete con otros estudiantes que hayan escrito sobre el mismo tema. Comparen sus distintos puntos de vista sobre el mismo hecho.

3C Editorial

Un editorial es un artículo periodístico de opinión colectiva, también conocido como comentario editorial o artículo de fondo, que expresa la voz del periódico en conjunto, por lo que generalmente no va firmado. Algunos lo definen como la opinión del periódico, ya que lo que se expone allí se considera la línea ideológica del medio y su posición política. En inglés, el término *op-ed* (*opposite the editorial page*) se refiere a artículos similares a editoriales que llevan la firma de alguien no relacionado con el periódico.

Algunos editoriales son meramente explicativos y presentan información; otros quieren convencer de algo, o bien critican o alaban. Pero su intención siempre es influir en la opinión pública, promoviendo un pensamiento crítico, valorando, juzgando e instando a una reacción concreta. El tono nunca debe ser sermoneador, porque produce el efecto contrario al que se quiere lograr.

En un editorial es necesario recurrir a fuentes que sustenten lo que se dice y, llegado el caso, contextualizar históricamente el tema o incluso predecir lo que podría pasar. Cuando se ataca alguna postura, decisión o acción, es preciso evitar los insultos o dirigirse a personas en particular.

Las características más importantes de un editorial son:

- argumento racional expuesto con seriedad
- estilo conciso y directo
- tema actual y ligado a hechos recientes, de forma que atraiga la atención
- exposición simple, fluida, seria y clara de una serie de ideas concretas
- público amplio o de cierto sector de la comunidad (dirigentes, votantes, padres, etc.)

Lo más importante en un editorial no es la noticia en sí, sino la opinión que se da sobre ella. Como cualquier historia, el editorial tiene introducción, contenido o nudo y conclusión.

Introducción	Para atrapar al lector de entrada, es preciso que se exprese enseguida de qué se trata el editorial; la primera oración presenta el problema o cuestión y, generalmente, también la posición del artículo, es decir, de qué lado está.
Contenido	En esta parte se dan los argumentos que puedan convencer al lector para que acepte la perspectiva que expresa el artículo con ideas, propuestas, causas ocultas del problema y posibles consecuencias. La argumentación no debe sonar improvisada o especulativa porque podría arriesgar la credibilidad. El tono debe ser siempre de autoridad, lógica y profundidad de pensamiento. Cuando el tema implica una controversia, se debe incluir una mención al punto de vista opuesto y rebatirlo.
Conclusión	El final debe condensar, resumir y rematar lo esencial, es decir, la opinión, el punto de vista, el pensamiento que se quería expresar, llamando a la reflexión o a la acción (al lector, a la autoridad, a un candidato político, etc.) para resolver el problema o cambiar la situación.
Titular	El título, al igual que la primera frase, debe atrapar la atención del lector; además, tiene la posibilidad de aclarar desde el principio el punto de vista del artículo.

Modelo

Lee el editorial sobre el satélite argentino SAOCOM 1A. ¿Cuál crees que es el mensaje que quiere transmitir el editorial? ¿A qué público se dirige? ¿Qué postura adopta? ¿Piensas que logra un efecto en los lectores o le falta fuerza?

La introducción presenta el acontecimiento aclarando qué posición va a tomar el editorial.

Comienza a exponer el hecho citando información verificable que sustenta la presentación del tema: la complejidad e importancia del proyecto SAOCOM para el país.

El artículo expone su posición con claridad: quiere destacar el potencial integrador del proyecto SAOCOM a nivel nacional e internacional.

La conclusión es tajante: a pesar de las dificultades políticas o económicas que enfrente Argentina, la apuesta por la ciencia y la tecnología debe seguir siendo una prioridad de su agenda pública. ¿Crees que esta conclusión es muy tendenciosa o radical? ¿Estás de acuerdo o en desacuerdo con el editorial?

De Argentina al cielo

El lanzamiento del Satélite Argentino de Observación con Microondas (SAOCOM 1A), el 7 de octubre de 2018, no solo es un hito de la ciencia argentina, sino que también debería ser la estrella polar de la política del país.

La función del SAOCOM 1A es monitorizar el terreno, el océano y el clima para mejorar la gestión de los suelos y prevenir desastres naturales. Junto al SAOCOM 1B, hace parte del proyecto SAOCOM, que está a cargo de la Comisión Nacional de Actividades Espaciales (CONAE). Desde 2005, hace parte del Sistema Ítalo Argentino de Satélites para la Gestión de Emergencias (SIASGE), que tiene el objetivo de reunir información precisa sobre todo tipo de catástrofes naturales.

Argentina es uno de los pocos países del mundo que construye satélites: el SAOCOM 1A "es una muestra de lo que es capaz Argentina, un país con una capacidad tecnológica que lo distingue del resto de la región. No es solo una pieza de tecnología sofisticada. Tiene un valor emblemático distintivo"[1], dijo el secretario de Ciencia y Tecnología Lino Barañao durante la presentación del satélite.

Esta capacidad tecnológica es sinónimo de inversión extranjera, pero también de responsabilidad regional. El SAOCOM 1A es una poderosa herramienta para mejorar las condiciones de trabajo y la calidad de vida tanto de los argentinos, como del resto de los habitantes de América Latina. Esta es una gran oportunidad para afianzar el protagonismo continental del país al frente de la lucha contra el cambio climático, gracias a todos los beneficios económicos, políticos y sociales que esta mayor integración supondría.

En medio de las crisis sociales que muchas veces dividen el país, veinte años de trabajo arduo y continuo, reflejados en el éxito del proyecto SAOCOM, demuestran las ventajas de seguir invirtiendo esfuerzos en una meta común: enfrentar los desafíos del siglo XXI con la ayuda de la ciencia y la tecnología.

[1] https://www.infobae.com/salud/ciencia/2018/10/04/cuenta-regresiva-para-el-lanzamiento-del-saocom-el-nuevo-satelite-argentino/ (párr. 5).

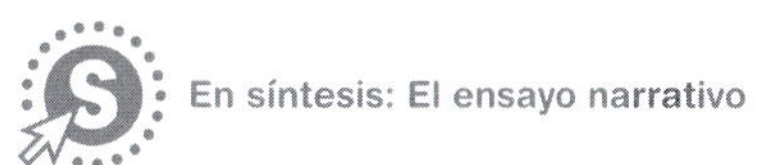

Tema de composición

Elige una de las siguientes opciones para escribir un breve artículo editorial sobre uno de estos temas.

1. La comida basura versus la comida sana
2. *The Voice*: ¿le hace bien o mal a la música?
3. Redes sociales: privacidad versus conectividad
4. Violencia en la televisión: ¿reflejo de la sociedad o influencia negativa?

Antes de escribir

Elige el tema y el ángulo que tomarás. Piensa desde el punto de vista de una primera persona del plural y recuerda que expresas la perspectiva de la comunidad: ponte del "lado de los buenos"; debes juzgar la situación, alabando y criticando acciones, proyectos, propuestas, intenciones. Considera con cuidado:

- ¿A qué tipo de público te diriges?
- ¿Cómo puedes involucrarlo con tu punto de vista?

Investiga el tema y las opiniones o los hechos que apoyan cada una de las posturas al respecto; puede servirte de guía tomar como referencia las preguntas básicas: qué, quién, cuándo, dónde, cómo y por qué.

Comienza a pensar en un buen título para tu artículo: es fundamental para captar la atención de los lectores.

Escribir el borrador

Para empezar, escribe tu opinión sobre el tema que elegiste.

Luego, desarrolla la exposición del tema a partir de la información que reuniste: explica brevemente de qué se trata y por qué es o no de importancia fundamental para la comunidad. Explica tu opinión y el punto de vista opuesto al tuyo, para refutarlo enseguida con los datos que hayas investigado.

Nunca ataques personalmente a nadie, ni insultes: si pierdes cierta objetividad, pierdes también autoridad. Debes dar impresión de seriedad y lógica para retener la confianza de tus lectores, presentándote como la voz de la razón. Repite las frases esenciales y subraya tu punto de vista para que quede totalmente clara tu posición en el asunto, pero apela siempre al juicio de los lectores.

Evita los párrafos largos, los términos técnicos, las oraciones rebuscadas: cuanto más sencilla la redacción, más logra comunicar sobre el tema.

Escribir la versión final

Revisa todo siguiendo las pautas del taller 2A, **p. 58**. Luego, reescribe tu borrador: el último párrafo debe retomar con fuerza y naturalidad lo expuesto al inicio, planteando una solución para el problema o instalando la pregunta en los lectores. Se puede incluir alguna cita (de un pensador o personaje que genere respeto) para resumir la cuestión con máxima autoridad.

La exposición

"El escritor que con menos palabras pueda dar una sensación exacta es el mejor".

—Pío Baroja

La exposición es una forma de discurso cuyo fin es transmitir información de manera rigurosa y objetiva. Los textos expositivos presentan, desarrollan y explican un tema que responde al *qué*, al *cómo* y al *porqué* de una cuestión planteada. Los textos periodísticos son expositivos y también lo son los informes estadísticos y los ensayos con fines descriptivos y explicativos. Estos textos se caracterizan por la claridad, el orden y la objetividad de la información presentada.

En esta lección aprenderás a escribir textos expositivos cuyo contenido sea comprensible para el lector, organizado según un determinado criterio y sin valoraciones personales.

¿Qué crees que está sucediendo en la foto? ¿Qué tan importante es para ti el teléfono móvil? ¿Consideras que es necesario en tu día a día?

EXPANSIÓN

A Handbook of Contemporary Spanish Grammar
Chapters 6, 22, 23, 25

LECTURA

Ana Torres Menárguez nació en Alicante, España, en 1985. Estudió periodismo en la Universidad Cardenal Herrera de Valencia. Comenzó su carrera en el periódico *La Verdad* (Vocento) como responsable de la información política local; más tarde cubrió la corresponsalía de la Agencia EFE en Alicante y escribió para la edición española del *Huffington Post*. Es máster en periodismo por la Universidad Autónoma de Madrid, UAM-El País, y actualmente trabaja en el diario *El País* de España como redactora del segmento Educación, especializado en innovación educativa. En 2016, ganó el Premio Nebrija de Periodismo Educativo por su artículo "El cerebro necesita emocionarse para aprender", que trataba sobre el uso de la neurociencia en la educación; en 2017, recibió el Premio a la Divulgación de las TIC Aplicadas a la Educación, otorgado por el Eurecat (Centro Tecnológico de Cataluña). ■

ANTES DE LEER

Lee el título del artículo: ¿te da una idea clara del tema? ¿Cuánta información agrega el subtítulo? ¿Qué esperas encontrar en el texto?

¿El tiempo de uso que le das a tu teléfono celular en el estudio o en el trabajo es diferente al uso que le das en tu vida personal? ¿Puedes salir de tu casa sin llevar tu teléfono, dejarlo guardado en reuniones sociales, o no mirarlo durante horas? ¿Dirías que el móvil es esencial para la vida actual o existe la opción de no tener uno?

La prohibición silenciosa de los móviles en los colegios españoles

En España no está regulado el uso de dispositivos[1] electrónicos personales en el aula. Cada centro puede decidir sus políticas

"El adolescente entiende el sí o el no, un punto intermedio es complicado". Así explica Pilar Atienza, pedagoga del instituto público Torre Vicens de Lleida, por qué en el curso 2016-2017 prohibieron a los alumnos llevar móviles al centro educativo. Detectaron que durante los recreos la señal wifi se saturaba y descubrieron que la mayoría de los estudiantes ya no practicaban deportes o charlaban en corrillos[2]. "Se pasaban[3] la media hora jugando con el móvil o chateando, de forma aislada. Era una conducta que no habíamos visto antes", cuenta. Plantearon al consejo escolar prohibir a los alumnos de primero, segundo y tercero de la ESO —de entre 12 y 14 años— llevar al centro dispositivos móviles personales. Empapelaron[4] el centro con carteles y dejaron muy claras las consecuencias del incumplimiento[5]: tres días de expulsión y 10 días en caso de reincidir[6]. "No les expulsamos del centro, sino de su clase. Les mandamos con los de Bachillerato, incluido el recreo", apunta Atienza. "Como educadores no podemos permitir que se pierda la parte socializadora", añade.

Tras presentar el "qué" de la noticia en el título, las primeras líneas del párrafo inicial están dedicadas al "por qué", la pregunta que este artículo se ocupará de desarrollar. ▶

Las frases dichas por alguien van entre comillas, como ocurre con toda cita textual. ▶

El artículo utiliza el tiempo presente de indicativo para darle vigencia a las opiniones y demostrar la actualidad del tema. ▶

[1]*devices* [2]*groups* [3]*spent* [4]*(figurative) plastered all over* [5]*failure to comply* [6]*repeat an offense*

El anuncio del ministro de Educación francés, Jean-Michel Blanquer, de prohibir totalmente el uso de teléfonos móviles en centros de primaria y secundaria el próximo septiembre ha reabierto el debate en España sobre la pertinencia de esa medida. Blanquer aseguró que se trata de "un mensaje de salud pública para las familias" y lamentó que los estudiantes "ya no juegan al rescate[7] o al fútbol" durante el recreo, sino que "pasan ese tiempo mirando su teléfono".

"Al aislamiento social se suman otros problemas como la adicción a las tecnologías, el ciberacoso[8] o la pérdida de atención en el aula", explica Yves Saint-Geors, embajador de Francia en España. Una vez entre en vigor[9] la normativa[10], los centros franceses tendrán libertad para decidir si la prohibición es absoluta o si permiten el uso de móviles personales con fines pedagógicos.

En España no existe una regulación específica sobre el uso de dispositivos móviles personales en el aula, ni por parte del Ministerio de Educación ni de las comunidades autónomas. Cada centro puede decidir sus políticas. "Hay dos debates abiertos: por un lado está la prohibición del uso de los móviles en el aula para evitar distracciones o problemas de acoso entre menores, y por otra está el grado de penetración de la tecnología en los centros educativos y la importancia que le dan dentro del modelo pedagógico", explica Carlos Medina, jefe de servicio de proyectos europeos del Instituto Nacional de Tecnologías Educativas y Formación del Profesorado (INTEF), dependiente del Ministerio de Educación.

"En España, uno de cada tres niños de 10 años tiene móvil".

Hasta la fecha, INTEF ha publicado el Marco[11] Común de Competencia Digital Docente, en el que se dan pautas[12] de seguridad sobre el uso de las tecnologías en el aula. Son solo recomendaciones; la potestad[13] de decidir es de los centros. "En el caso de los colegios, los reglamentos no permiten el uso de móviles, salvo para actividades pedagógicas programadas. Entre los institutos hay mayor diversidad", indica Medina.

El informe Digital Education Action Plan, publicado por la Comisión Europea en 2018, señala que existen multitud de estudios relacionados con el uso de las tecnologías en los colegios, pero que todos ellos son parciales y que faltan evidencias y recolección de datos para conocer la repercusión real. Otro estudio de la Unesco sobre aprendizaje móvil publicado en 2012 ya advertía[14] del peligro de los móviles en el aula por casos de aislamiento, distracción o *bullying*. Sin embargo, destacaba el potencial de esos aparatos para mejorar la participación de los estudiantes en el aula y el trabajo en equipo.

Mar Camacho, investigadora de tecnología educativa en la Universidad Rovira i Virgili, es la autora principal de un estudio para medir el impacto de los dispositivos en el aprendizaje, en el que colaboran el Ministerio de Educación y Samsung. Llevan tres años[15] de pruebas en 29 colegios públicos de 13 comunidades autónomas en un "campo emergente" del que existen pocos datos. Aunque faltan evidencias científicas de si afecta al rendimiento académico, han comprobado que mejoran tres competencias: la digital, la de trabajo en equipo y la autonomía en el aprendizaje.

◄ Se compara y contrasta la situación de España con la de su vecina Francia para facilitar la comprensión de la noticia y ver el tema en un contexto más amplio.

◄ Los párrafos son breves y cada uno abre un subtema, ubicando siempre al principio la información más importante.

◄ Se mencionan estudios internacionales y datos actuales fiables para proporcionar contexto y seriedad al tema.

[7] *rescue (children's game)* [8] *cyber bullying* [9] *to come into effect* [10] *regulations* [11] *framework* [12] *guidelines* [13] *legal authority* [14] *warned* [15] *have been doing this for three years*

No están midiendo la distracción de los alumnos, de hecho en todos esos centros está prohibido llevar móviles personales. El experimento se centra en el uso de tabletas como herramienta pedagógica.

En busca de objetividad y equilibrio, se presentan posturas a favor y en contra, con información y argumentos de peso. ▶

Camacho no es partidaria[16] de la prohibición. “En el contexto educativo internacional se habla de la tendencia *Bring Your Own Device* (en español, trae tu propio móvil), una práctica emergente en muchos países con sistemas innovadores como Canadá”, cuenta. Los centros se hacen responsables de educar sobre el uso de las tecnologías y no dejan ese peso sobre las familias. “La escuela no puede vivir ajena[17] y prohibir. Los profesores tienen que enseñar formas de usar el móvil como una herramienta de búsqueda de información o con la que se puede compartir lo aprendido”, apunta la investigadora.

Se agregan datos estadísticos actuales de la situación social y cultural en la que surge el tema del artículo, para ayudar a su comprensión. ▶

En España, uno de cada tres niños de 10 años tiene móvil. En el caso de los de 13, el 78,4%, y entre los de 15, el 90%, según datos del Instituto Nacional de Estadística (INE) de 2014. No existen datos oficiales de cuántos centros educativos usan los móviles en clase frente a los que[18] lo prohíben. Tampoco del número de profesores capacitados para usarlos como herramienta didáctica.

María del Mar Santos, directora del colegio público madrileño Manuel Bartolomé Cossío, que en 2011 recibió el Premio Marta Mata del Ministerio de Educación por su proyecto de centro innovador, es partidaria de la prohibición. “Ningún menor de 12 años debería tener móvil con acceso a Internet; no están preparados para lidiar con[19] ello”, opina. En su escuela hay talleres en lugar de asignaturas[20] y las aulas no disponen de[21] una mesa para el profesor, que se mueve libremente por la clase. Sus lecciones son interactivas gracias a las tabletas que compraron con los 9.000 euros que obtuvieron con el premio del Ministerio.

“Los centros se hacen responsables de educar sobre el uso de las tecnologías y no dejan ese peso sobre las familias”.

De acuerdo con la “pirámide invertida” que estructura la noticia periodística, los últimos párrafos tienen un interés secundario, y se limitan a subrayar, extender o sustentar lo ya presentado en los primeros párrafos. ▶

“Un colegio que apuesta por[22] la tecnología no tiene por qué permitir a los alumnos que traigan sus móviles, es una asociación errónea que hacen muchas familias”, explica. Santos tiene claros los motivos de la prohibición: quieren evitar que los menores hagan grabaciones de vídeo o tomen fotografías de otros estudiantes, sin su permiso, y que después las distribuyan en redes sociales. “Estarían incurriendo en un delito[23] y el colegio no se puede responsabilizar”, precisa. A eso se suman los conflictos entre alumnos por el extravío[24] de los dispositivos o el robo.

El instituto público Los Cristianos, en Tenerife, es un ejemplo de la postura contraria[25]: allí todos los alumnos pueden usar el móvil en los recreos, en los descansos entre clases y en el aula, con la supervisión del docente. “No queremos un sistema represor. Tienen que aprender que hay unas normas de uso y si detectamos un caso de adicción, lo derivamos a los servicios sociales del Ayuntamiento”, cuenta Rafael Luis Suárez, director del centro. Defiende que el móvil es una herramienta ideal para el aprendizaje autónomo y que no todos los centros disponen de ordenadores. ■

[16]*in favor of* [17]*indifferent* [18]*compared to* [19]*deal with* [20]*subjects* [21]*have* [22]*is committed to* [23]*crime* [24]*loss* [25]*opposing stance*

Después de leer

1 Comprensión Lee las oraciones e indica cuáles aparecen como argumentos a favor o en contra de la prohibición del móvil y cuáles no están presentes en el artículo.

1. Los estudiantes tienen mejores notas en todas las asignaturas por usar tanto el móvil en clase. ____________
2. Cuando los niños pierden sus móviles y tabletas, los padres no tienen dinero para comprarles otros nuevos. ____________
3. Durante los recreos, los alumnos se aíslan y miran todo el tiempo su móvil. ____________
4. Gracias al celular, se puede compartir información y buscar datos que aporten al trabajo en el aula. ____________
5. A veces los chicos toman fotografías de sus compañeros y las usan para ciberacoso. ____________
6. El teléfono móvil permite aprender con autonomía y mejorar el desempeño escolar. ____________

2 Análisis En parejas, respondan las preguntas de acuerdo con la lectura.

1. ¿En alguna parte de este artículo aparece una opinión o comentario personal de la periodista que lo escribió? ¿Por qué?
2. ¿Cuáles son las dos posturas del debate sobre el uso del teléfono móvil en la escuela?
3. "Como educadores no podemos permitir que se pierda la parte socializadora". ¿De qué se trata esta "parte socializadora" de la que hablan en el artículo? ¿Cuál es la otra parte de la cuestión, según los testimonios y estudios presentados en la nota?
4. El ministro de educación francés afirmó que el uso del teléfono móvil en la escuela puede considerarse un tema de salud pública. De acuerdo con esta postura, ¿el móvil ayuda o perjudica a los estudiantes?
5. ¿Las opiniones de los entrevistados son totalmente opuestas o hay puntos en común entre quienes están a favor de la prohibición y quienes no quieren que se prohíba nada?

3 Conversar En parejas, discutan sobre los temas planteados en las preguntas y respóndalas.

1. ¿El artículo presenta igual número de opiniones de uno y otro lado? ¿Cuáles son estas opiniones?
2. ¿Confunde al lector leer opiniones contrapuestas o, por el contrario, ayuda a la comprensión del tema? ¿Por qué?
3. Además de las personas implicadas en la discusión sobre la prohibición, ¿quién más tendría que opinar y actuar en esta situación (la familia, el gobierno, los profesores, los adolescentes, etc.)? ¿Cómo tendría que actuar?
4. ¿Les parece que los que se oponen al uso del móvil están en contra de la tecnología y de la libertad? Justifiquen su respuesta.

4 Discusión En grupos, lean estas citas y contesten las preguntas. Después, comparen sus respuestas con las de los otros grupos de la clase.

- "Para educar a un niño hace falta la tribu entera". Proverbio africano
- "El que abre la puerta de una escuela, cierra una prisión". Víctor Hugo
- "Es un milagro que la curiosidad sobreviva a la educación formal". Albert Einsten
- "Pobre del estudiante que no aventaje a su maestro". Leonardo da Vinci
- "Pensar sin aprender es esfuerzo perdido; aprender sin pensar, peligroso". Confucio
- "Largo es el camino de la enseñanza por medio de teorías, breve y eficaz por medio de ejemplos". Séneca
- "La vida debe ser una continua educación". Gustave Flaubert

1. ¿Cuál de las citas pondrían al comienzo de este artículo?
2. ¿Cuál cita usarían para apoyar el argumento en contra de la prohibición del móvil en la escuela y cuál para argumentar en favor de la prohibición?
3. ¿Qué cita les parece más acertada para la educación actual?
4. ¿Están en desacuerdo con alguna de estas citas? ¿Por qué?

5 La pirámide invertida La noticia periodística se ordena en forma de "pirámide invertida": la información esencial aparece en el título para captar la atención y comunicar el tema. De ahí en adelante, el texto va de lo más importante a lo menos importante. En parejas, respondan:

a. ¿Cómo interpretan el título "la prohibición silenciosa"? ¿Les parece efectivo para presentar el artículo? ¿Cuál es el tema central de este artículo: la tecnología, la educación, la libertad u otro?
b. En su opinión, ¿cuál es la frase más importante del texto? ¿Por qué?
c. ¿Qué párrafos creen que se podrían quitar sin que la nota pierda ningún dato esencial?
d. ¿Plantea o sugiere el texto que alguna postura merece ganar el debate o tiene más razón que la otra?

6 El público Una máxima del periodismo es identificar al público de la nota para comunicar de manera eficiente el tema. En parejas, respondan en qué detalles (enfoque, opiniones consultadas, datos, brevedad, tono) les parece que cambiaría esta noticia si apareciera en:

1. una revista de actualidad para adolescentes
2. una revista de salud para padres
3. las redes sociales (como Facebook, Twitter o Instagram)
4. el blog de un profesor universitario
5. el periódico estudiantil de una escuela secundaria

7 Composición Imagina que en la escuela de tus sobrinos/as, a la que tú fuiste también hace años, acaban de prohibir el teléfono móvil. Escribe una breve carta de opinión al diario local aprobando la nueva medida u oponiéndote a ella, y expresa tu parecer sobre cuál sería la mejor manera de actuar para el bien de todos/todas.

Léxico

4.1 Expresiones de transición

- Además de las conjunciones, se pueden utilizar otras expresiones de transición para enlazar oraciones e indicar los diferentes tipos de relaciones que existen entre ellas. Estas palabras y expresiones marcan la relación lógica entre las ideas y se suelen situar al principio o cerca del inicio de la oración. Las expresiones de transición se pueden dividir en categorías.

Para enlazar o añadir ideas	
asimismo *also, in addition* **así/de ese modo** *so/in that way* **con relación/respecto a** *regarding* **como se puede ver** *as you/we/one can see* **además de** *in addition to* **por suerte/desgracia** *(un)fortunately* **por lo general** *generally* **de hecho** *in fact*	**Así**, con paciencia y dedicación resolveremos nuestros problemas. **Con relación a** las normas de circulación, es imprescindible cumplirlas. **Además de** no permitirnos entrar, nos dijo que no volviéramos. **Por desgracia**, no hay nadie que pueda ayudarnos. **Por lo general**, siempre hay gente dispuesta a colaborar.
Para comparar y contrastar	
al igual que *like* **a diferencia de** *unlike* **en cambio/por el contrario** *in contrast* **en vez/lugar de** *instead of* **no obstante/sin embargo** *however* **por una parte/un lado** *on the one hand* **por otra (parte)/otro (lado)** *on the other hand*	**A diferencia de** los empleados con mayor antigüedad, a nosotros nos pagan menos. Intentamos entablar conversación; **en cambio**, él no nos dijo nada. Los individualistas, **en vez de** pedir ayuda, tienden a trabajar en solitario. **Por una parte**, me conviene el nuevo horario; pero, **por otra**, me costará acostumbrarme.
Para mostrar relaciones causa-efecto	
a causa de *because of* **debido a** *due to, on account of* **entonces/por lo tanto** *therefore* **como resultado/consecuencia** *as a result* **por eso/por ese motivo/por esa razón** *for that reason*	**Debido al** precio del petróleo, las tarifas de vuelos han subido. No tuve tiempo de estudiar. **Como consecuencia**, no aprobé el examen. Pasé las vacaciones en la playa; **por eso** estoy tan bronceado.
Para mostrar orden de tiempo o espacio	
antes de *before* **desde que/desde entonces** *since/since then* **al mismo tiempo** *at the same time* **a partir de** *starting* **al final** *in the end; at/toward the end* **en aquel entonces** *at that time, back then* **primero** *first* **después/luego** *later, then* **en primer/segundo lugar** *first/second of all* **al mismo tiempo** *at the same time*	**Antes de** mudarme a Madrid en el 95, no me interesaba el fútbol. **Desde entonces**, soy un verdadero fanático. Las entradas para el circo estarán disponibles **a partir del** 12 de diciembre. No me enteré de lo que pasó **al final** de la reunión. **En aquel entonces**, muy pocas mujeres asistían a la universidad. **Primero**, cocina la cebolla. **Luego**, el ajo. Los dos llamaron **al mismo tiempo**.

REPASO

To review conjunctions, go to **pp. 77–78**.
To review expressions of time, go to **p. 44**.

EXPANSIÓN

Go to **vhlcentral.com** and add your words to the Vocabulary Tools.

Para resumir	
a fin de cuentas *in the end, after all*	**A fin de cuentas**, él es quien paga el alquiler.
en otras palabras/es decir *that is to say*	**En otras palabras**, no quiero volver a verte.
después de todo *after all*	**Después de todo**, te dieron todo lo que tenían.
en conclusión *in conclusion*	
en resumen/en resumidas cuentas *in short*	**En resumen**, la fiesta se celebrará, con o sin dinero.
en todo caso *in any case*	**En todo caso**, aquí estaré siempre que me necesiten.
al fin y al cabo *in the end*	

Práctica

1 Seleccionar Completa cada oración con la expresión de transición más lógica de la lista. No repitas las expresiones.

a diferencia de	**ahora que**	**en aquel entonces**	**por lo general**
a partir de	**después de todo**	**por desgracia**	**sin embargo**

1. Ayer se estropeó la calefacción; ____________, no pasamos frío.
2. ____________ su hermano Javier, Andrés tiene el pelo corto.
3. ____________, por muy mal que os llevéis, es tu padre.
4. ____________, no hay nada que se pueda hacer para mejorar la situación.
5. ____________, en las casas no había agua corriente.
6. ____________, el clima mediterráneo es agradable casi todo el año.
7. Mejor salgamos de casa, ____________ no llueve.
8. ____________ ahora, quiero que todos aporten su granito de arena.

2 Debate Completa el párrafo con una expresión de transición adecuada.

Mucho debate existe entre los adultos sobre el uso de los teléfonos móviles en la escuela. (1) ____________, falta una voz en esta discusión, y es precisamente la voz de los más interesados: nosotros los estudiantes. (2) ____________, el debate queda incompleto. Hay que considerar que nosotros los jóvenes, (3) ____________ nuestros padres y maestros, no sabemos cómo era la vida antes de la tecnología. Puede ser que existan algunos problemas en el uso del móvil en las aulas, como el ciberacoso, pero (4) ____________ las ventajas son muchas más. (5) ____________, se considera que el teléfono es un medio de distracción pero, (6) ____________, el teléfono móvil nos da acceso en segundos a toda clase de datos. (7) ____________, ahora cualquier persona puede registrar las noticias dónde y cuándo suceden, y compartirlo con el mundo entero. La tecnología es un avance muy importante y, (8) ____________, son los profesores quienes necesitan orientación y entrenamiento para utilizarla en nuestra educación.

3 Anécdota Escribe un párrafo sobre alguna experiencia agradable o desagradable que tú o alguien conocido tuvo con su celular. Utiliza tantas expresiones de transición como puedas para unir e introducir oraciones.

Modelo *Un día estaba almorzando con mi familia. Por desgracia,...*

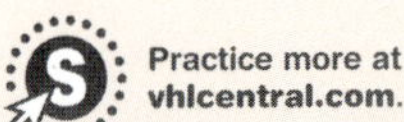

Léxico

4.2 Los sufijos

- Ana Torres Menárguez utiliza en su artículo diversas palabras compuestas de sufijos:

  "María del Mar Santos, directora del colegio público **madrileño** Manuel Bartolomé Cossío [...], es partidaria de la prohibición".

- Los sufijos son terminaciones que se agregan a la raíz de una palabra para añadirle información suplementaria. La nueva palabra formada se denomina **palabra derivada**. A menudo, este proceso de derivación puede suponer un cambio de categoría gramatical entre la palabra original y la palabra derivada. Dependiendo del cambio de categoría gramatical que se obtenga al añadir un sufijo, podemos dividir los sufijos en categorías. Aquí se presentan algunos ejemplos.

Formación de sustantivos a partir de verbos

-ada	**sentar** *to sit down* **acampar** *to camp*	**sentada** *sit-down protest* **acampada** *camping*
-ado	**peinar** *to comb* **afeitar** *to shave*	**peinado** *hairstyle* **afeitado** *shave*
-ancia	**tolerar** *to tolerate* **vigilar** *to watch*	**tolerancia** *tolerance* **vigilancia** *vigilance*
-anza	**enseñar** *to teach* **labrar** *to till*	**enseñanza** *teaching* **labranza** *tilling, farming*
-dero	**embarcar** *to embark* **fregar** *to wash*	**embarcadero** *pier* **fregadero** *sink*
-ción	**retener** *to retain* **asimilar** *to assimilate*	**retención** *retention* **asimilación** *assimilation*

Formación de sustantivos a partir de adjetivos

-itud	**similar** *similar* **lento/a** *slow*	**similitud** *similarity* **lentitud** *slowness*
-ncia	**abundante** *abundant* **insistente** *insistent*	**abundancia** *abundance* **insistencia** *insistence*
-bilidad	**variable** *variable* **estable** *stable*	**variabilidad** *variability* **estabilidad** *stability*
-dad	**cruel** *cruel* **frío/a** *cold*	**crueldad** *cruelty* **frialdad** *coldness*
-ura	**loco/a** *crazy* **fresco/a** *fresh*	**locura** *craziness* **frescura** *freshness*
-ez	**redondo/a** *round* **exquisito/a** *exquisite*	**redondez** *roundness* **exquisitez** *exquisiteness*

REPASO

Recuerda que los gentilicios también se forman agregando sufijos **(pp. 79–80)**.

¡ATENCIÓN!

Otros sufijos para formar adjetivos a partir de verbos:

llevar → lleva**dero/a** (*bearable*)

enamorar → enamora**dizo/a** (*that falls in love easily*)

¡ATENCIÓN!

Observa que, en ocasiones, cuando se añaden sufijos como **-ecer** o **-izar**, también se requiere añadir prefijos **(pp. 147-148)**.

a-noch-ecer

Formación de adjetivos a partir de sustantivos

-íaco/a	**Austria** *Austria* **paraíso** *paradise*	**austríaco/a** *Austrian* **paradisíaco/a** *paradisiacal*
-al	**constitución** *constitution* **provisión** *provision*	**constitucional** *constitutional* **provisional** *provisional*
-ar	**polo** *pole* **luna** *moon*	**polar** *polar* **lunar** *lunar*
-ático/a	**esquema** *diagram* **enigma** *enigma*	**esquemático/a** *schematic* **enigmático/a** *enigmatic*
-ario/a	**reglamento** *regulation* **suplemento** *supplement*	**reglamentario/a** *regulatory* **suplementario/a** *supplementary*

Formación de adjetivos a partir de verbos

-ado/a	**lavar** *to wash* **cualificar** *to qualify*	**lavado/a** *washed* **cualificado/a** *qualified*
-ante	**abundar** *to abound* **impresionar** *to impress*	**abundante** *abundant* **impresionante** *impressive*
-ible	**eludir** *to elude* **describir** *to describe*	**eludible** *avoidable* **descriptible** *describable*
-able	**variar** *to vary* **canjear** *to exchange*	**variable** *variable* **canjeable** *exchangeable*

Formación de verbos a partir de sustantivos o adjetivos

-ificar	**edificio** *building* **ejemplo** *example*	**edificar** *to build* **ejemplificar** *to exemplify*
-ear	**agujero** *hole* **gol** *goal*	**agujerear** *to drill a hole* **golear** *to score several goals*
-ecer	**noche** *night* **rico/a** *rich* **pálido/a** *pale*	**anochecer** *to get dark* **enriquecer** *to enrich* **palidecer** *to turn pale*
-izar	**tierra** *land* **carbón** *carbon*	**aterrizar** *to land* **carbonizar** *to carbonize*

Formación de sustantivos a partir de sustantivos: Sufijos que indican grupo

-ado/a	**profesor** *professor* **millón** *million*	**profesorado** *faculty* **millonada** *many millions*
-aje	**ropa** *clothes* **venda** *bandage*	**ropaje** *apparel* **vendaje** *bandages*
-edo/a	**roble** *oak tree* **árbol** *tree*	**robledo** *oak grove* **arboleda** *grove*
-ero	**refrán** *proverb* **avispa** *wasp*	**refranero** *collection of proverbs* **avispero** *wasps' nest*

Formación de sustantivos a partir de sustantivos: Sufijos que indican profesión

-ería	**pan** *bread* **ganado** *livestock*	**panadería** *bakery* **ganadería** *stockbreeding*
-ero/a	**pan** *bread* **zapato** *shoe*	**panadero/a** *baker* **zapatero/a** *shoe maker*
-ario/a	**biblioteca** *library* **función** *function*	**bibliotecario/a** *librarian* **funcionario/a** *government employee*
-ador(a)	**control** *control* **venta** *sale*	**controlador(a)** *controller* **vendedor(a)** *salesperson*
-ista	**mil euros** *a thousand euros* **flauta** *flute*	**mileurista** *a person who makes a thousand euros a month* **flautista** *flautist*

Práctica

1 Analogías Completa las analogías con las palabras adecuadas.

1. pan → panadería : helado → ______________
2. hervir → hervidero : embarcar → ______________
3. profesor → profesorado : elector → ______________
4. triste → entristecer : rico → ______________
5. asimilar → asimilación : globalizar → ______________
6. llave → llavero : canción → ______________
7. similar → similitud : alto → ______________
8. blanco → blancura : dulce → ______________
9. vigilar → vigilancia : tolerar → ______________
10. brillante → brillantez : fluido → ______________
11. edificio → edificar : plan → ______________
12. definir → definible : elegir → ______________

2 Definir Relaciona cada definición con la palabra correcta de cada par.

_____ 1. acción de perforar, agujero	a. perforador/perforación
_____ 2. bosque de robles	b. cualificación/cualificado
_____ 3. mamífero de cuatro patas con cuernos	c. elegancia/elegante
_____ 4. persona que cuida y organiza libros	d. profesorado/profesor
_____ 5. que reúne las cualificaciones necesarias	e. refranero/refrán
_____ 6. conjunto de refranes	f. biblioteca/bibliotecario
_____ 7. grupo de profesores	g. roble/robledo
_____ 8. una persona con buen gusto para vestir	h. toro/torero

3 Oraciones Escribe diez oraciones utilizando palabras derivadas de las palabras de la lista.

comparar	**decidir**	**prohibir**	**iniciar**	**tecnológico**	**sentir**	**tiempo**
móvil	**participación**	**apuntar**	**educar**	**libertad**	**sociedad**	**universidad**

Estructuras

4.3 Infinitives and participles

- The infinitive (**el infinitivo**) is a verb form ending in **-ar, -er,** or **-ir**.

  ¿Cuándo vas a **graduarte**? Me gustaría **conocer** París. Quiero **vivir** en la ciudad.

- The present participle (**el gerundio**) is the **-ando** or **-iendo** verb form. It is often used to talk about actions in progress.

  Estuve **buscando** a mi hermano.
  Estaba **saliendo** de la casa cuando me caí.

- You use the past participle (**el participio**) primarily to form compound verbs and the passive voice.

  Ella **ha estudiado** mucho estos últimos años.
  La oferta de trabajo **fue rechazada**.

- Notice the false cognates *gerund* and **gerundio**. The English gerund is the *-ing* form of a verb used as a noun: *Reading is fun*. The present participle in English is identical to the gerund, but it also acts as a verb: *I am reading*. In Spanish, the **gerundio** acts only as the English present participle: **Estoy leyendo**. You would never use the Spanish **gerundio** as a noun. Rather, to nominalize, you would use the infinitive: **Leer es divertido**.

The infinitive

- You can use the infinitive as a noun.

  Saber otro idioma es una ventaja.
  Knowing another language is an advantage.
  Leer sobre el desempleo es deprimente.
  Reading about unemployment is depressing.

- When used as a noun, the Spanish infinitive is often equivalent to the *-ing* gerund form of the verb in English.

  Ser universitario no garantiza que consigas un buen trabajo.
  ***Being** a university graduate doesn't guarantee you'll get a good job.*
  Buscar trabajo me pone nervioso.
  ***Looking** for work makes me nervous.*
  No es fácil **encontrar** una solución.
  ***Finding** a solution is not easy.*

¡ATENCIÓN!

When the infinitive is modified by an adjective, use the definite article **el**.

Cambiar de trabajo causa mucho estrés.

El constante cambiar de trabajo causa mucho estrés.

- You already know that the infinitive can follow **hay que** and conjugated forms of verbs like **deber, necesitar, pensar, poder, querer, saber**, and **soler** when the main verb and the infinitive refer to the same person:

  Daniel **sabe hablar** tres idiomas. Belén **quiere comprar** una casa.

- If the subject of the main verb and the subject of the subordinate verb are different, the subordinate verb must be conjugated.

  Piensa **tomar** otro curso.
  She's planning on taking another class.
  Piensa que **toma** otro curso.
  She thinks that he/she (someone else) is taking another class.

- With a few verbs (such as **creer**, **decir**, and **dudar**), you can use *verb + infinitive* or two conjugated verbs, even when the subject of the main verb and the subject of the subordinate verb are the same:

  Creo tener todo para el viaje.
  I believe I have everything for the travel.

  Creo que **tengo** todo para el viaje.
  I believe I have everything for the travel

  Dice sentirse desanimada.
  She says she feels discouraged.

  Dice que **se siente** desanimada.
  She says she feels discouraged.

- In general, infinitives follow prepositions. You have already seen the infinitive used after these and many other *verb + preposition* constructions: **acabar de, aprender a, comenzar a, enseñar a, dejar de, insistir en, luchar por,** etc.

  Por estudiar tanto, se enfermó.

  Vive **sin dormir**.

  Se acostumbraron a vivir con incertidumbre.

  Los jóvenes **soñaban con tener** el móvil del momento.

- You can use the infinitive after verbs of perception, such as **ver, oír, sentir,** and **escuchar**. The infinitive, in this usage, indicates that the action was completed.

  Lo **vi salir** de la casa.
  I saw him leave the house.

  La **escuché quejarse** de su amiga.
  I listened to her complain about her friend.

- You can use an infinitive as an imperative, in writing and on signs, especially in the negative.

  No fumar. No pisar. No tocar.

The present participle

- You already know that present participles can be combined with **estar** to express actions in progress. There are a number of other verbs, such as **andar, ir, llevar, venir, salir, seguir,** and **terminar,** that combine with present participles. Each of these combinations conveys a different shade of meaning.

  Daniel **anda quejándose** de su mala suerte.
  Daniel is going around complaining about his bad luck.

- The present participle is also commonly used in Spanish as an adverb.

  Contestó **riéndose** que le habían hecho una broma.

  Ganó experiencia laboral **trabajando** en una agencia de viajes.

- The English present participle is not always equivalent to the Spanish **-ando/-iendo** forms. For example, in Spanish, you would generally not use the present participle as an adjective. You would use a clause with a conjugated verb instead.

  muchas personas **que buscan** trabajo
  *a lot of people **looking** for work*

  un aspirante **que manda** su currículum
  *an applicant **sending** his resume*

- You can use the present participle after verbs of perception, such as **ver, oír, sentir,** and **escuchar**. In this usage, the present participle indicates that the action was in progress. You will learn more about these verbs on **pp. 190-192.**

  Lo **vi saliendo** de la casa.
  I saw him leaving the house.

  La **escuché quejándose** de su amiga.
  I listened to her complaining about her friend.

REPASO

To review the formation of the present participle, see **pp. 215-234**.

REPASO

To review the formation of past participles, see **pp. 215-234**.

The past participle

- You already know to use the past participle in compound verbs and to express passive actions. The past participle can also be used as an adjective. When you use the past participle as an adjective, it should agree in gender and number with the noun it modifies.

  La decisión sobre el uso de los móviles en los colegios es **complicada**.

  Estamos **preparadísimos** para la prueba de español.

- When a verb has both a regular and an irregular participle, you only use the irregular form as an adjective.

  las papas **fritas** *the French fries*

  los documentos **impresos** *the printed documents*

  los uniformes **provistos** *the provided uniforms*

- Sometimes past participles form part of a clause that refers to the subject of the sentence.

  Aceptó la propuesta, **convencido** de que era la mejor opción.

  Estos jóvenes, todos **graduados** desde hace años, visitando la universidad.

  Atraído por la posibilidad de cambio, comenzó una nueva vida.

- An absolute participial clause may combine with a noun generally at the start of the sentence. It has its own subject, and appears in a clause that is syntactically independent of the main clause.

  Una vez **terminado** el curso, se puso a buscar trabajo otra vez.
  With the course ended, she began to look for work once more.

  Llegando el profesor, los alumnos entraron en el aula.
  When the professor arrived, the students got into the classroom.

Práctica

1 Verbos Completa las oraciones con la forma apropiada del verbo entre paréntesis.

1. Después de ______________ (visitar) a unos amigos en España, Carolina se dio cuenta de que ellos usaban muchísimo su móvil. Por eso, ella decidió ______________ (escribir) un artículo sobre este problema.
2. Jaime dice ______________ (ser) un adicto a las redes sociales. Es sorprendente ______________ (saber) que pasa más de la mitad de su día mirando su celular.
3. ______________ (Vivir) alejados del celular en esta época ha ______________ (ser) casi imposible. Por eso, muchos padres, ______________ (resignar) ante esta situación, decidieron ______________ (permitir) el uso del móvil.
4. Daniela respondió ______________ (llorar) la llamada de su madre. No es fácil ______________ (recibir) una noticia de esas.
5. Por ______________ (usar) tanto su celular, Isabel no aprobó sus exámenes el semestre pasado. Por eso, ahora está ______________ (convencer) de que necesita ______________ (cambiar).

2 Preguntas En parejas, contesten las preguntas sobre su vida y su situación actual. Incluyan un infinitivo, un gerundio o un participio en cada respuesta.

1. ¿Estás trabajando ahora? ¿Estás pensando en buscar otro trabajo después de graduarte?
2. ¿Dónde prefieres vivir: en la ciudad o en el campo? ¿Solo/a o con amigos?
3. ¿Cuáles son las ventajas y desventajas de ser estudiante universitario?
4. ¿Qué es lo más importante: encontrar un trabajo que te interese o uno que pague bien?
5. Pensando en tu futuro, ¿cómo te sientes: entusiasmado/a, desilusionado/a, confundido/a...?
6. Antes de llegar a la universidad, ¿qué querías ser?
7. ¿Con qué sueñas ahora? ¿Qué te gustaría aprender a hacer?
8. Una vez terminadas tus clases, ¿qué vas a hacer?

3 Traducir Traduce estas oraciones. En cada oración, presta atención al uso de los infinitivos, gerundios y participios.

1. Looking for a job takes time.
2. I need to write my article.
3. Which are the students graduating this spring?
4. She says she has a new cellphone.
5. Have you gotten used to working there?
6. Finding a job before graduating will be hard.
7. I saw him drop off his resume.
8. Predicting the future is impossible.
9. You can learn a lot working as an intern (**pasante**).
10. He ended up going back to school.
11. Why are you going around complaining about your classes?
12. Did you hear them talking about the technology fair?
13. I want to learn to design web pages.
14. You need to be prepared and organized.

4 Imagina Para cada foto, escribe tres oraciones, una con un infinitivo, otra con un gerundio y la tercera con un participio. Usa tu imaginación y añade los detalles necesarios.

Modelo *De pequeña había **hecho** natación. Ahora estoy **entrenando** para una maratón. **Practicar** deportes es clave para tener buena salud.*

1. 

2. 

3.  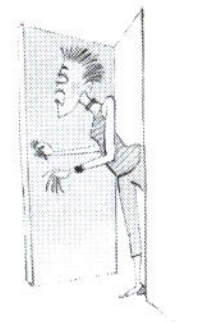

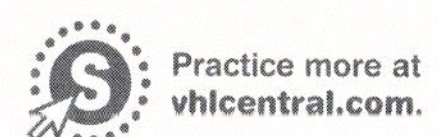

REPASO

To review the formation of the subjunctive tenses, see **pp. 215-234**.

Estructuras

4.4 The subjunctive I

- In Spanish, unlike English, the subjunctive mood is used frequently. While the indicative describes something the speaker views as certain, the subjunctive expresses the speaker's attitude toward events. It is also used to talk about events viewed as uncompleted, hypothetical, or uncertain. The subjunctive, like the indicative, has several tenses to refer to past, present, and future events.
- You use the subjunctive mostly in the three types of subordinate clauses.

Main clause — **Subordinate noun clause**

[Es natural] [que los jóvenes se sientan decepcionados].

Main clause — **Subordinate adjectival clause**

[Carolina quería un teléfono móvil] [que correspondiera a sus expectativas].

Main clause — **Subordinate adverbial clause**

[Las cosas no cambiarán] [a menos que baje el consumo de energía].

- There are four commonly used subjunctive verb tenses: present, present perfect, imperfect, and past perfect. The verb tense used in the subordinate clause depends on whether the action happened before, at the same time as, or after the action in the main clause.

Main clause		Subordinate clause (Action happens at the same time or after action in main clause)	
Present	**Es importante**	que los jóvenes no **se desanimen**.	*Present subjunctive*
Future	**Será difícil**	que las cosas **cambien** pronto.	
Present perfect	**Se ha recomendado**	que **se limiten** los dispositivos electrónicos en las escuelas.	

Main clause		Subordinate clause (Action happens at the same time or after action in main clause)	
Preterite	**Fue imposible**	que Diana **pagara** la piscina.	*Imperfect subjunctive*
Imperfect	Sus padres **esperaban**	que Daniel **dejara** el móvil por un rato.	
Past perfect	**Le habían dicho**	que estudiara para la prueba de biología.	
Conditional	**A Claudia le gustaría**	que ella y su novio **pudieran** casarse.	
Conditional perfect	**Habría sido ideal**	que todos **consiguieran** entradas.	

Main clause		Subordinate clause (Action happens before action in main clause)	
Present	**Espero**	que no **se hayan desanimado**.	*Present perfect/ Imperfect subjunctive*
Future	**A sus padres les gustará**	que Clara **haya podido** ahorrar.	
Present perfect	No **me ha sorprendido**	que las chicas **decidieran** comprar un móvil más moderno.	

Main clause		Subordinate clause (Action happens at the same time or before action in main clause)	
Preterite	**A Belén le frustró**	que no **hubiera podido** tomar el examen.	*Imperfect/ Past perfect subjunctive*
Imperfect	Antes **no era necesario**	que uno **tuviera** móvil.	
Past perfect	Nadie **había creído**	que **fuera** tan difícil entender las instrucciones.	
Conditional	No **me sorprendería**	que **hubieran decidido** no casarse.	
Conditional perfect	Yo **habría preferido**	que ella **hubiera tomado** sus exámenes.	

Carolina dice que sus amigos también **usan** todo el día el móvil. *(fact; indicative)*
Carolina says that her friends also use their phones all day.

A Gabriel le frustra que sus padres no le **hayan comprado** un teléfono móvil nuevo. *(attitude; subjunctive)*
Gabriel is frustrated that his parents have not bought him a new cell phone.

En cuanto se leyó el artículo, Daniela **entendió** los dos puntos de vista. *(fact; indicative)*
As soon as she read the article, Daniela understood both points of view.

A Belén le gustaría leer ese libro en cuanto **tenga** dinero para comprarlo. *(uncertain; subjunctive)*
Belén would like to read that book as soon as he has money to buy it.

The subjunctive in noun clauses

- A noun clause is a group of words that act as a noun. Subordinate noun clauses act as objects of the verb in the main clause.

  Todos esperan que el futuro sea mejor.
  Nadie dudaba que Jimena estuviera lista para la prueba.

- When a sentence has a main clause and a subordinate noun clause, the verb in the subordinate clause can be in the subjunctive or the indicative. The subjunctive is used when there is a different subject for the verb in the main clause and the verb in the subordinate clause. The subjunctive is also used when the verb in the main clause expresses one of these concepts:

  will, wish, influence, or necessity
  emotions or judgment
  doubt, denial, probability (or lack thereof)

¡ATENCIÓN!

If there is no change of subject between the verb in the main clause and the verb in the subordinate noun clause, you do not use the subjunctive. Instead, you use the infinitive.

Ella **quiere comprar** su propia casa.

Quiero que ella **compre** su propia casa.

- Some common verbs and expressions of will, wish, influence, or necessity:

aconsejar que	**es urgente que**	**pedir que**
desear que	**esperar que**	**preferir que**
decir que	**insistir en que**	**recomendar que**
es importante que	**necesitar que**	**sugerir que**
es necesario que	**ojalá (que)**	

Es necesario que mis hermanos **manejen** bien sus finanzas.

El novio de Carmen **insistía en que tomara** sus exámenes.

- Some common verbs and expressions of emotions or judgment:

alegrarse de que	**es ridículo que**	**me/te/le... extraña que**
es bueno que	**es sorprendente que**	**me/te/le... gusta que**
es fácil/difícil que	**es terrible que**	**me/te/le... molesta que**
es interesante que	**es triste que**	**me/te/le... sorprende que**
es natural que	**es una lástima que**	**sentir que**
es raro que	**estar contento/a de que**	**temer que**

Me sorprende que uno de cada tres niños en España **tenga** móvil.

Era natural que todos **tuvieran** expectativas más altas.

- Some common verbs and expressions of doubt, denial, improbability, or probability:

dudar que	**negar que**	**no es que**
es imposible que	**no creer que**	**no es verdad que**
es increíble que	**no es cierto que**	**no estar seguro/a de que**
es posible que	**no es posible que**	

No es que ellos **vivan** mal, pero su vida no es lo que esperaban.

Nadie **dudó** que esta decisión **fuera a causar** controversia.

¡ATENCIÓN!

When the opposite of these expressions is used in a sentence stating certainty or a fact, the indicative is used.

Rafael **no niega** que ella y sus amigos **son** privilegiados, desde cierto punto de vista.

The subjunctive with impersonal expressions

- In impersonal expressions (**es** + *adjective* + **que**), the verb in the subordinate clause can be in the subjunctive or the indicative.
- Most impersonal expressions are followed by a subordinate clause with the verb in the subjunctive because they express **emotion**, **doubt**, **advice**, or **denial**.

Es triste que los niños no jueguen en los recreos y estén aislados en la escuela.

Es posible que los padres no sepan qué hacer con esta situación.

Es mejor que existan reglas claras para los adolescentes.

No es verdad que el gobierno español prohíba los móviles en las escuelas.

- But when the impersonal phrase is expressing **certainty**, the verb in the subordinate clause must be in the indicative.

  Es evidente que el uso del móvil puede causar problemas de distracción y aislamiento.

  Es verdad que los niños toman fotografías sin permiso y las usan en las redes sociales.

  Está claro que las familias son responsables también de educar a sus hijos.

Subjunctive in main clauses

- While the subjunctive occurs mostly in subordinate clauses, in a few instances, you can use it in a main clause.
- Use the subjunctive after **quizás, tal vez, posiblemente,** and similar expressions to emphasize that an event is uncertain.

  Quizás Sara **encuentre** su billetera.

  Tal vez todo **sea** más fácil en el futuro.

  Posiblemente **vuelva** a la universidad el próximo año.

- You always use the subjunctive after **ojalá (que)**. The verb tense you use depends on the time frame.

  Ojalá **supiéramos** las dificultades que nos esperan en el futuro.

  Ojalá Carlos **haya aprobado** el examen esta vez.

- Use the subjunctive after **que** when the main clause is implied and when a complete sentence would have called for the subjunctive.

  Que **tengas** mucha suerte en tu viaje. (**Espero**... *is implied.*)

  Que te **vaya** bien en la universidad.

Práctica

1 **Verbos** Completa cada una de las oraciones con la forma adecuada del verbo entre paréntesis.

1. No es cierto que las reglas siempre ______________ (cumplirse).
2. Yo esperaba que mis compañeros no ______________ (tener) problemas en clase por revisar las redes sociales.
3. Espero que ______________ (llegar) a tiempo al aeropuerto y ______________ (disfrutar) tu viaje.
4. A Jorge le alegró que su padre ______________ (llamar) en Año Nuevo.
5. Fue muy triste que Carlos ______________ (perder) su teléfono móvil en la fiesta.
6. No es cierto que los niños ______________ (estudiar) más ahora que antes.
7. Es entendible que Sofía ______________ (buscar) a su hijo en la biblioteca. A él le encanta leer.
8. Es claro que Raúl no ______________ (confiar) en las medidas que tomó la escuela en contra del uso del teléfono móvil.

2 Oraciones Empareja las frases para formar oraciones lógicas.

1. Pilar Atienza teme que los estudiantes ____
2. Todos los entrevistados aconsejaron que el profesor ____
3. Antes era lo más natural que los niños ____
4. Mar Camacho dijo que no es cierto que la tecnología ____
5. No sería bueno que las escuelas ____
6. Es verdad que el uso de los móviles ____

a. jugaran juntos durante los recreos de la escuela.
b. sea mala para la educación.
c. prohibieran totalmente el uso del móvil.
d. puede mejorar la participación de los estudiantes en clase.
e. pierdan la parte socializadora en la escuela.
f. diera reglas claras en la clase.

3 Escoger Completa las oraciones con la forma adecuada del verbo.

1. Algunos profesores e investigadores temen que el gobierno español ____________ (imite / imita) al gobierno francés y ____________ (prohíbe / prohíba) los teléfonos personales.
2. Los expertos ya habían aconsejado hace años que padres y maestros ____________ (evitaron / evitaran) el uso del móvil durante las comidas y el estudio.
3. Ya en aquel entonces fue difícil que los niños ____________ (acepten / aceptaran) estas reglas.
4. Se ha recomendado que los padres ____________ (controlan / controlen) el uso que sus hijos hacen de los dispositivos electrónicos en todo momento.
5. No es seguro que una prohibición en las escuelas ____________ (solucione / soluciona) problemas como la adicción a la tecnología.
6. Sería una lástima que la sociedad española ____________ (perdieron / perdiera) esta oportunidad de debatir los peligros del ciberacoso.

4 Móviles Completa las oraciones con el indicativo o el subjuntivo del verbo entre paréntesis, según corresponda.

1. En España, se debate si es necesario que el uso de dispositivos electrónicos personales en las escuelas ____________ (estar) regulado por normas nacionales.
2. Muchos padres deseaban que la escuela ____________ (tomar) medidas, y por eso ahora se alegran de que el tema ____________ (llegar) a los medios de comunicación.
3. Antes los niños no ____________ (tener) teléfonos, pero hoy en día los padres quieren que sus hijos ____________ (estar) en contacto con ellos todo el tiempo.
4. Algunos profesores piensan que ____________ (existir) un grave problema de sociabilidad a causa de los teléfonos móviles.
5. Quizás ellos ____________ (tener) razón, no obstante, es cierto que varios informes ____________ (demostrar) efectos positivos de la electrónica.
6. Está claro que, gracias a la tecnología, los estudiantes ____________ (desarrollar) autonomía, participación y trabajo en equipo.

5 ¿Qué opinas? Completa las oraciones con tu opinión sobre el uso de los dispositivos electrónicos en la vida actual. Usa el subjuntivo o el indicativo, según corresponda.

Modelo Es malo que...
Es malo que las escuelas prohíban los móviles, porque los estudiantes necesitan aprender a usar bien la tecnología.

1. Está claro que necesitamos...
2. Cuando mis padres eran jóvenes, ellos pensaban que...
3. Es increíble que la gente...
4. En los teatros y en los cines piden que...
5. Quizás en el trabajo es...
6. Yo prefiero que en las reuniones sociales y en familia...
7. Antes, todos sabíamos que...
8. En el futuro será importante que...
9. No es cierto que la tecnología...
10. Ojalá los adolescentes...

6 Situaciones Combina los elementos de las dos columnas para formar oraciones que usarías en estas situaciones:

- En el tren, una persona habla a un volumen muy alto en su teléfono móvil.
- Durante el desayuno, tus hijos llevan la tableta a la mesa.
- Un(a) amigo/a mira su teléfono mientras tú le hablas.

es una lástima	**por suerte/desgracia**
me molesta que	**a diferencia de**
yo espero que...	**entonces/por lo tanto/por eso**
insisto en que	**en primer/segundo lugar**
le/les/te pido que	**en todo caso**
preferiría que...	**al fin y al cabo**

7 Conversación En parejas, conversen combinando las expresiones en oraciones completas. Usen el subjuntivo o el indicativo, según corresponda. Consideren lo siguiente:

- Imaginen que son dos profesores/as que deben votar por prohibir o no los teléfonos móviles en la escuela donde trabajan.
- Allí, los/las estudiantes no hacen deporte ni conversan en los recreos a causa de sus dispositivos electrónicos.
- Sin embargo, las actividades en clase, las calificaciones y el trabajo en equipo han mejorado.

ser obvio que	**ser importante que**	**no estar seguro/a de que**
dudar que	**alegrarse de que**	**ser urgente que**
no ser cierto que	**insistir en que**	**recomendar/sugerir que**
saber que	**preferir que**	
ojalá	**quizá**	

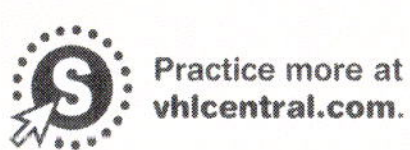

Ortografía y puntuación

4.5 Los números

Numerales cardinales

- Los numerales cardinales expresan cantidad. Dependiendo de su formación, los cardinales se dividen en:

  cardinales simples, formados por un solo número (**uno, dos, diez, mil**) y

  cardinales compuestos, formados por varios cardinales simples (**dieciséis, treinta y cinco**). Los siguientes cardinales se escriben en una sola palabra.

dieciséis	**veintiuno**	**veintiséis**	**doscientos**	**setecientos**
diecisiete	**veintidós**	**veintisiete**	**trescientos**	**ochocientos**
dieciocho	**veintitrés**	**veintiocho**	**cuatrocientos**	**novecientos**
diecinueve	**veinticuatro**	**veintinueve**	**quinientos**	
	veinticinco		**seiscientos**	

- Los demás cardinales compuestos se forman añadiendo la conjunción **y** o combinando los componentes sin necesidad de conjunción: **treinta y cinco, cincuenta y nueve, ciento dos, mil quinientos veinte,** etc.

- Cuando actúan como sustantivos, los cardinales son siempre masculinos: **el diecisiete, tres millones**. Sin embargo, cuando actúan como adjetivos o pronombres no tienen variación de género.

  Encontramos **dieciocho** plantas exóticas.

- Como excepción a esta regla, el cardinal **uno** y los cardinales correspondientes a las centenas adoptan el género del sustantivo al que se refieren.

  Debemos enviar treinta y **una** invitaciones. Hemos recibido **doscientas** solicitudes.

- Además, el cardinal **uno** seguido de un sustantivo masculino pierde la **o**.

  Más de **un millón** de personas asistió a la manifestación contra el desempleo.

¡ATENCIÓN!

En este ejemplo también sería válido poner el verbo en plural (**asistieron**), ya que la concordancia se puede dar entre **personas** y el verbo o entre **un millón** y el verbo.

- Los cardinales también se utilizan para expresar porcentaje, combinándolos con **por ciento** o con el signo **%**. Se puede utilizar el artículo indeterminado **un** o el artículo determinado **el** delante del porcentaje. Sin embargo, en expresiones matemáticas se suele utilizar el artículo determinado **el**.

  El/Un 52% del electorado votó a favor. **El** 50% de ocho es cuatro.

- Cuando el sustantivo que sigue a la expresión de porcentaje va en plural, el verbo puede ir tanto en singular como en plural. Sin embargo, cuando este sustantivo va en singular, el verbo debe ir siempre en singular.

  El veinte por ciento de los asistentes dijo/dijeron que no **le/les** gustó el concierto.
  En las pasadas elecciones, **votó el setenta por ciento de la población**.

- Tradicionalmente, en los números expresados en cifras, se utiliza la coma para separar la parte entera de la parte decimal (**π = 3,1416**) y el punto para separar grupos de tres dígitos (**3.000.000**). Sin embargo, también es correcto el uso del punto para los decimales (**π = 3.1416**) y la coma para grupos de tres dígitos (**3,000,000**). Actualmente, se recomienda utilizar espacios (**52 256 945**) para separar los números en grupos de tres.

¡ATENCIÓN!

No se usa espacio o puntuación después del primer dígito en cualquier número entre 1000 y 9999.

Colón llegó a América en **1492**.

Yo gano **6000** pesos y mi hermano, **10 000**.

- Para expresar precios, se suele utilizar la preposición **con** entre la parte entera y la parte decimal del número.

  Esta camisa vale **veinte dólares con cincuenta centavos**.

- El signo de dólar o de peso en los precios siempre va delante del número: **$2.50**. Sin embargo, el signo de euro generalmente va detrás: **2.50€**.
- A diferencia del inglés, en español no es correcto expresar las fechas separándolas en grupos de dos números (*nineteen eighty-seven: 1987*). Se debe enumerar la cifra entera: **mil novecientos ochenta y siete**. Los números de cuatro cifras terminados en doble cero no se deben expresar en grupos de dos cifras como en inglés (*twelve hundred: 1200*). La forma correcta es **mil doscientos**.
- Las fechas se expresan comenzando siempre por el día, seguido del mes y el año.

  26/4/1968 = **26 de abril de 1968**

- Para indicar los siglos, se deben utilizar los números romanos: **siglo XXI**. Los siglos se deben leer como números cardinales: **el siglo veintiuno**.

¡ATENCIÓN!

La fracción del euro se expresa con el término **céntimo** y no **centavo**.

¡ATENCIÓN!

1 000 000 000 000
un billón = *one trillion*

1 000 000 000
mil millones (a veces, **un millardo**) = *one billion*

Numerales colectivos

- Los numerales colectivos expresan el número de componentes de un grupo: **par, pareja**. Pueden agruparse en las siguientes categorías según su función:

Uso	Número colectivo
Para designar la cantidad exacta de unidades en un grupo	**decena, docena, quincena** Quiero una **docena** de huevos.
Para designar conjuntos musicales	**dúo, trío, cuarteto, quinteto, sexteto, septeto, octeto** Escuché a un **sexteto** de cuerdas.
Para referirse a un grupo con un número aproximado de unidades	**veintena, treintena, cuarentena, centena/centenar** Invitaron a la fiesta a una **treintena** de personas.
Para hacer referencia a la edad de personas o cosas	**quinceañero, veinteañero, treintañero, cuarentón, cincuentón, octogenario, centenario, milenario** Mario tiene treinta años, pero su novia es una **cuarentona.**

¡ATENCIÓN!

Mientras que *dozen* puede referirse a un grupo de aproximadamente 12 unidades, **docena** se utiliza para referirse exactamente a 12 unidades.

Numerales ordinales

- Los numerales ordinales expresan el orden en una serie. Generalmente son adjetivos y suelen ir antepuestos al sustantivo, aunque también pueden ir detrás de él. Se abrevian con un número ordinal y una **o** o una **a** superíndice (*superscript*) o, a veces, con números romanos.

  Vivo en el **cuarto piso**.
  Acabo de estudiar la **lección tercera**.
  El Papa Juan Pablo **II** (**segundo**) fue canonizado el 27 de abril de 2014.
  Mi hermano está en **7.º** (**séptimo**) grado.

- También pueden actuar como pronombres y, algunos de ellos, como adverbios.

  Siempre ha sido la **primera** de su clase.
  Primero dime lo que pasa.

- Todos los ordinales deben concordar en género y número con el sustantivo que modifican o al que reemplazan: **primero/a(s), vigésimo/a(s),** etc.

Representación	Ordinal	Representación	Ordinal
1.º, 1.ª, 1.er	primero/a, primer	14.º, 14.ª	decimocuarto/a *o* décimo/a cuarto/a
2.º, 2.ª	segundo/a	20.º, 20.ª	vigésimo/a
3.º, 3.ª, 3.er	tercero/a, tercer	21.º, 21.ª, 21.er	vigesimoprimero/a o vigésimo/a primero/a vigesimoprimer *o* vigésimo primer
4.º, 4.ª	cuarto/a	22.º, 22.ª	vigesimosegundo/a o vigésimo/a segundo/a
5.º, 5.ª	quinto/a	30.º, 30.ª	trigésimo/a
6.º, 6.ª	sexto/a	40.º, 40.ª	cuadragésimo/a
7.º, 7.ª	séptimo/a	50.º, 50.ª	quincuagésimo/a
8.º, 8.ª	octavo/a	60.º, 60.ª	sexagésimo/a
9.º, 9.ª	noveno/a	70.º, 70.ª	septuagésimo/a
10.º, 10.ª	décimo/a	80.º, 80.ª	octogésimo/a
11.º, 11.ª	undécimo/a, decimoprimer(a) *o* décimo/a primero/a	90.º, 90.ª	nonagésimo/a
12.º, 12.ª	duodécimo/a, decimosegundo/a *o* décimo/a segundo/a	100.º, 100.ª	centésimo/a
13.º, 13.ª, 13.er	decimotercero/a *o* décimo/a tercero/a decimotercer *o* décimo tercer	120.º, 120.ª	centésimo/a vigésimo/a

Numerales fraccionarios

- Los numerales fraccionarios pueden ser adjetivos o sustantivos. De 1/11 en adelante acaban en **-avo/a** (**onceavo/a**, **quinceavo/a**). Los anteriores a 1/11 siguen la misma forma que los ordinales, excepto ½, que se expresa como **mitad** o **medio** cuando es sustantivo y **medio/a** cuando actúa como adjetivo; y ⅓, que se expresa **tercio** como sustantivo y tiene la misma forma que el ordinal cuando actúa como adjetivo. Como sustantivos, son siempre masculinos con la excepción de **mitad**.

  Ya me he leído la **mitad** de la novela.
  Ya me he leído **media** novela.

  Un **tercio** de los asistentes dijo que sí.
  La **tercera** parte de los asistentes dijo que sí.

Práctica

1 Números Completa las oraciones con el numeral cardinal, ordinal, colectivo o fraccionario correspondiente a los números entre paréntesis.

1. Nuestro club de lectores se reúne el ______________ (3) jueves de cada mes.
2. Estoy harto. Esta es la ______________ (5) vez que llega tarde.
3. Mercedes tiene un gran talento musical. Quedó ______________ (2) en un concurso de violín de su ciudad.
4. La chica que conocí ayer no me pareció muy mayor. Debe ser una ______________ (15).
5. No creo que se retrase mucho. Llegará en un ______________ (4) de hora.
6. ______________ (1/6) de la población mundial vive en China.
7. En el mundo hay cerca de ______________________________ (500 000 000) de personas que hablan español.
8. En la actualidad, la población mundial supera los ______________________________ (6 000 000 000) de personas.
9. La Navidad se celebra el ______________ (25) de diciembre.

2 Reescribir Reemplaza los números de las oraciones con su forma lingüística. Agrega o cambia lo que sea necesario.

1. El precio de la gasolina está a ______________ ($2.75) el galón.
2. Juan es vendedor a comisión y le pagan ______________ (10%) de todo lo que vende.
3. Según la información meteorológica de hoy, hay ______________ (40%) de probabilidad de lluvia.
4. No pude comprar el libro que me pediste porque me faltaban ______________ ($23.46).
5. El papa Juan ______________ (XXIII) fue beatificado en el año ______________ (2000) junto al papa Pío ______________ (IX).
6. La película ______________ *(2001): Una odisea en el espacio* es una de mis favoritas.
7. ______________ (1/7) de los asistentes a la reunión votó que no.

3 Estadísticas Elaboren un breve informe estadístico con información acerca de la escuela San Martín. Para ello, formen oraciones combinando los componentes de las tres columnas.

Modelo *El setenta y cinco por ciento de los estudiantes se gradúa(n) antes de cuatro años.*

1/3	**estudiantes**	**se gradúa antes de cuatro años**
50%	**profesores**	**han conseguido el 2.º puesto en la competición de natación**
1/2	**tiempo**	**prefiere la clase de matemáticas**
100%	**padres**	**quieren que sus hijos estudien literatura**
la mayoría	**recursos**	**se dedican al pago de material escolar**
$254	**presupuesto**	**sirve para pagar los sueldos de los profesores**
3		**detestan la comida de la escuela**
75%		**hablan 3 idiomas**
		se dedica a actividades extraescolares

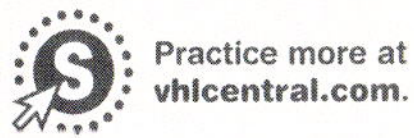

TALLER DE ESCRITURA

4A El informe estadístico

El informe estadístico se ocupa de representar o traducir una realidad compleja en forma clara y objetiva a partir de la reunión, la descripción, el análisis y la síntesis de datos y material de apoyo (gráficos, diagramas, tablas, cuadros, mapas, etc.).

Los datos estadísticos presentados en un estudio de investigación se compilan y exponen en detallados informes técnicos. Muchas veces, estos datos se utilizan luego como fuente o como punto de partida en informes estadísticos breves o en artículos periodísticos. Asimismo, un individuo o un periódico puede realizar una encuesta informal y utilizar los datos en un informe o artículo.

Se puede hacer un informe sobre cualquier clase de tema: científico, económico, demográfico, meteorológico, etc.; pero, antes de escribirlo, es necesario saber a qué tipo de lector está dirigido, para tener en cuenta cómo comunicar los datos de la mejor manera. Además, el informe debe llevar un título directo y conciso que refleje su contenido con precisión. Siempre debe citarse la fuente de los datos estadísticos presentados.

Para hacer más comprensibles los datos, el texto se divide en secciones y, si es necesario, en subsecciones, presentadas en orden de prioridad. Las distintas secciones y subsecciones pueden tener sus propios subtítulos. Hay muchas formas de organizar un informe estadístico; una estructura básica sería la siguiente:

Introducción	Es la presentación del *para qué* (objetivo), el *qué* (tema) y el *cómo* (metodología). Puede ir seguida de un breve resumen de todo el informe y, en algunos casos, de la conclusión de la investigación o encuesta realizada.
Análisis estadístico (métodos y resultados)	Con los datos y el material de apoyo se responden todos los *porqués* del tema. Se informan, explican y discuten los resultados de la investigación. También se pueden incluir entrevistas a especialistas o expertos en el tema. En el caso de informes estadísticos complejos, para que el lector pueda comprobar la veracidad de los resultados y repetir los análisis, es preciso explicar la metodología que se utilizó y cómo se aplicaron las pruebas estadísticas. En caso de que el análisis incluya cuadros o tablas demasiado largos, es preferible ubicarlos al final, en la sección de apéndices.
Conclusión	Se exponen las sugerencias, recomendaciones y propuestas. En algunos casos, va al comienzo del informe.
Apéndices y bibliografía	Se citan las fuentes de información que han sido utilizadas para el informe y se incluyen gráficos, mapas o tablas que por su extensión fueron omitidos en el análisis.

El uso de estadísticas no se limita a informes estadísticos. Un texto descriptivo o expositivo puede usar datos estadísticos para ejemplificar y generalizar. Un texto argumentativo puede utilizarlos para demostrar una tesis.

La estadística utiliza distintos tipos de gráficos y diagramas que representan visualmente las cantidades que se relacionan y comparan; así se consigue una comprensión mucho más rápida de la información y se facilita el análisis de los datos. Barras, puntos, sombreados, líneas, números y texto se combinan para dibujar gráficos que traducen la realidad. Entre los más utilizados se encuentran los de barras comparativas horizontales o verticales (ver **pp. 129–130**), los gráficos de líneas, y los circulares o los de áreas.

Modelo

Lee el informe y responde:

- ¿Qué objetivo tienen los datos estadísticos y los gráficos?
- ¿Te parece que están bien utilizados?
- ¿Se podría escribir el mismo informe sin presentarlos?

El matrimonio en el nuevo milenio

El último siglo presenció grandes cambios en todas las áreas culturales y sociales de la civilización occidental que se relacionan directamente con la vida privada de las personas: cambió la vida familiar, cambiaron las reglas con respecto a las elecciones sexuales, el acceso a la educación de mujeres y minorías, etc. Las revoluciones en todos los planos generaron nuevas estructuras familiares, notables ya en las últimas mediciones de esta primera década del nuevo milenio.

Se presenta brevemente el tema del informe, sin palabras superfluas ni rodeos.

Un cambio fundamental se dio en la institución del matrimonio. Las estadísticas nos muestran el aumento de la edad promedio en que las personas deciden casarse por primera vez: mientras que en la década de 1970 los hombres lo hacían alrededor de los 23 años y las mujeres alrededor de los 21 años, en la actualidad lo hacen a una edad promedio de 28 y 26 años, respectivamente.

El autor utiliza la primera persona del plural para incluir al lector.

Los estadounidenses tienden a vivir en pareja, a divorciarse o a casarse más tarde. Y cada vez son más las personas que nunca se casan. Como demuestra el gráfico, solo el 26% de los integrantes de la Generación del Milenio (nacidos entre 1980 y 2000) están actualmente casados. En cambio, el 36% de la Generación X, el 48% de los *Baby Boomers* y el 65% de la Generación Silenciosa ya estaban casados cuando tenían entre 18 y 32 años.

Los gráficos aparecen intercalados con el texto para facilitar la lectura y apoyar los datos que se presentan.

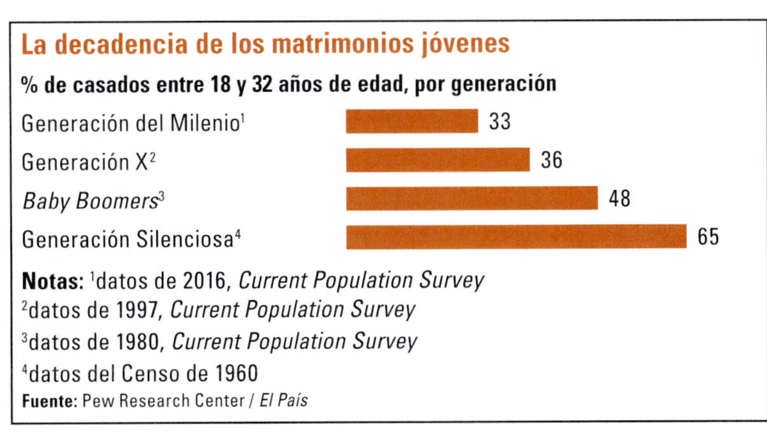

Aquí se hace una interpretación del resultado de la estadística para guiar al lector en la comprensión del objetivo del informe.

La cantidad de datos podría confundir un poco al lector. Por eso, el autor incluye explicaciones que ayudan a seguir el hilo con claridad.

Eso no significa que los jóvenes hayan abandonado los valores familiares de generaciones anteriores; todo lo contrario. Según la encuesta que presentamos a continuación, los que pertenecen a la Generación del Milenio ponen en lo alto de sus prioridades el matrimonio y la familia, por encima del éxito laboral o la fama. Esto prueba que no los mueve la frivolidad o el egoísmo, aunque tampoco se apresuran a organizar su boda: hay un 34% de padres/madres solteros/as, lo que da la pauta de que el matrimonio ha dejado de ser fundamental para ejercer la maternidad o paternidad.

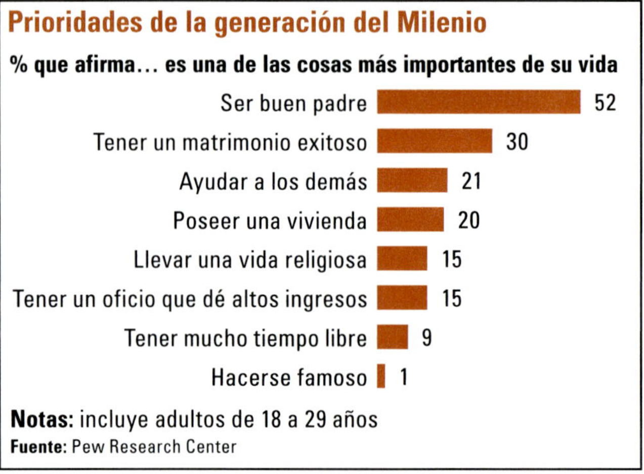

Para ilustrar que los cambios pueden ocurrir de manera imperceptible, la conclusión incluye una comparación fuera de tema. ¿Te parece que este tipo de final funcionaría en un informe académico o científico? ¿Se te ocurre otra conclusión?

El cambio del entramado y las dinámicas sociales se dan de tal manera que nos resulta difícil detectarlos en el momento; es igual que el eje de la tierra, que, según el doctor Richard Gross, investigador de la NASA, tras los terremotos de Haití y Chile, se ha movido unos 8 centímetros, acortando 1,26 microsegundos cada uno de nuestros días; aunque no nos demos cuenta.

Tema de composición

Elige una de las opciones y escribe un breve informe estadístico.

1. El uso de tecnología y redes sociales en la nueva generación
2. La televisión y las audiencias en hechos de resonancia mundial (llegada del hombre a la Luna, muerte de Nelson Mandela, rescate de los mineros chilenos, etc.)
3. Un tema de tu elección basado en datos estadísticos existentes
4. Un tema de tu elección basado en datos estadísticos que tú mismo/a has obtenido

Antes de escribir

El informe estadístico exige, en primer lugar, mucha investigación previa, y, en segundo lugar, organización y claridad tanto de la información como en la exposición. Busca los datos, gráficos, encuestas, etc. que precises para el tema que elegiste. Si realizas una encuesta para obtener tus propios datos, asegúrate de dar opciones de respuesta claras y uniformes a los encuestados. Cuando ya hayas revisado todo, decide qué quieres decir (cuál es tu objetivo) y concéntrate en eso.

Escribir el borrador

Organiza el contenido según la estructura de introducción, análisis y conclusión: concéntrate en exponer los datos progresivamente. Recuerda que el título debe reflejar el tema. Distribuye los cuadros y gráficos en el análisis.

Cuando el borrador esté terminado, organiza una lectura en grupo para editar cada borrador y comprobar si se ha logrado comunicar con claridad el tema elegido. Para que la crítica resulte constructiva, los comentarios deben ser específicos. También es preciso mantener una actitud positiva, tanto al dar como al recibir críticas. Presta atención a estas preguntas básicas:

- ¿Se comprende lo que quiere decir? ¿Presenta datos suficientes? ¿Quedaron fuera del informe preguntas importantes sobre el tema? ¿Algo está de más o contradice la exposición?
- ¿Funcionan bien el título y la introducción para plantear el tema desde el comienzo? ¿Tiene sentido la conclusión? ¿Fluye el texto y se puede comprender sin problemas?
- ¿La conclusión tiene sentido a partir de los datos presentados o el autor está interpretando los datos en forma parcial o subjetiva para llegar a una conclusión no avalada por los datos?

Escribir la versión final

Tras haber recibido los comentarios de tus compañeros, relee tu borrador con espíritu crítico. Realiza las correcciones que te sugirieron, siempre y cuando estés de acuerdo con ellas y te parezcan necesarias. Considera que, para que este método dé buenos resultados, debes escuchar con atención, sin ponerte a la defensiva, y aceptar bien las críticas, pero siempre examinándolas a partir de tu propio criterio.

Una vez incluidos los cambios, revisa otra vez la exposición y corrige la gramática; el orden de los datos debe ser progresivo; el lenguaje tiene que ser claro y conciso; el estilo, sobrio y despejado, sin términos confusos; y los gráficos deben resultar útiles a la exposición. Asegúrate de haber citado correctamente las fuentes.

4B El ensayo descriptivo

Como ya has visto en la lección 1, la descripción forma parte de las situaciones más cotidianas de la vida: puede aparecer en un mensaje de correo electrónico que relata nuestro viaje por un lugar maravilloso, en algún artículo periodístico que comenta las nuevas propuestas de los diseñadores para esta temporada, y hasta en anuncios de Internet que prometen soluciones mágicas para una silueta ideal.

La descripción también puede ser parte de un ensayo expositivo. En este caso, el relato tiene la estructura habitual de un ensayo, con una introducción que plantea una tesis, argumentos para apoyar la tesis y una conclusión.

Estos son algunos ejemplos de textos descriptivos que se pueden catalogar como ensayos debido a su estructura.

a. Un artículo que compara dos modelos de teléfonos inteligentes y recomienda uno.

b. Un texto que plantea qué determinada ciudad es la mejor para los ciclistas.

c. Un artículo que plantea las ventajas y las desventajas de trabajar desde casa, en lugar de hacerlo en una oficina.

d. Un texto que plantea inquietudes sobre el futuro de la televisión y describe la evolución de la televisión a lo largo de los años.

Son muchas las técnicas descriptivas que se pueden usar para desarrollar este tipo de textos. A continuación se presentan ejemplos de estructuras y técnicas para los cuatro tipos de textos mencionados.

	a	b	c	d
Introducción	planteamiento de la tesis: comparación de dos teléfonos para determinar cuál es mejor	planteamiento de la tesis: la ciudad X es la mejor para los ciclistas	planteamiento de la tesis: cada vez más gente trabaja desde casa. ¿Es mejor que trabajar en una oficina?	planteamiento de la tesis: opinión o inquietud sobre el futuro de la televisión
Desarrollo	• descripción del teléfono 1 • descripción del teléfono 2 • similitudes entre los dos • diferencias entre los dos	• descripción de la ciudad X • descripción de las ciudades que ocupan el segundo y el tercer lugar	• ventajas de trabajar desde casa • ventajas de trabajar en una oficina • desventajas de la primera opción • desventajas de la segunda	• descripción de los orígenes de la televisión y su efecto en la sociedad • cambios producidos con la llegada de la TV color, la TV por cable, etc. • situación actual
Conclusión	recomendación de uno de los dos teléfonos	resumen de cómo las ventajas de la ciudad X superan las de las ciudades en segundo y tercer lugar	evaluación de las ventajas y desventajas y toma de postura	confirmación o refutación de la inquietud planteada en la introducción

Modelo

Lee el ensayo descriptivo y presta atención a la estructura utilizada. ¿Cuál de los modelos sigue más de cerca? ¿Cuál podría ser el contenido de cada párrafo si se siguiera uno de los otros modelos?

El libro y la tecnología

A pesar de que parece algo nuevo, la tecnología siempre fue parte de la historia y, sin ella, se habrían perdido capítulos enteros de la sabiduría humana. Gracias a su intervención, el libro creció sin parar, desde la creación de la escritura hasta nuestros días. Pero la tecnología que tanto ha ayudado al libro ¿podría hacerlo desaparecer en su formato tradicional?

Primero, se usaron piedras, después fue hueso, arcilla, escamas, cerámica, bambú, seda: todo lo que puede grabarse se usó alguna vez como soporte de la escritura. Apareció el papiro y el mundo civilizado adoptó la forma de rollos que podían transportarse mejor que las tablas de marfil o madera; luego llegó el pergamino, hecho de pieles de animales, que duraba más y permitía la gran ventaja de borrar.

En la Edad Media, el rollo pasó a ser un códice y se le dio la forma rectangular de los libros que conocemos todos hoy en día. Con la aparición de las universidades, fue necesario que los textos escritos se hicieran accesibles a mayor cantidad de personas. Luego, se inventó el papel, que era más barato, y, en el siglo XV, Gutenberg creó la imprenta. De ahí en adelante, los libros se difundieron por todas partes.

Ocupan estantes en las bibliotecas y librerías, acumulan polvo, a veces huelen a humedad, pesan lo que pesa cada hoja de papel. Hasta ahora estábamos acostumbrados a abrir las tapas de cuero o cartón y pasar las páginas, bajo una buena luz, para leer las palabras impresas con tinta negra, igual que lo hicieron nuestros padres, abuelos y antepasados.

Pero la tecnología no descansa nunca y nos sorprende permanentemente con sus innovaciones. En una pantalla ligera y cómoda, con la posibilidad de borrar, tomar notas, tachar y, sobre todo, de almacenar cantidades de textos sin que pesen un miligramo más, se desarrolló con el tiempo una manera de leer que nos permite, además, interactuar con comodidad. La era del libro electrónico está en su máximo esplendor y, tal vez, las futuras generaciones tengan que buscar en alguna enciclopedia de Internet para enterarse de que el libro de papel fue una etapa más en el desarrollo histórico de la escritura.

En el primer párrafo el autor presenta el tema del ensayo y el enfoque que le dará.

El autor utiliza expresiones temporales (**primero, luego, después**) para darle orden a la composición.

Se nombran las distintas formas de soporte de la escritura para seguir su evolución en la historia. ¿Piensas que se podrían agregar detalles que hicieran más vívida la descripción o extenderse demasiado sería contraproducente?

Los últimos dos párrafos se centran en el contraste entre el libro tradicional y el libro electrónico para destacar más las características de cada uno.

Ya desde la introducción el autor declaraba su punto de vista. Aquí lo retoma y sugiere un posible resultado. ¿El autor da suficientes argumentos para llegar a esta conclusión?

Tema de composición

Elige uno de estos temas y escribe un ensayo descriptivo.

1. La libertad de viajar solo o la seguridad de ir en grupo
2. Los viernes versus los lunes
3. Vivir en el campo o vivir en la ciudad
4. Uno de los temas planteados en la **p. 132**

Antes de escribir

Para escribir tu ensayo, necesitas repasar los consejos de los talleres de la lección 1 (**pp. 22–31**) y del taller B de la lección 2 (**pp. 61–63**); vuelve a leer cómo prepararte para escribir tu ensayo y cuál es la mejor manera de ordenar tus ideas y objetivos.

Busca información sobre el tema que elegiste e investiga todo lo que puedas antes de comenzar a escribir. Toma notas de los aspectos que te interesa incluir en tu ensayo y planea la estructura del texto. Puedes usar una de las estructuras sugeridas en la **p. 132**.

Escribir el borrador

Al escribir el borrador, verifica que tu ensayo sea balanceado. Si recurriste a una estructura que plantea ventajas y desventajas de dos objetos, asegúrate de presentar las ventajas y desventajas de cada uno. Si un objeto tiene solo desventajas y el otro tiene solo ventajas, tu ensayo pierde credibilidad. Lo mismo sucede si tu descripción es cronológica y te saltas un periodo histórico importante porque no encaja con la conclusión que tienes planeada.

Escribir la versión final

Con tu borrador listo, es hora de recurrir a la edición en grupo. Recuerda los consejos del taller A (**p. 131**) sobre este recurso: la honestidad, la amabilidad y la precisión son aspectos importantes para que el intercambio de opiniones en este tipo de trabajo en equipo dé resultados.

Presta atención a que *editar no es corregir*: una cosa es concentrarse en la coherencia, la precisión y la efectividad del texto; es la etapa en la que puedes acortar, reformular, extender, "podar" tu borrador para que logre su propósito: esto es *editar. Corregir* es el último paso de la escritura e implica, básicamente, revisar la gramática y la ortografía. Los dos pasos son necesarios, pero en este ejercicio de edición en equipo es importante concentrarse en la composición para darse mutuamente la oportunidad de reescribir sus borradores.

Estas son algunas preguntas para tener en cuenta al editar ensayos descriptivos:

- ¿La introducción permite al lector tener una idea clara de lo que va a leer?
- ¿Las descripciones son equilibradas? ¿Se presentan ventajas y desventajas, similitudes y diferencias?
- ¿La conclusión se desprende realmente de los argumentos dados o es una opinión infundada?

Debes decidir qué comentarios de tus compañeros sobre tu borrador aceptas y cuáles rechazas. Revisa nuevamente todo; ahora sí, corrige gramática y ortografía. Cuando estés satisfecho/a, pásalo en limpio.

4C El ensayo de opinión

¿Quién no ha discutido en un bar con amigos, un colega, un familiar o un grupo de desconocidos sobre algún tema apasionante? Seguramente, cada uno defendía su opinión, pensaba que era la mejor y trataba de convencer al otro de esto presentando argumentos de peso. Según el diccionario de la Real Academia Española, una opinión es un "dictamen o juicio que se forma de algo cuestionable", es decir, una postura frente a un tema que no es un dogma ni es inapelable. Esta postura es subjetiva y surge como resultado de una interpretación personal. Puede ser fácil tener una opinión sobre algo, pero demostrarlo por escrito, de manera comprensible, lógica y clara, es algo mucho más complicado.

El ensayo de opinión es un texto formal, que tiene la misma estructura del ensayo narrativo (**pp. 96–98**) y del ensayo descriptivo (**pp. 132–134**). Sin embargo, el propósito de este tipo de ensayo no es simplemente transmitir nuestra mirada sobre algo o postular una idea con respecto a un tema, sino demostrar la validez y la certeza de nuestra opinión. Y siempre debemos escuchar las opiniones contrarias a la nuestra para poder desafiarlas y ganarles el debate.

Los elementos básicos del ensayo de opinión son:

Tesis	Responde directamente a la pregunta "¿Cuál es mi opinión sobre...?". Se presenta en la introducción y se desarrolla en el resto del ensayo. La tesis debe ser clara, concisa y concreta; no es conveniente mezclar muchos temas ni utilizar expresiones como "quizás" o "tal vez" porque se pierde precisión. En esta parte no debes incluir detalles o información que no sea estrictamente necesaria. Una introducción tradicional presenta el tema, introduce una tesis y muchas veces adelanta la conclusión. La tesis debe ser original, sin caer en obviedades ni afirmaciones vehementes que no tengan base lógica.
Argumentos	Sin argumentos que la defiendan, no hay tesis que presentar. Aunque tu opinión sea impetuosa, debes expresarla en un lenguaje objetivo, a partir de conocimiento fundamentado del tema y de la presentación de evidencia que sustente lo que afirmas. Para ofrecer una base coherente, se recurre principalmente a la lógica y a la experiencia personal; se puede mencionar o citar a otros, pero sin olvidar que tu ensayo no trata de las opiniones de los demás, sino de la tuya. Otros argumentos que se utilizan son la refutación, que se ocupa de rechazar la opinión contraria, la analogía, que busca similitudes entre dos casos, y la opinión general.
Oración tema	Los argumentos se organizan en los párrafos del cuerpo del ensayo, cada uno con una oración tema que establece y resume la idea principal que será desarrollada en el resto del párrafo. De esta manera, se delimita la información que se incluirá en cada párrafo, lo que ayuda a mantener la claridad y organización del texto, y facilita la comprensión. En la oración tema es importante evitar frases como "En mi opinión...", "Considero que...", etc., ya que resultan redundantes en un ensayo de opinión; el lenguaje figurativo también puede confundir al lector.
Conclusión	Es la parte más compleja del ensayo. Debes retomar la introducción, sintetizar los puntos principales del ensayo, relacionarlos, y cerrar la exposición demostrando la importancia que tienen tus descubrimientos. En esta parte debes evitar la repetición literal de oraciones y la introducción de ideas nuevas, aunque sí puedes dejar el final abierto e incluso plantear algunos interrogantes. Citar a alguien famoso en el final es una forma de tomar prestado su prestigio para cerrar tu ensayo con autoridad.

Modelo

Lee el ensayo de opinión y observa cómo se presenta y desarrolla la tesis en los sucesivos párrafos. ¿Se proporcionan los argumentos suficientes para sustentarla (y tienen la fuerza para hacerlo)? ¿Es fácil identificar las oraciones tema en cada párrafo?

La introducción establece con claridad y concisión el tema (Facebook), la tesis (es una exhibición perpetua de la vida privada), y adelanta la conclusión ("es como una condena...").

Cada párrafo desarrolla los argumentos para apoyar la tesis.

Como otro argumento, se menciona la opinión contraria ("algunos lo consideran una gran oportunidad...") para refutarla inmediatamente ("la verdad es que...").

La conclusión incluye una cita (entre comillas y mencionando la fuente) que resume la tesis y retoma lo que se adelantó en la introducción.

Las infernales redes sociales

Facebook contradice el sano consejo de "dejar las cosas pasadas en el pasado". Cuando toda tu vida y la de tus conocidos (y los conocidos de tus conocidos) se exhibe permanentemente, nada queda nunca en el pasado. Es como una condena a ver todo el tiempo a los otros y dejar que los otros nos vean.

Esta red social se extendió como la peste desde 2004 hasta llegar a 500 millones de usuarios que comparten sus fotos, sus datos, sus pensamientos. El ingreso se presenta como optativo, pero en realidad deja de serlo cuando se convierte en un dilema: estar conectado a grupos familiares, de amigos o de estudios, o no estar conectado y quedarse fuera de eventos, conciertos y reuniones.

A quien se rinde y abre una cuenta comienzan a llegarle invitaciones para "ser amigo" de gente que hace años no ve. No aceptarlas parece descortés, y aceptarlas es abrir una ventana al pasado que probablemente hubiera convenido dejar cerrada. Algunos lo consideran una gran oportunidad de retomar contacto con viejos conocidos; la verdad es que, si hace años no los ves, seguramente es porque no quieres verlos. Pero, de ahora en más, esa persona que creías perdida en tu pasado salpicará tu vida con sus fotos y comentarios actualizados.

Se puede escribir en el "muro" y la gente lo hace a menudo. Allí se encuentran mensajes de padres que felicitan a sus hijos por darles nietos, parejas que se confiesan su amor eterno, amigos que comentan la salida que hicieron juntos el sábado... Pareciera que uno espía conversaciones ajenas, pero no solo nos han dado permiso, sino que las ponen ahí para que los veamos. En la era de los *reality shows*, eso resulta casi un consuelo: no seré famoso, pero tengo Facebook. O lo que es igual: alguien me mira, luego, existo.

"El infierno son los otros", dijo Jean-Paul Sartre. Y están todos ahí, en Facebook, haciéndonos purgar nuestros pecados en esa eterna vidriera congelada en la que entramos voluntariamente. Vaya a saber qué se nos perdió ahí, pero evidentemente algo encontramos, porque todavía estamos.

Practice more at vhlcentral.com.

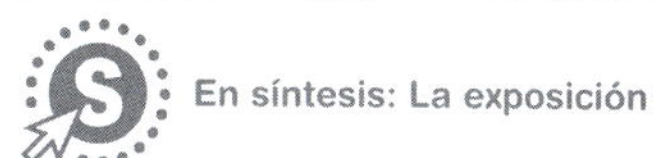

Tema de composición

Elige uno de los disparadores para componer un ensayo de opinión.

1. ¿Cuál es la edad ideal para independizarse de los padres?
2. ¿Es preferible dedicarse exclusivamente a los estudios o trabajar para ganar experiencia?
3. ¿Los campus preparan a los jóvenes para la vida real?

Antes de escribir

Tras haber elegido el tema, escribe la tesis (tu opinión). No te preocupes por la concisión de la frase: tienes tiempo de pulirla a medida que redactas el ensayo. Investiga a fondo el tema en busca de argumentos creíbles y fiables que apoyen tu tesis, y haz una lista. Anota correctamente cualquier cita que quieras mencionar y a quién pertenece. Un buen método para desarrollar un ensayo de opinión es comenzar con la opinión contraria a la tuya y luego refutarla, demostrando sus puntos débiles para destacar que tu opinión es la que vale. Pero nunca insultes ni ataques a nadie, porque eso daña tu credibilidad.

Escribir el borrador

Organiza el ensayo según la estructura de introducción, desarrollo y conclusión (**pp. 96–98**). Descarta las palabras superfluas o fórmulas que eviten decir directamente lo que quieres comunicar; de lo contrario, tu opinión pierde autoridad. No anuncies ni expliques tu tesis: afírmala, ya que tu objetivo es convencer. En cada párrafo, anota una única oración tema que exprese un argumento de apoyo de la tesis; debe ser una oración completa y afirmativa, nunca una pregunta. Explica bien los ejemplos que utilices y, si refutas algo, hazlo de manera que se entiendan bien los dos puntos de vista: el tuyo y el contrario. Ponle título.

Escribir la versión final

Una vez que tengas tu borrador listo, intercambia tu ensayo con un(a) compañero/a. Repasa los consejos de los talleres A y B de esta lección (**pp. 128–134**). Revisa los elementos básicos del ensayo de opinión y comprueba que aparezcan en el borrador que estás editando.

Concéntrate en la organización del ensayo:

- ¿La introducción y la conclusión están relacionadas de manera evidente?
- ¿La tesis se entiende bien desde el comienzo y está presentada adecuadamente para atraer la atención?
- ¿La conclusión logra resumir lo propuesto en la introducción?

Fíjate si en el desarrollo hay frases que, en tu opinión, tienen más fuerza y podrían reubicarse en la introducción o conclusión. Es importante que los argumentos sean suficientes, que estén presentados con autoridad y redactados con claridad para que resulte fácil seguirlos.

La opinión del autor debe quedar clara y no mezclada con las opiniones o las referencias citadas. Además, es necesario que la conclusión tenga un valor que trascienda lo personal para interesar a un público amplio.

Finalmente, reescribe tu ensayo e incluye los consejos que recibiste de tu compañero/a y que, según tu criterio, pueden ayudarte a mejorarlo.

La argumentación

Lección

"La verdad es lo que es, y sigue siendo verdad aunque se piense al revés".

—Antonio Machado

Constantemente nos encontramos con situaciones y textos argumentativos: una publicidad que compara un producto con el de la competencia; dos amigos que discuten sobre qué cantante o serie de televisión es mejor; dos niños que comparan sus juguetes; dos políticos en un debate. El objetivo es demostrar, a través de argumentos, que la postura de uno es más válida que la del otro. En el ambiente académico, los ensayos argumentativos se cuentan entre los más comunes. También se recurre a la argumentación en otros textos de uso común, como las cartas de presentación.

En esta lección, se desarrollan textos argumentativos que te ayudan a encontrar tu voz y transmitir tus ideas con el peso necesario para que lleguen a influir en otros.

Describe el lenguaje corporal de la persona de la foto. ¿Qué piensas que le sucede? ¿Qué puede estar pensando o sintiendo?

EXPANSIÓN

A Handbook of Contemporary Spanish Grammar
Chapters 23, 25, 27, 28

LECTURA

Mario Vargas Llosa nació en Arequipa, Perú, en 1936. Desde muy joven encaminó su vida hacia la escritura: durante la escuela secundaria trabajó como aprendiz de periodista en un diario de Lima donde se encargaba de notas locales y, al terminar la escuela secundaria, comenzó a estudiar Literatura y Derecho y a escribir cuentos que se publicaban en distintos periódicos.

En 1958 se estableció en Europa, donde ha vivido la mayor parte del tiempo desde entonces. Allí publicó sus primeras novelas: *La ciudad y los perros* (1963), *La casa verde* (1966) y *Conversación en la catedral* (1969), con las que alcanzó reconocimiento público. Obtuvo su doctorado en Filosofía y Letras por la Universidad Complutense de Madrid, en 1971, con una tesis sobre García Márquez. Es miembro de la Real Academia Española desde 1994.

En 1990 se postuló para la presidencia de Perú, pero perdió las elecciones. Posteriormente afirmó: "La política es una forma de la maldad; el mayor error que he cometido en mi vida".

Actualmente vive en Madrid y se dedica a la escritura como ensayista, columnista en periódicos, crítico literario, autor teatral y de novelas. Ha recibido algunos de los premios más importantes de literatura, entre ellos, el Príncipe de Asturias en 1986, el Cervantes en 1994 y el Premio Nobel en 2010. ■

ANTES DE LEER

¿Qué es la prensa amarilla? ¿Qué periódicos, revistas o programas amarillistas conoces?

¿Cómo te enteras tú de las noticias? ¿Te parece que las noticias son aburridas y necesitan entretener para captar la atención?

Audio: Dramatic Reading

La civilización del espectáculo

Se presenta la tesis de manera objetiva, clara y concisa. Se establece el tema (el periodismo) y la situación. ▶

En algún momento, en la segunda mitad del siglo XX, el periodismo de las sociedades abiertas de Occidente empezó a relegar discretamente a un segundo plano las que habían sido sus funciones principales —informar, opinar y criticar— para privilegiar otra que hasta entonces había sido secundaria: divertir. Nadie lo planeó y ningún órgano de prensa imaginó que esta sutil alteración de las prioridades del periodismo entrañaría[1] cambios tan profundos en todo el ámbito[2] cultural y ético. Lo que ocurría en el mundo de la información era reflejo de un proceso que abarcaba casi todos los aspectos de la vida social. La civilización del espectáculo había nacido y estaba allí para quedarse y revolucionar hasta la médula instituciones y costumbres de las sociedades libres.

[...]

El autor plantea la oposición lógica que estructura el ensayo: la prensa amarilla contra la prensa seria. ▶

No me refiero sólo a la prensa amarilla, a la que no leo. Pero esa prensa, por desgracia, desde hace tiempo contamina con su miasma a la llamada prensa seria, al extremo de que las fronteras entre una y otra resultan cada vez más porosas. Para no perder oyentes y lectores, la prensa seria se ve arrastrada a dar cuenta de los escándalos y chismografías de la prensa amarilla y de este modo contribuye a la degradación de los niveles culturales y éticos de la información.

[1]*would involve* [2] *sphere*

Por otra parte, la prensa seria no se atreve a condenar abiertamente las prácticas repelentes e inmorales del periodismo de cloaca[3] porque teme —no sin razón— que cualquier iniciativa que se tome para frenarlas vaya en desmedro[4] de la libertad de prensa y el derecho de crítica.

A ese disparate[5] hemos llegado: a que una de las más importantes conquistas de la civilización, la libertad de expresión y el derecho de crítica, sirva de coartada[6] y garantice la inmunidad para el libelo, la violación de la privacidad, la calumnia, el falso testimonio, la insidia[7] y demás especialidades del amarillismo periodístico.

◀ Se introduce el tema de la libertad de expresión, el cual apoya la tesis.

Se me replicará que en los países democráticos existen jueces y tribunales y leyes que amparan[8] los derechos civiles a los que las víctimas de estos desaguisados[9] pueden acudir. Eso es cierto en teoría, sí. En la práctica, es raro que un particular ose[10] enfrentarse a esas publicaciones, algunas de las cuales son muy poderosas y cuentan con grandes recursos, abogados e influencias difíciles de derrotar, y que lo desanime a entablar acciones judiciales lo costosas que éstas resultan en ciertos países, y lo enredadas[11] e interminables que son. Por otra parte, los jueces se sienten a menudo inhibidos de sancionar ese tipo de delitos porque temen crear precedentes que sirvan para recortar las libertades públicas y la libertad informativa. En verdad, el problema no se confina en el ámbito jurídico. Se trata de un problema cultural. La cultura de nuestro tiempo propicia y ampara todo lo que entretiene y divierte, en todos los dominios de la vida social, y por eso, las campañas políticas y las justas electorales son cada vez menos un cotejo[12] de ideas y programas, y cada vez más eventos publicitarios, espectáculos en los que, en vez de persuadir, los candidatos y los partidos tratan de seducir y excitar, apelando, como los periodistas amarillos, a las bajas pasiones o los instintos más primitivos, a las pulsiones irracionales del ciudadano antes que a su inteligencia y su razón.

◀ La fórmula "Se me replicará que..." plantea los contraargumentos que serán refutados a continuación.

◀ El autor se enfoca en la raíz del problema para demostrar la debilidad de los contraargumentos. Se utiliza razonamiento lógico y lenguaje objetivo.

[...]

La civilización del espectáculo tiene sus lados positivos, desde luego. No está mal promover el humor, la diversión, pues sin humor, goce, hedonismo y juego, la vida sería espantosamente aburrida. Pero si ella se reduce cada vez más a ser sólo eso, triunfan la frivolidad, el esnobismo y formas crecientes de idiotez y chabacanería[13] por doquier[14]. En eso estamos, o por lo menos están en ello sectores muy amplios de —vaya paradoja— las sociedades que gracias a la cultura de la libertad han alcanzado los más altos niveles de vida, de educación, de seguridad y de ocio[15] del planeta.

◀ Se considera y valora una posible objeción para luego refutarla.

Algo falló, pues, en algún momento. Y valdría la pena reaccionar, antes de que sea demasiado tarde. La civilización del espectáculo en que estamos inmersos acarrea[16] una absoluta confusión de valores. Los íconos o modelos sociales —las figuras ejemplares— lo son, ahora, básicamente, por razones mediáticas[17], pues la apariencia ha reemplazado a la sustancia en la apreciación pública. No son las ideas, la conducta, las hazañas[18] intelectuales y científicas, sociales o culturales, las que hacen que un individuo descuelle[19] y gane el respeto y la admiración de sus contemporáneos y se convierta en un modelo para los jóvenes, sino las personas más aptas para ocupar las primeras planas de la información, así sea por los goles que mete, los millones que gasta en fiestas faraónicas o los escándalos que protagoniza.

"[...] la apariencia ha reemplazado a la sustancia [...]".

[3]gutter [4]detriment [5]nonsense [6]excuse [7]maliciousness [8]protect [9]crimes [10]dare [11]entangled [12]review [13]vulgarity [14]everywhere [15]leisure [16]leads to [17]media-related [18]feats [19]stands out

Con la fórmula: "Es verdad que..., pero..." se establece una nueva concesión a un contraargumento. ▶

La información, en consecuencia, concede cada vez más espacio, tiempo, talento y entusiasmo a ese género de personajes y sucesos. Es verdad que siempre existió, en el pasado, un periodismo excremental, que explotaba la maledicencia y la impudicia[20] en todas sus manifestaciones, pero solía estar al margen, en una semiclandestinidad donde lo mantenían, más que leyes y reglamentos, los valores y la cultura imperantes. Hoy ese periodismo ha ganado derecho de ciudad pues los valores vigentes[21] lo han legitimado. Frivolidad, banalidad, estupidización acelerada del promedio es uno de los inesperados resultados de ser, hoy, más libres que nunca en el pasado.

El autor prevé un ataque contra su posición, y defiende su postura utilizando vocabulario dramático como "perversa" y "suicidarla". ▶

Esto no es una requisitoria[22] contra la libertad, sino contra una deriva[23] perversa de ella, que puede, si no se le pone coto24, suicidarla. Porque no sólo desaparece la libertad cuando la reprimen o la censuran los gobiernos despóticos. Otra manera de acabar con ella es vaciándola de sustancia, desnaturalizándola, escudándose en ella para justificar atropellos[25] y tráficos indignos contra los derechos civiles.

Se retoma el tema de la libertad, y se lo desarrolla en un contexto específico (el mercado). ▶

La existencia de este fenómeno es un efecto lateral de dos conquistas básicas de la civilización: la libertad y el mercado. Ambas han contribuido extraordinariamente al progreso material y cultural de la humanidad, a la creación del individuo soberano y al reconocimiento de sus derechos, a la coexistencia, a hacer retroceder la pobreza, la ignorancia y la explotación. Al mismo tiempo, la libertad ha permitido que esa reorientación del periodismo hacia la meta primordial de divertir a lectores, oyentes y televidentes, fuera desarrollándose en proporciones cancerosas, atizada[26] por la competencia que los mercados exigen. Si hay un público ávido de ese alimento, los medios se lo dan, y si ese público, educado (o maleducado, más bien) por ese producto periodístico, lo exige cada vez en mayores dosis, divertir será el motor y el combustible de los medios cada día más, al extremo de que en todas las secciones y formas del periodismo aquella predisposición va dejando su impronta[27], su marca distorsionadora. Hay, desde luego, quienes dicen que más bien ocurre lo opuesto: que la chismografía, el esnobismo, la frivolidad y el escándalo han prendido en el gran público por culpa de los medios, lo que sin duda también es cierto, pues una cosa y la otra no se excluyen, se complementan.

El ensayista prevé un contraargumento y lo concede utilizando la expresión: "Hay quienes dicen...". ▶

"Cualquier intento de frenar legalmente el amarillismo [...] tendría consecuencias trágicas [...]".

Cualquier intento de frenar legalmente el amarillismo periodístico equivaldría a establecer un sistema de censura y eso tendría consecuencias trágicas para el funcionamiento de la democracia. La idea de que el poder judicial puede, sancionando caso por caso, poner límite al libertinaje y violación sistemática de la privacidad y el derecho al honor de los ciudadanos, es una posibilidad abstracta totalmente desprovista[28] de consecuencias, en términos realistas. Porque la raíz del mal es anterior a esos mecanismos: está en una cultura que ha hecho de la diversión el valor supremo de la existencia, al cual todos los viejos valores, la decencia, el cuidado de las formas, la ética, los derechos individuales, pueden ser sacrificados sin el menor cargo de conciencia. Estamos, pues, condenados, nosotros, ciudadanos de los países libres y privilegiados del planeta, a que las [...] "bellaquerías" gongorinas[29], sigan siendo nuestro alimento cotidiano. ■

La conclusión resume lo expuesto en el ensayo y reafirma la tesis con fuerza y dramatismo, citando la autoridad de un clásico ("bellaquerías" gongorinas). ▶

[20]*immodesty* [21]*in effect* [22]*questioning* [23]*drifting* [24]*limit* [25]*abuses* [26]*stirred up* [27]*imprint* [28]*devoid* [29]*overrefined trickery*

Después de leer

1 Comprensión Lee las oraciones y selecciona las que correspondan al pensamiento de Vargas Llosa, expresado en el ensayo.

- ☐ 1. El periodismo comenzó a privilegiar la diversión en la segunda mitad del siglo XX.
- ☐ 2. La prensa seria necesita mostrar escándalos y chismografías para no perder público.
- ☐ 3. La libertad de expresión se usa como excusa para garantizar la inmunidad del amarillismo periodístico.
- ☐ 4. Es imposible que la prensa amarilla contamine a la prensa seria ya que tienen fines diferentes y límites muy claros.
- ☐ 5. Las noticias científicas, sociales y culturales siguen siendo las que ocupan la primera plana en la prensa.

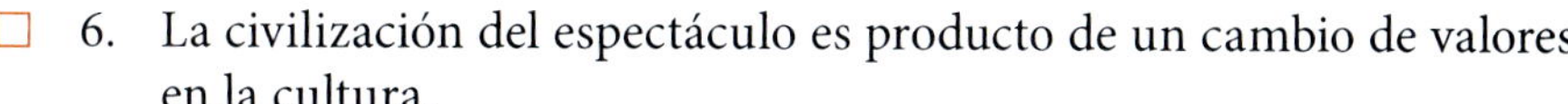

- ☐ 6. La civilización del espectáculo es producto de un cambio de valores en la cultura.

2 Análisis En parejas, contesten las preguntas.

1. ¿Cuál es el argumento fundamental del ensayo? Busquen citas en el texto que justifiquen su respuesta.
2. ¿Cuál es el problema que plantea el autor con respecto a la diversión utilizada en la prensa?
3. ¿Cómo ve el autor el papel de la libertad de expresión?
4. ¿Cuál es el argumento opuesto al ensayo? Busquen citas en el texto que apoyen el contraargumento.
5. Busquen en el texto palabras con gran carga dramática que usa el autor. ¿Les parecen necesarias o exageradas? ¿Qué tono creen que le da esta elección a su argumento?

3 Discusión En grupos, discutan estas preguntas.

1. ¿A qué paradoja atribuye el autor la frivolidad y la banalización? ¿Están de acuerdo con su argumento y su pronóstico?
2. El autor identifica a la cultura como la raíz del problema. ¿Qué piensan ustedes: la prensa forma a la cultura o viceversa?
3. Según el autor, ¿en qué se diferencia el frívolo periodismo actual del que existía antes?
4. En su opinión: ¿cuáles son las ventajas y desventajas de la libertad de prensa? ¿Les parece totalmente cierto que el mercado manda?
5. ¿Qué creen que quiere decir el autor con "la apariencia ha reemplazado a la sustancia"?

4 **Argumentos** En grupos, lean las citas y contesten las preguntas. Luego, comparen sus respuestas con las de otra pareja. Justifiquen su respuesta.

> "El debate es para mí el aire que respiro. Frente a cualquier tesis dada, no puedo resistirme a creer la tesis opuesta y defenderla".
>
> —Gertrude Stein

> "En toda discusión, no es una tesis la que se defiende sino a uno mismo".
>
> —Paul Valéry

> "A veces se discute porque no se llega a comprender lo que pretende demostrar nuestro interlocutor".
>
> —Leon Tolstoi

> "Las discusiones son completamente vulgares, porque en la buena sociedad todo el mundo tiene exactamente las mismas opiniones".
>
> —Oscar Wilde

> "Cuando me dispongo a razonar con un hombre, dedico un tercio de mi tiempo a pensar acerca de mí y lo que voy a decir, y dos tercios a pensar en él y lo que él va a decir".
>
> —Abraham Lincoln

> "¿Alguien puede nombrar alguna gran causa por la que se haya luchado y ganado bajo el lema 'busco consenso'?".
>
> —Margaret Thatcher

1. ¿Qué cita refleja la manera de argumentar que tiene Vargas Llosa?
2. ¿Qué cita consideran el consejo más útil para escribir una argumentación?
3. ¿Qué cita elegirían para copiar en una camiseta?
4. ¿Con qué cita no están de acuerdo?

5 **Composición** Imagina que, frente a la publicación del ensayo de Vargas Llosa, un periodista de entretenimiento hace su defensa en una columna o editorial. Escribe un párrafo que refute el argumento de Vargas Llosa, tomando en cuenta estos pasos:

- Resume la opinión de Vargas Llosa.
- Defiende la existencia de la prensa amarilla o de entretenimiento con argumentos de peso, citas o estadísticas. Cuestiona el análisis del escritor y refuta sus afirmaciones.
- Señala errores en su tesis. Por ejemplo: "La frivolidad es, de cierta manera, inherente a los seres humanos, desde este punto de vista el argumento del autor...", etc.
- Concede algunos puntos al contraargumento con expresiones como: "No voy a negar que...". / "Se me dirá que..., pero..., porque...". / "Es verdad que..., pero..., porque...".

TALLER DE LENGUA

Léxico

5.1 Cognados falsos

- Los cognados falsos son palabras que se asemejan en su forma o en su pronunciación (o de ambas maneras) a palabras de otra lengua, pero que realmente tienen significados diferentes. También se los denomina "falsos amigos" porque tienen una apariencia familiar, pero en realidad son engañosos y, por tanto, hay que tener cuidado con ellos.

Ana está **embarazada**. *Ana is **pregnant**.*
Ana está **avergonzada**. *Ana is **embarrassed**.*

Antonio trajo una **carpeta**. *Antonio brought a **folder**.*
Antonio trajo una **alfombra**. *Antonio brought a **carpet**.*

Sustantivos

La palabra	no significa	sino	Ejemplos
abogado	*avocado*	*lawyer*	El **abogado** conocía bien todas las leyes.
conductor	*conductor*	*driver*	Carlos es un buen **conductor**.
desgracia	*disgrace*	*misfortune*	¡Qué **desgracia** no tener nada de dinero!
éxito	*exit*	*success*	El proyecto será todo un **éxito**.
grosería	*grocery*	*vulgarity*	¡Para ya de decir **groserías**!
lectura	*lecture*	*reading*	El profesor nos asignó varias **lecturas**.
aviso	*advice*	*warning, ad*	Ya le dio dos **avisos** para que pague.

Adjetivos

La palabra	no significa	sino	Ejemplos
comprensivo/a	*comprehensive*	*understanding*	Ella es muy **comprensiva**.
fastidioso/a	*fastidious*	*annoying*	¡Qué sonido **fastidioso**!
gratuito/a	*gratuity*	*free (of charge)*	La entrada es **gratuita**.
largo/a	*large*	*long*	Es una película muy **larga**.
sensible	*sensible*	*sensitive*	Luis es muy **sensible**.
simpático/a	*sympathetic*	*nice*	Víctor es muy **simpático**.

Verbos

La palabra	no significa	sino	Ejemplos
asistir	*to assist*	*to attend*	No podré **asistir** a la conferencia.
atender	*to attend*	*to assist*	La enfermera **atenderá** a pacientes todo el día.
contestar	*to contest*	*to answer*	**Contesta** mi pregunta, por favor.
molestar	*to molest*	*to bother*	No debes **molestar** a tus compañeras.
quitar	*to quit*	*to take off*	¡Qué calor hace! ¡Me voy a **quitar** el abrigo!
realizar	*to realize*	*to carry out*	Pudieron **realizar** la investigación.

EXPANSIÓN

Go to **vhlcentral.com** and add your words to the Vocabulary Tools.

¡ATENCIÓN!

Otros ejemplos:
advertir *to warn*
champiñón *mushroom*
colegio *school*
diversión *entertainment*
fábrica *factory*
grabar *to record*
librería *bookstore*
pariente *relative*
recordar *to remember*
resto *remains/remainder*
salado/a *salty*
suceso *event*

Adverbios

La palabra	no significa	sino	Ejemplos
actualmente	*actually*	*currently*	**Actualmente** vivo fuera del país.
eventualmente	*eventually*	*possibly, probably*	**Eventualmente**, tendremos algunos problemas.
últimamente	*ultimately*	*lately*	He trabajado mucho **últimamente**.

- En algunos casos, la confusión se puede presentar según el contexto. **Acciones** puede significar *actions* or *stock/shares*. **Firma** puede significar *firm (company)* o *signature*. En estos casos, resulta muy útil acudir al diccionario.

Esta es una **firma** sólida.
This is a solid firm.

Ponga aquí su **firma**, por favor.
Please, sign here.

Práctica

1 Concierto Completa las oraciones del párrafo con una de las palabras entre paréntesis. Busca en el diccionario las palabras que no conozcas.

¡Qué emoción! Hoy iré con Carlos, mi mejor amigo, a un concierto de Daniel Barenboim, el famoso (1)______________ (conductor / director) argentino. Ana, otra gran amiga a quien le encanta la música clásica, no podrá ir con nosotros porque no tiene (2)______________ (moneda / dinero). Es que la entrada no es (3)______________ (gratuita / propina): ¡Cuesta 50 dólares! Además, ella tiene un compromiso con sus abuelos y otros (4)______________ (padres / parientes). Es una lástima que no pueda (5)______________ (atender / asistir) al concierto porque ella es muy (6)______________ (sensata / sensible) y se emociona mucho con la música. Además, está (7)______________ (embarazada / avergonzada) y dicen que a los bebés antes de nacer les conviene escuchar música clásica. ¡Pero en fin!... (8)______________ (Eventualmente / Actualmente) nos reuniremos con ella el fin de semana para saborear una deliciosa (9)______________ (salada / ensalada) con (10)______________ (campeones / champiñones) mientras escuchamos el álbum de Barenboim, ¡pues me lo voy a comprar después del concierto!

2 Traducir Traduce estas oraciones al inglés.

1. Con la ayuda de un abogado, realizaremos una encuesta en mi colegio.
2. Esperamos no molestar a los estudiantes con esta encuesta y que ellos contesten las preguntas con sinceridad.
3. El cuestionario es un poco largo, pero es importante para el mejoramiento de nuestra institución.
4. Esperamos tener éxito con la encuesta y eventualmente, con los resultados, obtener más dinero por parte del gobierno.

3 Oraciones Escribe una oración con cada par de palabras.

Modelo resto / descansar *Después de hacer el* ***resto*** *de mis tareas, voy a* ***descansar.***

1. realizar / darse cuenta
2. suceso / éxito
3. lectura / conferencia
4. librería / biblioteca
5. sensible / sensato
6. colegio / universidad

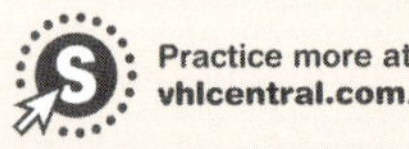

Léxico

5.2 Los prefijos

- Los prefijos son morfemas que se anteponen a las palabras y modifican el significado o crean nuevas palabras, pero conservan la categoría gramatical.

—¿Este automóvil es veloz? —No es veloz; es **ultra**veloz.

- La mayoría de los prefijos del español provienen del latín o del griego. Pueden anteponerse a sustantivos, adjetivos, verbos y adverbios.

El *Apolo 13* era un **super**cohete.
Eva va a una escuela **poli**técnica.
Los meteorólogos **pre**dicen el clima.
Esta tarea está **in**usualmente difícil.

- Los prefijos del español y del inglés no siempre coinciden.

Prefijo	Significado	Ejemplos
a-/an- + *vocal*	privación o negación	**a**típico, **an**estesia
ante-	anterioridad en espacio anterioridad en tiempo	**ante**sala **ante**noche
bi-/bis-/biz-	dos	**bi**lateral, **bis**nieto, **biz**cocho
circun-/circum-	alrededor	**circun**ferencia, **circum**polar
con-/com-/co-	reunión cooperación	**con**vivir, **com**paginar **co**director
contra-	oposición o contraposición	**contra**decir, **contra**atacar (***counter***-*attack*)
de-	hacia abajo disociar o separar reforzar el significado	**de**preciar, **de**glutir (*gulp* ***down***) **de**marcar **de**clarar
des-	significado opuesto privación	**des**orden (***dis****order*) **des**techado (*home****less***)
dis-	negación contrariedad	**dis**capacidad, **dis**función (***dys****function*) **dis**gustar
endo-	en el interior	**endo**gámico **endo**ameba (***end****ameba*)
entre-	posición intermedia relacionar cosas	**entre**abrir (*to open* ***half****way*) **entre**lazar (***inter****twine*)
ex-	fuera más allá que ya no es	**ex**temporáneo **ex**tender **ex** presidente (*former/ex-president*)
hiper-	exceso grado superior	**hiper**tensión **hiper**vínculo
hipo-	insuficiencia debajo de	**hipo**tiroidismo **hipo**tálamo
in- **i-** + r/l / **im-** + b/p	adentro, al interior negación o privación	**in**troducir **i**rracional; **i**lógico; **im**probable
mono-/mon-	uno	**monó**gamo
pluri-	varios	**pluri**celular (***multi****cellular*)
pos-/post- + *s*	después de	**pos**guerra, **post**surrealismo
pre-	anterior a (lugar o tiempo)	**pre**calentar

¡ATENCIÓN!

En muchos de los casos presentados en la tabla, hay pequeñas diferencias ortográficas entre el prefijo español y el prefijo inglés.

¡ATENCIÓN!

En español los prefijos se escriben unidos a la palabra, a excepción de **anti-** o **pro-** con siglas o nombres propios.

anti-ETA

anti-Pinochet

pro-Gandhi

Prefijo	Significado	Ejemplos
pro-	en lugar de ante, delante de impulsar negar	**pro**nombre **pró**logo **pro**mover **pro**hibir
re-	repetición movimiento hacia atrás intensificación oposición o resistencia negación	**re**iterar **re**tornar **re**forzar **re**plicar **re**probar
sobre-	exceso, superposición	**sobre**peso (***over**weight*)
sub-/so-/su-	debajo de	**sub**terráneo, **so**meter, **su**poner
super-	encima de alto grado excelencia	**super**intendente **super**poblado (***over**populated*) **super**hombre
tras-/trans-	al otro lado, a través de	**tras**atlántico, **trans**atlántico
ultra-	más allá de exceso	**ultra**mar (***over**seas*) **ultra**moderno

- Muchos otros prefijos son idénticos en inglés.

antidemocrático	**inter**ceptar	**perí**metro	**tri**ángulo
extracurricular	**intra**net	**retro**activamente	**uni**lateral
infrarrojo	**multi**color	**semi**círculo	

Práctica

1 Completar Lee las oraciones y completa las palabras con el prefijo correcto.

inter- | multi- | mono- | pos- | poli- | des- | re- | im- | in- | extra-

1. ¿Puedes decirme qué dice aquí? Este texto es ______comprensible.
2. Después del colonialismo siguió el ______colonialismo.
3. Tienes muchas habilidades. Eres ______facética.
4. Ese periodista siempre dice lo mismo. Es ______temático.
5. Qué caos. Definitivamente eres muy ______ordenado.
6. Los acuerdos políticos deben ser ______laterales.
7. En el congreso participarán invitados de ocho países; es ______nacional.
8. Nada es ______posible si trabajas para lograrlo.
9. Esta noticia no es oficial. Es ______oficial.
10. Debemos ayudar a ______construir nuestra ciudad.

2 Prefijar Lee la definición y escribe la palabra correcta con la ayuda de los prefijos adecuados.

1. ________: que no es típico
2. ________: es la mitad de un círculo
3. ________: que no es lógico
4. ________: reemplaza al nombre
5. ________: no gustar
6. ________: después de la guerra

3 Redacta Escribe un párrafo utilizando diez prefijos.

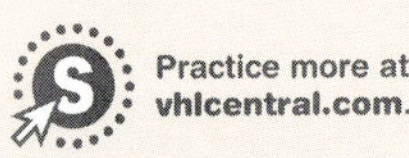

Léxico

5.3 Verbos seguidos de preposición

- Al igual que en inglés, muchos verbos en español van siempre seguidos de una preposición.

Verbos normalmente seguidos por sustantivo o infinitivo

acordarse **de** *to remember*	encargarse **de** *to be in charge **of***
acostumbrarse **a** *to be/get accustomed **to***	enseñar **a** *to teach (sb.) how to do sth.**
adaptarse **a** *to adapt **to***	hartarse **de** *to be fed up **with***
aficionarse **a** *to become fond **of***	ir **a** *to be going (to do sth.)*
animar **a** *to encourage **to***	morirse **por** *to be crazy **about** sth. or sb.*
aspirar **a** *to aspire **to***	ocuparse **de** *to take care **of***
ayudar **a** *to help*	olvidarse **de** *to forget*
cansarse **de** *to get tired **of***	oponerse **a** *to oppose sth.*
concentrarse **en** *to concentrate **on***	pensar **en** *to think **about***
condenar **a** *to sentence (sb.)* **to***	preocuparse **por** *to worry **about***
conformarse **con** *to be satisfied **with***	renunciar **a** *to give up*
dedicarse **a** *to devote oneself **to***	resistirse **a** *to resist*

Verbos normalmente seguidos por infinitivo

acabar **de** *to have just finished doing sth.*	empezar **a** *to start*
alegrarse **de** *to be glad*	insistir **en** *to insist **on** doing sth.*
arrepentirse **de** *to regret*	llegar **a** *to succeed **in** doing sth.*
arriesgarse **a** *to risk doing sth.*	negarse **a** *to refuse **to***
atreverse **a** *to dare **to** do sth.*	ponerse **a** *to begin doing sth.*
cesar **de** *to cease **to***	prestarse **a** *to offer oneself to do sth.*
comenzar **a** *to begin (to do sth.)*	probar **a** *to try to do sth.*
comprometerse **a** *to commit (to do sth.)*	quedar **en** *to agree to do sth.*
convenir **en** *to agree **on***	tardar **en** *to take time to do sth.*
dedicarse **a** *to devote oneself **to***	tener ganas **de** *to feel like doing sth.*
dejar **de** *to stop doing sth.*	tratar **de** *to try **to***
disponerse **a** *to get ready **to***	volver **a** *to (verb) again*

Verbos normalmente seguidos por sustantivo

acompañar **a** *to keep sb. company*	depender **de** *to depend **on***
agarrarse **de** *to clutch*	despedirse **de** *to say goodbye **to***
alejarse **de** *to move away **from***	enamorarse **de** *to fall in love **with***
burlarse **de** *to mock*	encontrarse **con** *to meet (encounter)*
caber **en** *to fit*	enterarse **de** *to find out (**about**)*
carecer **de** *to lack*	entrar **en** *to enter (a place)*
casarse **con** *to marry*	fijarse **en** *to notice*
compadecerse **de** *to sympathize **with***	oler **a** *to smell like*
comprometerse **con** *to get engaged **to***	reírse **de** *to laugh **at***
confiar **en** *to trust*	soñar **con** *to dream **about/of***
contar **con** *to count **on***	viajar **en** *to travel **by***

**sth.* representa *something*; *sb.* representa *someone, somebody*

¡ATENCIÓN!

Las perífrasis verbales y los verbos modales se encuentran en las **pp. 190-192**.

¡ATENCIÓN!

Olvidar puede usarse de cuatro maneras.
Olvidé algo.
Me olvidé algo.
Me olvidé de algo.
Se me olvidó algo.

- También hay verbos que en español no llevan preposición, pero sí la llevan en inglés.

acordar *to agree **on***	lograr *to succeed **in***
agradecer *to be grateful **for***	mirar *to look **at***
aprovechar *to take advantage **of***	pagar *to pay **for***
buscar *to look **for***	pedir *to ask **for***
cuidar *to care **for***	pensar *to plan **on***
desear *to long **for***	proporcionar *to provide **with***
entregar *to present **with***	quitar *to take **off***
escuchar *to listen **to***	solicitar *to apply **for***
esperar *to hope **for***	suplicar *to beg **for***

- A menudo, las diferencias entre los dos idiomas en cuanto al uso de estas preposiciones conduce a cometer errores. Por ejemplo, algunos hispanohablantes que viven en países de habla inglesa utilizan en español preposiciones correspondientes al inglés.

  Esperé el autobús una hora.
  *I waited **for** the bus for an hour.*

  Soñé **con** mi amigo Daniel.
  *I dreamed **about** my friend Daniel.*

  Víctor solicitó el nuevo puesto.
  *Víctor applied **for** the new position.*

- En muchos casos la preposición coincide en ambos idiomas.

acercarse **a** *to get close **to***	librarse **de** *to get rid **of***
amenazar **con** *to threaten **with***	obligar **a** *to force **to***
aprender **a** *to learn **to***	optar **por** *to opt **for***
aprovecharse **de** *to take advantage **of***	reflexionar **sobre** *to reflect **on***
avergonzarse **de** *to be ashamed **of***	ser acusado/a **de** to be accused ***of***
empeñarse **en** *to insist **on***	tender **a** *to tend **to***
estar dispuesto/a **a** *to be willing **to***	traducirse **en** *to result **in***
gritar **a** *to shout **at***	venir **de** *to come **from***
insistir **en** *to insist **on***	votar **por** *to vote **for***

- Ciertos verbos preposicionales también pueden ir seguidos de un adjetivo.

Verbo	Ejemplo
pecar **de** *to be too + adjective*	Pecó **de** inocente. *He was too naive.*
presumir **de** *to boast (about/of)*	Presume **de** generoso. *He boasts about being generous.*
tenerse **por** *to consider oneself*	Javier se tiene **por** experto. *Javier considers himself an expert.*
tildar/tachar a alguien **de** *to brand somebody (as)*	Me molestó que me tildara/tachara **de** mentirosa. *It bothered me that he branded me (as) a liar.*

Práctica

1 Conversaciones Completa las conversaciones con las preposiciones correctas. Si no es necesario usar una preposición, indícalo con una X.

1. —¿Qué te pasa? ¿Estás pensando ____________ el trabajo?
   —Sí, creo que no me he acostumbrado ____________ mi nuevo puesto.
2. —Se nota que estás enamorado ____________ Sofía. Desde que sales con ella hueles ____________ perfume.
3. —Hoy te estás negando ____________ todo.
   —¡Cállate y no me amenaces ____________ irte!
4. —Me olvidé ____________ llamar a mis padres.
   —Pero ellos no esperan ____________ tu llamada todos los días.
5. —¿Has quedado con Esmeralda ____________ ir a almorzar?
   —Sí, es que me parece una chica muy interesante. Los dos nos dedicamos ____________ la política.
6. —¡No te atrevas ____________ interrumpir a Sergio!
   —¿Por qué?
   —Porque está concentrándose ____________ los estudios.
7. —Últimamente he estado soñando mucho. Ayer, por ejemplo, soñé ____________ Eva.
8. —¿Te has enterado ____________ las últimas noticias?
   —No, siempre confío ____________ que tú me cuentes los chismes.
   —Bueno, ¡después de tantos años Ana y Pedro están dispuestos ____________ tener hijos!

2 En español Traduce las oraciones al español usando verbos seguidos de preposición.

1. I have just finished cleaning the house, so please take off your shoes.
2. It took him four days to finish the book.
3. This dog refuses to follow any orders.
4. Esteban took advantage of the situation.
5. We all have to commit to working together.
6. Can you teach me how to play guitar?

3 Combinar Haz cinco preguntas personales a un(a) compañero/a. Combina los verbos y las preposiciones de la lista.

avergonzarse	negarse	a
conformarse	pensar	con
enamorarse	preocuparse	de
encargarse	tardar	en
hacer lo posible	tener ganas	por
hartarse	volver	

4 Verbos Escribe un párrafo utilizando seis de estos verbos preposicionales.

arrepentirse de	dejar de	fijarse en	reírse de	ser acusado/a de	tenerse por
dedicarse a	depender de	presumir de	renunciar a	tachar de	tratar de

Estructuras

5.4 The subjunctive II

The subjunctive in adjectival clauses

- A subordinate clause can also act as an adjective. An adjectival clause describes the person or thing referred to in the main clause, known as the antecedent.

  Algunos quieren [un periódico] [que les permita entender la actualidad].
  Carolina necesita [unas clases de baile] [que no sean muy caras].

- The verb in the subordinate clause can be in the subjunctive or indicative. You use the subjunctive when the adjectival clause describes someone or something unknown, nonexistent, or whose existence is somehow denied or questioned, and when the verbs have different subjects in the main clause and in the subordinate clause.

  Les gustaría un automóvil que **fuera** más grande.
  Emilia sueña con encontrar un apartamento que **tenga** espacio para sus mascotas.
  No hay nadie que no **se preocupe** por el futuro de su país.
  No conozco a nadie que **haya conseguido** boletos para el partido de béisbol.

¡ATENCIÓN!

Use the indicative when the adjectival clause describes something known, existent, or whose existence is not questioned.

Carolina tiene una amiga que **vive** en Ecuador.

BUT

Carolina quiere a alguien que **escuche** sus quejas.

The subjunctive in adverbial clauses

- Some subordinate clauses act as adverbs, telling when or how something is done. Adverbial clauses are connected to the main clause by conjunctions.

  Daniela no puede leer la sección de chismes **hasta que** termine sus tareas.
  Compartieron un piso **a fin de que** les fuera posible estar juntos.

- Use the subjunctive after conjunctions of time (**p. 44; pp. 77–78**) when the main clause refers to a future or uncompleted event. Use the indicative when the main clause refers to habitual or completed events.

  Necesita encontrar otro trabajo **antes de que** ella y su novio **puedan** casarse. *(future/uncompleted event; subjunctive)*
  Jimena no va a su clase **hasta que sale** del gimnasio. *(habitual event; indicative)*
  Ella esperaba trabajar en el periódico **cuando se graduó**. *(completed; indicative)*

¡ATENCIÓN!

Note that the subjunctive is always used after **antes de que**, regardless of whether the action is habitual, in the future, or completed.

- Conjunctions that tell how or in what circumstances an action takes place are sometimes called conjunctions of purpose or contingency. Some common conjunctions of purpose and contingency in Spanish are **a fin de que, a menos que, con tal de que, en caso de que, para que,** and **sin que**. You use the subjunctive after these conjunctions when there is a change of subject between the verb in the main clause and the verb in the subordinate clause.

  Será difícil ganar la lotería **a menos que tengas** mucha suerte.
  Diego y sus amigos tendrán que seguir sus vidas **sin que** la situación **mejore**.

¡ATENCIÓN!

If there is no change of subject, **que** is omitted and an infinitive is used instead of the subjunctive.

Daniel ya no compra el periódico **para** no **gastar** demasiado.

Carolina no encontrará trabajo en el cine **sin conocer** a más gente en ese mundo.

- The conjunction **aunque** is followed by the indicative when it means *even though*, and refers to events that are true or have happened. Use the subjunctive after **aunque** to mean *even if* or *although*, and to talk about events that might or might not be true.

    Aunque la situación del medioambiente **es** grave, muchos siguen con sus esperanzas para un futuro mejor.

    Aunque no **consigas** un apartamento este año, lo importante es seguir buscando el apropiado.

Práctica

1 Escoger Elige el verbo conjugado en subjuntivo o indicativo, según corresponda, y completa las oraciones.

escribo **escriban**	Aunque estos periodistas ______________ notas sensacionalistas, me interesa su blog y por eso los sigo leyendo. Aunque yo no ______________ todos los días para el diario, tengo que enviar varias notas esta semana para cubrir la cumbre del G20.
probaban **prueben**	Necesito fotos que ______________ el escándalo del ministro o no podremos publicar la nota. Leímos con interés esos documentos que ______________ el contacto secreto entre los dos gobiernos antes de la reunión.
expliquen **explicaron**	Los candidatos del partido opositor prometieron continuar la investigación hasta que los senadores ______________ el origen de los fondos de campaña. El entrevistador no entendió las respuestas del invitado hasta que dos periodistas le ______________ todo otra vez.
ocurrió **ocurra**	La periodista estaba entrevistando a los pasajeros en la estación cuando ______________ la colisión de trenes. El analista de política internacional cree que la situación mejorará cuando ______________ la firma del acuerdo.
defendía **defendiera**	En este debate había una sola persona que ______________ las ideas del diputado Cisneros. Después de ver las estadísticas, no quedaba ningún diputado que ______________ el voto por el sí.
viven **viva**	Yo no conozco a nadie que ______________ en ese lugar. Gabriel tiene unos amigos que ______________ en Perú.

2 Unir Combina las frases de las dos columnas para formar oraciones lógicas. Algunos casos no necesitan subjuntivo.

_____ 1. El periódico tiene un empleado que
_____ 2. Tengo dos primos que
_____ 3. No conozco a nadie que
_____ 4. Jorge busca un curso de redacción que
_____ 5. Quiero abrir un periódico que
_____ 6. Me gustaría tener amigos que

a. sepa más de la vida de los famosos que tú.
b. escribe muy buenos artículos de opinión.
c. enseñe a escribir críticamente.
d. leen sobre chismes en las revistas.
e. hablen de temas importantes.
f. critique a los políticos corruptos en las primeras páginas.

3 Completar Completa cada oración con la forma adecuada de los verbos.

1. Quiero comprar un periódico que ____________ (publica / publique) sin miedo la verdad.
2. Yo busco esa universidad que ____________ (ofrece / ofrezca) la carrera de comunicaciones.
3. No iré a ese restaurante que no ____________ (permite / permita) mascotas.
4. Debo busca a alguien que ____________ (acepta / acepte) dar una entrevista.
5. Los invitados del programa esperan que el entrevistador ____________ (es / sea) prudente con sus preguntas.
6. No veré de nuevo ese programa a menos que ____________ (cambia / cambie) su enfoque de noticias.
7. El congresista demandó a ese periódico que ____________ (habla / hable) sobre su vida privada.
8. Últimamente, Carlos está leyendo una revista que ____________ (critica / critique) la forma de vestir de las celebridades.

4 Opiniones Completa estas dos opiniones sobre los medios de comunicación actuales con los verbos de la lista.

teníamos	**haya cambiado**
entretengan	**sean**
diga	**trabajan**
llegan	**mejore**
recuerde	**existiera**
atraigan	**mantenga**

1. Aunque actualmente los medios ____________ el foco de muchas críticas por el sensacionalismo que muestran, yo no estoy segura de culpar a la prensa. Antes de que ____________ la televisión, cuando solamente ____________ periódicos impresos, las noticias le interesaban a poca gente. Ahora tenemos información disponible en todas partes y la sociedad ha cambiado. Para que el interés del público se ____________, las empresas de medios tienen que producir contenidos que ____________. Es decir que es un problema de la sociedad, y por eso yo creo que, hasta que la sociedad no ____________, no van a mejorar los medios de comunicación.

2. Todos necesitamos que nos ____________, y la verdad es que las noticias no son divertidas y los chismes sí. Tengo muchos amigos que ____________ todo el día y cuando ____________ a casa, buscan un programa que no les ____________ sus problemas. Cada uno puede hacer con su tiempo libre lo que quiera, sin que un sabelotodo le ____________ qué está bien o qué está mal. No hay por qué avergonzarse. Después de todo, ¿conoce usted a alguien que ____________ el mundo por leer la prensa seria?

5 **Tareas** Eres el asistente de un(a) conductor(a) de un programa de chismes, y él/ella te ha anotado en tu agenda las actividades para esta semana. Escribe oraciones completas usando el subjuntivo y las expresiones de la lista.

Modelo Mi jefe/a me pidió que le reserve una habitación para su invitado del martes, siempre y cuando tenga vista al río.

Siempre que	**En cuanto**
Siempre y cuando	**Para que**
A pesar de que	**Antes de que**
A menos que	**En caso de que**
Cuando	**Con tal de que**

1. Reservar habitación en un hotel para el invitado del martes. Sí o sí con vista al río.
2. Conseguir ropa de la marca Dundee para el programa. ¡De la nueva colección!
3. Encontrar un spa para el fin de semana. Preferentemente con comida vegetariana. Si no, reservar de todas formas.
4. Buscar un peluquero para mis perros. Cerca de casa porque se ponen nerviosos.
5. Aceptar dos entrevistas para la semana que viene. Solo de revistas francesas; de revistas alemanas, no.
6. Recibir en el aeropuerto a mi hermano y a su esposa. Llegan el viernes a las 6 p.m.

6 **Completar** En parejas, túrnense para completar las oraciones con la forma adecuada del verbo y el complemento que deseen. Sean creativos/as.

1. Yo desearía que en mi biografía...
2. Voy a hacer una cosa para que...
3. Estoy preparada/o en caso de que...
4. Yo busco una carrera que...
5. Mis padres soñaban con que yo...
6. Lo ideal en la vida sería trabajar con gente que...

7 **Periódico** En parejas, imaginen que van a crear una revista en su universidad. Usen conjunciones con el subjuntivo para explicar qué harán en distintas situaciones de este proceso.

Modelo Para que los lectores estén contentos, haremos una encuesta sobre los temas que desean leer. La revista tendrá...

Estructuras

5.5 Other uses of *se*

- As you learned in lesson 3 (**pp. 81–83**), **se** can be used to form passive constructions. **Se** also substitutes for **le** or **les** in sentences where both an indirect and direct object pronoun are used together.

  —¿A quién **le prestaste** el diccionario?
  —**Se lo presté** a María Elena.

Reflexive and reciprocal *se*

- **Se** works with a reflexive verb to indicate that a person is doing something to or for himself or herself. **Se** is used as both a third-person singular and a plural reflexive pronoun.

  Eduardo **se lava** las manos. (**a sí mismo**)
  Los niños **se peinan** el cabello por las mañanas. (**a sí mismos**)
  Mónica **se maquilla** todos los días. (**a sí misma**)

¡ATENCIÓN!

Se can represent either the direct object or the indirect object of a reflexive action.

El niño no puede **dormirse** por la tos. (*direct object*)

Se toca la garganta. (*indirect object*)

- A number of common verbs expressing feelings and states are often used with **se**. Verbs in this group include **sentirse, enojarse, alegrarse, molestarse, desesperarse, darse cuenta, ponerse, volverse**, and **hacerse**.

  El pobre abuelo **se enfermó**.
  Ahora **se preocupan** todos por él.
  Cada vez que tose, **se altera**.

- **Se** can also be used as a third-person reciprocal pronoun, when two or more people are doing something to or for each other or one another.

  Carla y Gustavo **se aman** profundamente.
  El escritor y la lectora **se escribían** mensajes de correo electrónico.

¡ATENCIÓN!

The third-person reciprocal pronoun **se** can be emphasized by adding **el uno al otro, la una a la otra, recíprocamente**, or **mutuamente**.

Ellos **se saludaron** (**el uno al otro**).

- **Se** can be used with any indirect object pronoun and certain verbs to express an unexpected or unintended action. Verbs frequently used in this construction include **acabar, caer, romper, ocurrir, perder, quemar,** and **olvidar**. In this construction, **se** is invariable. The verb is always in the third-person, either singular or plural, depending on the subject. The indirect object pronoun changes, depending on who or what is affected by the action.

  Se cerró la ventana.
  Se me ocurre que no vamos a llegar a tiempo.
  Se nos olvidaron las llaves del apartamento.

- **Se** can be used with some verbs to add a layer of meaning that is difficult to translate into English. It generally expresses or emphasizes the entirety of an action, but it can also indicate enjoyment, effort, or achievement. The use of **se** in such cases is optional.

  (Se) leyó el cuento de cabo a rabo sin entenderlo.
  She read the entire story without understanding it.
  Víctor **(se) merece** un premio.
  Víctor deserves an award.

- Many verbs in Spanish, like **ganar(se), marchar(se), llevar(se), establecer(se),** and **tirar(se)**, can be used with or without **se**. Note that the meaning of the verb often changes, sometimes quite subtly, when the verb is used with the pronoun.

  Parece que el profesor está enfermo.
  It seems like the professor is sick.

  Tus dos hermanas **se parecen**.
  Your two sisters look alike.

- Conversely, some verbs, like **arrepentirse, atreverse, fugarse, quejarse,** and **suicidarse,** can only be used with **se**.

  Se arrepintieron de lo que hicieron.

  Se quejó del camarero.

¡ATENCIÓN!

Remember that **se**, like all other pronouns, comes before a single conjugated verb or can be attached to the end of an infinitive or present participle.

La abuela va a acostar**se**/ **se** va a acostar.

La abuela **se** está acostando/está acostándo**se**.

Impersonal *se*

- In Spanish, the impersonal **se** (***se* impersonal**) expresses the idea of a non-specific subject performing an action. In English, this idea is often expressed using *they, you, people, one,* etc.

  No se trabajaba mucho en esa oficina.
  Not a lot of work got done at that office.

- The impersonal **se** is always used with verbs in the third-person singular. In most cases, the verb is intransitive: it does not take a direct object.

  Se habla mucho de la crisis económica.

- Sometimes, the impersonal **se** can be used with a transitive verb: a verb that takes a direct object. Note that the verb is always in the third-person singular, and that **se** always precedes the verb.

  En la Facultad de Ciencias Sociales **se estudia** periodismo.

- The impersonal **se** can also be used with the verbs **ser** and **estar**.

  Cuando **se es** honesto con uno mismo, **se es** más feliz.

  No **se está** bien en este hotel.

- Remember that the passive **se** and the impersonal **se** express different things and are used differently. The passive **se** is used only with transitive verbs, and the verb can be third-person singular or plural. The object of the active sentence becomes the grammatical subject of the passive **se** sentence. In contrast, an impersonal **se** construction does not have a grammatical subject.

  Se presentaron varios estudiantes al examen.
  *(**se pasiva: varios estudiantes** is the subject of the sentence.)*

  Se habló de llevar el cuadro a otro museo.
  *(**se impersonal**)*

- When the direct object of a transitive verb is a person, the personal **a** is needed. In impersonal **se** sentences, the direct object can be replaced by either a direct object pronoun or an indirect object pronoun.

  Se invitó **a los/las periodistas**. Se **los/las** invitó. Se **les** invitó.

Práctica

1 Escoger Elige la opción correcta para completar cada oración.

1. Daniela siempre ____________ (mira/se mira) al espejo por un largo tiempo.
2. Victoria ____________ (peina/se peina) a su hermana.
3. Gustavo ____________ (arrepintió/se arrepintió) de lo que les dijo.
4. El ensayo ____________ (presenta/se presenta) una tesis muy interesante.
5. A Miguel ____________ (se perdió/se le perdieron) las llaves del auto.
6. ____________ (Miraron/Se miraron) el uno al otro con complicidad.

2 Oraciones Reescribe las oraciones. En cada oración, utiliza un verbo con **se**.

Modelo Podemos subir al segundo piso del edificio por aquí.
Se puede subir al segundo piso del edificio por aquí.

1. El padre mira al hijo y el hijo mira al padre.
2. No es posible encontrar una solución rápida a su problema.
3. Puedes visitar a tu abuela entre las diez y las doce, todos los días.
4. La bibliotecaria le trae el libro a Carlos, el martes.
5. Miguel está acostado en la cama, pero no está dormido.
6. La gente habla mucho de la prensa amarilla.
7. Julia pasó la noche entera pensando.
8. Juan besa a María y María besa a Juan.
9. Puedes ver que está muy nervioso.
10. Dejó caer la novela que leía.

3 ¿Qué hacen? Para cada imagen, escribe dos oraciones con **se**. Usa tu imaginación y añade los detalles necesarios.

Modelo *Se está muy bien en la piscina.*
Cristina y Miguel se están enamorando.

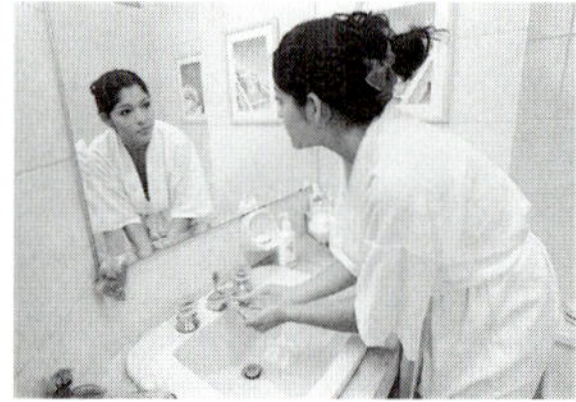

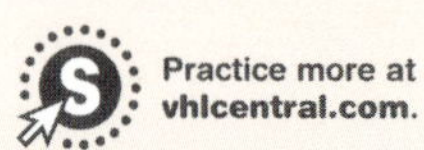

Estructuras

5.6 *Si* clauses

- **Si** clauses (**cláusulas con *si***) are used to describe events that will happen, might happen, would happen, or would have happened under certain conditions. A sentence with a **si** clause has two parts: the **si** clause and a main clause. The **si** clause may be the first or second clause in a sentence. Note that a comma is used only when the **si** clause comes first.

[Si consigo el trabajo,] [me voy de esta ciudad.]

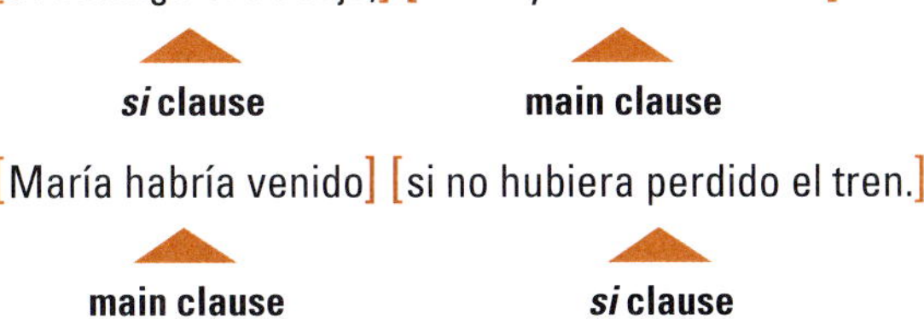

- There are various types of **si** clauses. Each type uses specific tenses that express the conditions under which the action can be fulfilled or could have been fulfilled.

Si ahorras, podrás comprarte el carro.
Iría a Europa si tuviera dinero.
Si no hubiera llegado tarde de la escuela, habría podido jugar el partido.
Si quieres ir a la fiesta, termina tu tarea.

- Use a **si** clause with the verb in the present indicative to describe a real condition that might or might not occur in the future. The tense of the verb in the main clause depends on the meaning you wish to convey.

Si clause tense	Main clause tense	Example
present indicative	future	Si **vas** en colectivo, **llegarás** tarde. *If you go by bus, you'll be late.*
present indicative	**ir** + **a** + infinitive	Si **vas** en colectivo, **vas a llegar** tarde. *If you go by bus, you're going to be late.*
present indicative	present indicative	Si **llueve**, **vamos** en colectivo. *If it rains, we'll go by bus.* *When it rains, we go by bus.*
present indicative	imperative	Si **necesitas** ayuda, **llámame**. *If you need help, call me.*

- A **si** clause may also describe a situation in the present or future that the speaker considers impossible, unlikely, or hypothetical. In this case, the verb in the **si** clause is always in the imperfect subjunctive and the verb in the main clause is in the conditional.

Si clause tense	Main clause tense	Example
imperfect subjunctive	conditional	Si **tuviera** tiempo, ella **viajaría** más. *If she had time, she would travel more.*

- A **si** clause may also describe what would have happened in a hypothetical past circumstance. Both the condition and the result are impossible now. In this case, the verb in the **si** clause is in the past perfect subjunctive, and the verb in the main clause is generally in the conditional perfect.

***Si* clause tense**	**Main clause tense**	**Example**
past perfect subjunctive	conditional perfect	Si **hubieras estudiado, habrías pasado** el examen. *If you had studied, you would have passed the exam.*

- The past perfect subjunctive form can also be used in the main clause, in place of the conditional perfect. The conditional perfect form, however, cannot be used in the **si** clause.

***Si* clause tense**	**Main clause tense**	**Example**
past perfect subjunctive	past perfect subjunctive	Si **hubieras estudiado, hubieras pasado** el examen. *If you had studied, you would have passed the exam.*

- When a **si** clause refers to an unreal condition in the past and its probable result in the present, the verb in the **si** clause goes in the past perfect subjunctive, and the verb in the main clause goes in the conditional.

***Si* clause tense**	**Main clause tense**	**Example**
past perfect subjunctive	conditional	Si no **hubiéramos perdido** el avión, **estaríamos** en España ahora. *If we hadn't missed the plane, we would be in Spain now.*

- Use the following expressions to make conditional statements without using a **si** clause.

  Yo que tú, llamaría a un familiar.
  En tu lugar, llamaría a un familiar.
  De haber sabido que necesitaba ayuda, habría llamado a un familiar.
  En esa situación, yo habría llamado a un familiar.
  A juzgar por los resultados, tu idea no hubiera funcionado.
  Para ser sincero/a, yo llamaría a un familiar ahora mismo.

- You can also make conditional statements using the conjunctions **donde, como**, and **mientras** followed by the subjunctive.

  Donde no **encuentre** trabajo, no tendré dinero.
  If I can't find work, I won't have money.
  Como no me **digas** la verdad, les voy a preguntar a tus padres.
  If you don't tell me the truth, I'll ask your parents.
  Mientras yo **tenga** salud, trabajaré diariamente.
  As long as I have my health, I'll work every day.

Práctica

1 Completar Completa las oraciones con la forma correcta del verbo. Presta atención a qué tipo de condición se expresa para determinar el tiempo verbal correcto.

1. Si te sientes mal, ____________ (tener) que descansar.
2. Si no ____________ (secarte) el pelo, te vas a resfriar.
3. Si nosotros no ____________ (tener) suficiente dinero para pagar el alquiler, sería espantoso.
4. Si mis amigos ____________ (poder) ir a la presentación, habrían asistido.
5. Sería maravilloso si ____________ (haber) otra alternativa.
6. Yo no ____________ (ir) a la playa si estuviera lloviendo.
7. Los estudiantes pueden utilizar las computadoras de la biblioteca si las ____________ (necesitar).

2 Responde Contesta estas preguntas. Usa una cláusula con **si** en cada respuesta.

1. Si no estudias para el próximo examen de español, ¿qué va a suceder?
2. Si no fueras estudiante, ¿qué serías?
3. Si no hubieras asistido a esta universidad, ¿adónde habrías ido?
4. ¿Qué haces si no entiendes algo en la clase de español?
5. En la escuela secundaria, si tenías problemas en una clase, ¿quién te ayudaba?

3 ¿Qué tal si...? ¿Qué harías y cómo serían las cosas si fueras cada una de las siguientes personas?

el presidente de tu país	**Taylor Swift**	**El Hombre Araña**
Bill Gates	**Ryan Gosling**	**Lionel Messi**

A. Primero escribe una oración por persona, usando una cláusula con **si**.

Modelo Taylor Swift
Si fuera Taylor Swift, daría un concierto gratis en...

B. Ahora pregúntale a un(a) compañero/a de clase qué haría él o ella en las mismas circunstancias. ¿Tienen ustedes las mismas ideas?

Modelo *—¿Qué harías si fueras el presidente?*
—Primero, trataría de... ¿Y tú?
—Pues, no haría eso. Yo eliminaría...

4 Situaciones Escoge una de las siguientes situaciones y escribe un párrafo de seis a ocho oraciones sobre qué harías y cómo sería tu vida si esto sucediera de verdad.

Modelo *Si viviera en el pasado, me gustaría vivir durante... porque sería... Yo...*

ganar la lotería	**ser invisible (o tener otro poder mágico)**
encontrar una cura para el cáncer	**tener telepatía**
ser famoso/a	**vivir en el pasado (o el futuro)**

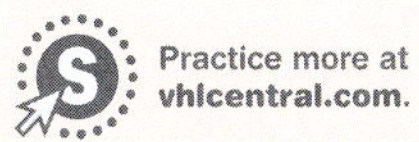

REPASO

Sufijos: ver **pp. 111–113.**
Prefijos: ver **pp. 147–148.**

Ortografía y puntuación

5.7 Palabras compuestas

- Los sufijos y los prefijos permiten crear palabras a partir de otras palabras. Otro proceso para formar palabras consiste en combinar dos (y a veces más) términos de sentido independiente.

salvapantallas	**agridulce**	**bienvenido**
[salva] + [pantallas]	[agrio] + [dulce]	[bien] + [venido]
verbo + *sust.*	*adj.* + *adj.*	*adv.* + *part.*

- En algunos casos, por motivos gramaticales o fonéticos, las palabras que conforman el nuevo término sufren pequeñas modificaciones:

  Pelirrojo (*red-haired*) está conformada por 'pelo' + 'rojo', pero la **o** final de la primera palabra cambia a **i**. Algo similar ocurre con **altibajo**, formada por 'alto' + 'bajo', o **cejijunto**, formada por 'ceja' + 'junto'.

  Cuando al unir dos palabras queda una **r** en medio de dos vocales, se convierte en **rr**: **pelirrojo, grecorromano, pararrayos**.

- Podemos combinar todo tipo de palabras.

Categoría gramatical	Ejemplos
sustantivo + *sustantivo*	aguafiestas, baloncesto, bocacalle, compraventa, puntapié, telaraña
sustantivo + *adjetivo*	aguardiente, caradura, Nochebuena, pasodoble, pelirrojo
adjetivo + *sustantivo*	altorrelieve, bajamar, malhumor, mediodía, medianoche
verbo + *sustantivo*	abrelatas, guardabosque, lavaplatos, quitanieves, rascacielos, sacacorchos
adjetivo + *adjetivo*	agridulce, altibajo, claroscuro, sordomudo
verbo + *verbo*	hazmerreír, vaivén
adverbio + *adjetivo*	biempensante, malhumorado, malpensado
adverbio + *verbo*	bienestar, menospreciar, maldecir, malquerer
pronombre + *verbo*	cualquiera, quehacer, quienquiera
usando preposiciones	contracorriente, parabién, sinsabor, sobremesa
usando más de dos palabras	correveidile, enhorabuena, nomeolvides, sabelotodo

- Muchas combinaciones comunes de adjetivos, especialmente cuando se trata de adjetivos cortos, se escriben sin guion.

  socioeconómico psicosocial judeocristiano hispanoamericano

- Cuando se pone énfasis en el carácter individual de cada adjetivo, o cuando se trata de adjetivos muy largos (especialmente palabras esdrújulas), estos van unidos mediante un guion. En estos casos cada una de las palabras conserva su acentuación original y solo el segundo adjetivo concuerda en género y número con el sustantivo (el primero permanece en su forma neutra).

  lección **teórico-práctica**
  relaciones **espacio-temporales**
  proceso **físico-químico**
  debates **lingüístico-psicológicos**

- En algunos casos se crean palabras compuestas por la aposición de dos sustantivos que forman un concepto unitario y van separadas por un espacio, sin guion: **sofá cama, hombre rana** o **palabra clave**. Se pluraliza solo el primer componente: **sofás cama, hombres rana** y **palabras clave**.
- Las palabras compuestas que forman un solo término (sin guion o espacio) forman el plural como cualquier otra palabra, agregando **-s** o **-es** al final.

  telaraña**s** puntapié**s** altibajo**s** parasol**es** quehacer**es** sinsabor**es**
- Las palabras compuestas que funcionan como adjetivos concuerdan en género y número con el sustantivo al que modifican, tal como ocurre con cualquier otro adjetivo.

  María tiene dos hijas pelirroj**as**. Me encantan las comidas agridulce**s**.
- Las palabras compuestas siguen las mismas reglas de acentuación que las demás: **automóvil, espantapájaros, paracaídas, mediodía**. Aunque las dos palabras sueltas no lleven tilde, al combinarse deben aplicarse las reglas de acentuación: **parabién, puntapié, sinfín,** etc.
- Se puede ser creativo a la hora de formar palabras nuevas por composición; claro está, respetando las normas de la lengua española. Algunos ejemplos son: **cantamañanas, pintalabios, rodillijunto** ('rodilla' + 'junto'), **boquiabierto** ('boca' + 'abierto').

¡ATENCIÓN!

Las palabras compuestas por dos sustantivos se pueden escribir con guion, pero cuando se vuelven muy comunes pierden el guion.

¡ATENCIÓN!

Cualquiera y **quienquiera** forman el plural en el primer componente: **cualesquiera**, **quienesquiera**.

Práctica

1 Elegir Completa las oraciones con palabras compuestas. Utiliza las palabras simples de la lista. Haz los cambios adecuados.

alto	buena	en	hora	media	noche	práctico	sofá
bajo	cama	hacer	lavar	mesa	platos	que	teórico

1. Juan, hay que lavar los utensilios. Por favor, ponlos en el ____________.
2. Andrés siempre hace los ____________ de la casa. Es muy responsable.
3. Ayer estudié hasta muy tarde y me fui a dormir a la ____________.
4. El examen consta de dos partes. Es ____________.
5. ¿De verdad que has pasado el examen? ¡____________!
6. En la vida todos tenemos ____________.
7. Se pueden quedar a dormir en mi casa. Tengo dos ____________.

2 Al diccionario En parejas, usen los dos grupos de palabras para crear quince palabras compuestas. Pueden ayudarse de un diccionario.

abre	lava	amada	coches	fiestas	manos	retratos
agua	porta	aventurado	costas	folios	monedas	sal
bien	quita	botellas	equipajes	latas	nieves	sol
guarda		cartas	espaldas	manchas	platos	venidos

3 Palabras Escribe dos breves párrafos usando las palabras indicadas y otras palabras compuestas. Puedes usarlas en cualquier orden y forma. Sé creativo/a.

1. aguafiestas - pelirrojo - sacacorchos - medianoche - malhumorado
2. mediodía - parasol - rascacielos - agridulce - claroscuro

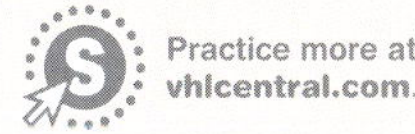

TALLER DE ESCRITURA

5A El ensayo argumentativo

Una discusión puede comenzar por expresar nuestra opinión sobre un tema, pero se ganará solo con argumentos que parezcan contundentes y convenzan a otros. Para que esto sea posible, debemos presentar hechos que apoyen nuestro punto de vista.

El discurso argumentativo quiere inclinar la balanza hacia un lado y, para eso, necesita el peso de las pruebas. Es un razonamiento en párrafos que progresivamente expone una idea a los lectores para que la adopten, compartan una serie de valores y una forma de pensar, o, al menos, acepten los argumentos presentados como válidos y respetables.

A diferencia del ensayo de opinión, el foco no está tanto en la opinión que se expresa, sino en la justificación de esa opinión. Nunca pueden faltar la investigación y la reflexión previas del tema porque no solo tienes que conocer bien tu postura, sino también la opuesta, para poder refutarla en el ensayo. En el proceso de recolección de datos, puedes incluso encontrar evidencia que te haga cambiar tu posición.

Una de las estructuras más comunes para escribir un ensayo argumentativo es la de cinco párrafos.

Primer párrafo: Introducción	Establece el tema del ensayo, el contexto y el motivo de la tesis, y la tesis en sí (**pp. 135–137**), que debe ser expresada como una afirmación objetiva, clara y concisa. También se puede incluir la contratesis, o posición opuesta a la del ensayo, para poder refutarla y apoyar así nuestra presentación.
Segundo párrafo: Argumentos	Se introduce la primera oración tema (**pp. 135–137**) del razonamiento, y se incluyen datos, estadísticas y evidencias que la apoyen. Uno de los tres párrafos del desarrollo se puede organizar como refutación del punto de vista opuesto al del ensayo. Para eso, hay que demostrar todas las debilidades de esa tesis, presentando los contraargumentos (es decir, los argumentos que apoyan la contratesis) y sin atacar personalmente la opinión de los demás. La refutación debe basarse en evidencia o, si se trata de una opinión personal, en un razonamiento lógico que se exprese con lenguaje objetivo.
Tercer párrafo: Argumentos	Se introduce la segunda oración tema y nuevos argumentos que se deben exponer de manera progresiva para guiar al lector en la comprensión. Puedes utilizar todo lo que encontraste en tu investigación, siempre que esté directamente relacionado con la tesis: estadísticas, entrevistas, cuestionarios, informes, etc. Si se utilizan citas, hay que prestar atención a que no queden descontextualizadas ni se pierda fidelidad al mensaje del autor; la fuente de la cita debe aparecer correctamente para evitar plagios.
Cuarto párrafo: Argumentos	Se presenta la tercera oración tema. Hay que cuidar que las transiciones sean claras y no queden brechas lógicas; esto ocurre cuando se saltan pasos del razonamiento y falta información, lo que perjudica la presentación de los argumentos. Otra precaución necesaria es no caer en generalizaciones, porque dejan de lado posibles excepciones que el lector podría notar como fallos en el razonamiento.
Quinto párrafo: Conclusión	Todo lo expresado en el taller 4C (**pp. 135–137**) se aplica aquí también. En esta parte final es preciso resumir lo expuesto en cada paso, reafirmar la tesis con autoridad, incluir posibles consecuencias, interrogantes más amplios y recomendaciones sobre el tema. Un buen truco para que toda la exposición del ensayo sea recordada por el lector durante mucho tiempo es concluir con una frase, una anécdota o historia, o algún detalle particularmente notable o pintoresco que asegure un efecto residual prolongado de la idea que se transmitió.

Modelo

Lee el ensayo argumentativo que aparece a continuación: ¿los argumentos tienen mucho peso? ¿Crees que la organización de las ideas alcanza la claridad necesaria? ¿Está equilibrada la presentación de argumentos de refutación con los argumentos que apoyan la tesis?

El mundo del hombre y los animales

Hoy en día, los animales son objeto de dominación del poder cruel de los seres humanos. Este poder prefiere ignorar la ética y la verdad de las consecuencias que la depredación y el maltrato de las especies tienen en el planeta Tierra. No es nuevo esclavizar a otros en beneficio personal. Basta mirar cómo la acción "civilizadora" de distintos imperios se extendió por el mapa del mundo. Una ambivalencia culpable nos hace dudar entre condenar esto y admirarlo. Carlos Fuentes señala en su ensayo sobre Hernán Cortés: "Lo execramos porque venció a los indios, destruyó una cultura y demostró, sobradamente, la violenta crueldad de su carácter. Pero, en el fondo, nos identificamos...". Lo que vale para México vale para toda la cultura occidental: esta vacilación nuestra perpetúa la explotación y la muerte.

La introducción plantea la tesis y adelanta consecuencias de la posición opuesta.

La oración tema da comienzo al primer párrafo de argumentos.

Hay quienes les niegan el alma a los animales; antes lo hicieron, en diferentes épocas, con los nativos americanos o las mujeres. Otros les conceden atributos humanos solo para justificar espectáculos que identifican crueldad con valentía, como el escritor Arturo Pérez-Reverte, que alaba las corridas de toros porque allí puede verse al "ser humano peleando, como desde hace siglos lo hace, por afán de gloria, por hambre, por dinero, por vergüenza. Por reputación". Acertó en nombrar muchos códigos para matar que los animales nunca han tenido ni tendrán.

La segunda oración tema plantea los derechos de grupos históricamente sometidos y vuelve a comparar animales con personas, mediante una cita.

En cambio, en la descripción de Juan Ramón Jiménez sobre su asno Platero leemos: "Es tierno y mimoso igual que un niño...". La sensibilidad del poeta proporciona la evidencia que cualquiera puede comprobar: los animales son seres vivos que sienten, sufren, se alegran y se encariñan.

El narrador abandona la refutación y argumenta directamente a favor de los animales. ¿Crees que el ensayo tendría más fuerza si se presentara esta idea en la introducción?

Solo el prejuicio nos lleva a negarles a otros los derechos que reivindicamos para nosotros, y esto nos cuestiona otro poeta: "Si nos pincháis, ¿no sangramos? Si nos hacéis cosquillas, ¿no nos reímos? Si nos envenenáis, ¿no nos morimos?... Si nos parecemos en todo lo demás, nos pareceremos también en eso". Podrían ser las palabras de los animales dirigidas a nosotros, pero Shakespeare las puso en la boca de Shylock, el prestamista judío de *El mercader de Venecia*.

La conclusión refuerza el argumento del cuarto párrafo con una nueva cita. ¿Te parece eficaz o deja de lado aspectos importantes?

Tema de composición

Elige una de estas opciones para escribir un ensayo argumentativo que haga referencia a algunos de los textos estudiados.

1. En algunos cuentos, la imaginación poética niega la realidad. ¿Crees que sirve como forma de supervivencia o puede despertar la locura? ¿Qué es mejor: comprometerse con la realidad o evadirse de la realidad?
2. ¿Piensas que la gente de antes tenía más valor para enfrentarse a las cosas duras de la vida? ¿La psicología y la educación universitaria han formado jóvenes inmaduros que no entienden el sacrificio y quieren todo ahora y ya, sin pagar un precio? (Sugerencia: releer "Lo que sé sobre toros y toreros", **pp. 65–66**).

Antes de escribir

Después de elegir el tema, investígalo bien —información, citas, evidencia— y concéntrate en la tesis que presentarás.

Escribir el borrador

Revisa atentamente la estructura del ensayo de cinco párrafos y organiza un plan con toda la información que hayas decidido incluir. Esto te ayudará a exponer bien tu tema y a desarrollar tu tesis.

Párrafo 1	Introducción: presentación de la tesis.
Párrafo 2	Refutación del punto de vista opuesto.
Párrafo 3	Inclusión de la evidencia que apoya directamente la tesis.
Párrafo 4	Últimos datos: ampliación de la información presentada, inclusión de la opinión general sobre el tema, analogías y datos que ayuden a reforzar la tesis.
Párrafo 5	Conclusión: resumen de lo planteado, reafirmación de la tesis. Se puede cerrar con una cita o anécdota destacada y dejar un final abierto (interrogante planteado, anuncio de posibles consecuencias, etc.).

Escribir la versión final

Escribe el borrador de tu ensayo a partir del esquema que armaste; busca la brevedad y concisión, y practica las habilidades que desarrollaste en la composición de los ensayos anteriores.

Luego, al editarlo en equipo, presta atención especialmente a las brechas lógicas que pueden haberse dado en la redacción: ¿se entienden los pasos de una idea a otra? ¿Las transiciones entre párrafos y entre las distintas oraciones son coherentes y comprensibles? ¿Faltan ideas que le den más fuerza a la exposición o alguna de ellas parece demasiado vaga y general? ¿Está claramente relacionada la tesis con los argumentos?

Con respecto a las generalizaciones: ¿lo que se afirma es cierto en todos los casos o se pueden notar falencias que debilitan toda la argumentación? ¿Se te ocurren excepciones?

Cuando hayan terminado el proceso de edición en equipo, utiliza todos los consejos que te sirvan para mejorar el borrador de tu ensayo y pásalo en limpio.

5B La carta de presentación

En la mayoría de los textos es esencial encontrar tu propia voz, pero sobre todo en una carta de presentación. Si tienes la oportunidad de entablar un diálogo con un posible empleador, debes sacarle todo el provecho posible para sobresalir y destacarte entre los demás.

La carta de presentación debe trasmitir las habilidades de la persona que la escribe, sus capacidades de resolución, su flexibilidad, experiencia, educación, atención, confiabilidad y talentos. Enviar un CV sin una carta de presentación bien hecha es como querer entrar a un lugar sin llamar a la puerta. El CV se ocupa de presentar tu carrera; la carta te presenta a ti. El CV debe ser objetivo e impersonal; la carta, subjetiva y personal. Debe capturar la atención del empleador o seleccionador mediante argumentos que "vendan" al postulante o candidato como la mejor opción para un determinado puesto de trabajo.

Los requisitos fundamentales que debe cumplir la carta en cuanto a personalidad son demostrar entusiasmo, dar impresión de confiabilidad y presentar rasgos que resulten compatibles con el equipo de trabajo en el que se pretende insertar el postulante. Por eso es fundamental una investigación previa sobre la empresa y sus características, además de un conocimiento exacto de los requisitos del aviso publicado. En cuanto a la presentación, la carta debe ser impecable; jamás debe estar escrita a mano, y su redacción tiene que ser concisa y breve.

Una carta de presentación puede estar motivada básicamente por:

- responder a un aviso sobre un empleo disponible
- presentarse espontáneamente para cuando surja una vacante (por interés personal o por recomendación de amigos o conocidos)

Una carta de presentación eficaz contará con pocos párrafos, no demasiado extensos, distribuidos de la siguiente manera:

Introducción	En el primer párrafo, se expresa clara y directamente el motivo de la carta; se menciona dónde apareció publicado el aviso del puesto que te interesa (o quién fue la persona que te pasó la información de contacto) y se realiza una breve presentación personal. Los datos del CV no deben repetirse explícitamente en la carta. También puedes señalar el respeto y la admiración que te genera la empresa y hacer un comentario personal sobre por qué le convendría tenerte en su equipo de empleados.
Desarrollo	Es el momento de "venderte" con argumentos que demuestren que eres la mejor opción para el puesto. Para esto es necesario conocer perfectamente el aviso y todos los requisitos que aparecen mencionados allí. Además, si has investigado la empresa que ofrece el puesto vacante, puedes destacar la concordancia entre tu experiencia y sus necesidades. No mientas en tu CV ni en tu carta de presentación; si te piden pruebas de alguna de las cosas que describes y no puedes responder, no solo habrás perdido la oportunidad, sino que también te arriesgas a tener un problema con la justicia.
Conclusión	Antes de las oraciones habituales de despedida, debes señalar que estás disponible para una entrevista. Muy brevemente agradece la atención y el tiempo, incluye una despedida cortés del estilo "En espera de su respuesta, lo/la saluda atentamente", "Sin otro particular, reciba mis saludos cordiales", etc. Si se trata de una carta impresa, debes firmarla a mano. Si se trata de un mensaje de correo electrónico, es conveniente repetir aquí los datos de contacto (aunque estén en el CV) para facilitar una comunicación inmediata, en caso de que la carta haya logrado su objetivo de impresionar al empleador.

A continuación figuran varios anuncios de vacantes laborales para distintos puestos de verano propuestos a estudiantes universitarios. Cada aviso especifica de qué se tendrá que ocupar el elegido y también los requisitos que debe cumplir para ser considerado como un candidato capacitado para cumplir con esas tareas. Presta atención al perfil que se pide en cada uno de ellos y trata de imaginar qué clase de persona respondería.

En la próxima página, verás un modelo de carta de presentación que responde a uno de esos cuatro avisos.

Oportunidades laborales de verano en Vista Higher Learning

Trabajos de verano para estudiantes universitarios. Enviar carta de presentación y currículum a **pasantias@vhlverano.com**.

Asistente editorial

Responsabilidades: familiarizarse a fondo con los productos ofrecidos por Vista Higher Learning; buscar cortometrajes y obras literarias, y tramitar permisos de uso; revisar formato de manuscritos; corregir páginas diagramadas; revisar archivos de audio.

Requisitos: conocimientos avanzados de español (y preferentemente de un segundo idioma extranjero); conocimientos de literatura, atención al detalle; excelente nivel de redacción y ortografía; ganas de aprender y crecer.

Representante de servicio al cliente

Responsabilidades: familiarizarse a fondo con los productos ofrecidos por Vista Higher Learning; responder consultas de clientes por teléfono o electrónicamente; llevar registros detallados de las consultas respondidas.

Requisitos: conocimientos básicos de computación; conocimientos avanzados de español (y preferentemente de un segundo idioma extranjero); actitud de servicio; buena comunicación interpersonal; ganas de aprender y crecer.

Técnico en sistemas

Responsabilidades: preparar las computadoras de nuevos empleados; instalar nuevos programas y actualizaciones de programas, y entrenar a los usuarios; responder a consultas técnicas; identificar, investigar y resolver problemas técnicos.

Requisitos: conocimientos avanzados de computación (redes, sistemas operativos Mac y Windows); capacidad de resolución de problemas; buena comunicación interpersonal; ganas de aprender y crecer.

Asistente de mercadeo

Responsabilidades: desarrollar materiales de mercadeo (impresos y en línea); colaborar en la organización de eventos y conferencias; coordinar campañas y promociones.

Requisitos: conocimientos avanzados de español (y preferentemente de un segundo idioma extranjero); excelente nivel de redacción y ortografía; buena comunicación interpersonal; gran capacidad organizativa; experiencia en organización de eventos; ganas de aprender y crecer.

Modelo

Lee esta carta de presentación: ¿qué impresión te causa? ¿Logra captar tu atención? Si fueras el empleador, ¿considerarías a esta persona para el puesto? ¿Por qué?

Estimados señores de Vista Higher Learning:

Les escribo en respuesta a su aviso de búsqueda de estudiantes universitarios para el trabajo de verano como representante de servicio al cliente. Conozco desde hace tiempo su prestigiosa editorial porque he utilizado dos de sus libros (uno de francés, *Espaces*, y uno de italiano, *Sentieri*) y suelo recomendarlos a amigos y conocidos que desean aprender estos idiomas. Tras leer su aviso, quedé convencido de que mi perfil concuerda muy bien con el puesto descrito.

Dado que mis padres son uruguayos que emigraron a Estados Unidos antes de que yo naciera, tengo perfecto dominio oral y escrito de español e inglés, y también poseo conocimientos básicos de francés e italiano (gracias a los libros de Vista Higher Learning). Además, me interesan mucho los idiomas en general y las capacidades que se ponen en juego en el aprendizaje de nuevas lenguas.

He trabajado durante los cuatro últimos veranos en el servicio de reparto de la pizzería familiar. Mi puesto habitual consistía en atender las llamadas de los clientes, registrar los pedidos y organizar el reparto. Esta ocupación me ha dado amplia experiencia en el servicio de atención a clientes. Además, soy muy organizado, tengo buena capacidad de comunicación y de relación interpersonal, sentido del humor, muy buena memoria y habilidad para la resolución de problemas o conflictos que puedan presentarse.

Soy estudiante de tercer año en la Universidad de Connecticut (UCONN). Me especializo en economía y estoy haciendo una subespecialización en computación. Considero que sería ideal para mí tener la oportunidad de insertarme en el equipo de trabajo de la editorial durante el próximo verano para adquirir mayor experiencia laboral en un ambiente distinto y con nuevos desafíos.

Adjunto a esta carta mi Currículum Vitae. Estaré esperando su llamada al número de celular que aparece más abajo. Estoy disponible para recibir llamadas a cualquier hora de la mañana o de la tarde para programar una entrevista. Desde ya, les agradezco su atención y el tiempo dedicado a leer mi CV.

Atentamente,

Martín Gardes
martincho.defiesta@gmail.com
555-789-6363

En una carta de presentación impresa, los datos de contacto deben ir al comienzo; en un mensaje electrónico, es mejor que estén al final. Comienza con un saludo general porque el aviso no proporcionó ningún nombre para dirigir la carta.

La introducción declara el motivo, especifica el puesto de interés e incluye una mención directa de la empresa.

Da prueba de sus calificaciones para uno de los requisitos fundamentales del aviso (conocimientos de español).

Introduce su experiencia previa y sus capacidades con relación al aviso: da impresión de confianza y profesionalidad. ¿Te parece que puede estar repitiendo datos que ya están en el CV o conviene destacar esto en la carta?

Termina su presentación declarando interés y entusiasmo por obtener el empleo.

Los datos de contacto se incluyen debajo de la firma. ¿Te parece que cometió un error al citar esta dirección de correo? ¿Qué impresión causará en el empleador?

Tema de composición

Elige uno de los avisos de la **p. 168** y escribe una carta de presentación para solicitar el puesto de trabajo. Si prefieres usar otro aviso, agrégalo al comienzo de la carta.

Antes de escribir

La carta de presentación debe responder a varias convenciones:

- Las de la carta en sí: relee la organización básica para tener claro las partes que debes respetar y prepara una plantilla (*template*) que te ayude a distribuir el contenido sin pasar nada por alto.
- Las del aviso de búsqueda: debes prestar atención a cada uno de los requisitos y responsabilidades que aparecen en el aviso, y pensar cómo puedes demostrar que estás capacitado/a para cumplir con ellos.

Puedes armar la carta respondiendo uno a uno a los requisitos o presentar una imagen general de tus capacidades y experiencia como compatibles con lo que se pide en el aviso. La carta debe destacar tu personalidad, pero también debe caracterizarse por la brevedad y la concisión, como todo buen texto argumentativo.

Escribir el borrador

La carta de presentación tiene que convencer de algo al destinatario. Escribirla es el primer trabajo para lograr un puesto y, sin duda, es un trabajo de promoción y ventas: el artículo publicitado eres tú. Por lo tanto, todo tu esfuerzo debe concentrarse en lograr el objetivo con argumentos sólidos y atractivos, un estilo formal pero amable y la extensión justa (no debe superar una página impresa o 500 palabras si es un mensaje electrónico).

Como la carta de presentación es la primera entrevista, el primer contacto con tu posible empleador, no debes descuidar ningún detalle de cortesía: el saludo inicial y la despedida, la justificación del texto a la izquierda, el tamaño de la letra y la tipografía, la calidad del papel en que se imprime, la inclusión de todos los datos de contacto, la firma de puño y letra. Estas son algunas de las cosas que, si faltan, pueden arruinar las perspectivas de triunfo, porque denotan falta de cuidado y de seriedad.

Respeta la estructura y organización, y revisa la gramática para que tu carta sea legible. Recuerda que desde el comienzo debes atraer la atención y no te arriesgues a perderla por incluir detalles que ya figuran en el CV o por dejar de lado información valiosa.

Escribir la versión final

Relee la carta: ¿has respondido a todos los requisitos mencionados en el aviso? ¿Diste la impresión de que eres capaz de cumplir con la tarea y las responsabilidades del cargo vacante?

¿Lograste incluir detalles personales que atraigan la atención del lector de tu carta? Edita tu carta, corrige la gramática y los errores tipográficos que puedan haberse filtrado y, finalmente, pásala en limpio.

5C El ensayo de refutación

Si bien el ensayo de opinión y el ensayo argumentativo pueden recurrir a la refutación como medio válido para apoyar su tesis; existe una clase de ensayo que se dedica exclusivamente a contradecir un argumento, idea o hipótesis, y se llama **ensayo de refutación**. En este caso, nos dedicamos a probar que la hipótesis opuesta a la nuestra es, en realidad, falsa.

Una refutación eficaz debe llevar a cabo una selección previa para limitarse a un aspecto: no se puede refutar todo lo que dice determinado oponente, ni tampoco basarse en el rechazo de los puntos menos importantes de su argumento, o atacar su manera de expresarse o sus errores ortográficos.

Algunos de los métodos de refutación que pueden utilizarse son:

- **cuestionar la definición y el análisis** señalando errores de concepto en el punto central o mostrando que el análisis está incompleto
- **minimizar** la argumentación del otro al probar que su valor es ínfimo
- **negar la evidencia** con argumentos
- **demostrar lo opuesto** probando que la conclusión debería ser la contraria a la que se presentó
- **reducir al absurdo**, asumiendo que la afirmación que intentamos refutar es verdadera y aplicándola a distintos casos para llegar de manera lógica a una conclusión ridícula
- **eliminar todas las conclusiones posibles** hasta que quede una que no se pueda eliminar
- **exponer las inconsistencias** en la evidencia presentada, ya que cualquier incoherencia puede destruir por completo la hipótesis
- **adoptar argumentos opuestos** y utilizarlos a nuestro favor para demostrar que, en realidad, prueban nuestra tesis

En la refutación siempre existe el gran peligro de las falacias o "sofismas", razonamientos que simulan apelar a nuestra lógica, pero, en realidad, se apoyan en prejuicios, ignorancia, etc. Hay que tener mucho cuidado con esta clase de "prueba" porque tiene todo el aspecto de ser un argumento correcto, pero no lo es.

La organización es fundamental en el ensayo de refutación; sigue cuatro pasos:

Primer paso: Plantear	Se presenta la idea que se quiere refutar. Se deben evitar los ataques personales. Podríamos esquematizar este paso con las palabras: "**Alguien dice que**..."/"**Algunos dicen que**...".
Segundo paso: Refutar	En esta parte se plantea nuestra objeción a la idea, el "pero" que planteamos para atacar lo que vemos como erróneo en la idea: "Alguien dice que..., **pero**...".
Tercer paso: Probar	Se introduce aquí el peso de la prueba, las evidencias y los razonamientos que apoyan nuestra refutación; esta parte apela al raciocinio de los lectores para que estén de acuerdo con nosotros. "Alguien dice que..., pero..., **porque**...".
Cuarto paso: Concluir	La refutación se cierra con una conclusión constructiva que demuestre nuestra capacidad de razonamiento y cumpla nuestro objetivo: "Alguien dice que..., pero..., porque... **Por lo tanto**...".

Modelo

En el ensayo de refutación que aparece a continuación, ¿te parece que el tema se presta para ser discutido y rebatido? ¿Lo consigue este ensayo? ¿Qué métodos de refutación utiliza el autor?

Se plantea la cita con la idea que se va a refutar, reafirmada por otros tres autores.

Se introduce la primera parte de la refutación, el "pero", delimitando el aspecto a rebatir y señalando que el análisis está incompleto porque se basa en un concepto general del fútbol como competición.

Se presenta la segunda parte de la refutación, matizando la generalización con la hipótesis de que el fútbol también puede ser una actividad con características estéticas.

Para sustentar la hipótesis en que se basa la refutación, se enumeran casos históricos de equipos de fútbol que han ganado títulos importantes jugando de manera brillante. ¿Te parecen suficientes estos argumentos? ¿Por qué?

Luego de establecer los límites del concepto de belleza aplicado al fútbol, el ensayo se cierra con otra cita que parece apoyar la tesis de la refutación.

La belleza del fútbol

El escritor argentino Jorge Luis Borges dijo que el fútbol es "un deporte innoble, agresivo, desagradable y meramente comercial. Además es un juego convencional, (...) que interesa menos como deporte que como generador de fanatismo. Lo único que interesa es el resultado final; yo creo que nadie disfruta con el juego en sí, que también es estéticamente horrible, horrible y zonzo. Son creo que 11 jugadores que corren detrás de una pelota para tratar de meterla en un arco. Algo absurdo, pueril (...)". Opiniones similares comparten intelectuales como Fernando Sánchez Dragó o Salvador Pániker, cuyos motivos para rechazar el fútbol incluyen la vanidad de los futbolistas y el ruido de la hinchada.

No obstante, dejando de lado que la agresividad, el fanatismo y el ánimo de lucro están asociados al fútbol, no es cierto que lo único que importa es el resultado final. Es relativamente fácil caer en esta generalización. Después de todo, el juego del fútbol también es una competencia de quienes persiguen el mismo objetivo y que se resuelve con base en un resultado. Hasta en deportes más sofisticados que el fútbol, como el polo, el ajedrez o la gimnasia rítmica, el resultado es determinante.

Este afán por el resultado a menudo eclipsa otra verdad menos evidente, pero quizá más incómoda para críticos y fanáticos ocasionales: es posible ganar jugando bien, a veces tan bien que un partido de fútbol puede convertirse en un espectáculo digno de ver. La historia del fútbol así lo demuestra: la selección brasileña del Mundial de México 1970, una de las mejores exponentes del llamado *jogo bonito*; la Holanda de las décadas de 1970 y 1980, conocida como "La naranja mecánica" y creadora del "fútbol total"; el Barcelona de Pep Guardiola; o la España de Vicente del Bosque fueron equipos que marcaron una época porque ganaron títulos importantes jugando excepcionalmente.

El fútbol no es un arte, pero puede ser bello. Tampoco busca ser poético, pero comparte con la poesía el gusto por la belleza. Jorge Valdano, campeón del Mundial de Fútbol con Argentina, afirmó: "Y hay quien se atreve a preguntar para qué sirve jugar bien. Resulta tentador contar que un día osaron preguntarle a Borges para qué sirve la poesía y contestó con más preguntas: ¿para qué sirve un amanecer? ¿Para qué sirven las caricias? ¿Para qué sirve el olor del café? Cada pregunta sonaba como una sentencia: sirve para el placer, para la emoción, para vivir".

Tema de composición

Elige una de las siguientes afirmaciones para escribir un ensayo de refutación.

1. "Detrás de Harry Potter se oculta la firma del diablo". Gabriele Amoth, exorcista del Vaticano
2. "El nacionalismo, lo mismo el centralista que los periféricos, es una catástrofe en todas sus manifestaciones". Mario Vargas Llosa
3. "Nada es mejor que sentirse flaca". Kate Moss
4. "La Universidad debiera insistirnos en lo antiguo y en lo ajeno. Si insiste en lo propio y lo contemporáneo, la Universidad es inútil, porque está ampliando una función que ya cumple la prensa". Jorge Luis Borges

Antes de escribir

La refutación exige manejar muy bien la argumentación, así que recurre a todo lo que aprendiste con los talleres de esta lección para preparar, investigar y organizar el material de tu ensayo de cinco párrafos. Ya tienes el punto de partida (la frase que elegiste) y ahora te toca concentrarte en encontrar la forma de contradecirla y socavarla (*undermine it*): debes desarrollar una "esgrima (*fencing*) verbal" que cuestione la idea planteada. Para eso, marca la zona de desacuerdo que mantienes con esa idea y luego encuentra su punto débil. Finalmente, necesitas establecer tu posición con respecto al tema. Recuerda documentar tus argumentos.

Escribir el borrador

En un tono seguro, comienza a escribir tu borrador, desarrollando la estructura básica de la refutación: plantear la idea que quieres contradecir; refutarla; establecer y probar tu propia postura; y finalmente cerrar con una conclusión certera.

Repasa los métodos de refutación y elige los que te parezcan más funcionales a lo que quieres exponer y refutar. Puedes desacreditar a la persona que pronunció la frase (este método se llama "ad hominem"), pero debes evitar a toda costa insultos y prejuicios que nublen los resultados de tus argumentos ante los ojos de los lectores.

En todo ensayo argumentativo es posible que tu desacuerdo con la idea que refutas no sea absoluto; entonces puedes hacer concesiones, es decir, admitir la validez de ciertos argumentos de la posición opuesta mediante el uso de conjunciones como **no obstante, a pesar de, si bien**, etc. Otra posibilidad es ponerte en el lugar del otro y anticipar posibles objeciones que surjan sobre tu punto de vista; esto puede resultar útil para dar contundencia a tus argumentos y, a la vez, darle más credibilidad y seriedad a tu posición.

Como siempre, la introducción y la conclusión deben atrapar al lector: al principio, para que continúe leyendo y, al final, para que se quede con la idea que planteaste en tu ensayo.

Escribir la versión final

Aprovecha lo que has aprendido sobre edición en equipo para comprobar que tu refutación sea eficaz, tenga fuerza, estimule el pensamiento lógico en los lectores y se comprenda con claridad de principio a fin. ¿Tu posición sobresale como la mejor frente a la que refutaste? Si es así, has conseguido tu propósito.

Corrige la gramática y la ortografía, presta atención a que las citas aparezcan correctamente documentadas y pasa en limpio tu borrador.

El ensayo académico

Lección

"El ensayo representa
un desafío singular para
la teoría y la crítica,
puesto que hace evidentes
y problematiza varias
cuestiones que otros
géneros permiten considerar
transparentes".

-Liliana Weinberg

El ensayo académico se asemeja en muchos aspectos a otros tipos de ensayo: se presenta una tesis original que debe sustentarse con argumentos que llevan a una conclusión. Pero también existen diferencias importantes. El ensayo académico suele estar dirigido a una audiencia específica, que está familiarizada con el tema del ensayo, y debe usar no solo vocabulario pertinente al tema en cuestión sino también un nivel de lenguaje elevado. Asimismo, debe seguir reglas específicas en cuanto al uso de notas aclaratorias y bibliográficas.

La crítica o reseña, también presentada en esta lección, comparte con el ensayo académico el uso de vocabulario especializado (por ejemplo, vocabulario específico sobre cine, literatura, arquitectura, etc.). La crítica puede ser un texto informal, pero puede ser también un ensayo académico.

¿Qué opinas de la forma como están representadas las mujeres de la foto? ¿Qué palabras usarías para describirlas?

EXPANSIÓN

A Handbook of Contemporary Spanish Grammar
Chapters 26, 27, 29, 31

LECTURA

Silvana Flores nació en 1977, en Argentina. Se doctoró en Historia y Teoría de las Artes en la Universidad de Buenos Aires, donde ha dictado varios seminarios de grado y posgrado. Es investigadora asistente del CONICET y ha publicado diversos artículos sobre cine latinoamericano en revistas especializadas. Su tesis doctoral fue editada en 2013 con el título de *El Nuevo Cine Latinoamericano y su dimensión continental. Regionalismo e integración cinematográfica*; es además coeditora del libro *Cine y revolución en América Latina. Una perspectiva comparada de las cinematografías de la región* (2014). Actualmente, dicta la cátedra de Semiología del UBA XXI, forma parte del comité editorial de la revista *Imagofagia* y es miembro de la Asociación Argentina de Estudios de Cine y Audiovisual (ASAECA). ■

ANTES DE LEER

Lee el título y los subtítulos. ¿Qué tipo de lenguaje utiliza el ensayo? ¿Cuál crees que es el tema? ¿Qué imagen aparece en tu mente en cuanto lees la palabra "indio"? ¿De dónde proviene (libros de ficción, películas, series de televisión, clases de historia, etc.)? ¿Consideras que puede ser un estereotipo o crees que responde a la realidad? ¿Te ocurre lo mismo con alguna otra palabra o concepto?

Sujetos en el margen: representaciones de los indígenas en la pintura

El título es sucinto, objetivo y específico para establecer desde el principio y con claridad el tema del ensayo. ▶

La figura del indígena y las luchas de poder[1]

Presenta en la introducción el contexto y el foco del tema, para orientar al lector y evitar que se pierda o se confunda. ▶

La reflexión acerca de la representación de la figura de los indígenas, en sus múltiples orígenes étnicos y sociales, está contemplada[2] en la discusión de los estudios culturales acerca del discurso euro/etnocéntrico, que propone el predominio o superioridad de una cultura por sobre otra, estableciendo que las comunidades originarias son pueblos primitivos y no primigenios, terminología que lleva una connotación de inferioridad racial, cultural y social. Tanto la conquista española y portuguesa de los aborígenes de América, como la ocupación económico-política de sus territorios, se desplegaron como un acto de expansión que despojó[3] a los pueblos originarios de la potencialidad de progreso que ofrecía la creciente vida urbana en gestación, para instalarlos[4] finalmente en el campo (Astesano, 1982). Como establece Eduardo Romano, para estos aventureros comerciantes provenientes de Europa, "el indio era un Otro pagano, idólatra, sodomita, ocioso[5], semianimal. Noción que se irá debilitando[6] con el mejor conocimiento entre ambos, pero que nunca desaparecerá del todo" (1991: XXXVIII).

[1]*power struggles* [2]*is taken into account* [3]*stripped, robbed* [4]*move them to* [5]*idler* [6]*will weaken*

Frantz Fanon (1983), a la hora de abordar[7] el estudio sobre las comunidades indígenas, denuncia su deshumanización por parte de los colonizadores. De acuerdo con el autor, el menosprecio[8] hacia los pueblos originarios incluye el despojarles de verdadera emotividad, la puesta en duda por una tendencia a la superstición o a la sugestión, y un infantilismo mental que llevaría a sus explotadores a considerar necesario iniciar un proceso de domesticación.

◀ Para sustentar la tesis se introducen distintas fuentes académicas con expresiones del tipo "como establece…", "según", "de acuerdo con", etc.

Refiriéndose a la concepción del término "bárbaro", instalado en la Grecia antigua como aquello que es inusual o distinto de la propia cultura, Michel de Montaigne alude en su ensayo "De los caníbales" (1580) a las comunidades aborígenes; así, destaca su capacidad de conservar[9] una "ingenuidad primitiva" (1980: 16), la cual les permitiría disfrutar de las ventajas de ser ajenas a las contrariedades[10] de la civilización occidental: "Viven en un lugar del país […] tan sano que […] es muy raro encontrar un hombre enfermo, legañoso, desdentado o encorvado por la vejez[11]" (1980: 16). En su análisis del comportamiento de los indios caníbales, Montaigne exalta el acto de comerse al enemigo como un principio de honor guerrero en la comunidad, y lo justifica por su manifestación de la otredad[12]: "cada cual llama barbarie a lo que es ajeno a sus costumbres" (1980: 15). De ese modo, las nociones de primitivismo y barbarie, en su connotación negativa, son revisitadas por el autor.

◀ Solo se utilizan comillas para presentar la cita exacta, y se prescinde de ellas cuando se parafrasea (discurso indirecto), siempre registrando correctamente el autor y la fecha.

La "barbarie" adjudicada[13] a los indios ha sido utilizada, de acuerdo con Diana Sorensen (1998), para justificar la conquista de poder de España sobre América, y algo similar podríamos afirmar respecto al accionar de los portugueses. La cultura de los pueblos indígenas, aunque avanzada en muchos aspectos, fue borrada[14] con el propósito de promover la idea de la fundación de ciudades. Según José Luis Romero, el objetivo de la Conquista fue "instaurar[15] sobre una naturaleza vacía una nueva Europa" (1976: 12). En ese sentido, las acciones y costumbres de los indígenas que poblaron el territorio antes de la llegada de los europeos fueron señaladas como violentas ante el buen funcionamiento del sistema sociopolítico instalado por Occidente, que les habría adjudicado valores supersticiosos y de criminalidad para salvaguardar la propia imagen nacional que buscaban construir.

"La 'barbarie' adjudicada a los indios ha sido utilizada […] para justificar la conquista de poder de España sobre América".

◀ Se proporcionan los antecedentes históricos para que se comprenda bien el tema del ensayo.

Ella Shohat y Robert Stam afirman que el etnocentrismo se convierte en algo negativo cuando está teñido de[16] racismo, al "estigmatizar la diferencia para justificar una venganza injusta o un abuso de poder" (2002: 41). Como consecuencia de ello, la visión occidental de los pueblos originarios estuvo generalmente cargada de[17] una serie de estereotipos lejanos de la realidad de esas culturas; entre ellos se destacan el uso de ciertas vestimentas y el maquillaje corporal, la simplificación de costumbres o ritos y las narraciones fundacionales tildadas de superstición.

◀ Se aclaran términos, se especifican significados y se introducen nociones específicas necesarias para el desarrollo del tema del ensayo.

[7]*tackle* [8]*contempt* [9]*to maintain* [10]*remain safe from the setbacks* [11]*sick, bleary, toothless or hunched by old age* [12]*otherness* [13]*attributed* [14]*erased* [15]*establish* [16]*tainted by* [17]*weighed down by*

Las comunidades indígenas americanas aparecen en los últimos siglos de la historia en una situación de desterritorialización, como "naciones sin Estado" (Shohat y Stam, 2002: 52) que no poseen voz propia frente a otras culturas que comparten el mismo espacio geográfico, ni tienen posibilidades de expandirse en la sociedad y volcar[18] su propia identidad. Al mismo tiempo, a pesar de que en la mentalidad de los próceres de América (San Martín, Bolívar, Artigas), la raza indígena y el mestizaje en general se encontraban entre los valores comunes que querían exaltar, históricamente se constituyeron en pueblos ignorados, especialmente, por las políticas gubernamentales de los Estados en los que están insertos.

Este tópico contempla también las discusiones acerca de la conformación de la nacionalidad, asunto en el cual la civilización europea ha sido tomada en América Latina como modelo para la modernización, es decir, como una posibilidad de elevarse en la superioridad cultural de Occidente y de desvincularse[19] de los pueblos considerados inferiores, que por esa condición son excluidos de su historial.

Como establece Diana Sorensen (1998), desde la perspectiva entablada por Domingo Faustino Sarmiento en su célebre *Facundo* (1845), existe la certeza de un origen cultural y étnico difuso, caracterizado por la mezcla[20] que dificulta, según el autor, la instalación de una identidad nacional, debido a las supuestas desventajas del mestizaje[21]. Esta postura sería ampliamente contrastada por el general Lucio Victorio Mansilla, quien se encargó de reivindicar[22] en su libro *Una excursión a los indios ranqueles* (1870) a los indígenas y sus riquezas culturales y de costumbres, al negar y matizar[23] la dicotomía civilización/barbarie instalada por Sarmiento.

"... históricamente se constituyeron en pueblos ignorados".

Se comparan y contrastan distintas representaciones contemporáneas para ejemplificar las perspectivas históricas sobre el tema. ▶

En el caso de Brasil, la modernización de la nación produjo la exclusión de los aborígenes y de los sectores campesinos en la fundación de las grandes ciudades. Al referirse a las comunidades originarias de su país, el ensayista Gilberto Freyre proponía que los "primeros europeos [...] desaparecieron en la masa indígena casi sin dejar sobre ella otro trazo europeizante más allá de las manchas[24] de mestizaje y de sífilis. No civilizaron; hay, sin embargo, indicios[25] de que hayan civilizado a la población aborigen que los absorbió" (2002: 72), al poner en duda la dicotomía en cuestión.

El indígena y la potencialidad social del cuadro

Tras haber discutido los antecedentes históricos en la Introducción, el cuerpo del ensayo pone el foco en el tema ya presentado en el título y en el primer párrafo. ▶

Teniendo en cuenta la visión personalizada de la figura del indígena, de acuerdo con la cultura que la observa o describe, su representación en el arte no es ajena[26] al debate acerca del carácter veraz de dicha construcción simbólica, sea o no mimética de la realidad que le sirve de referente. Como establece Pascal Bonitzer respecto al cine, los diferentes usos del "plano-cuadro[27] instalan [...] la cuestión de la mentira, de la ilusión, del engaño y sus derivados" (2007: 37), situación que también es aplicable a toda representación visual, como la pintura.

[18]express [19]to dissociate [20]blend [21]miscegenation [22]defend [23]explain, to put into context [24]stains [25]signs [26]is not outside of [27]take, frame

La composición pictórica implica un posicionamiento de su creador en el conjunto de valores del mundo circundante[28], al poner en tensión ideas y formas variadas. Y podríamos afirmar, también, que la elección de determinados tópicos y su configuración estética parten de[29] esa postura inicial del artista.

Así, un cuadro como *La vuelta del malón*,[30] de Ángel della Valle, (1892), marca un posicionamiento ideológico en el que los indios son representados en actos de vandalismo, ya sea robando los elementos prototípicos de la civilización occidental o llevándose como principal botín a una indefensa mujer blanca. De ese modo, se muestran las posibilidades del arte y, en particular, del artista, de tomar partido[31] en medio de las tendencias políticas dominantes (que fueron) contemporáneas de la confección de dichas obras. En la plástica argentina moderna, la figura de Xul Solar es la que más se acerca a una representación reivindicatoria de las culturas originarias, que no se circunscriben únicamente a los pueblos americanos, sino también a comunidades provenientes de otros continentes. En cuadros como *Piai* (1923), se mixturan estilos estéticos de la vanguardia europea, especialmente del expresionismo, con figuras y símbolos que remiten a los pueblos precolombinos, en particular de la mitología azteca, acoplados[32] también a la iconografía cristiana. En ese afán de[33] síntesis, Solar inventó, además, un nuevo lenguaje denominado "neocriollo", nacido de la combinación de las lenguas española y portuguesa, que permitiría la unión continental. ■

> **"... se muestran las posibilidades del arte y, en particular, del artista, de tomar partido en medio de las tendencias políticas dominantes".**

◀ Se introducen y analizan diferentes representaciones de la figura del indio en la pintura para sustentar y fundamentar la tesis del ensayo.

Bibliografía

Astesano, E. (1982). *Historia social de América*. Buenos Aires: Peña Lillo Editor.

Bonitzer, P. (2007). *Desencuadres. Cine y pintura*. Buenos Aires: Santiago Arcos Editor.

De Montaigne, M. (1980). "De los caníbales" en *Ensayos*. Buenos Aires: Centro Editor de América Latina.

Fanon, F. (1983). *Los condenados de la tierra*. México: Fondo de Cultura Económica.

Freyre, G. (2002). *Casa-grande & senzala*. Madrid-Barcelona-París: ALLCA XX.

Romano, E. (1991). *Literatura/Cine argentinos sobre la(s) frontera(s)*. Buenos Aires: Catálogos Editora.

Romero, J. L. (1976). *Latinoamérica: las ciudades y las ideas*. Buenos Aires: Siglo XXI.

Sarmiento, D. F. (1915). *Conflictos y armonías de las razas en América*. Buenos Aires: La Cultura Argentina.

Shohat, E. y R. Stam (2002). *Multiculturalismo, cine y medios de comunicación. Crítica del pensamiento eurocéntrico*. Barcelona: Paidós.

Sorensen, D. (1998). *El Facundo y la construcción de la cultura argentina*. Rosario: Beatriz Viterbo Editora.

[28]*surrounding world* [29]*draw from* [30]*indian raid* [31]*take sides* [32]*coupled with* [33]*in that vein of*

Después de leer

1 Comprensión Lee las siguientes oraciones y elige la opción que completa cada afirmación, de acuerdo con el texto.

1. Este ensayo es sobre…
   - ☐ los objetivos de la conquista española y portuguesa.
   - ☐ cómo aparecen representados los indígenas en el arte latinoamericano.
   - ☐ la batalla entre colonizadores e indígenas por el poder en América del Sur.

2. El texto afirma que, con el tiempo, la idea del indígena como un Otro, pagano y ocioso,…
   - ☐ se debilitó.
   - ☐ desapareció completamente.
   - ☐ se fortaleció.

3. El término "bárbaro" se refería en su origen a…
   - ☐ las comunidades de caníbales.
   - ☐ las costumbres antiguas en Grecia.
   - ☐ todo lo distinto a la propia cultura.

4. La cultura de los pueblos indígenas en América, antes de la Conquista, era…
   - ☐ avanzada.
   - ☐ violenta.
   - ☐ supersticiosa.

5. A los indígenas y mestizos, los héroes de la independencia de Suramérica…
   - ☐ los valoraban.
   - ☐ los ignoraron.
   - ☐ les quitaron el territorio.

6. Según el libro *Una excursión a los indios ranqueles*, los indígenas…
   - ☐ actúan como bárbaros.
   - ☐ poseen una gran riqueza cultural.
   - ☐ no forman parte de la identidad nacional.

2 Análisis En parejas, contesten estas preguntas.

1. ¿Dentro de qué discusión cultural o contexto inscribe la autora el tema de su ensayo? ¿Lo presenta como una opinión personal o como un hecho académico?
2. ¿Con qué términos se caracteriza en la introducción el proceso de la conquista europea en América?
3. Cuando el ensayo habla del despojo sufrido por los pueblos originarios, ¿este se limita al territorio o se extiende a otros aspectos?
4. ¿Por qué y cómo la deshumanización de los indígenas intentó justificar la conquista europea?
5. En el eje modernidad/primitivismo, ¿dónde se ha ubicado tradicionalmente la cultura europea y dónde la cultura indígena? ¿Qué consecuencias históricas tuvo esto en Suramérica, según el ensayo?
6. Para la autora, ¿qué le pasa al artista que representa una cuestión histórica en su obra de arte? ¿En qué se nota eso?

3 Interpretación En parejas, marquen la respuesta correcta a las preguntas y luego justifiquen su elección.

1. Según el lenguaje de este ensayo, ¿a quiénes creen que está dirigido el texto?
   - ☐ A profesores e investigadores universitarios.
   - ☐ A estudiantes de escuela secundaria.
   - ☐ A la audiencia de un pódcast sobre historia de las civilizaciones.
2. ¿Cuál de estas tesis corresponde al título "Sujetos en el margen"?
   - ☐ La conquista española marcó muchas fronteras geográficas.
   - ☐ La representación de los indígenas fue limitada, oscura y restringida.
   - ☐ La relación entre europeos e indígenas fue violenta desde el comienzo.
3. ¿Qué concepto surge en este ensayo sobre los artistas y su obra?
   - ☐ Toda representación artística tiene una posición frente a la realidad.
   - ☐ El artista que hace mímesis (copia) de la realidad no expresa la verdad.
   - ☐ El artista debe tomar partido en las luchas históricas.

4 Discusión En grupos de tres, comenten y luego contesten las preguntas.

1. El ensayo trata sobre el encuentro de dos civilizaciones, pero la autora se ocupa solamente de la representación que los europeos hicieron de los nativos americanos. ¿Por qué creen que no incluyó la perspectiva opuesta?
2. Según lo que expone el texto sobre la situación en Brasil, ¿les parece que existieron diferencias notables entre la conquista española y la portuguesa?
3. A partir de lo que conocen de la historia de Norteamérica, ¿creen que la colonización de ese territorio fue similar? ¿Conocen pinturas que representen al indio en su país?

5 Definiciones En el ensayo académico la autora desarrolla cuidadosamente conceptos como "etnocentrismo", "barbarie" y "canibalismo". Escribe el significado que conocías previamente de estas tres palabras. Luego, busca las explicaciones que aparecen en el ensayo y contrasta sus significados. Finalmente, responde:

1. ¿Piensas que las definiciones son opuestas o compatibles? ¿Hay algunas positivas y otras negativas, o dependen del punto de vista y de la situación?
2. ¿Qué importancia crees que tiene para el tema del ensayo la diferencia de significado? ¿Qué podría pasar si la autora no aclarara el significado con el que utiliza estas palabras?
3. ¿Encontraste en el ensayo otros términos que te parecieron confusos o políticamente incorrectos? ¿Piensas que la autora podría cambiarlos por otros menos polémicos sin que el ensayo perdiera fuerza?

6 Composición Elige una de las opciones.

- Escribe un párrafo final como conclusión del ensayo. Retoma la introducción, recoge los argumentos e ideas que presenta, y utiliza el lenguaje académico y objetivo apropiado.
- A partir de una representación cinematográfica, literaria o pictórica de alguna figura o escena histórica, escribe el primer párrafo de la introducción de un ensayo académico. Presenta el tema junto con su contexto y el foco que elegiste. Incluye un título conciso que deje en claro tu objetivo.

TALLER DE LENGUA

Léxico

EXPANSIÓN

Go to **vhlcentral.com** and add your words to the Vocabulary Tools.

6.1 Verbos y expresiones para indicar cambios

- Hay muchas formas de indicar transformación o cambio de acción mediante el uso de diferentes verbos y expresiones.
- Los verbos pueden dividirse en aquellos que expresan un estado físico o psicológico, temporal o permanente, y aquellos que expresan un cambio de estado o transformación.

  Miguel Ángel ya **está** harto de tanto viajar.

  estado

  Ha llegado a ser un director bastante famoso.

  transformación

- La voz pasiva con **ser** tiene un sentido de transformación activo y voluntario, y es equivalente a la pasiva del inglés con *to be* o *to get*. Por el contrario, **estar** + *participio* expresa resultado, estado y permanencia.

  Las casas vacías **fueron ocupadas** por los estudiantes.

  cambio

  Las casas vacías **están ocupadas** por los estudiantes.

  resultado

- El verbo **ser** en presente o pretérito imperfecto tiene un sentido de estado y permanencia, mientras que su uso en pretérito perfecto simple expresa cambio y suele traducirse al inglés con el verbo *to become*.

  La situación **es** imposible de entender.
  The situation is impossible to understand.

  La situación **era** imposible de entender.
  The situation was impossible to understand.

  La situación **fue** imposible de entender.
  The situation became impossible to understand.

- Los verbos que expresan cambios climatológicos (**ponerse, hacerse, volverse, amanecer, anochecer**) también indican transformación. Estos se suelen traducir al inglés por *to become, to get* o *to turn*.

  Íbamos a salir a caminar, pero **se puso** muy nublado.
  We were going to go out for a walk, but it got very cloudy.

  En invierno, **se hace** de noche muy temprano.
  In the winter, it gets dark very early.

  Por favor, vuelve a casa en cuanto **anochezca**.
  Please return home as soon as it gets dark.

- Cuando **volverse** se utiliza con un sustantivo, se debe utilizar un artículo.

  El sol se puso y el cielo **se volvió un** mar de estrellas.
  The sun set and the sky became a sea of stars.

- Algunos verbos siempre expresan cambio y transformación.

Verbo	Expresa	Ejemplo
volverse + *adj./ art.* + *sust.* + *adj.*	cambio permanente de cualidad o clase	**Se ha vuelto** insoportable. *He has become unbearable.* **Te has vuelto** una persona responsable. *You have turned into a responsible person.*
quedarse + *adj.*	cambio de estado como resultado de un proceso	María **se quedó** sin dinero. *María went broke.*
ponerse + *adj./ adv.*	cambio de situación momentáneo en el estado de salud o de ánimo, color o aspecto físico, o comportamiento	**Se puso** muy nervioso. *He got very nervous.*
hacer(se) + *adj.*	cambio de estado, cualidad o situación, con participación activa del sujeto	Pablo **se hizo** rico. *Pablo became rich.*
hacer(se) + *sust.*	cambio de cargo, profesión o situación personal, precedido de un proceso largo	Después de mucho esfuerzo, **se hizo** médica. *After a lot of effort, she became a doctor.*
llegar a ser + *sust.*	cambio de cargo, profesión o situación personal, precedido de un proceso largo	Después de mucho esfuerzo, **llegó a ser** médica. *After a lot of effort, she became a doctor.*
convertir(se) en + *sust.* o *adj. sustantivado*	cambio, transformación profunda	**Se ha convertido en** la actriz más famosa de España. *She has become the most famous actress in Spain.*
caer + *sust./adj.*	cambio abrupto, repentino, generalmente con un sentido negativo	Lo delataron y **cayó** prisionero. *He was denounced and was taken prisoner.* Mi padre **cayó** enfermo. *My father got sick.*
cambiar de + *sust.*	cambio definitivo	No lo comprendo; **cambia de** opinión cada vez que le pregunto. *I don't understand; he changes his mind every time I ask him.*

- En español hay una larga lista de verbos pronominales (verbos que llevan el pronombre **se**) que indican cambio y están formados a partir de adjetivos.

agrandarse	**empacharse**	**enfurecerse**	**oxidarse**
alegrarse	**enamorarse**	**enrojecerse**	**refrescarse**
apaciguarse	**enemistarse**	**ensuciarse**	**ruborizarse**
bajarse	**enfadarse**	**llenarse**	**sonrojarse**
calentarse	**enfermarse**	**maquillarse**	**subirse**
cansarse	**enfriarse**	**marchitarse**	**tranquilizarse**

Se enriqueció gracias al trabajo y a la generosidad de los demás.
She became rich thanks to other people's work and generosity.

Cada vez que leo las noticias, **me entristezco**.
Every time I read the news, I get sad.

Práctica

1 Cambiando Reescribe estas oraciones usando verbos que indiquen cambio o progresión.

1. Juan recibió una mala noticia y ahora está enojado.
2. Después de tantos años de estudio, Teresa ya es jueza.
3. Alejandra no quiere dar la presentación porque está muy nerviosa.
4. Cada vez que le hago esa pregunta, tiene una opinión diferente.
5. A base de trabajo y dedicación, ahora es un escritor muy famoso.
6. Parece mentira; ahora ya es todo un caballero.
7. Desde que ganó la lotería está insoportable.
8. En los años 70, los pantalones de campana estaban de moda.
9. Siempre que veo una película dramática, estoy triste.
10. Enrique ya no me cae bien; está muy antipático.

2 Situaciones Para cada una de estas ilustraciones, escribe una pequeña descripción utilizando verbos o expresiones que indiquen cambio.

1. 
2. 
3. 
4. 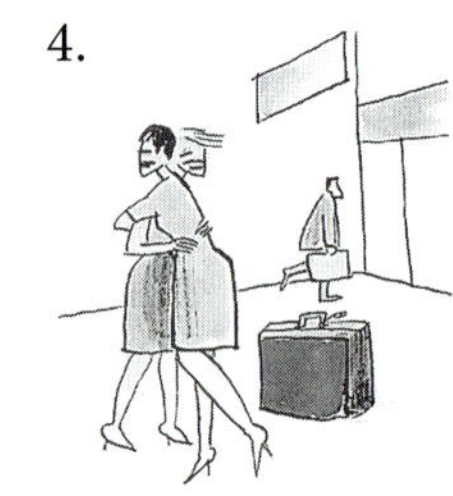

3 En español Traduce estas oraciones al español utilizando verbos o expresiones que indiquen cambio. Después, compáralas con las de un(a) compañero/a.

1. As she heard the news, her eyes became bigger and bigger.
2. You have never been interested in politics, and now you want to become the mayor of our town? That's just ridiculous!
3. He was taken prisoner.
4. After they ran out of water, the trip became unbearable.
5. Big Band music became fashionable in the 1930s and '40s.
6. After being in the sun all day, I jumped in the pool to cool off.
7. She became very upset and told me that she would never let me use her car again.
8. Over the years, he has become very liberal.
9. It's getting dark; let's go back home.
10. Carlos has become an advocate (**defensor**) for animal rights.

4 Redactar En parejas, escriban un párrafo utilizando cinco de las palabras y expresiones de la lista.

alegrarse	**hacerse**	**amanecer**	**ponerse**
llenarse	**volverse**	**quedarse**	**llegar a ser**

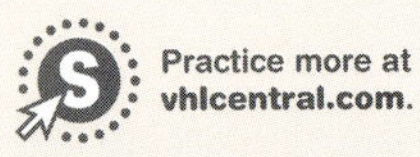

Léxico

6.2 El lenguaje académico

- El lenguaje, tanto oral como escrito, puede utilizarse con diferentes niveles de formalidad, dependiendo del contexto y del propósito de comunicación. En un extremo tenemos el **lenguaje común oral**, caracterizado por la alta complejidad gramatical, el vocabulario reducido, la subjetividad y el uso de coloquialismos. En el otro, tenemos el **lenguaje académico escrito**, caracterizado por la simplicidad gramatical, el vocabulario extenso y especializado, y el tono personal.

Lenguaje común oral	Lenguaje académico escrito
Oye, ¿podemos juntarnos y ver si hay algún trabajo para mí?	Solicito a usted la oportunidad de concederme una entrevista de trabajo.
Te decía que lo que queremos es hablarte del proyecto político que estamos planeando y que hemos estado preparando desde que llegó el presidente, el otro día.	Nos dirigimos a usted con la finalidad de comunicarle nuestro proyecto político. Este se inició con la llegada del señor presidente.
Quería avisarle que le vamos a dar el crédito que solicitó para su empresa a fines de marzo.	Por la presente, le comunicamos la concesión del crédito empresarial que solicitó el día 23 marzo del presente año.
¿Por qué en este mundo que dicen que es tan libre, donde dicen que se puede ir a cualquier lado y donde se pueden comprar cosas de todos lados, no dejan que la gente viaje a donde quiera?	¿Por qué, en un mundo de inmediato tránsito de mercancías y valores, se impide el libre movimiento de las personas?
Quieren que a los hijos les vaya bien en el colegio y que puedan ir a la universidad y se adapten y se incorporen a la vida normal de la gente de clase media de los Estados Unidos.	Desean que sus hijos tengan éxito académico y se incorporen a las corrientes centrales de la vida en los Estados Unidos.
Lo que dice Fuentes para apoyar su tesis tiene mucho sentido.	Cabe señalar la autoridad de los argumentos aducidos por Fuentes para apoyar su tesis.

- Tanto el lenguaje común como el lenguaje académico presentan distintos **registros**, es decir, en función de los destinatarios y de las circunstancias, se adopta una forma de expresarse u otra. Los registros pueden ser **formales** o **informales**. Una carta familiar, por ejemplo, tiene un tono distinto que la dirigida al director del colegio en el que estudiamos. De igual forma, un representante de productos médicos no habla igual con sus colegas en una reunión interna de la empresa que cuando explica a un médico las propiedades de un nuevo dispositivo médico.
- Un buen dominio del idioma requiere el manejo correcto de distintos registros. Por ejemplo, al solicitar trabajo al director de una empresa, no sería adecuado decir algo como: **Amigo, ¿por qué no me buscas un carguito, allá en tu oficina?** Sin embargo, este registro puede resultar adecuado cuando uno habla con un buen amigo.

- La utilización de un registro elevado en una situación informal también resulta inadecuada y, en ocasiones, pedante, o incluso graciosa o sarcástica.

  Mamá, deseo informarte que disfruto con el noticiario vespertino.

- La principal función del lenguaje académico es transmitir ideas de forma objetiva, rigurosa, concisa y precisa. Estas son sus características principales:

  Densidad léxica La riqueza y variedad en el uso del vocabulario hace que la exposición de conceptos e ideas sea más precisa.

  Los elefantes, rinocerontes e hipopótamos son mamíferos de piel muy gruesa y dura. Algunos comen solo plantas. Otros comen plantas y carne. Tienen pezuñas en los pies. (*Definición en un diccionario para niños*)

  Paquidermo: Se dice de los mamíferos artiodáctilos, omnívoros o herbívoros, de piel muy gruesa y dura. (*Definición en un diccionario académico*)

  Condensación de la información Se eligen frases y expresiones cargadas de información. En particular, se recurre a nominalizaciones que permiten condensar la información y hacerla más impersonal y abstracta.

Información no condensada	Información condensada
El juez **le permitió independizarse de sus padres**.	El juez **autorizó su emancipación**.
Tras las negociaciones, **los trabajadores lograron que les pagaran más dinero**.	Las negociaciones tuvieron como resultado un **incremento salarial**.

Objetividad Se evita el uso de la primera persona y de verbos de opinión. Se recurre a construcciones impersonales en las que se omite el agente.

Versión personalizada	Versión impersonal
La gente relaciona a los inmigrantes con personas que trabajan en fábricas.	Es importante notar la tradicional vinculación de los inmigrantes con la clase trabajadora.
Versión subjetiva	**Versión objetiva**
Las políticas migratorias del siglo pasado me parecen absurdas.	Las políticas migratorias del siglo pasado no se adaptan a la realidad contemporánea.

Vocabulario especializado Se elige el vocabulario apropiado al tema sobre el que se escribe.

Vocabulario no especializado	Vocabulario especializado
El personaje más importante compara implícitamente a su hermano con un perrito muerto de hambre.	El protagonista utiliza una metáfora de un perro famélico para referirse a su hermano.
El autor dice que el costo de la batalla fue tal que al final no valió la pena.	El autor define el enfrentamiento como una batalla pírrica.

Simplicidad gramatical, rigor y concisión La espontaneidad del lenguaje común, especialmente el lenguaje oral, lleva a estructuras más largas y más complejas gramaticalmente. El lenguaje académico se planea cuidadosamente, por lo que el resultado son estructuras sencillas y organizadas lógicamente.

En la página 57 tienes mucha información actual sobre los temas del programa, y también pusimos ahí unos resúmenes de los trabajos; ah, y no te olvides de mirar también en esa página la lista de los materiales que consultamos.

La información actual sobre los temas del programa, los resúmenes de los trabajos y las fuentes utilizadas se exponen en la página 57.

Práctica

1 Vocabularios Indica si estas oraciones usan vocabulario especializado o vocabulario no especializado.

1. El recuento de leucocitos se encuentra fuera del rango de referencia.
2. Mi hermano no fue a la reunión del trabajo porque estaba enfermo.
3. En este barrio hay mucha gente inmigrante que busca trabajo.
4. El narrador omnisciente se expresa en la primera persona y utiliza metáforas complejas.
5. Perro: animal doméstico que es el mejor amigo del hombre.
6. El desempleo está aumentando entre las comunidades de inmigrantes.
7. Felino: animal perteneciente a la familia de los Félidos.
8. El informe se realizó a partir de datos provenientes de una base de datos georreferenciada de la Unión Europea.

2 En contexto En parejas, reescriban estas oraciones para que resulten adecuadas en un contexto académico escrito.

1. La respuesta que me dio el entrevistado no tiene nada que ver con mi pregunta.
2. Los gatitos y los leones son como primos lejanos.
3. Cuando te duela la barriga, tómate esta pastilla y echa una cabezadita (*nap*).
4. Mire, profe, mañana no puedo tomar el examen, así que ¿por qué no me lo cambia para la próxima semana?
5. Los grillos son unos bichitos negros que hacen un ruido muy molesto.
6. El Ecuador es algo así como una línea inventada que rodea el centro del planeta.
7. José Zorrilla escribió todo tipo de poemas.
8. Esta señora, Juana Pérez, da clases en la universidad.
9. El presidente anda diciendo por ahí que el cambio del sistema financiero es muy bueno.
10. Al gobierno no le gusta nada la violencia de la calle.

3 Registros Escribe dos mensajes de correo electrónico en los que solicitas trabajo en una empresa. El primer mensaje se lo escribes a una amiga que trabaja allí; el segundo está dirigido al director de la empresa.

Léxico

6.3 Los anglicismos

- Es frecuente que las lenguas se influencien unas a otras y que, al entrar en contacto por diversos motivos (cercanía entre dos países, comercio, inmigración, etc.), se modifiquen y "se presten" términos entre sí. Este fenómeno ha ocurrido desde la antigüedad, pero se ha multiplicado últimamente por la velocidad de las comunicaciones y por el mayor movimiento de personas entre unas naciones y otras.
- El español ha incorporado palabras de varios idiomas (**extranjerismos**), entre ellos del inglés. A las palabras provenientes del inglés se las denomina **anglicismos**. Estos préstamos lingüísticos llegan al español por diferentes motivos: por avances tecnológicos desarrollados en países de habla inglesa, por influencia de la moda o de los medios de comunicación, o por simple "contagio" entre los hablantes. Compara las siguientes oraciones.

  Vamos al **mall** a comprar unos **bluejeans**.
  Vamos al **centro comercial** a comprar unos **vaqueros**.

- Algunos anglicismos permanecen sin modificación como es el caso de ***flash*** o ***boom***; otros adaptan su escritura y entran a formar parte del léxico de la lengua, como **champú** o **fútbol**; y muchos otros conviven con sus equivalentes en español, como ***software*** y **programa(s) de computación**, o ***mouse*** y **ratón**.
- La mayor parte de los anglicismos se encuentran en áreas como la tecnología, la administración, los deportes o la alimentación.

Área	Anglicismo	Equivalente en español (si lo hay)
Tecnología	*software* *hardware* *mouse* *blog*	programa(s) (de computación) equipo(s) (de computación) ratón bitácora*
Administración y negocios	*marketing* *outsourcing* eslogan *mall*	mercadeo o mercadotecnia subcontratación/tercerización (de servicios) lema o consigna centro comercial
Deporte	fútbol basquetbol/básquetbol *spinning*	balompié* baloncesto ---
Moda y belleza	*(blue)jeans* *short* *light* champú	vaqueros/tejanos pantalón corto ligero/liviano/bajo en calorías ---
Recreación	*resort* chatear *show* *hobby*	centro turístico/centro vacacional --- espectáculo pasatiempo/afición
Alimentos y bebidas	sándwich bistec (de *beefsteak*) beicon o bacón cóctel o coctel	emparedado/bocadillo (Esp.) --- panceta (ahumada)/tocino ---

*Algunos equivalentes en español son de uso muy poco común. En esos casos, se recomienda usar el anglicismo.

- Se recomienda escribir en cursiva los extranjerismos no adaptados como ***flash*** o ***boom*** porque no siguen los tratamientos ortográficos del español y todavía no han sido incorporados al diccionario como palabras propias del español, sino como voces inglesas. Por el contrario, palabras como **eslogan** (de *slogan*) o **cheque** (de *check*), adaptadas al diccionario como palabras propias y que siguen la ortografía del español, no deben escribirse en cursiva.

  Después de mi clase de ***spinning***, siempre me tomo alguna bebida ***light***. De esa manera me mantengo en forma y me quedan mejor los ***jeans***.

  Ayer fui al ***mall*** a comprar un ***software*** que necesitaba y después fui a mi restaurante favorito, donde me comí un **sándwich** delicioso.

- Algunas expresiones inglesas se han vuelto comunes en el habla cotidiana de los hispanoparlantes, como ***OK***, ***bye*** o ***full***: "Tener la agenda ***full***", "Estar ***in/out***". Si bien esto es aceptable en el lenguaje informal oral, estos anglicismos deben evitarse en el lenguaje formal o escrito.

- El comportamiento de los anglicismos varía en cada país hispanohablante. Por ejemplo, en Colombia la expresión ***bluejean*** (o incluso **bluyín**) está muy extendida, mientras que en otros países no se usa, sino que se dice **vaqueros**, **tejanos** (o, en Puerto Rico, **mahones**). En muchos países se dice únicamente ***mouse*** (de la computadora), mientras que en España se usa también su traducción al español, **ratón**. Excepto en casos específicos en los que el anglicismo es la mejor opción, se recomienda usar el equivalente en español.

- El español también ha tomado palabras de otras lenguas como el francés (**galicismos**), el italiano (**italianismos**), el árabe (**arabismos**), etc.

Galicismos	bulevar, cabaré, chalet, chef, matiné, *tour*
Italianismos	acuarela (*watercolor*), batuta (*baton*), góndola, grafiti, tempo
Arabismos	ajedrez (*chess*), almohada (*pillow*), guitarra, ojalá

¿Te gustó el ***tour*** de Boston? ¿Te gustó la visita guiada de Boston?

¡ATENCIÓN!

Los hispanohablantes que viven en Estados Unidos suelen ser más propensos (*prone*) a utilizar anglicismos por el contacto natural que tienen con la lengua inglesa todos los días.

Práctica

1 Equivalencias Empareja los anglicismos con sus palabras equivalentes en español.

1. bluyín	**6. *marketing***	**a. centro comercial**	**f. mercadeo**
2. *hardware*	**7. *mouse***	**b. centro vacacional**	**g. ratón**
3. beicon	**8. *outsourcing***	**c. equipo(s)**	**h. panceta ahumada**
4. *light*	**9. *parking***	**d. estacionamiento**	**i. subcontratación**
5. *mall*	**10. *resort***	**e. ligero/liviano**	**j. vaqueros**

2 Opciones Reemplaza los nueve anglicismos por palabras del español.

1. Me compré unos *jeans* muy bonitos, pero como estoy un poco gordito, no me van bien. Por eso estoy comiendo comida *light* y jugando basquetbol.
2. Estoy planeando unas vacaciones con mis amigos. Ayer fuimos a la agencia de viajes y nos ofrecieron un plan buenísimo en un *resort* en el Caribe, con un *show* diferente cada día.
3. Ayer fui al *mall* a comprar un *software* que necesitaba y después fui a mi restaurante favorito, donde me comí un sándwich delicioso con mucho beicon.

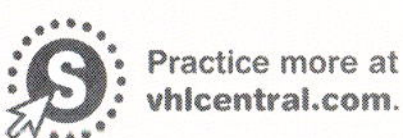

Practice more at vhlcentral.com.

Estructuras

6.4 Verbal periphrases and modal verbs

- Verbal periphrases (**perífrasis verbales**) are combinations of two verbs, an auxiliary verb (**verbo auxiliar**), and a main verb (**verbo principal**) in a single verb phrase.

  Mi abuelo **tiene publicados** varios libros.
  En este ensayo, la escritora **se pone a analizar** el libro de Cervantes.
  Terminó enamorándose del libro después de leerlo varias veces durante el viaje.
  El escritor **comenzó a ser** más reconocido en los últimos años.

- In a verbal periphrasis, the auxiliary verb is conjugated. The main verb can be an infinitive (**infinitivo**), a present participle (**gerundio**), or a past participle (**participio**).

  Trataré de resumir el ensayo de literatura. *(infinitive)*
  Estuvo viajando por Venezuela por una semana. *(present participle)*
  Tengo leídos cinco libros de literatura. *(past participle)*

¡ATENCIÓN!

A verbal periphrasis can contain more than one embedded verb phrase.

Voy a tratar de resumir el ensayo.

- A verbal periphrasis depends on both the auxiliary verb and the main verb for its meaning. However, the main verb carries the principal meaning of the verb phrase. Often the main verb and auxiliary verb are joined by a preposition or a conjunction.

  Tardó unos días **en** leer la novela.
  Opina que hay **que** leerla y disfrutarla.

Modal auxiliary verbs

- Modal verbs (**verbos modales**) are a type of auxiliary verb. These verbs are called *modals* because they express the mood or attitude of the speaker towards the action of the main verb. Some of the attitudes expressed by modals include obligation or necessity, intention, possibility, and repetition. The following chart shows the most common modal auxiliary verbs in Spanish and their uses.

Verb	Attitude	Example
deber	obligation	**Debemos terminar** de leer el ensayo para la próxima clase.
deber de	probability, supposition	La autora **debe de ser** muy inteligente.
haber de	obligation, intention	**Has de conocer** Colombia algún día.
haber que	necessity (used only in the third-person singular)	Para tener una vida saludable, **hay que comer** muchas frutas y verduras.
pensar	intention	**Pienso ver** una comedia este fin de semana.
poder	possibility, suggestion, to be able/allowed to	¿**Puedes explicarme** qué significa *anglicismo*? **Podemos ir** al cementerio mañana temprano si quieres.
querer	necessity, desire	**Quiero saber** más sobre la vida de los esquimales.

Verb	Attitude	Example
saber	skill	Está claro que ese alumno **sabe escribir** muy bien.
soler	repetition	En general, **suelo leer** libros en línea.
tener que	obligation	**Tengo que terminar** el ensayo para mañana a primera hora.

- Remember that the meanings of **tener que, poder, querer,** and **saber** all change when used in the preterite (see **p. 47**).

  Al final, ella **pudo** lograr su meta de hacerse actriz famosa.
  At the end, she achieved her goal of becoming a famous actress.

  Él nunca **supo** dónde estaba enterrada su madre.
  He never found out where his mother was buried.

Verbal periphrases with infinitives

- Spanish, like English, has numerous *verb + infinitive* constructions. In addition to modal verbs, here are some other frequent verbs that combine with infinitives to form verbal periphrases. See the lists on **pp. 149–150** for some other common verbs followed by an infinitive.

Verb	Meaning	Example
acabar de	*to have just done something*	Este verano, **acabo de empezar a leer** una novela de Junot Díaz.
acabar por	*to end up doing something*	La discusión no había sido tan seria y **acabaron por reconciliarse**.
comenzar a, entrar a, ponerse a	*to start or begin to do something*	**Comencé a leer** las novelas de García Márquez, el verano pasado. El presidente **entró a gobernar** en 2019. Después de reunir todos los temas, **nos pusimos a escribir**.
dejar de	*to stop doing something*	El público **dejó de aplaudir** súbitamente.
empezar por	*to start by doing something*	Alumnos, **empiecen por definir** el tema del ensayo.
estar por	*to be about to*	Los actores **están por firmar** los autógrafos.
ir a	*to urge somebody to do something*	¡**Vamos a leer**!
pasar a	*to proceed to do something*	Después de un breve aperitivo, los invitados **pasarán a almorzar** al salón principal.
soler, acostumbrar (a)	*to be in the habit of doing something*	**Suelo elegir** un autor nuevo cada verano. Los escritores **acostumbraban a usar** pluma.
venir a	*to finally do/happen*	Después de una larga carrera, **vino a ganar** el Premio Nobel.
volver a	*to do something again*	**Vuelvo a pedírtelo**: devuélveme el libro.

Verbal periphrases with past participles

- In verbal periphrases with past participles, the participle agrees in gender and number with the noun it describes or refers to. These periphrases focus on the result of an action or process.

Verb	Examples
dejar	Este ensayo nos **dejó sorprendidos**.
encontrarse	El dinero **se encontraba escondido** en el lago de Chapultepec.
estar	El ensayo **está escrito** en un tono muy característico de la escritora.
ir	La cita que **iba mencionada** en tu ensayo era incorrecta.
llevar	Ya **llevamos ahorrados** casi mil dólares para nuestro viaje a Costa Rica.
quedarse	Todos **se quedaron horrorizados** ante el escándalo del secuestro del niño.
resultar	La conferencia que dio el autor **resultó grabada** y **publicada** en Internet.
seguir	José **sigue cansado** por el viaje.
tener	**Tengo entendido** que salimos de excursión mañana temprano.
venir	El sobre ya **venía abierto** del correo.
verse	A causa del cáncer, la directora **se vio obligada** a retirarse de su puesto.

Verbal periphrases with present participles

- These periphrases are used to refer to actions in progress.

  Andaba viajando por Panamá cuando empecé a leer la novela.

- The periphrases formed with **estar** + *present participle* are commonly referred to as *progressive* or *continuous tenses*. The following chart shows other auxiliary verbs that also combine with the present participle.

Verb	Meaning	Examples
acabar	*to end up* + -ing	El camarero **acabó echando** a los dos jóvenes del resturante.
andar	*to go around* + -ing	¿Por qué **andas diciendo** que esta novela es fácil?
ir	*to be* + -ing *gradually over a period of time*	Ya **voy viendo** que no voy a poder terminar mi ensayo para el viernes.
llevar	*to be* + -ing *for a certain period of time*	**Llevo una semana tratando** de terminar esta novela.
quedarse	*to continue* + -ing *something*	**Me quedé pensando** en lo que me dijiste ayer.
salir	*to wind up or end up* + -ing	Después de leer el ensayo, todos **salimos queriendo** saber más de esta historia.
seguir, continuar	*to keep on* + -ing	**Seguimos pensando** en ir a Venezuela el año que viene.
venir	to *be* + -ing *something over a period of time*	Carlos, mi amigo argentino, **viene diciéndome** hace un año que debemos ir a Argentina.
vivir	*to be constantly* + -ing *something*	Como Carlos es de Buenos Aires, **vive diciéndome** que es la mejor ciudad del mundo.

Práctica

1 Biografía Completa el párrafo sobre la vida y obra de un escritor con la forma correcta del verbo entre paréntesis.

Hay que (1) ______________ (saber) mucho de literatura para entender sus relatos. Él suele (2) ______________ (incorporar) voces de otros autores en la ficción que escribe, y estos acaban (3) ______________ (enriquecer) la trama. Para el lector, resulta (4) ______________ (entretener) descubrir menciones y referencias a otros autores.

En su carrera, (5) ______________ (ganar) muchos premios internacionales desde que comenzó a (6) ______________ (escribir) en su juventud. Al principio aspiraba a (7) ______________ (trabajar) en cine, pero más tarde, cuando tuvo que (8) ______________ (cumplir) con el servicio militar, escribió una novela para evitar el aburrimiento. Y entonces, de a poco, acabó por (9) ______________ (acostumbrarse) a la idea de ser escritor, además de periodista, y continuó (10) ______________ (dedicarse) a eso. Más tarde, se mudó a París, y ahí se quedó (11) ______________ (buscar) su estilo de escritor durante unos años. Finalmente, y después de una larga carrera, empezó a (12) ______________ (recibir) el reconocimiento merecido y pasó a (13) ______________ (ser) uno de los grandes escritores del momento.

2 Oraciones ¿Qué hicieron estas personas durante un viaje a Argentina? Combina los elementos dados para formar ocho oraciones con perífrasis verbales usando el infinitivo.

Modelo *La profesora de español empezó a planear una excursión a las pampas.*

yo	**comenzar a**	**tomar una clase de tango**
la profesora de español	**continuar**	**asistir a un partido de polo**
los turistas	**dejar de**	**ver el mausoleo de Eva Perón**
mis compañeros de clase	**estar por**	**hacer una excursión a la pampa**
mi compañera de cuarto	**ir a**	**quedarse en una estancia y montar a caballo**
todos nosotros	**pasar a**	**pasear por la Avenida 9 de Julio**
los guías argentinos	**ponerse a**	**recorrer el barrio de La Boca**
tú	**tener que**	**explorar la Patagonia**
	volver a	**esquiar en los Andes**

3 Perífrasis Para cada situación, en parejas escriban por lo menos dos oraciones. En la primera, utilicen una perífrasis verbal con un participio. En la segunda, utilicen una perífrasis verbal con un gerundio. Usen variedad de modos y tiempos verbales en sus oraciones.

Modelo tu clase más difícil este semestre
Mi clase más difícil este semestre es física; ahora estoy trabajando con un experimento que tengo medio acabado. Anoche me quedé trabajando en el laboratorio hasta muy tarde.

- un conflicto que tienes (o tuviste) con tu novio/a
- la próxima fiesta que vas a dar (o la última que diste)
- tus planes para las próximas vacaciones
- tus planes después de graduarte
- los exámenes finales

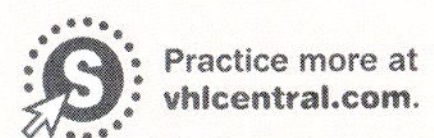

Estructuras

6.5 Reported speech

- In Spanish, as in English, there are two ways to report what someone said. One way is to use direct speech (**discurso directo**), in which the person's exact words are set off in quotation marks.

Juan escribe: "Detrás del diálogo entre los personajes se oye al autor...".
Juan writes: "Behind the dialogue between characters you can hear the author..."

- Another way is to use reported speech, also known as indirect discourse (**discurso indirecto**). Indirect discourse reports a person's words without repeating them verbatim or setting them off in quotation marks. Instead, what the person said is transformed into a subordinate clause, grammatically matching the main clause and joined by **que**.

Juan escribe **que** detrás del diálogo de los personajes se oye al autor.
*Juan writes **that** behind the dialogue between the characters you can hear the author.*

- Verbs commonly used in Spanish to introduce reported speech include:

agregar	**comentar**	**escribir**	**notar**	**reiterar**
anunciar	**contestar**	**explicar**	**opinar**	**repetir**
añadir	**decir**	**informar**	**preguntar**	**responder**

- When you take direct speech and change it to reported speech, you may need to change other elements of the sentence, such as the subject, verb tense, pronouns, possessive and demonstrative adjectives, and adverbs.

El personaje dice: "Desde entonces **me lo he encontrado** muchas veces".
El personaje dice que desde entonces **se lo ha encontrado** muchas veces.

La profesora dijo: "**Vamos a ver** la película sobre Kafka **esta** semana".
La profesora dijo que **íbamos a ver** la película sobre Kafka **esa** semana.

Elena comentó: "No **creo** que **pueda** terminar de escribir mi ensayo para **mañana**".
Elena comentó que no **creía** que **pudiera** terminar de escribir su ensayo para **el día siguiente**.

- When the verb introducing the reported speech is in the present or future, the verb tense containing the reported speech does not need to change (though the form may change to match the grammatical subject).

Direct speech	Reported speech
El testigo **declara**: "No **traiciono** la confianza de nadie al presentar este documento". *(present indicative)*	El testigo **declara** que no **traiciona** la confianza de nadie al presentar el documento. *(present indicative)*
El periodista **relata**: "**Entrevisté** al presidente durante su viaje a este país". *(preterite)*	El periodista **relata** que **entrevistó** al presidente durante su viaje a ese país. *(preterite)*

- When the verb introducing the reported speech is in the past, and the verb in the original direct speech is in the imperfect, past perfect, or conditional, no tense change is needed.

Direct speech	Reported speech
El autor **escribió**: "Nadie **encendía** las luces". *(imperfect indicative)*	El autor **escribió** que nadie **encendía** las luces. *(imperfect indicative)*
La profesora **preguntó**: "¿**Pensaban** ustedes que el personaje **había castigado** a su hijo?". *(imperfect indicative, past perfect indicative)*	La profesora nos **preguntó** si **pensábamos** que el personaje **había castigado** a su hijo. *(imperfect indicative, past perfect indicative)*

- In other cases, when changing reported speech to the past, the tense used in the reported speech will change, depending on the tense used in the original direct speech.

Direct speech	Reported speech
Vargas Llosa dijo: "Todo **puede** ser novela". *(present indicative)*	Vargas Llosa dijo que todo **podía** ser novela. *(imperfect indicative)*
Los alumnos señalaron: "**Es** raro que estas conferencias se **dicten** por la mañana". *(present indicative, present subjunctive)*	Los alumnos señalaron que **era** raro que esas conferencias se **dictaran** por la mañana. *(imperfect indicative, imperfect subjunctive)*
Escribió: "Esta historia **ha sido contada** muchas veces". *(present perfect indicative)*	Escribió que esa historia **había sido contada** muchas veces. *(past perfect indicative)*
El crítico literario declaró: "Este libro **generó** demasiadas expectativas". *(preterite)*	El crítico literario declaró que el libro **había generado** demasiadas expectativas. *(past perfect indicative)*
La profesora dijo: "**Vamos a terminar** de leer el ensayo mañana". *(present indicative* of **ir** + *infinitive)*	La profesora dijo que **íbamos a terminar/terminaríamos** de leer el ensayo al día siguiente. *(imperfect indicative* of **ir** + *infinitive* or *conditional)*
Agregó: "**Espero** que no **se olviden** de traer sus artículos impresos". *(present indicative, present subjunctive)*	Agregó que **esperaba** que no **nos olvidáramos** de traer nuestros artículos impresos. *(imperfect indicative, imperfect subjunctive)*

- The past perfect subjunctive and conditional perfect do not undergo tense changes.

Direct speech	Reported speech
La profesora dijo: "Si **hubiéramos tenido** tiempo, **habríamos leído** otros textos". *(past perfect subjunctive, conditional perfect)*	La profesora dijo que si **hubiéramos tenido** tiempo, **habríamos leído** otros textos. *(past perfect subjunctive, conditional perfect)*

- When reporting questions, the interrogative pronouns keep the accent.

Direct speech	Reported speech
El estudiante preguntó: "¿En **qué** año recibió este premio?"	El estudiante preguntó en **qué** año había recibido ese premio.

- When reporting commands, use the subjunctive. The choice of tense (present or imperfect subjunctive) depends on the tense of the reporting verb.

REPASO

To review **si** clauses, see **pp. 159–161**.

Direct speech	Reported speech
"**Lee** a Borges".	Mi compañero me **recomienda** que **lea** a Borges. Mi compañero me **recomendó** que **leyera** a Borges.

- When changing reported speech to the past, some common changes in demonstratives and adverbs include the following.

este → ese
ese → aquel
hoy → ese (mismo) día
ayer → el día anterior
ahora mismo → en aquel momento, en ese mismo momento
mañana → el día siguiente

- However, note that these changes are not automatic; context will indicate when a change needs to be made.

Rafael me preguntó: "¿Puedes ayudarme **esta tarde** con el ensayo?".

Rafael me preguntó si podía ayudarlo **esa tarde** con el ensayo.
(the afternoon is in the past)

Rafael me preguntó si podía ayudarlo **esta tarde** con el ensayo.
(the afternoon is still in the future)

Práctica

1 Explicar Tu amigo faltó a la clase de literatura, justo cuando la profesora presentaba al escritor que estudiarán en los próximos días. Explícale todo lo que la profesora les contó durante la clase.

Modelo "Jorge Luis Borges es uno de mis escritores favoritos".
La profesora comentó que Borges era uno de sus escritores favoritos.

1. "Borges nació en Buenos Aires, en agosto de 1899".
2. "Su obra ha sido de influencia fundamental para escritores de todo el mundo".
3. "A los cuatro años ya sabía leer y escribir tanto español como inglés, gracias a su abuela Fanny".
4. "En su obra siempre aparecen laberintos, espejos, bibliotecas y monstruos míticos".
5. "Escribió su primer cuento cuando tenía seis años y publicó su primera traducción, *El príncipe feliz* de Oscar Wilde, a los diez años".
6. "Es triste que su vida amorosa fuera desdichada; se casó por segunda vez meses antes de morir, en 1986".
7. "Si hubiera escrito una novela, tal vez le habrían concedido el premio Nobel".
8. "¿Sabían que con la llegada de Perón a la presidencia de Argentina, a Borges, que era antiperonista, se le nombró inspector de mercados de aves de corral?".
9. "Su estilo es tan particular que en los diccionarios de español existe la palabra 'borgiano'".
10. "Vamos a estudiar su obra este semestre".

2 Cuestionario

A. Pregúntale a un(a) compañero/a sobre estos temas. Anota sus respuestas.

Modelo sus planes para el fin de semana
—*¿Qué vas a hacer este fin de semana?*
—*Voy a ir a Boston para visitar a mi amigo Greg. Vamos a...*

- sus planes para el fin de semana
- la mejor clase de la universidad
- la peor clase de la universidad
- el último examen de la clase de español
- la última película que vio
- el último libro que leyó
- lo último que compró
- algo que hace su compañero/a de apartamento que no le guste
- las próximas vacaciones
- sus planes para el futuro

B. Resume las respuestas de tu compañero/a y explica qué dijo.

Modelo *Mi compañero/a me contó que iba a ir a Boston para visitar a su amigo Greg. Dijo que ellos iban a...*

3 Quejas Imagina que estás en casa de tus padres durante las vacaciones universitarias. Tus padres te están volviendo loco/a. Lee lo que te dicen y, después, escribe un correo electrónico a tu mejor amigo/a para quejarte de la situación. Explícale todo lo que te dijeron tus padres.

Tus padres dijeron:

"No puedes usar mi coche hoy porque lo necesito para ir al trabajo".

"No voy a lavar tu ropa. Ya sabes lavarla tú".

"No te puedo prestar $50. Te mandé dinero la semana pasada".

"Si sales esta noche con tus amigos, tendrás que volver antes de las doce".

"Limpia el garaje, corta el pasto y riega las plantas".

"El mes pasado convertimos tu habitación en una oficina. ¿No te importa, verdad?".

"Mañana vamos a cenar a casa de la tía Berta. Tienes que ponerte algo formal y ser puntual".

"No dejes las toallas mojadas y la ropa sucia en el baño o las voy a tirar a la basura".

4 Insoportable Ahora ponte en el lugar de tu padre o madre en la situación de la **actividad 3**. Llamas por teléfono a un(a) amigo/a y hablas con él/ella sobre la visita. Explica qué le dijiste a tu hijo/a y qué te dijo él/ella.

Modelo *¡Mi hija está insoportable! Cuando le dije hoy que no podía usar mi coche porque lo necesitaba, ella me contestó que no era justo...*

Ortografía y puntuación

6.6 Notas y referencias bibliográficas

- A menudo, es necesario utilizar notas en los ensayos, que pueden ser de dos clases: notas aclaratorias o notas bibliográficas. Las **notas aclaratorias** se introducen para ampliar un tema, aclarar alguna cuestión, presentar la traducción de algún texto, exponer la opinión de otro autor, etc. Deben ser breves y es recomendable limitar su número, pues un texto recargado de notas puede desorientar y aburrir al lector. Las **notas bibliográficas** se utilizan para especificar las fuentes. Remiten al lector a otras obras que tratan los temas discutidos mediante expresiones como "Con relación a este tema, puede consultarse..." o "El autor *x* opina lo contrario en su obra..."; o directamente se señalan las fuentes, tal como se indicará más adelante.
- Tanto las notas aclaratorias como las bibliográficas pueden ir al pie de página (*footnotes*) o al final del ensayo (*endnotes*). En general, son más utilizadas las notas al pie de página porque le facilitan al lector su trabajo, pero, en caso de que el ensayo lleve muchas notas, es mejor ponerlas al final.
- Al usar citas (**pp. 90–91**), ya sean directas o indirectas, se debe especificar la fuente mediante notas bibliográficas, que son señaladas con números superíndices (*superscript*) inmediatamente después del texto parafraseado o de la cita textual, entre las comillas y el punto final.
- Las citas bibliográficas deben ir completas, es decir, en ellas se deben consignar todos los datos que le permitan al lector ubicar la fuente a la que se remite. Las fuentes más comúnmente citadas son los materiales impresos (libros y publicaciones periódicas).
- En español existen diferentes maneras de escribir una cita bibliográfica. Algunas instituciones diseñan sus propios lineamientos bibliográficos; otras, en cambio, optan por un sistema establecido. El estilo Chicago es uno de los formatos más prestigiosos y difundidos para la elaboración de citas bibliográficas:

  Estructura:
  Apellido, Nombre. "Título de la sección", en: *Título de la obra*, Ciudad de publicación: Editorial, año, pp. xxx–xxx.

  Ejemplos:
  Eco, Umberto. *Cómo se hace una tesis*, Barcelona: Gedisa, 1975, pp. 188–214.

  Cassany, Daniel. "Párrafos", en: *La cocina de la escritura*, Barcelona: Anagrama, 1993, pp. 82–93.

- Este es uno de los formatos estándar en español para citar una publicación periódica:

  Estructura:
  Apellido, Nombre. "Título del artículo". *Título de la revista o periódico* vol. # y/o núm. (Ciudad de publicación, año): pp. xxx–xxx.

  Ejemplos:
  Bushnell, David. "Las independencias comparadas: las Américas del Norte y del Sur". *Historia crítica* vol. 41 (2010): pp. 20–37.

  Martín, Pedro. "La poesía cubana no está bloqueada". *El Colombiano* (Medellín, 13 de febrero de 1993): 12B.

- Para citar una página electrónica, además de los datos anteriores, se debe indicar que se trata de un artículo en línea. Antes se recomendaba dar la dirección completa de la página, pero ahora se recomienda solamente indicar que la información se encuentra en línea, e incluir la fecha en la que se accedió a la misma.

  Murueta, Marco Eduardo. "Subjetividad y praxis: la diversidad de los contextos culturales" [en línea]. Acceso: 2 de enero de 2011.

- Al final del ensayo se debe incluir un listado con todas las obras citadas. El listado bibliográfico debe ir en estricto orden alfabético, según los apellidos de los autores, y debe contener los datos completos.
- Dado que las referencias bibliográficas deben ser indicaciones claras y breves, en ellas se usan varias abreviaturas que sintetizan la información; casi todas ellas provienen del latín.

Ídem (o ***Íd.***)	Se utiliza para indicar que se cita al mismo autor de la nota previa. Eco, Umberto. *Cómo se hace una tesis*, Barcelona: Gedisa, 1975, pp. 188–214. *Íd. El nombre de la rosa*, Buenos Aires: Lumen, 1980. (mismo autor, diferente obra)
Ibídem (o ***Ibíd.***)	Se usa para indicar que una nota es exactamente igual a la anterior. Eco, Umberto. *Cómo se hace una tesis*, Barcelona: Gedisa, 1975, pp. 188–214. *Ibíd.*, p. 90. (mismo autor y misma obra, pero diferente página).
et ál.	Significa "y otros" y se usa en casos de obras escritas por varios autores (más de tres). En este caso se pone el apellido del primer autor y después la abreviatura *et ál.*

Práctica

1 Bibliografía Organiza los elementos que se presentan en cada recuadro para elaborar una referencia bibliográfica adecuada. Incluye los signos de puntuación necesarios.

Modelo (1997) / "Azar, necesidad y arte en los atomistas y en Platón" / pp. 21–70 / Rodríguez, Marcelino / 30.1 / *Anuario filosófico*

Rodríguez, Marcelino. "Azar, necesidad y arte en los atomistas y en Platón", *Anuario filosófico* 30.1 (1997): pp. 21–70.

1. "Juan Ramón Jiménez y Rubén Darío: naturaleza e intimidad en 'Arias tristes'" / pp. 237–247 / (1994) / *Anales de literatura hispanoamericana* / 1.23 / Martínez Domingo, José María
2. Bogotá / en / "La novela colombiana después de García Márquez" / tomo 2 / Cano Gaviria, Ricardo / pp. 351–408 / *Manual de literatura colombiana* / Editorial Planeta
3. 2001 / Alfaguara / *El lenguaje de la pasión* / Vargas Llosa, Mario / Madrid / pp. 15–30

2 Referencias En parejas, tomen al menos tres materiales bibliográficos diferentes (libros, revistas, sitios web) y seleccionen capítulos o artículos de los mismos. Anoten las referencias bibliográficas como aparecerían al final de un trabajo de investigación.

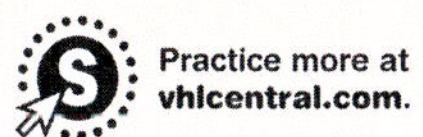

TALLER DE ESCRITURA

6A La crítica cinematográfica

Luis Buñuel, director español de cine, dijo: "En el fondo, el cine es fácil; hay que estar vivo". Esta frase se puede aplicar tanto al hacer como al mirar cine y también al escribir una crítica cinematográfica. Las películas son entretenimiento, pero también medio para la transmisión de valores, ideologías y realidades. Es posible encontrar multitud de críticas de cine en periódicos, blogs de aficionados, sitios web y también en trabajos más académicos para publicaciones especializadas.

Analizar una película no es contar lo que pasó en ella. Para hacer una crítica o reseña, debes pensar en la película, examinarla e interpretarla.

La crítica incluye una opinión personal, pero no se limita a eso. Expresiones del tipo "es magnífica", "es rara" o "me encantó" pueden tener determinado significado para ti y otro completamente distinto para el lector. La reseña debe transmitir la valoración de la película a partir de argumentos que se prueben con ejemplos de escenas, diálogos, encuadres, etc. Debe analizar qué elementos la conforman, cómo funcionan y qué efecto provocan en el espectador. A partir de las emociones y los sentimientos que la película le genera, el crítico puede encontrar un eje de interés personal para su análisis.

Es preciso tener en mente a qué público se va a dirigir para evitar el lenguaje técnico o académico que pueda nublar la claridad del texto. Una reseña pretende guiar e informar el pensamiento del lector, no decirle lo que tiene que pensar. Se trata más bien de compartir una opinión, nunca de imponer. Para el análisis puede ser útil investigar los siguientes aspectos:

- La filmografía del director y su evolución
- El guion: si es original o una adaptación
- La historia de la película: antecedentes de la producción
- El género: si fue una tendencia en la época o es la especialidad del director
- Los aspectos de vestuario, escenografía, maquillaje, fotografía, efectos especiales, música y sonido, iluminación, edición

El lenguaje del cine tiene términos propios que se deben incluir en una crítica.

Angulación	Eje de la cámara con respecto al objeto o figura que filma
Plano	Conjunto de imágenes que constituyen una misma toma; cambia según el ángulo de la cámara
Corte	Forma para pasar de un plano a otro
Campo	Espacio en el que entran todos los personajes y objetivos visibles en la pantalla, según el punto de vista y ángulo del encuadre
Encuadre	Selección del campo que abarca el objetivo de la cámara
Banda sonora	Conjunto de sonidos de la película, que se graba en bandas separadas: diálogos, efectos, música

La crítica tiene que elegir un tema, proponer una tesis y estructurar el texto en introducción, cuerpo o desarrollo y conclusión. Fundamentalmente debe ser entretenida y de exposición clara, como todo texto que pretende atrapar al lector y mantener su atención hasta el final.

Modelo

Lee esta crítica de cine. ¿Logra desarrollar eficazmente el tema que presenta? ¿Transmite con claridad su opinión de la película?

Los monstruos de Guillermo del Toro

Corre el año 1944: España está bajo la dictadura del general Franco y una niña llega a los dominios de su padrastro, donde deberá enfrentar el mal, tratar con monstruos y recuperar su reino. *El Laberinto del fauno* (2006), es una obra maestra que presenta la lucha eterna de la inocencia contra el mal a partir de la estructura del cuento de hadas.

Su director y guionista, el mexicano Guillermo del Toro, siente pasión por los monstruos desde que era niño, lo que provocó que su abuela intentara exorcizarlo dos veces. Reconoce a su película *El espinazo del diablo* (2001) como "el hermano" de *El laberinto del fauno* porque está ubicada en el mismo contexto histórico: presenta la oscilación entre el mundo de la fantasía y el de la realidad y funciona también como parábola de la guerra civil española.

La película comienza cuando Ofelia viaja con su madre embarazada y débil a encontrarse con su padrastro, el cruel capitán Vidal, encargado de la lucha contra los republicanos que todavía resisten en las montañas. En un laberinto de piedra, un extraño fauno le revela que es una princesa: si quiere regresar a su reino, deberá superar tres pruebas. Este laberinto refleja otro laberinto, el de la España atrapada en la dictadura franquista. Y Ofelia, al igual que España, ha olvidado su origen y debe probar de qué está hecha su alma para recuperar su verdadera identidad.

Los monstruos reales del mundo de arriba son tan temibles que el laberinto, con sus criaturas subterráneas y oscuras, se convierte en un refugio para Ofelia y también para el espectador. Los efectos especiales, siempre asombrosos en las películas de Del Toro, presentan aquí monstruos inolvidables como el "hombre pálido", con ojos como estigmas en las manos. La actuación de Sergi López, que interpreta a Vidal, es estremecedora y logra crear, sin necesidad de maquillaje, el segundo gran monstruo de la película.

"Inventamos monstruos para entendernos a nosotros mismos", sostiene Del Toro. *El laberinto del fauno* da con una clave profunda de esa comprensión, y se convierte en una de las películas más memorables de la primera década del siglo XXI.

La introducción presenta la obra a partir de los elementos básicos que va a desarrollar la crítica. Incluye ya la apreciación valorativa de la película y destaca el tema.

Dedica un párrafo a presentar al director desde el punto de vista que abordará, y menciona los antecedentes de *El laberinto del fauno* en su filmografía.

Resume la trama y señala el juego de espejos que estructura la fusión de la realidad y la fantasía.

Elogia los aspectos técnicos y de actuación que se relacionan con el tema que eligió para su crítica (los monstruos).

La conclusión vuelve a subrayar la calidad de la película. La cita del director sobre el tema de los monstruos le da autoridad al cierre de la reseña.

Tema de composición

Elige una película que te haya gustado y escribe una crítica.

Antes de escribir

Para poder analizar una película, necesitas mirarla con atención, si es posible, más de una vez. Mientras la miras, toma notas sobre secuencias, frases y elementos que te parezcan importantes. Vuelve a ver esas partes las veces que sea necesario para comprenderlas mejor. Analiza los recursos que te producen emociones y trata de entender cómo lo hacen. Recuerda que escribir sobre una película no es lo mismo que analizar una obra literaria, donde los personajes, la trama y el tema son los aspectos más importantes. Una película está compuesta también por la iluminación, el sonido, la edición, etc.

Concéntrate en uno o dos de los componentes que más te interesen. Busca información sobre el género, el director, el escritor del guion. Puede serte útil el material adicional del DVD, con entrevistas a los protagonistas, el storyboard, etc. Presta atención a la relación entre el guion y los aspectos técnicos porque resulta esencial tanto para el tono de la película como para su forma o estructura; concéntrate en cómo el director trata de crear el ambiente, si consigue hacerlo eficazmente, si se mantiene en toda la película. También es importante observar la evolución y caracterización de los personajes.

Escribir el borrador

Comienza estableciendo tu impresión general de la película; menciona al director, tema, año de filmación o de lanzamiento, etc. Analiza el aspecto que elegiste y desarrolla una exposición lógica a partir de ejemplos que el lector pueda comprender al leer la reseña y reconocer cuando vea la película.

Si sientes que te falta el vocabulario técnico adecuado, busca glosarios especializados con términos de cine.

En la escritura, evita frases que comiencen con "Yo...", y también los anuncios de intención al estilo: "Voy a analizar", "Pretendo describir", etc. No desperdicies espacio con frases que no agregan nada; no repitas conceptos o escenas ni te excedas en el uso de adjetivos. La presentación de la película puede incluir un breve resumen, pero solo acerca de lo más importante. Cualquier fuente que hayas consultado e incluyas en tu crítica debe aparecer citada como corresponde.

Escribir la versión final

Organiza el texto en introducción, cuerpo o desarrollo y conclusión (repasa los talleres previos si es necesario). Trata de que el título, la introducción y la conclusión estén claramente relacionados. Procura que atraigan la atención, agreguen algo a la visión de la película y dejen una idea instalada en el lector de tu reseña.

¿Se entiende tu opinión? ¿Lograste probarla con los elementos que mencionaste? Y lo más importante: ¿Despiertas en el lector el deseo de ver la película? Recurre a la corrección en equipo para comprobar la eficacia de tu crítica y modificar lo que no funcione adecuadamente. Luego, pasa en limpio tu borrador.

6B La crítica literaria

¿Cuál es el sentido de escribir una crítica sobre un libro? No se trata de diseccionar la obra, al estilo de una autopsia, para saber qué la generó y cómo se formó; ese no es el objetivo. Tampoco se trata de resumir la historia en introducción, medio y final, como en una colección de notas para quienes no quieren leer la obra entera.

La crítica literaria es un texto que se escribe acerca de otro texto, pero lo más importante es que es un texto nuevo. Intenta hacer una lectura personal y crítica de una obra. Por eso, debe organizarse de manera independiente del libro del que se ocupa. El trabajo del crítico es parecido al de un detective: tiene que recorrer la obra y analizarla, encontrar datos, pistas, e interpretarlos para llegar a una conclusión personal. Cada obra tiene múltiples niveles de análisis y significado que cada lector descubrirá de una forma u otra.

Se puede hacer crítica sobre un libro en particular o sobre toda la obra de un autor; también se pueden comparar distintas obras que tengan algo en común (nacionalidad, género, tema, periodo histórico, etc.). La crítica puede escribirse en forma de ensayo académico o de reseña breve (por ejemplo, para publicarse en un periódico). La principal diferencia es que la reseña tiene como objetivos tanto la crítica literaria como la divulgación: generalmente se dirige a lectores que no han leído el libro y por eso debe informarles de qué se trata, siempre evitando el exceso de abstracción o un vocabulario demasiado académico que entorpezca la lectura.

La función principal de una reseña o crítica literaria es comunicar si vale la pena o no leer ese libro. Esta función se lleva a cabo expresando una reacción personal (básicamente, si le gustó o no), pero para eso tiene que presentar argumentos objetivos, basados en observaciones concretas, con citas de pasajes específicos que se puedan reconocer. Decir que la obra "es muy buena" no es una crítica. En cambio, sí lo es señalar: "El aspecto más interesante de esta novela es su tratamiento de las relaciones familiares". Una buena crítica literaria debe ayudar al lector a comprender mejor la obra y también puede guiarlo para encontrar nuevos significados. Un ensayo literario académico, por el contrario, suele estar dirigido a personas que conocen la obra del autor.

Al escribir una crítica literaria es preciso conocer bien al escritor:

- quién es
- qué otros libros escribió
- eventos de su vida que puedan agregar algo a la comprensión de la novela o a nuestra postura con respecto a ella

La crítica debe hacer, en lo posible, que el autor sea para el lector algo más que un nombre.

- Si es alguien muy conocido, se usa solo su apellido:

  "*Don Quijote* es la obra más famosa de Cervantes".

- Si es menos conocido, se usa su nombre completo la primera vez que se lo menciona y de ahí en adelante su apellido:

  "Vicente Huidobro es uno de los grandes poetas latinoamericanos del siglo XX [...]. En su poema "Altazor", Huidobro explora...".

También es necesario tomar en cuenta el periodo histórico, las circunstancias y el lugar donde se escribió la obra, tener en mente tanto su forma como su contenido y reconocer su género. Además, se deben considerar los temas que trata el autor, pero también sus decisiones técnicas y estilísticas. Repasa el taller 2A sobre la narración (**pp. 58–60**), donde se mencionan sus elementos básicos.

Al escribir una crítica literaria, hay que prestar atención a estos componentes.

Personajes	Los personajes son creaciones ficcionales del autor. Incluso cuando los personajes están basados en personas reales, la descripción de ellos es una "recreación" del autor. Algunos son personajes simples y otros complejos. No basta con mencionar sus nombres; hay que analizar la profundidad de las caracterizaciones, si son realmente creíbles, qué relaciones se establecen entre ellos, si representan arquetipos o estereotipos, etc. El crítico debe reunir datos a partir de la descripción física y de su forma de actuar, relacionarse, etc.; luego, como en un rompecabezas, arma su "retrato". Es fundamental que reflexione acerca de la relevancia de los personajes dentro de la historia y para él como lector.
Trama/tema/ estructura	Una distinción importante: trama y tema no son lo mismo. El tema es de qué se trata la obra. La trama es la secuencia de eventos que se organizan con el objetivo de lograr cierto efecto; es la forma en que el autor aborda el tema. La historia debe resultar plausible y los eventos tienen que estar relacionados de manera lógica. La estructura es la organización y no tiene por qué darse en orden cronológico, pero puede resultar útil reorganizar los eventos en principio, medio y final para analizar la obra.
Punto de vista	Alguien cuenta la historia: puede ser una voz o más de una, puede ser un personaje que narra en primera persona, un narrador que utiliza la segunda persona o un narrador omnisciente (que utiliza la tercera persona y que sabe todo sobre la historia), etc.; también se puede dar una combinación de puntos de vista que agregue complejidad a la obra. La elección del tipo de narrador no es casual y tiene mucha importancia, al igual que el tiempo verbal en que se narra.
Estilo	El estilo muestra la forma en que el autor ve la experiencia que relata: es la elección de palabras y expresiones que utiliza, la sintaxis, las imágenes, etc. Debe darse una relación entre el estilo y la historia que cuenta la obra; de eso dependerá que el estilo resulte adecuado o no.

Modelo

Lee la crítica literaria y observa cómo se presenta la obra analizada con argumentos objetivos, pero a partir de una opinión personal: ¿qué le pareció el cuento al crítico? ¿Logra presentar los aspectos más importantes para despertar el interés del lector en la obra?

El soñador soñado según Cortázar

El tema del soñador soñado, típico de Borges, llega a las manos de otro argentino, Julio Cortázar, en el cuento *La noche boca arriba*. Aquí, el foco se desplaza de un motociclista accidentado a un guerrero moteca[1]: dos personajes o uno solo desdoblado en una historia que, como otros cuentos de este escritor, trata sobre el movimiento constante en la huida de la muerte o en un viaje a ninguna parte.

La introducción presenta la obra, el tema, el autor y los personajes, resaltando el recurso del desdoblamiento, esencial en este cuento.

Cortázar, miembro fundador del *boom* latinoamericano, crea una sensación vertiginosa con una técnica cinematográfica, describiendo detalles reales tanto de la ciudad del siglo XX como de la selva mexicana.

Para describir los aspectos de la obra, debe utilizarse el tiempo presente.

El cuento se inicia con un epígrafe: "Y salían en ciertas épocas a cazar enemigos; le llamaban la guerra florida". Inmediatamente nos sitúa en un espacio urbano, donde un motociclista sin nombre sufre un accidente que lo deja malherido. Los olores, las luces y voces logran transmitir la vigilia entredormida del desconocido, con esa mezcla de malestar y sumisión que los hospitales producen en casi todos los mortales. Entonces, el quirófano y la anestesia, como una máquina del tiempo, provocan el salto hacia el otro personaje, el guerrero. De pronto, caemos en el escenario del epígrafe, en plena huida, aunque nunca demasiado lejos del sueño.

Destaca la creación del escenario y el ambiente a partir del recurso de la descripción.

Cortázar acerca los planos para darnos pistas del desdoblamiento que articula el relato: cuando el guerrero corre, es el paciente el que tiene sed "como si hubiera estado corriendo kilómetros". Se alternan así fragmentos perfectamente ajustados de los dos relatos, donde la inmovilidad y la huida son obligadas y, a la vez, naturales para esos personajes que aguardan el desenlace del sueño boca arriba en sus noches distintas o una única noche. La historia contada desde un narrador y el protagonista (el moteca y el motociclista) es la forma ideal de acercar al lector a lo que sucede, pero manteniendo cierta distancia para hacerlo dudar: ¿quién es el que sueña y quién es el soñado?

Señala que la estructura y el punto de vista funcionan perfectamente con el contenido del cuento.

En *La noche boca arriba*, Cortázar explora el enigma del sueño y prueba por qué es uno de los escritores de lectura fundamental en cualquier antología del cuento latinoamericano.

La conclusión es la recomendación de lectura junto con la alabanza de la calidad del texto y su autor.

[1] *Palabra inventada por Cortázar. Es la combinación de las palabras "motociclista" y "azteca".*

Tema de composición

Elige una de las opciones y escribe una breve reseña literaria:

1. Una de las obras de ficción presentadas en este libro
2. Un cuento en español que hayas leído
3. Una novela en español que hayas leído

Antes de escribir

Lo fundamental para escribir una crítica es leer la obra sin cargarse previamente de comentarios, resúmenes u opiniones ajenas. Tu lectura personal es lo que importa: lee con atención y con autoridad. Analiza el sentido del título, marca los pasajes que encuentres más importantes o reveladores, recorre los aspectos mencionados en las **pp. 200-202** para no olvidar ninguno.

Relee el texto hasta que te sientas seguro/a de tener una opinión formada. ¿Cuál consideras que es el tema fundamental? ¿Cómo se organiza la trama? ¿Te atrapó la historia? ¿Te pareció interesante y bien narrada? ¿El autor mantuvo su estilo y la voz narradora a lo largo del texto? ¿Funciona bien el final? ¿Qué es lo que más te impresionó? ¿Se trata de una obra memorable?

Busca los datos biográficos del autor, la época en la que escribió, el género de la obra y todo lo que pueda resultar relevante para la comprensión del texto. Cuando ya tengas una opinión personal, entonces puedes mirar algunas críticas sobre el texto para aclarar ideas. Si utilizas citas, tienes que hacerlo correctamente, señalando la fuente.

Escribir el borrador

Organiza tus ideas, tus notas y los fragmentos que marcaste en el texto original: revísalos en conjunto para encontrar la tesis que quieres exponer en tu reseña. Recuerda que tu opinión es fundamental, pero debes enfocarte en cómo probarla. No olvides incluir:

- **Datos básicos de la obra analizada:** autor, título, etc.
- **Resumen de la trama:** cuáles son los hechos fundamentales, la perspectiva y el tema que desarrolla el autor.
- **Tu lectura personal y crítica del texto:** qué quieres destacar de la obra y cuál es tu tesis.
- **La recomendación:** qué le parecerá esta obra al lector desde tu crítica, ¿debe leerla o no?

Escribir la versión final

Recuerda escribir tu reseña en tiempo presente y estructúrala en introducción, cuerpo o desarrollo y conclusión. Sé claro/a con la información, objetivo/a en los argumentos y ordenado/a en la exposición.

La introducción generalmente presenta los datos básicos y la tesis. A continuación debes incluir un resumen breve de la obra; considera que, si presentas bien los argumentos de tu crítica, estos incluirán información sobre los eventos de la historia, así que no repitas datos y reserva el lugar para lo más importante: el análisis de la obra. Por último, la conclusión debe resumir o reafirmar la tesis y hacer la recomendación final.

6C El ensayo académico

En nuestra vida académica nos vemos enfrentados a escribir muchos ensayos, que son necesarios no solo para avanzar en nuestros estudios, sino también para desarrollar nuestra carrera profesional. El ensayo académico (*paper*) va desde los breves trabajos que nuestros profesores nos asignan cada semana, pasando por los ensayos de fin de semestre, hasta las ponencias en congresos y seminarios profesionales, o los artículos en revistas especializadas.

La palabra inglesa *paper* tiene varias traducciones en español. La más común y extendida en la vida universitaria es "trabajo", que es un ensayo corto presentado para una clase sobre un tema particular, o un "trabajo final" (*term paper*), más extenso y profundo, presentado al final de un curso. Una "ponencia" es un ensayo presentado en un congreso, y un "artículo" es el que se publica en una revista especializada.

Las monografías (tratados enfocados en un asunto en particular) y tesis (*dissertations*) de maestría y doctorado también pueden considerarse ensayos académicos, pero más extensos.

Si bien en el ensayo académico podemos hacer uso de muchas de las técnicas estudiadas en talleres previos (la descripción, la argumentación o la refutación), este tiene características propias que se deben tener en cuenta porque son las que lo diferencian de otro tipo de escritos, como los ensayos de opinión, y lo hacen verdaderamente profesional y efectivo. Algunas de estas características son:

- **Objetividad** Contrario a lo que ocurre con un ensayo de opinión personal, en el ensayo académico se debe evitar la subjetividad, es decir, la inclusión de opiniones personales del tipo "yo creo que..." o "me parece que lo mejor es...". Asimismo, se debe evitar el uso de la primera persona y favorecer la redacción impersonal ("en este artículo presentaré una discusión sobre..." *vs.* "en este artículo se discutirá..."). Si bien la redacción impersonal es la más adecuada para los ensayos académicos, a veces se puede usar la primera persona del plural, en lo que se llama el "plural asociativo", como una manera de involucrar al lector en el texto (por ejemplo: "nos encontramos ante una obra que..." o "veamos el siguiente ejemplo:...").
- **Lenguaje académico** En este tipo de ensayo se debe utilizar el lenguaje propio de la academia y evitar, por ejemplo, el lenguaje humorístico o el poético, que es más adecuado para otro tipo de textos (**pp. 185-187**). Asimismo, es conveniente hacer referencias a datos y términos particulares de la disciplina sobre la cual se está escribiendo.
- **Explicaciones y ampliaciones** En un ensayo académico es muy común utilizar notas al margen para ampliar algunos aspectos o para explicar conceptos importantes, pero que son adicionales al tema del ensayo. Para eso se usan las notas al pie de página (**pp. 198-199**). Se debe evitar usarlas en exceso, y es aconsejable limitar su número y extensión para no confundir al lector.

- **Referencias bibliográficas** Un ensayo académico debe estar adecuadamente sustentado en teorías o postulados de la comunidad científica en la que se enmarca el texto. Por eso es necesario presentar las fuentes sobre las que se basa y relacionarlas en un listado al final del ensayo (**pp. 198-199**). Hay varias maneras de citar las fuentes y elaborar el listado bibliográfico. Las más comunes son las normas de MLA, APA, Chicago y Vancouver. Cualesquiera sean las normas que elijamos, es necesario ser coherentes en su utilización. Es muy importante citar adecuadamente las fuentes. Utilizar las palabras o los hallazgos de otra persona sin incluir la fuente de donde se obtuvieron se considera plagio.

Finalmente, es necesario señalar que existe una diferencia entre ensayos de discusión y ensayos de investigación. Los primeros, como su nombre lo indica, se dedican a debatir temas de discusión de una comunidad académica, con el fin de aportar nuevos elementos a la discusión, o para apoyar o refutar las opiniones de otros autores. Los ensayos de investigación, por otro lado, buscan demostrar una hipótesis mediante un sistema de argumentación y una metodología formal, y se sustentan en investigaciones previas.

En general, un ensayo académico consta de tres grandes partes:

Introducción	La introducción es una breve presentación del tema que se tratará y de las ideas que se pretende demostrar. La introducción establece también el contexto en el que se enmarca el ensayo y, en la medida de lo posible, los antecedentes del tema. La introducción debe ser breve y concisa, y debe capturar la atención del lector. En un ensayo de dos o tres páginas, uno o dos párrafos son suficientes para introducir el tema; en un ensayo más extenso, de unas diez páginas, la introducción puede ocupar una página. En ensayos que constan de diversas partes o secciones, es conveniente que en la introducción se explique la manera como está organizado el ensayo y las diferentes partes que lo conforman.
Cuerpo	El cuerpo consta del desarrollo de las ideas en sus respectivos párrafos, cada uno de los cuales debe avanzar en la presentación del tema, agregando nueva información o planteando asuntos nuevos, teniendo cuidado de no alejarse del tema principal y apuntando siempre a la conclusión. En el desarrollo del ensayo es muy importante seguir una secuencia lógica y ordenada, y hacer uso de estrategias de redacción, por ejemplo, la transición.
Conclusión	Es la sección final donde se recogen las ideas que se presentaron desde la introducción y se desarrollaron en el cuerpo del ensayo. Se exponen aquí los aportes que el ensayo hace al tema de estudio y los resultados obtenidos después de analizar el tema. En algunos casos, también es probable que en la conclusión se incluyan recomendaciones para futuros estudios.

Además de estas tres partes, es importante prestar cuidadosa atención a la elección del título. Este también debe ser breve y describir claramente el contenido del ensayo. Un título demasiado ambiguo o muy extenso puede desorientar al lector.

Modelo

Lee este ensayo académico y observa su estructura: un breve párrafo introductorio, cinco párrafos de desarrollo y la conclusión. Presta atención a otros aspectos importantes, como la elección del título, el uso de transiciones, la citación de fuentes y la inclusión de la bibliografía.

Tres recursos narrativos en *La siesta del martes* de Gabriel García Márquez

En este ensayo se analizan tres aspectos básicos presentes en el relato *La siesta del martes* de Gabriel García Márquez: el manejo del tiempo, la descripción de los personajes, y las consideraciones morales, para finalmente relacionar los tres aspectos y proponer una lectura interpretativa del cuento.

La introducción establece claramente el tema, la obra y el autor.

La introducción también enuncia lo que se pretende con el ensayo y prefigura la conclusión.

En cuanto al tiempo, la historia relatada ocurre entre las once de la mañana y las tres y media de la tarde de un "luminoso martes de agosto" (p. 10). Una mujer y su pequeña hija viajan en un vagón de tercera clase, y llegan a un pueblo caluroso y solitario. El tren llega alrededor de las dos de la tarde, y la mujer tiene la intención de regresar el mismo día en el tren de las tres y media. Situar la narración entre estas horas de la tarde tiene una intención ambiental, pues es una hora que en la costa caribe colombiana está marcada por un sopor aplastante que solo invita a hacer la siesta, y los habitantes del pueblo, como en el Comala de Juan Rulfo, parecerían estar muertos en vida. El tren aparece entonces como uno de los recursos narrativos, pues su llegada y su partida enmarcan el tiempo de la narración.

Se pueden establecer relaciones con otras obras y otros autores.

En lo que se refiere a la condición de los personajes, el autor ofrece abundantes indicaciones sobre su pobreza. Por ejemplo, "ambas guardaban un luto riguroso y pobre" (p. 8). Además, Carlos Centeno, el hijo de la mujer, murió descalzo y con un trozo de soga en lugar de cinturón.

Cada párrafo introduce un tema nuevo. Es muy conveniente utilizar transiciones como "En lo que se refiere a…".

El relato nos expone dos situaciones importantes: una social y otra moral. La cuestión social surge con el personaje de Rebeca, la mujer que dispara su revólver sobre Carlos Centeno. Según Manuel Antonio Arango, Rebeca "representa la familia burguesa, solitaria, histérica y con delirios de persecución, pues vivía bajo 'un terror desarrollado en ella por 28 años de soledad' (p. 14)" (1985: 594). En el lado opuesto aparece su víctima, Carlos Centeno, como un marginado social que se ve obligado a robar por necesidad, para poder conseguir su sustento y el de su familia.

El ensayo se sustenta en opiniones de otros autores. Sus palabras textuales se deben poner entre comillas, y se debe especificar claramente el nombre del autor y la referencia bibliográfica.

El conflicto moral aparece en el diálogo que se presenta entre el párroco y la madre de Carlos Centeno: mientras que el cura considera que aquel era un hombre que vivía en el pecado, su madre asegura que él "era un hombre muy bueno", que seguía los preceptos que ella le había inculcado desde pequeño (p. 15). Además, ella considera que robar por necesidad a personas ricas no es un pecado y que él lo hacía por las circunstancias, para calmar el hambre de su familia; por eso no considera que su hijo deba ser juzgado como "ladrón". Como se puede ver, entre el cura y la mujer hay dos apreciaciones morales muy diferentes frente al robo.

Resulta útil establecer conclusiones parciales, sobre todo si es al final de un párrafo.

En *La siesta del martes* encontramos la preocupación constante del autor por las condiciones de una sociedad en conflicto, que no logra conciliar sus apreciaciones morales y donde la religión es una institución del lado de los intereses burgueses. Según el mismo Arango, con esta obra, García Márquez "ha logrado dar una visión humana universal de un grupo marginado, angustiado, humillado, miserable y sin esperanza alguna de redención" (596).

Es lícito usar el plural asociativo ("encontramos") como una manera de involucrar al lector.

Mediante los tres recursos narrativos brevemente descritos en este ensayo, el autor señala realidades históricas y sociales que pueden ser universales, pero que él enmarca en un pequeño pueblo caribeño. De manera muy concisa, plantea asuntos que nos atañen a todos, como los conflictos entre clases sociales, las diferencias en los juicios morales o el papel de la religión como institución en nuestras sociedades.

La conclusión también es clara y concisa, e integra los elementos mencionados desde la introducción y desarrollados en los párrafos.

Bibliografía

Un buen ensayo académico debe incluir las fuentes que se utilizaron, adecuadamente citadas.

Arango, Manuel Antonio, "Tema y estructura en el cuento 'La siesta del martes' de Gabriel García Márquez", *Thesaurus*, tomo 1, núm. 3, 1985, pp. 591–604.

García Márquez, Gabriel, "La siesta del martes", en: *Los funerales de la Mamá Grande*, Bogotá: Oveja Negra, 1978, pp. 7–17.

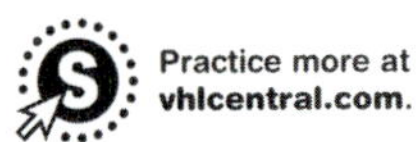

Practice more at vhlcentral.com.

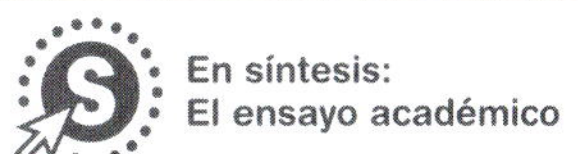

Tema de composición

Elige uno de los temas para escribir un ensayo académico.

1. Un ensayo sobre alguna de las lecturas incluidas en este libro
2. Un ensayo sobre alguno de los autores de las mismas lecturas
3. Un ensayo sobre un tema histórico
4. Un ensayo sobre un tema de interés actual (político, económico, científico)

Antes de escribir

- **Investigación** El primer paso para escribir un ensayo académico es investigar el tema en profundidad. El autor debe familiarizarse con el tema y manejarlo con seguridad, de modo que pueda enfrentar con competencia todos los aspectos conexos. Las bibliotecas siguen siendo el mejor recurso para una buena investigación. Internet es un buen recurso, pero no es el único. Algunos de los sitios más populares no son recomendados para una investigación profunda, pues la información allí consignada no es siempre fiable. Puedes explorar otros recursos, como bases de datos de tu biblioteca o entrevistas a profesores u otras personas expertas en el tema de tu ensayo.
- **Análisis y formulación del tema** Analiza todos los aspectos que has investigado. Compara las ideas de los diferentes autores y especialistas, y decide cuál es el tema sobre el que quieres escribir. Puedes hacer una "lluvia de ideas" (*brainstorming*) hasta que encuentres una idea original y con la que te sientas cómodo/a. En todo este proceso es muy importante tomar notas, que serán muy útiles para la escritura del borrador y del documento final.

Escribir el borrador

Escribe un borrador del ensayo. Puedes escribir oraciones cortas con el contenido de cada uno de los párrafos que contendrá tu ensayo. También puedes elaborar mapas conceptuales o esquemas donde se resuman tus ideas; esto te ayudará a tener una visión general del texto. Aunque te puedes dar mucha libertad en la elaboración del borrador, trata de organizarlo en una secuencia lógica, y ten en cuenta las sugerencias dadas previamente, como evitar la redacción en primera persona, evitar el uso de un lenguaje poco académico, citar las fuentes correctamente y usar comillas para no caer en el plagio.

Escribe la introducción, que será la que te orientará en tu ensayo. Escribe también algunos párrafos, que por ahora pueden quedar inconclusos, pero que después deberás completar. Deja "reposar" tu borrador unas horas, o incluso un día completo, y observarás que al retomarlo lo verás con nuevos ojos y podrás resolver asuntos que quizá te estaban dando dificultad.

Escribir la versión final

Una vez hayas escrito tu ensayo con base en el borrador, deberás hacer una revisión de todos los aspectos ortográficos y gramaticales. Presta atención a la acentuación y a la puntuación, y vuelve a verificar que estés usando un lenguaje académico. Revisa aspectos como las transiciones, la citación de las fuentes o las notas al pie de página, si las hay. Lee y relee tu ensayo (incluso en voz alta) hasta que sientas que tiene el tono que le querías dar y las ideas que has querido expresar. Para otros aspectos relacionados con la versión final de un ensayo, repasa las indicaciones dadas en lecciones previas de este libro y en el apéndice de las **pp. 213-214**.

Lista de revisión para ensayos

Para corregir tu propio trabajo, debes tomar distancia de tus ideas y adquirir un buen ojo crítico. Intenta leer tu ensayo como si lo hubiera escrito otra persona. ¿Te convence? ¿Hay cosas que te molestan o te aburren? ¿Qué cambiarías? Esta lista te ayudará a cubrir todos los aspectos del ensayo, desde las características globales hasta los pequeños detalles.

Primer paso: una visión panorámica

Tema	¿Responde el ensayo a la pregunta o al tema asignado?
Tesis	¿Has comunicado claramente tu tesis? • La tesis no es lo mismo que el tema. La tesis es un argumento específico que determina la estructura del ensayo. • La tesis debe aparecer en el primer párrafo, no debe perderse de vista en ningún momento del ensayo y debe resumirse, pero no simplemente repetirse, en la conclusión.
Lógica y estructura	Lee el ensayo de principio a fin, concentrándote en la organización de las ideas. • ¿Se relaciona cada idea con la siguiente? Elimina cualquier brecha lógica. • ¿Hay secciones irrelevantes o que debas cambiar de posición? • ¿Has respaldado tu tesis con suficientes argumentos o faltan ejemplos?
Audiencia	El ensayo debe adecuarse al tipo de lector. • Si el lector no está informado sobre el tema, asegúrate de incluir suficiente **contexto** para que pueda seguir tu razonamiento. Explica los términos que puedan confundirlo. • Adapta el **tono** y el **vocabulario** a la audiencia. Siempre ten en mente a un lector inteligente y escéptico que no aceptará tus ideas a menos que lo convenzas. El tono nunca debe ser demasiado coloquial, pretensioso o frívolo.
Intención	Si quieres informar o explicar un tema, debes ser preciso y meticuloso. Un ensayo argumentativo debe caracterizarse por la objetividad; evita las opiniones personales subjetivas. Si buscas persuadir al lector puedes expresar opiniones personales o juicios de valor, siempre y cuando los defiendas con argumentos lógicos.

Segundo paso: el párrafo

Luego, concéntrate en cada párrafo con estas preguntas en mente.

Párrafos	• ¿Hay una oración tema en cada párrafo? La idea central no solo debe darle coherencia y unidad al párrafo, sino también vincularlo a la tesis principal del ensayo. • ¿Cómo es la transición entre un párrafo y otro? Si es clara, el ensayo tendrá fluidez. Si es demasiado abrupta, puede confundir o irritar al lector. • ¿Cómo empieza y cómo termina el ensayo? La introducción debe ser interesante y debe identificar la tesis. La conclusión no debe limitarse a repetir lo que ya dijiste: como cualquier otro párrafo, debe presentar una idea original. • Lee el párrafo, de ser posible en voz alta, y presta atención al ritmo del lenguaje. Si todas las oraciones son iguales, la lectura se vuelve monótona y aburrida. Trata de variar la longitud y el ritmo de las oraciones.

Tercer paso: la oración

Por último, lee detalladamente cada oración.

Oraciones	• Busca la palabra ideal para cada situación. Considera posibles sinónimos. Usa siempre un lenguaje directo, preciso y concreto. • Evita la redundancia. Elimina toda oración o palabra que sea una distracción o repita algo que ya dijiste. • Revisa la **gramática.** Asegúrate de que haya concordancia entre el sujeto y el verbo, entre los sustantivos y los adjetivos, y entre los pronombres y sus antecedentes. Asegúrate de usar las preposiciones correctas. • Revisa la ortografía. Presta especial atención a los acentos.

Evaluación y progreso

Revisión	De ser posible, intercambia tu ensayo con el de un(a) compañero/a y háganse sugerencias para mejorar su trabajo. Menciona lo que cambiarías pero también lo que te gusta.
Correcciones	Cuando tu profesor(a) te devuelva un ensayo, lee sus comentarios y correcciones. En una hoja aparte, escribe el título **Notas para mejorar la escritura** y haz una lista de tus errores más comunes. Guárdala junto con el ensayo en una **Carpeta de trabajos** y consúltala regularmente. Así podrás evaluar tu progreso y evitar caer siempre en los mismos errores.

Verb Conjugation Tables

Pages **219–234** contain verb conjugation patterns. Patterns 1 to 3 include the simple tenses of three model **-ar**, **-er**, and **-ir** regular verbs. Patterns 4 to 80 include verbs with stem changes, spelling changes, and irregular verbs. Three charts are also provided for the formation of compound tenses (**p. 219**) and progressive tenses (**p. 220**).

Verbs with stem changes, spelling changes, and irregular verbs

In patterns 4 to 80, the superscript numbers in parentheses identify the type of irregularity:

(1) Stem-changing verbs (**pensar** → **p*ie*nso**)

(2) Verbs with spelling changes (**reco*g*er** → **reco*j*o**)

(3) Verbs with accent changes or verbs that require replacing **u** with **ü** (**re*u*nir** → **re*ú*no; averig*u*ar** → **averig*üé***)

(4) Verbs with unique irregularities (sometimes in addition to stem or spelling changes) (**poner** → **puse**)

Note: Any form that deviates from the regular verb patterns is indicated in **bold** font.

Voseo

Voseo conjugations are included in the present indicative and in the second person singular informal imperative.

tú/vos hablas/hablás habla/hablá

Nomenclature

The Spanish names of the verb tenses used in this book correspond to the names used in the *Nueva gramática de la lengua española*, published by the Real Academia Española.

English terminology used in this book	Spanish terminology used in this book	Traditional Spanish terminology
Simple present	Presente	Presente
Imperfect	Pretérito imperfecto	Pretérito imperfecto
Preterite	Pretérito perfecto simple	Pretérito indefinido
Present perfect	Pretérito perfecto compuesto	Pretérito perfecto
Past perfect	Pretérito pluscuamperfecto	Pretérito pluscuamperfecto
Simple future	Futuro (simple)	Futuro (simple)
Future perfect	Futuro compuesto	Futuro compuesto/perfecto
Present conditional	Condicional (simple)	Condicional (simple)
Conditional perfect	Condicional compuesto	Condicional compuesto/perfecto

Tenses not included in the charts

The following tenses are rarely used in contemporary Spanish. They have been excluded from the verb tables.

Pretérito anterior (indicativo)	Cuando **hubo terminado** la fiesta, fuimos a casa.
Futuro simple (subjuntivo)	Adonde **fueres**, haz lo que vieres.
Futuro compuesto (subjuntivo)	"Será proclamado Alcalde el concejal que **hubiere obtenido** más votos..."

Negative imperative

The verb forms for the negative imperative are not included in the verb charts. They coincide with the forms of the present subjunctive.

Verbs with stem changes, spelling changes, and irregular verbs

The list below includes common verbs with stem changes, verbs with spelling changes, and irregular verbs, as well as the verbs used as models/patterns in the charts on **pp. 219–234**. The number in brackets indicates where in the verb tables you can find the conjugated form of the model verb.

abastecer (*conocer* [15])
aborrecer (*conocer* [15])
abstenerse (*tener* [69])
abstraer (*traer* [73])
acaecer (*conocer* [15])
acentuar (*graduar* [37])
acercar (*tocar* [71])
acoger (*proteger* [54])
acontecer (*conocer* [15])
acordar (*contar* [16])
acostar (*contar* [16])
acrecentar (*pensar* [49])
actuar (*graduar* [37])
aderezar (*cruzar* [18])
adherir (*sentir* [65])
adolecer (*conocer* [15])
adormecer (*conocer* [15])
adquirir [4]
aducir (*conducir* [14])
advertir (*sentir* [65])
afligir (*exigir* [35])
ahumar (*rehusar* [57])
airar (*aislar* [5])
aislar [5]
alentar (*pensar* [49])
almorzar [6]
amanecer (*conocer* [15])
amoblar (*contar* [16])
amortiguar (*averiguar* [10])
ampliar (*enviar* [29])
andar [7]
anegar (*negar* [45])
anochecer (*conocer* [15])
apaciguar (*averiguar* [10])
aparecer (*conocer* [15])
apetecer (*conocer* [15])
apretar (*pensar* [49])
aprobar (*contar* [16])
arrepentirse (*sentir* [65])
arriesgar (*llegar* [42])
ascender (*entender* [28])
asentar (*pensar* [49])
asentir (*sentir* [65])
asir [8]
atañer (*tañer* [68])
atardecer (*conocer* [15])
atender (*entender* [28])
atenerse (*tener* [69])
atestiguar (*averiguar* [10])
atraer (*traer* [73])
atravesar (*pensar* [49])
atreverse (*tener* [69])
atribuir (*destruir* [23])
aullar (*rehusar* [57])
aunar (*rehusar* [57])
avanzar (*cruzar* [18])
avergonzar [9]
averiguar [10]
balbucir (*lucir* [43])
bendecir [11]
caber [12]
caer [13]
calentar (*pensar* [49])
cegar (*negar* [45])
ceñir (*teñir* [70])
cerrar (*pensar* [49])
cimentar (*pensar* [49])
cocer (*torcer* [72])
coercer (*vencer* [75])
coger (*proteger* [54])
cohibir (*prohibir* [53])
colgar (*rogar* [61])
comenzar (*empezar* [27])
comer [2]
compadecer (*conocer* [15])
comparecer (*conocer* [15])
competir (*pedir* [48])
complacer (*conocer* [15])
comprobar (*contar* [16])
concebir (*pedir* [48])
concernir (*discernir* [24])
concluir (*destruir* [23])
concordar (*contar* [16])
conducir [14]
confesar (*pensar* [49])
confiar (*enviar* [29])
congregar (*llegar* [42])
conmover (*mover* [44])
conocer [15]
conseguir (*seguir* [64])
consentir (*sentir* [65])
consolar (*contar* [16])
constituir (*destruir* [23])
construir (*destruir* [23])
contar [16]
contener (*tener* [69])
continuar (*graduar* [37])
contradecir (*predecir* [52])
contraer (*traer* [73])
contrariar (*enviar* [29])
convalecer (*conocer* [15])
convencer (*vencer* [75])
convenir (*venir* [76])
converger (*proteger* [54])
convertir (*sentir* [65])
corregir (*elegir* [26])
corroer (*roer* [60])
costar (*contar* [16])
creer [17]
criar (*enviar* [29])
cruzar [18]
dar [19]
decaer (*caer* [13])
decir [20]
deducir (*conducir* [14])
defender (*entender* [28])
degollar [21]
delinquir [22]
demoler (*mover* [44])
demostrar (*contar* [16])
denegar (*negar* [45])
derretir (*pedir* [48])
desafiar (*enviar* [29])
desaguar (*averiguar* [10])
desalentar (*pensar* [49])
desandar (*andar* [7])
desaparecer (*conocer* [15])
desasir (*asir* [8])
descafeinar (*aislar* [5])
descolgar (*rogar* [61])
desconsolar (*contar* [16])
descubrir (*conducir* [14])
desdecir (*predecir* [52])
desentenderse (*entender* [28])
desfallecer (*conocer* [15])
desfavorecer (*conocer* [15])
deshacer (*hacer* [39])
deslucir (*lucir* [43])
desmerecer (*conocer* [15])
desoír (*oír* [46])
despedir (*pedir* [48])
despertar (*pensar* [49])
desteñir (*teñir* [70])
destruir [23]
desvestir (*pedir* [48])
detener (*tener* [69])
diferir (*sentir* [65])

digerir (*sentir* [65])
diluir (*destruir* [23])
dirigir (*exigir* [35])
discernir [24]
disentir (*sentir* [65])
disminuir (*destruir* [23])
distender (*entender* [28])
distinguir (*extinguir* [36])
distraer (*traer* [73])
distribuir (*destruir* [23])
divertir (*sentir* [65])
doler (*mover* [44])
dormir [25]
efectuar (*graduar* [37])
ejercer (*vencer* [75])
elegir [26]
embellecer (*conocer* [15])
embestir (*pedir* [48])
emboscar (*tocar* [71])
emerger (*proteger* [54])
empalidecer (*conocer* [15])
emparentar (*pensar* [49])
empequeñecer (*conocer* [15])
empezar [27]
empobrecer (*conocer* [15])
encarecer (*conocer* [15])
encargar (*llegar* [42])
enceguecer (*conocer* [15])
encender (*entender* [28])
encerrar (*pensar* [49])
encontrar (*contar* [16])
endurecer (*conocer* [15])
enfriar (*enviar* [29])
enfurecer (*conocer* [15])
engullir (*zambullir* [80])
enloquecer (*conocer* [15])
enmendar (*pensar* [49])
enmudecer (*conocer* [15])
enriquecer (*conocer* [15])
ensordecer (*conocer* [15])
entender [28]
enterrar (*pensar* [49])
entorpecer (*conocer* [15])
entrelucir (*lucir* [43])
entreoír (*oír* [46])
entretener (*tener* [69])
entristecer (*conocer* [15])
envejecer (*conocer* [15])
enviar [29]
equivaler (*valer* [74])
erguir [30]
errar [31]
escarmentar (*pensar* [49])
esclavizar (*cruzar* [18])
escoger (*proteger* [54])
esforzar (*almorzar* [6])
esparcir [32]
espiar (*enviar* [29])
establecer (*conocer* [15])
estar [33]
estremecer (*conocer* [15])
estreñir (*teñir* [70])
europeizar [34]
evaluar (*graduar* [37])
exceptuar (*graduar* [37])
excluir (*destruir* [23])
exigir [35]
expedir (*pedir* [48])
extender (*entender* [28])
extinguir [36]
extraer (*traer* [73])
fallecer (*conocer* [15])
favorecer (*conocer* [15])
fingir (*exigir* [35])
florecer (*conocer* [15])
fluir (*destruir* [23])
fortalecer (*conocer* [15])
forzar (*almorzar* [6])
fotografiar (*enviar* [29])
fraguar (*averiguar* [10])
fregar (*negar* [45])
freír (*reír* [58])
gobernar (*pensar* [49])
graduar [37]
gruñir (*zambullir* [80])
guiar (*enviar* [29])
haber [38]
habituar (*graduar* [37])
hablar [1]
hacer [39]
helar (*pensar* [49])
hendir (*discernir* [24])
herir (*sentir* [65])
herrar (*pensar* [49])
hervir (*sentir* [65])
homogeneizar (*europeizar* [34])
humedecer (*conocer* [15])
impedir (*pedir* [48])
incluir (*destruir* [23])
inducir (*conducir* [14])
infligir (*exigir* [35])
influir (*destruir* [23])
ingerir (*sentir* [65])
inquirir (*adquirir* [4])
insinuar (*graduar* [37])
instituir (*destruir* [23])
instruir (*destruir* [23])
interferir (*sentir* [65])
introducir (*conducir* [14])
invernar (*pensar* [49])
invertir (*sentir* [65])
investir (*pedir* [48])
ir [40]
judaizar (*europeizar* [34])
jugar [41]
leer (*creer* [17])
liar (*enviar* [29])
llegar [42]
llover (*mover* [44])
lucir [43]
malcriar (*enviar* [29])
maldecir (*bendecir* [11])
malentender (*entender* [28])
malherir (*sentir* [65])
maltraer (*traer* [73])
manifestar (*pensar* [49])
mantener (*tener* [69])
mascar (*tocar* [71])
maullar (*rehusar* [57])
mecer (*vencer* [75])
medir (*pedir* [48])
mentir (*sentir* [65])
merecer (*conocer* [15])
merendar (*pensar* [49])
moler (*mover* [44])
morder (*mover* [44])
morir (p.p. muerto) (*dormir* [25])
mostrar (*contar* [16])
mover [44]
mugir (*exigir* [35])
mullir (*zambullir* [80])
nacer (*conocer* [15])
negar [45]
nevar (*pensar* [49])
obedecer (*conocer* [15])
obstruir (*destruir* [23])
obtener (*tener* [69])
ofrecer (*conocer* [15])
oír [46]
oler [47]
oscurecer (*conocer* [15])
padecer (*conocer* [15])
palidecer (*conocer* [15])
parecer (*conocer* [15])
realizar (*cruzar* [18])
pedir [48]
pensar [49]
perder (*entender* [28])
permanecer (*conocer* [15])
perpetuar (*graduar* [37])
perseguir (*seguir* [64])
plegar (*negar* [45])
poblar (*contar* [16])
poder [50]
poner [51]

poseer (*creer* [17])
predecir [52]
preferir (*sentir* [65])
presentir (*sentir* [65])
prevaler (*valer* [74])
prever (*ver* [77])
probar (*contar* [16])
producir (*conducir* [14])
prohibir [53]
promover (*mover* [44])
proseguir (*seguir* [64])
proteger [54]
proveer (*creer* [17])
provenir (*venir* [76])
provocar (*tocar* [71])
pudrir/podrir [55]
quebrar (*pensar* [49])
querer [56]
recaer (*caer* [13])
rechazar (*cruzar* [18])
recoger (*proteger* [54])
recomendar (*pensar* [49])
recomenzar (*empezar* [27])
reconducir (*conducir* [14])
recordar (*contar* [16])
recostar (*contar* [16])
reducir (*conducir* [14])
reforzar (*almorzar* [6])
refregar (*negar* [45])
regir (*elegir* [26])
rehusar [57]
reír [58]
releer (*creer* [17])
relucir (*lucir* [43])
remendar (*pensar* [49])
remover (*mover* [44])
rendir (*pedir* [48])
renegar (*negar* [45])
reñir (*teñir* [70])
renovar (*contar* [16])
repetir (*pedir* [48])
replegar (*negar* [45])
reproducir (*conducir* [14])
requerir (*sentir* [65])
resarcir (*esparcir* [32])
resolver (p.p. resuelto) (*mover* [44])
restringir (*exigir* [35])
resurgir (*exigir* [35])
retorcer (*torcer* [72])
retrotraer (*traer* [73])
reunir [59]
reventar (*pensar* [49])
revertir (*sentir* [65])
revolcar (*volcar* [78])
robustecer (*conocer* [15])
rociar (*enviar* [29])
rodar (*contar* [16])
roer [60]
rogar [61]
ruborizar (*cruzar* [18])
saber [62]
salir [63]
salpicar (*tocar* [71])
salpimentar (*pensar* [49])
satisfacer (*hacer* [39])
seducir (*conducir* [14])
seguir [64]
sembrar (*pensar* [49])
sentar (*pensar* [49])
sentir [65]
ser [66]
servir (*pedir* [48])
situar (*graduar* [37])
sobrecoger (*proteger* [54])
sobresalir (*salir* [63])
sobreseer (*creer* [17])
sofreír (*reír* [58])
soler [67]
soltar (*contar* [16])
sonar (*contar* [16])
sonreír (*reír* [58])
soñar (*contar* [16])
sosegar (*negar* [45])
sostener (*tener* [69])
subyacer (*yacer* [79])
sugerir (*sentir* [65])
sumergir (*exigir* [35])
suplicar (*tocar* [71])
surgir (*exigir* [35])
sustituir (*destruir* [23])
sustraer (*traer* [73])
tañer [68]
tatuar (*graduar* [37])
temblar (*pensar* [49])
tener [69]
tentar (*pensar* [49])
teñir [70]
tocar [71]
torcer [72]
tostar (*contar* [16])
traducir (*conducir* [14])
traer [73]
transferir (*sentir* [65])
trascender (*entender* [28])
traslucirse (*lucir* [43])
trastocar (*volcar* [78])
trastrocar (*volcar* [78])
trocar (*volcar* [78])
tropezar (*empezar* [27])
uncir (*esparcir* [32])
urgir (*exigir* [35])
valer [74]
valuar (*graduar* [37])
variar (*enviar* [29])
vencer [75]
venir [76]
ver [77]
verter (*entender* [28])
vestir (*pedir* [48])
vivificar (*tocar* [71])
vivir [3]
volar (*contar* [16])
volcar [78]
volver (p.p. vuelto) (*mover* [44])
yacer [79]
zambullir [80]
zurcir (*esparcir* [32])

Regular verbs: simple tenses

	Infinitivo Gerundio Participio	INDICATIVO Presente	Pretérito imperfecto	Pretérito perfecto simple	Futuro simple	Condicional simple	SUBJUNTIVO Presente	Pretérito imperfecto	IMPERATIVO
1	**hablar**	hablo	hablaba	hablé	hablaré	hablaría	hable	hablara *o* hablase	
		hablas/hablás	hablabas	hablaste	hablarás	hablarías	hables	hablaras *o* hablases	habla/hablá
	hablando	habla	hablaba	habló	hablará	hablaría	hable	hablara *o* hablase	hable
	hablado	hablamos	hablábamos	hablamos	hablaremos	hablaríamos	hablemos	habláramos *o* hablásemos	hablemos
		habláis	hablabais	hablasteis	hablaréis	hablaríais	habléis	hablarais *o* hablaseis	hablad
		hablan	hablaban	hablaron	hablarán	hablarían	hablen	hablaran *o* hablasen	hablen
2	**comer**	como	comía	comí	comeré	comería	coma	comiera *o* comiese	
		comes/comés	comías	comiste	comerás	comerías	comas	comieras *o* comieses	come/comé
	comiendo	come	comía	comió	comerá	comería	coma	comiera *o* comiese	coma
	comido	comemos	comíamos	comimos	comeremos	comeríamos	comamos	comiéramos *o* comiésemos	comamos
		coméis	comíais	comisteis	comeréis	comeríais	comáis	comierais *o* comieseis	comed
		comen	comían	comieron	comerán	comerían	coman	comieran *o* comiesen	coman
3	**vivir**	vivo	vivía	viví	viviré	viviría	viva	viviera *o* viviese	
		vives/vivís	vivías	viviste	vivirás	vivirías	vivas	vivieras *o* vivieses	vive/viví
	viviendo	vive	vivía	vivió	vivirá	viviría	viva	viviera *o* viviese	viva
	vivido	vivimos	vivíamos	vivimos	viviremos	viviríamos	vivamos	viviéramos *o* viviésemos	vivamos
		vivís	vivíais	vivisteis	viviréis	viviríais	viváis	vivierais *o* vivieseis	vivid
		viven	vivían	vivieron	vivirán	vivirían	vivan	vivieran *o* viviesen	vivan

Compound tenses

INDICATIVO Pretérito perfecto compuesto		Pretérito pluscuamperfecto		Futuro compuesto		Condicional compuesto		SUBJUNTIVO Pretérito perfecto compuesto		Pretérito pluscuamperfecto	
he		había		habré		habría		haya		hubiera *o* hubiese	
has	hablado	habías	hablado	habrás	hablado	habrías	hablado	hayas	hablado	hubieras *o* hubieses	hablado
ha	comido	había	comido	habrá	comido	habría	comido	haya	comido	hubiera *o* hubiese	comido
hemos	vivido	habíamos	vivido	habremos	vivido	habríamos	vivido	hayamos	vivido	hubiéramos *o* hubiésemos	vivido
habéis		habíais		habréis		habríais		hayáis		hubierais *o* hubieseis	
han		habían		habrán		habrían		hayan		hubieran *o* hubiesen	

Estar + gerundio (Progressive tenses)

INDICATIVO									
Presente		**Pretérito imperfecto**		**Pretérito perfecto simple**		**Futuro simple**		**Condicional simple**	
estoy		estaba		estuve		estaré		estaría	
estás		estabas		estuviste		estarás		estarías	
está	hablando	estaba	hablando	estuvo	hablando	estará	hablando	estaría	hablando
estamos	comiendo	estábamos	comiendo	estuvimos	comiendo	estaremos	comiendo	estaríamos	comiendo
estáis	viviendo	estabais	viviendo	estuvisteis	viviendo	estaréis	viviendo	estaríais	viviendo
están		estaban		estuvieron		estarán		estarían	

SUBJUNTIVO			
Pretérito perfecto		**Pretérito imperfecto**	
esté		estuviera *o* estuviese	
estés		estuvieras *o* estuvieses	
esté	hablando	estuviera *o* estuviese	hablando
estemos	comiendo	estuviéramos *o* estuviésemos	comiendo
estéis	viviendo	estuvierais *o* estuvieseis	viviendo
estén		estuvieran *o* estuviesen	

Perfect progressive tenses are formed using a conjugated form of **haber** + **estado** + ***gerundio***, as in **he estado comiendo, hubiera estado corriendo,** etc.

Verbs with stem changes, spelling changes, and irregular verbs

	Infinitivo / Gerundio / Participio	INDICATIVO: Presente	INDICATIVO: Pretérito imperfecto	INDICATIVO: Pretérito perfecto simple	INDICATIVO: Futuro simple	INDICATIVO: Condicional simple	SUBJUNTIVO: Presente	SUBJUNTIVO: Pretérito imperfecto	IMPERATIVO
4	**adquirir** (1)	**adquiero**	adquiría	adquirí	adquiriré	adquiriría	**adquiera**	adquiriera *o* adquiriese	
	(i:ie)	**adquieres**/ adquirís	adquirías	adquiriste	adquirirás	adquirirías	**adquieras**	adquirieras *o* adquirieses	**adquiere**/adquirí
	adquiriendo	**adquiere**	adquiría	adquirió	adquirirá	adquiriría	**adquiera**	adquiriera *o* adquiriese	**adquiera**
	adquirido	adquirimos	adquiríamos	adquirimos	adquiriremos	adquiriríamos	adquiramos	adquiriéramos *o* adquiriésemos	adquiramos
		adquirís	adquiríais	adquiristeis	adquiriréis	adquiriríais	adquiráis	adquirierais *o* adquirieseis	adquirid
		adquieren	adquirían	adquirieron	adquirirán	adquirirían	**adquieran**	adquirieran *o* adquiriesen	**adquieran**

Infinitivo Gerundio Participio	INDICATIVO Presente	Pretérito imperfecto	Pretérito perfecto simple	Futuro simple	Condicional simple	SUBJUNTIVO Presente	Pretérito imperfecto	IMPERATIVO
5 **aislar**[3]	**aíslo**	aislaba	aislé	aislaré	aislaría	**aísle**	aislara *o* aislase	
(i:í)	**aíslas**/aislás	aislabas	aislaste	aislarás	aislarías	**aísles**	aislaras *o* aislases	**aísla**/aislá
	aísla	aislaba	aisló	aislará	aislaría	**aísle**	aislara *o* aislase	**aísle**
aislando	aislamos	aislábamos	aislamos	aislaremos	aislaríamos	aislemos	aisláramos *o* aislásemos	aislemos
aislado	aisláis	aislabais	aislasteis	aislaréis	aislaríais	aisléis	aislarais *o* aislaseis	aislad
	aíslan	aislaban	aislaron	aislarán	aislarían	**aíslen**	aislaran *o* aislasen	**aíslen**
6 **almorzar**[1, 2]	**almuerzo**	almorzaba	**almorcé**	almorzaré	almorzaría	**almuerce**	almorzara *o* almorzase	
(o:ue) (z:c)	**almuerzas**/ almorzás	almorzabas	almorzaste	almorzarás	almorzarías	**almuerces**	almorzaras *o* almorzases	**almuerza**/almorzá
almorzando	**almuerza**	almorzaba	almorzó	almorzará	almorzaría	**almuerce**	almorzara *o* almorzase	**almuerce**
almorzado	almorzamos	almorzábamos	almorzamos	almorzaremos	almorzaríamos	**almorcemos**	almorzáramos *o* almorzásemos	**almorcemos**
	almorzáis	almorzabais	almorzasteis	almorzaréis	almorzaríais	**almorcéis**	almorzarais *o* almorzaseis	almorzad
	almuerzan	almorzaban	almorzaron	almorzarán	almorzarían	**almuercen**	almorzaran *o* almorzasen	**almuercen**
7 **andar**[4]	ando	andaba	**anduve**	andaré	andaría	ande	**anduviera** *o* **anduviese**	
	andas/andás	andabas	**anduviste**	andarás	andarías	andes	**anduvieras** *o* **anduvieses**	anda/andá
andando	anda	andaba	**anduvo**	andará	andaría	ande	**anduviera** *o* **anduviese**	ande
andado	andamos	andábamos	**anduvimos**	andaremos	andaríamos	andemos	**anduviéramos** *o* **anduviesemos**	andemos
	andáis	andabais	**anduvisteis**	andaréis	andaríais	andéis	**anduvierais** *o* **anduvieseis**	andad
	andan	andaban	**anduvieron**	andarán	andarían	anden	**anduvieran** *o* **anduviesen**	anden
8 **asir**[4]	**asgo**	asía	así	asiré	asiría	**asga**	asiera *o* asiese	
	ases/asís	asías	asiste	asirás	asirías	**asgas**	asieras *o* asieses	ase/así
asiendo	ase	asía	asió	asirá	asiría	**asga**	asiera *o* asiese	**asga**
asido	asimos	asíamos	asimos	asiremos	asiríamos	**asgamos**	asiéramos *o* asiésemos	**asgamos**
	asís	asíais	asisteis	asiréis	asiríais	**asgáis**	asierais *o* asieseis	asid
	asen	asían	asieron	asirán	asirían	**asgan**	asieran *o* asiesen	**asgan**
9 **avergonzar**[1, 2]	**avergüenzo**	avergonzaba	**avergoncé**	avergonzaré	avergonzaría	**avergüence**	avergonzara *o* avergonzase	
(o:üe) (z:c)	**avergüenzas**/ avergonzás	avergonzabas	avergonzaste	avergonzarás	avergonzarías	**avergüences**	avergonzaras *o* avergonzases	**avergüenza**/ avergonzá
avergonzando	**avergüenza**	avergonzaba	avergonzó	avergonzará	avergonzaría	**avergüence**	avergonzara *o* avergonzase	**avergüence**
avergonzado	avergonzamos	avergonzábamos	avergonzamos	avergonzaremos	avergonzaríamos	**avergoncemos**	avergonzáramos *o* avergonzásemos	**avergoncemos**
	avergonzáis	avergonzabais	avergonzasteis	avergonzaréis	avergonzaríais	**avergoncéis**	avergonzarais *o* avergonzaseis	avergonzad
	avergüenzan	avergonzaban	avergonzaron	avergonzarán	avergonzarían	**avergüencen**	avergonzaran *o* avergonzasen	**avergüencen**

	Infinitivo Gerundio Participio	INDICATIVO					SUBJUNTIVO		IMPERATIVO
		Presente	Pretérito imperfecto	Pretérito perfecto simple	Futuro simple	Condicional simple	Presente	Pretérito imperfecto	
10	**averiguar** [3]	averiguo	averiguaba	**averigüé**	averiguaré	averiguaría	**averigüe**	averiguara *o* averiguase	
	(u:ü)	averiguas/ averiguás	averiguabas	averiguaste	averiguarás	averiguarías	**averigües**	averiguaras *o* averiguases	averigua/averiguá
	averiguando	averigua	averiguaba	averiguó	averiguará	averiguaría	**averigüe**	averiguara *o* averiguase	**averigüe**
	averiguado	averiguamos	averiguábamos	averiguamos	averiguaremos	averiguaríamos	**averigüemos**	averiguáramos *o* averiguásemos	**averigüemos**
		averiguáis	averiguabais	averiguasteis	averiguaréis	averiguaríais	**averigüéis**	averiguarais *o* averiguaseis	averiguad
		averiguan	averiguaban	averiguaron	averiguarán	averiguarían	**averigüen**	averiguaran *o* averiguasen	**averigüen**
11	**bendecir** [4]	**bendigo**	bendecía	**bendije**	bendeciré	bendeciría	**bendiga**	**bendijera** *o* **bendijese**	
	bendiciendo	**bendices**/ bendecís	bendecías	**bendijiste**	bendecirás	bendecirías	**bendigas**	**bendijeras** *o* **bendijeses**	**bendice**/bendecí
	bendecido *o*	**bendice**	bendecía	**bendijo**	bendecirá	bendeciría	**bendiga**	**bendijera** *o* **bendijese**	**bendiga**
	bendito	bendecimos	bendecíamos	**bendijimos**	bendeciremos	bendeciríamos	**bendigamos**	**bendijéramos** *o* **bendijésemos**	**bendigamos**
		bendecís	bendecíais	**bendijisteis**	bendeciréis	bendeciríais	**bendigáis**	**bendijerais** *o* **bendijeseis**	bendecid
		bendicen	bendecían	**bendijeron**	bendecirán	bendecirían	**bendigan**	**bendijeran** *o* **bendijesen**	**bendigan**
12	**caber** [4]	**quepo**	cabía	**cupe**	**cabré**	**cabría**	**quepa**	**cupiera** *o* **cupiese**	
		cabes/cabés	cabías	**cupiste**	**cabrás**	**cabrías**	**quepas**	**cupieras** *o* **cupieses**	cabe/cabé
	cabiendo	cabe	cabía	**cupo**	**cabrá**	**cabría**	**quepa**	**cupiera** *o* **cupiese**	**quepa**
	cabido	cabemos	cabíamos	**cupimos**	**cabremos**	**cabríamos**	**quepamos**	**cupiéramos** *o* **cupiésemos**	**quepamos**
		cabéis	cabíais	**cupisteis**	**cabréis**	**cabríais**	**quepáis**	**cupierais** *o* **cupieseis**	cabed
		caben	cabían	**cupieron**	**cabrán**	**cabrían**	**quepan**	**cupieran** *o* **cupiesen**	**quepan**
13	**caer** [3, 4]	**caigo**	caía	caí	caeré	caería	**caiga**	**cayera** *o* **cayese**	
	(y)	caes/caés	caías	**caíste**	caerás	caerías	**caigas**	**cayeras** *o* **cayeses**	cae/caé
	cayendo	cae	caía	**cayó**	caerá	caería	**caiga**	**cayera** *o* **cayese**	**caiga**
	caído	caemos	caíamos	**caímos**	caeremos	caeríamos	**caigamos**	**cayéramos** *o* **cayésemos**	**caigamos**
		caéis	caíais	**caísteis**	caeréis	caeríais	**caigáis**	**cayerais** *o* **cayeseis**	caed
		caen	caían	**cayeron**	caerán	caerían	**caigan**	**cayeran** *o* **cayesen**	**caigan**
14	**conducir** [2, 4]	**conduzco**	conducía	**conduje**	conduciré	conduciría	**conduzca**	**condujera** *o* **condujese**	
	(c:zc)	conduces/ conducís	conducías	**condujiste**	conducirás	conducirías	**conduzcas**	**condujeras** *o* **condujeses**	conduce/conducí
	conduciendo	conduce	conducía	**condujo**	conducirá	conduciría	**conduzca**	**condujera** *o* **condujese**	**conduzca**
	conducido	conducimos	conducíamos	**condujimos**	conduciremos	conduciríamos	**conduzcamos**	**condujéramos** *o* **condujésemos**	**conduzcamos**
		conducís	conducíais	**condujisteis**	conduciréis	conduciríais	**conduzcáis**	**condujerais** *o* **condujeseis**	conducid
		conducen	conducían	**condujeron**	conducirán	conducirían	**conduzcan**	**condujeran** *o* **condujesen**	**conduzcan**

Infinitivo Gerundio Participio	INDICATIVO					SUBJUNTIVO		IMPERATIVO
	Presente	**Pretérito imperfecto**	**Pretérito perfecto simple**	**Futuro simple**	**Condicional simple**	**Presente**	**Pretérito imperfecto**	
15 **conocer** [1]	**conozco**	conocía	conocí	conoceré	conocería	**conozca**	conociera *o* conociese	
(c:zc)	conoces/ conocés	conocías	conociste	conocerás	conocerías	**conozcas**	conocieras *o* conocieses	conoce/conocé
conociendo	conoce	conocía	conoció	conocerá	conocería	**conozca**	conociera *o* conociese	**conozca**
conocido	conocemos	conocíamos	conocimos	conoceremos	conoceríamos	**conozcamos**	conociéramos *o* conociésemos	**conozcamos**
	conocéis	conocíais	conocisteis	conoceréis	conoceríais	**conozcáis**	conocierais *o* conocieseis	conoced
	conocen	conocían	conocieron	conocerán	conocerían	**conozcan**	conocieran *o* conociesen	**conozcan**
16 **contar** [1]	**cuento**	contaba	conté	contaré	contaría	**cuente**	contara *o* contase	
(o:ue)	**cuentas**/contás	contabas	contaste	contarás	contarías	**cuentes**	contaras *o* contases	**cuenta**/contá
contando	**cuenta**	contaba	contó	contará	contaría	**cuente**	contara *o* contase	**cuente**
contado	contamos	contábamos	contamos	contaremos	contaríamos	contemos	contáramos *o* contásemos	contemos
	contáis	contabais	contasteis	contaréis	contaríais	contéis	contarais *o* contaseis	contad
	cuentan	contaban	contaron	contarán	contarían	**cuenten**	contaran *o* contasen	**cuenten**
17 **creer** [3, 4]	creo	creía	creí	creeré	creería	crea	**creyera** *o* **creyese**	
(y)	crees/creés	creías	**creíste**	creerás	creerías	creas	**creyeras** *o* **creyeses**	cree/creé
creyendo	cree	creía	**creyó**	creerá	creería	crea	**creyera** *o* **creyese**	crea
creído	creemos	creíamos	**creímos**	creeremos	creeríamos	creamos	**creyéramos** *o* **creyésemos**	creamos
	creéis	creíais	**creísteis**	creeréis	creeríais	creáis	**creyerais** *o* **creyeseis**	creed
	creen	creían	**creyeron**	creerán	creerían	crean	**creyeran** *o* **creyesen**	crean
18 **cruzar** [1]	cruzo	cruzaba	**crucé**	cruzaré	cruzaría	**cruce**	cruzara *o* cruzase	
(z:c)	cruzas/cruzás	cruzabas	cruzaste	cruzarás	cruzarías	**cruces**	cruzaras *o* cruzases	cruza/cruzá
cruzando	cruza	cruzaba	cruzó	cruzará	cruzaría	**cruce**	cruzara *o* cruzase	**cruce**
cruzado	cruzamos	cruzábamos	cruzamos	cruzaremos	cruzaríamos	**crucemos**	cruzáramos *o* cruzásemos	**crucemos**
	cruzáis	cruzabais	cruzasteis	cruzaréis	cruzaríais	**crucéis**	cruzarais *o* cruzaseis	cruzad
	cruzan	cruzaban	cruzaron	cruzarán	cruzarían	**crucen**	cruzaran *o* cruzasen	**crucen**
19 **dar** [4]	**doy**	daba	**di**	daré	daría	**dé**	**diera** *o* **diese**	
	das	dabas	**diste**	darás	darías	des	**dieras** *o* **dieses**	da
dando	da	daba	**dio**	dará	daría	**dé**	**diera** *o* **diese**	**dé**
dado	damos	dábamos	**dimos**	daremos	daríamos	demos	**diéramos** *o* **diésemos**	demos
	dais	dabais	**disteis**	daréis	daríais	**deis**	**dierais** *o* **dieseis**	dad
	dan	daban	**dieron**	darán	darían	den	**dieran** *o* **diesen**	den
20 **decir** [1, 4]	**digo**	decía	**dije**	**diré**	**diría**	**diga**	**dijera** *o* **dijese**	
(e:i)	**dices**/decís	decías	**dijiste**	**dirás**	**dirías**	**digas**	**dijeras** *o* **dijeses**	**di**/decí
diciendo	**dice**	decía	**dijo**	**dirá**	**diría**	**diga**	**dijera** *o* **dijese**	**diga**
dicho	decimos	decíamos	**dijimos**	**diremos**	**diríamos**	**digamos**	**dijéramos** *o* **dijésemos**	**digamos**
	decís	decíais	**dijisteis**	**diréis**	**diríais**	**digáis**	**dijerais** *o* **dijeseis**	decid
	dicen	decían	**dijeron**	**dirán**	**dirían**	**digan**	**dijeran** *o* **dijesen**	**digan**

Infinitivo	INDICATIVO					SUBJUNTIVO		IMPERATIVO
Gerundio Participio	Presente	Pretérito imperfecto	Pretérito perfecto simple	Futuro simple	Condicional simple	Presente	Pretérito imperfecto	
21 **degollar** [1, 3]	**degüello**	degollaba	degollé	degollaré	degollaría	**degüelle**	degollara *o* degollase	
(go:güe)	**degüellas**/ degollás	degollabas	degollaste	degollarás	degollarías	**degüelles**	degollaras *o* degollases	**degüella**/degollá
degollando	**degüella**	degollaba	degolló	degollará	degollaría	**degüelle**	degollara *o* degollase	**degüelle**
degollado	degollamos	degollábamos	degollamos	degollaremos	degollaríamos	degollemos	degolláramos *o* degollásemos	degollemos
	degolláis	degollabais	degollasteis	degollaréis	degollaríais	degolléis	degollarais *o* degollaseis	degollad
	degüellan	degollaban	degollaron	degollarán	degollarían	**degüellen**	degollaran *o* degollasen	**degüellen**
22 **delinquir** [2]	**delinco**	delinquía	delinquí	delinquiré	delinquiría	**delinca**	delinquiera *o* delinquiese	
(qu:c)	delinques/ delinquís	delinquías	delinquiste	delinquirás	delinquirías	**delincas**	delinquieras *o* delinquieses	delinque/delinquí
delinquiendo	delinque	delinquía	delinquió	delinquirá	delinquiría	**delinca**	delinquiera *o* delinquiese	**delinca**
delinquido	delinquimos	delinquíamos	delinquimos	delinquiremos	delinquiríamos	**delincamos**	delinquiéramos *o* delinquiésemos	**delincamos**
	delinquís	delinquíais	delinquisteis	delinquiréis	delinquiríais	**delincáis**	delinquierais *o* delinquieseis	delinquid
	delinquen	delinquían	delinquieron	delinquirán	delinquirían	**delincan**	delinquieran *o* delinquiesen	**delincan**
23 **destruir** [4]	**destruyo**	destruía	destruí	destruiré	destruiría	**destruya**	**destruyera** *o* **destruyese**	
(y)	**destruyes**/ destruís	destruías	destruiste	destruirás	destruirías	**destruyas**	**destruyeras** *o* **destruyeses**	**destruye**/ destruí
destruyendo	**destruye**	destruía	**destruyó**	destruirá	destruiría	**destruya**	**destruyera** *o* **destruyese**	**destruya**
destruido	destruimos	destruíamos	destruimos	destruiremos	destruiríamos	**destruyamos**	**destruyéramos** *o* **destruyésemos**	**destruyamos**
	destruís	destruíais	destruisteis	destruiréis	destruiríais	**destruyáis**	**destruyerais** *o* **destruyeseis**	destruid
	destruyen	destruían	**destruyeron**	destruirán	destruirían	**destruyan**	**destruyeran** *o* **destruyesen**	**destruyan**
24 **discernir** [1]	**discierno**	discernía	discerní	discerniré	discerniría	**discierna**	discerniera *o* discerniese	
(e:ie)	**disciernes**/ discernís	discernías	discerniste	discernirás	discernirías	**disciernas**	discernieras *o* discernieses	**discierne**/discerní
discerniendo	**discierne**	discernía	discernió	discernirá	discerniría	**discierna**	discerniera *o* discerniese	**discierna**
discernido	discernimos	discerníamos	discernimos	discerniremos	discerniríamos	discernamos	discerniéramos *o* discerniésemos	discernamos
	discernís	discerníais	discernisteis	discerniréis	discerniríais	discernáis	discernierais *o* discernieseis	discernid
	disciernen	discernían	discernieron	discernirán	discernirían	**disciernan**	discernieran *o* discerniesen	**disciernan**
25 **dormir** [1]	**duermo**	dormía	dormí	dormiré	dormiría	**duerma**	**durmiera** *o* **durmiese**	
(o:ue)	**duermes**/dormís	dormías	dormiste	dormirás	dormirías	**duermas**	**durmieras** *o* **durmieses**	**duerme**/dormí
	duerme	dormía	**durmió**	dormirá	dormiría	**duerma**	**durmiera** *o* **durmiese**	**duerma**
durmiendo	dormimos	dormíamos	dormimos	dormiremos	dormiríamos	**durmamos**	**durmiéramos** *o* **durmiésemos**	**durmamos**
dormido	dormís	dormíais	dormisteis	dormiréis	dormiríais	**durmáis**	**durmierais** *o* **durmieseis**	dormid
	duermen	dormían	**durmieron**	dormirán	dormirían	**duerman**	**durmieran** *o* **durmiesen**	**duerman**

Infinitivo Gerundio Participio	INDICATIVO Presente	Pretérito imperfecto	Pretérito perfecto simple	Futuro simple	Condicional simple	SUBJUNTIVO Presente	Pretérito imperfecto	IMPERATIVO
26 **elegir** [1, 2]	**elijo**	elegía	elegí	elegiré	elegiría	**elija**	**eligiera** *o* **eligiese**	
(e:i) (g:j)	**eliges**/elegís	elegías	elegiste	elegirás	elegirías	**elijas**	**eligieras** *o* **eligieses**	**elige**/elegí
eligiendo	**elige**	elegía	**eligió**	elegirá	elegiría	**elija**	**eligiera** *o* **eligiese**	**elija**
elegido *o*	elegimos	elegíamos	elegimos	elegiremos	elegiríamos	**elijamos**	**eligiéramos** *o* **eligiésemos**	**elijamos**
electo	elegís	elegíais	elegisteis	elegiréis	elegiríais	**elijáis**	**eligierais** *o* **eligieseis**	elegid
	eligen	elegían	**eligieron**	elegirán	elegirían	**elijan**	**eligieran** *o* **eligiesen**	**elijan**
27 **empezar** [1,2]	**empiezo**	empezaba	**empecé**	empezaré	empezaría	**empiece**	empezara *o* empezase	
(e:ie) (z:c)	**empiezas**/ empezás	empezabas	empezaste	empezarás	empezarías	**empieces**	empezaras *o* empezases	**empieza**/empezá
empezando	**empieza**	empezaba	empezó	empezará	empezaría	**empiece**	empezara *o* empezase	**empiece**
empezado	empezamos	empezábamos	empezamos	empezaremos	empezaríamos	**empecemos**	empezáramos *o* empezásemos	**empecemos**
	empezáis	empezabais	empezasteis	empezaréis	empezaríais	**empecéis**	empezarais *o* empezaseis	empezad
	empiezan	empezaban	empezaron	empezarán	empezarían	**empiecen**	empezaran *o* empezasen	**empiecen**
28 **entender** [1]	**entiendo**	entendía	entendí	entenderé	entendería	**entienda**	entendiera *o* entendiese	
(e:ie)	**entiendes**/ entendés	entendías	entendiste	entenderás	entenderías	**entiendas**	entendieras *o* entendieses	**entiende**/entendé
entendiendo	**entiende**	entendía	entendió	entenderá	entendería	**entienda**	entendiera *o* entendiese	**entienda**
entendido	entendemos	entendíamos	entendimos	entenderemos	entenderíamos	entendamos	entendiéramos *o* entendiésemos	entendamos
	entendéis	entendíais	entendisteis	entenderéis	entenderíais	entendáis	entendierais *o* entendieseis	entended
	entienden	entendían	entendieron	entenderán	entenderían	**entiendan**	entendieran *o* entendiesen	**entiendan**
29 **enviar** [3]	**envío**	enviaba	envié	enviaré	enviaría	**envíe**	enviara *o* enviase	
(i:í)	**envías**/enviás	enviabas	enviaste	enviarás	enviarías	**envíes**	enviaras *o* enviases	**envía**/enviá
enviando	**envía**	enviaba	envió	enviará	enviaría	**envíe**	enviara *o* enviase	**envíe**
enviado	enviamos	enviábamos	enviamos	enviaremos	enviaríamos	enviemos	enviáramos *o* enviásemos	enviemos
	enviáis	enviabais	enviasteis	enviaréis	enviaríais	enviéis	enviarais *o* enviaseis	enviad
	envían	enviaban	enviaron	enviarán	enviarían	**envíen**	enviaran *o* enviasen	**envíen**
30 **erguir** [4]	**irgo** *o* **yergo**	erguía	erguí	erguiré	erguiría	**irga** *o* **yerga**	**irguiera** *o* **irguiese**	
irguiendo	**irgues** *o* **yergues**/erguís	erguías	erguiste	erguirás	erguirías	**irgas** *o* **yergas**	**irguieras** *o* **irguieses**	**irgue** *o* **yergue**/erguí
erguido	**irgue** *o* **yergue**	erguía	**irguió**	erguirá	erguiría	**irga** *o* **yerga**	**irguiera** *o* **irguiese**	**irga** *o* **yerga**
	erguimos	erguíamos	erguimos	erguiremos	erguiríamos	**irgamos** *o* **yergamos**	**irguiéramos** *o* **irguiésemos**	**irgamos** *o* **yergamos**
	erguís	erguíais	erguisteis	erguiréis	erguiríais	**irgáis** *o* **yergáis**	**irguierais** *o* **irguieseis**	erguid
	irguen *o* **yerguen**	erguían	**irguieron**	erguirán	erguirían	**irgan** *o* **yergan**	**irguieran** *o* **irguiesen**	**irgan** *o* **yergan**

	Infinitivo Gerundio Participio	INDICATIVO					SUBJUNTIVO		IMPERATIVO
		Presente	Pretérito imperfecto	Pretérito perfecto simple	Futuro simple	Condicional simple	Presente	Pretérito imperfecto	
31	**errar** [4]	**yerro** *o* erro	erraba	erré	erraré	erraría	**yerre** *o* erre	errara *o* errase	
	(y)	**yerras** *o* erras/ errás	errabas	erraste	errarás	errarías	**yerres** *o* erres	erraras *o* errases	**yerra** *o* erra/errá
	errando	**yerra** *o* erra	erraba	erró	errará	erraría	**yerre** *o* erre	errara *o* errase	**yerre** o erre
	errado	erramos	errábamos	erramos	erraremos	erraríamos	erremos	erráramos *o* errásemos	erremos
		erráis	errabais	errasteis	erraréis	erraríais	erréis	errarais *o* erraseis	errad
		yerran *o* erran	erraban	erraron	errarán	errarían	**yerren** *o* erren	erraran *o* errasen	**yerren** *o* erren
32	**esparcir** [2]	**esparzo**	esparcía	esparcí	esparciré	esparciría	**esparza**	esparciera *o* esparciese	
	(c:z)	esparces/ esparcís	esparcías	esparciste	esparcirás	esparcirías	**esparzas**	esparcieras *o* esparcieses	esparce/esparcí
	esparciendo	esparce	esparcía	esparció	esparcirá	esparciría	**esparza**	esparciera *o* esparciese	**esparza**
	esparcido	esparcimos	esparcíamos	esparcimos	esparciremos	esparciríamos	**esparzamos**	esparciéramos *o* esparciésemos	**esparzamos**
		esparcís	esparcíais	esparcisteis	esparciréis	esparciríais	**esparzáis**	esparcierais *o* esparcieseis	esparcid
		esparcen	esparcían	esparcieron	esparcirán	esparcirían	**esparzan**	esparcieran *o* esparciesen	**esparzan**
33	**estar** [4]	**estoy**	estaba	**estuve**	estaré	estaría	**esté**	**estuviera** *o* **estuviese**	
		estás	estabas	**estuviste**	estarás	estarías	**estés**	**estuvieras** *o* **estuvieses**	**está**
	estando	**está**	estaba	**estuvo**	estará	estaría	**esté**	**estuviera** *o* **estuviese**	**esté**
	estado	estamos	estábamos	**estuvimos**	estaremos	estaríamos	estemos	**estuviéramos** *o* **estuviésemos**	estemos
		estáis	estabais	**estuvisteis**	estaréis	estaríais	estéis	**estuvierais** *o* **estuvieseis**	estad
		están	estaban	**estuvieron**	estarán	estarían	**estén**	**estuvieran** *o* **estuviesen**	**estén**
34	**europeizar** [2, 3]	**europeízo**	europeizaba	**europeicé**	europeizaré	europeizaría	**europeíce**	europeizara *o* europeizase	
	(z:c) (i:í)	**europeízas**/ europeizás	europeizabas	europeizaste	europeizarás	europeizarías	**europeíces**	europeizaras *o* europeizases	**europeíza**/europeizá
	europeizando	**europeíza**	europeizaba	europeizó	europeizará	europeizaría	**europeíce**	europeizara *o* europeizase	**europeíce**
	europeizado	europeizamos	europeizábamos	europeizamos	europeizaremos	europeizaríamos	**europeicemos**	europeizáramos *o* europeizásemos	**europeicemos**
		europeizáis	europeizabais	europeizasteis	europeizaréis	europeizaríais	**europeicéis**	europeizarais *o* europeizaseis	europeizad
		europeízan	europeizaban	europeizaron	europeizarán	europeizarían	**europeícen**	europeizaran *o* europeizasen	**europeícen**
35	**exigir** [2]	**exijo**	exigía	exigí	exigiré	exigiría	**exija**	exigiera *o* exigiese	
	(g:j)	exiges/exigís	exigías	exigiste	exigirás	exigirías	**exijas**	exigieras *o* exigieses	exige/exigí
		exige	exigía	exigió	exigirá	exigiría	**exija**	exigiera *o* exigiese	**exija**
	exigiendo	exigimos	exigíamos	exigimos	exigiremos	exigiríamos	**exijamos**	exigiéramos *o* exigiésemos	**exijamos**
	exigido	exigís	exigíais	exigisteis	exigiréis	exigiríais	**exijáis**	exigierais *o* exigieseis	exigid
		exigen	exigían	exigieron	exigirán	exigirían	**exijan**	exigieran *o* exigiesen	**exijan**

Infinitivo Gerundio Participio	INDICATIVO					SUBJUNTIVO		IMPERATIVO
	Presente	Pretérito imperfecto	Pretérito perfecto simple	Futuro simple	Condicional simple	Presente	Pretérito imperfecto	
36 **extinguir**[2]	**extingo**	extinguía	extinguí	extinguiré	extinguiría	**extinga**	extinguiera *o* extinguiese	
(gu:g)	extingues/ extinguís	extinguías	extinguiste	extinguirás	extinguirías	**extingas**	extinguieras *o* extinguieses	extingue/extinguí
extinguiendo	extingue	extinguía	extinguió	extinguirá	extinguiría	**extinga**	extinguiera *o* extinguiese	**extinga**
extinguido	extinguimos	extinguíamos	extinguimos	extinguiremos	extinguiríamos	**extingamos**	extinguiéramos *o* extinguiésemos	**extingamos**
	extinguís	extinguíais	extinguisteis	extinguiréis	extinguiríais	**extingáis**	extinguierais *o* extinguieseis	extinguid
	extinguen	extinguían	extinguieron	extinguirán	extinguirían	**extingan**	extinguieran *o* extinguiesen	**extingan**
37 **graduar**[3]	**gradúo**	graduaba	gradué	graduaré	graduaría	**gradúe**	graduara *o* graduase	
(u:ú)	**gradúas**/graduás	graduabas	graduaste	graduarás	graduarías	**gradúes**	graduaras *o* graduases	**gradúa**/graduá
	gradúa	graduaba	graduó	graduará	graduaría	**gradúe**	graduara *o* graduase	**gradúe**
graduando	graduamos	graduábamos	graduamos	graduaremos	graduaríamos	graduemos	graduáramos *o* graduásemos	graduemos
graduado	graduáis	graduabais	graduasteis	graduaréis	graduaríais	graduéis	graduarais *o* graduaseis	graduad
	gradúan	graduaban	graduaron	graduarán	graduarían	**gradúen**	graduaran *o* graduasen	**gradúen**
38 **haber**[4]	**he**	había	**hube**	**habré**	**habría**	**haya**	**hubiera** *o* **hubiese**	
	has	habías	**hubiste**	**habrás**	**habrías**	**hayas**	**hubieras** *o* **hubieses**	
habiendo	**ha**	había	**hubo**	**habrá**	**habría**	**haya**	**hubiera** *o* **hubiese**	
habido	**hemos**	habíamos	**hubimos**	**habremos**	**habríamos**	**hayamos**	**hubiéramos** *o* **hubiésemos**	
	habéis	habíais	**hubisteis**	**habréis**	**habríais**	**hayáis**	**hubierais** *o* **hubieseis**	
	han	habían	**hubieron**	**habrán**	**habrían**	**hayan**	**hubieran** *o* **hubiesen**	
39 **hacer**[4]	**hago**	hacía	**hice**	**haré**	**haría**	**haga**	**hiciera** *o* **hiciese**	
	haces/hacés	hacías	**hiciste**	**harás**	**harías**	**hagas**	**hicieras** *o* **hicieses**	**haz**/hacé
haciendo	hace	hacía	**hizo**	**hará**	**haría**	**haga**	**hiciera** *o* **hiciese**	**haga**
hecho	hacemos	hacíamos	**hicimos**	**haremos**	**haríamos**	**hagamos**	**hiciéramos** *o* **hiciésemos**	**hagamos**
	hacéis	hacíais	**hicisteis**	**haréis**	**haríais**	**hagáis**	**hicierais** *o* **hicieseis**	haced
	hacen	hacían	**hicieron**	**harán**	**harían**	**hagan**	**hicieran** *o* **hiciesen**	**hagan**
40 **ir**[4]	**voy**	**iba**	**fui**	**iré**	**iría**	**vaya**	**fuera** *o* **fuese**	
	vas	**ibas**	**fuiste**	**irás**	**irías**	**vayas**	**fueras** *o* **fueses**	**ve/andá**
yendo	**va**	**iba**	**fue**	**irá**	**iría**	**vaya**	**fuera** *o* **fuese**	**vaya**
ido	**vamos**	**íbamos**	**fuimos**	**iremos**	**iríamos**	**vayamos**	**fuéramos** *o* **fuésemos**	**vamos**
	vais	**ibais**	**fuisteis**	**iréis**	**iríais**	**vayáis**	**fuerais** *o* **fueseis**	**id**
	van	**iban**	**fueron**	**irán**	**irían**	**vayan**	**fueran** *o* **fuesen**	**vayan**
41 **jugar**[1,2]	**juego**	jugaba	**jugué**	jugaré	jugaría	**juegue**	jugara *o* jugase	
(u:ue) (g:gu)	**juegas**/jugás	jugabas	jugaste	jugarás	jugarías	**juegues**	jugaras *o* jugases	**juega**/jugá
	juega	jugaba	jugó	jugará	jugaría	**juegue**	jugara *o* jugase	**juegue**
jugando	jugamos	jugábamos	jugamos	jugaremos	jugaríamos	**juguemos**	jugáramos *o* jugásemos	**juguemos**
jugado	jugáis	jugabais	jugasteis	jugaréis	jugaríais	**juguéis**	jugarais *o* jugaseis	jugad
	juegan	jugaban	jugaron	jugarán	jugarían	**jueguen**	jugaran *o* jugasen	**jueguen**

	Infinitivo	INDICATIVO					SUBJUNTIVO		IMPERATIVO
	Gerundio Participio	Presente	Pretérito imperfecto	Pretérito perfecto simple	Futuro simple	Condicional simple	Presente	Pretérito imperfecto	
42	**llegar** [2]	llego	llegaba	**llegué**	llegaré	llegaría	**llegue**	llegara *o* llegase	
	(g:gu)	llegas/llegás	llegabas	llegaste	llegarás	llegarías	**llegues**	llegaras *o* llegases	llega/llegá
		llega	llegaba	llegó	llegará	llegaría	**llegue**	llegara *o* llegase	**llegue**
	llegando	llegamos	llegábamos	llegamos	llegaremos	llegaríamos	**lleguemos**	llegáramos *o* llegásemos	**lleguemos**
	llegado	llegáis	llegabais	llegasteis	llegaréis	llegaríais	**lleguéis**	llegarais *o* llegaseis	llegad
		llegan	llegaban	llegaron	llegarán	llegarían	**lleguen**	llegaran *o* llegasen	**lleguen**
43	**lucir** [1]	**luzco**	lucía	lucí	luciré	luciría	**luzca**	luciera *o* luciese	
	(c:zc)	luces/lucís	lucías	luciste	lucirás	lucirías	**luzcas**	lucieras *o* lucieses	luce/lucí
		luce	lucía	lució	lucirá	luciría	**luzca**	luciera *o* luciese	**luzca**
	luciendo	lucimos	lucíamos	lucimos	luciremos	luciríamos	**luzcamos**	luciéramos *o* luciésemos	**luzcamos**
	lucido	lucís	lucíais	lucisteis	luciréis	luciríais	**luzcáis**	lucierais *o* lucieseis	lucid
		lucen	lucían	lucieron	lucirán	lucirían	**luzcan**	lucieran *o* luciesen	**luzcan**
44	**mover** [1]	**muevo**	movía	moví	moveré	movería	**mueva**	moviera *o* moviese	
	(o:ue)	**mueves**/movés	movías	moviste	moverás	moverías	**muevas**	movieras *o* movieses	**mueve**/mové
		mueve	movía	movió	moverá	movería	**mueva**	moviera *o* moviese	**mueva**
	moviendo	movemos	movíamos	movimos	moveremos	moveríamos	movamos	moviéramos *o* moviésemos	movamos
	movido	movéis	movíais	movisteis	moveréis	moveríais	mováis	movierais *o* movieseis	moved
		mueven	movían	movieron	moverán	moverían	**muevan**	movieran *o* moviesen	**muevan**
45	**negar** [1, 2]	**niego**	negaba	**negué**	negaré	negaría	**niegue**	negara *o* negase	
	(e:ie) (g:gu)	**niegas**/negás	negabas	negaste	negarás	negarías	**niegues**	negaras *o* negases	**niega**/negá
		niega	negaba	negó	negará	negaría	**niegue**	negara *o* negase	**niegue**
	negando	negamos	negábamos	negamos	negaremos	negaríamos	**neguemos**	negáramos *o* negásemos	**neguemos**
	negado	negáis	negabais	negasteis	negaréis	negaríais	**neguéis**	negarais *o* negaseis	negad
		niegan	negaban	negaron	negarán	negarían	**nieguen**	negaran *o* negasen	**nieguen**
46	**oír** [3, 4]	**oigo**	oía	oí	oiré	oiría	**oiga**	**oyera** *u* **oyese**	
	(y)	**oyes**/oís	oías	**oíste**	oirás	oirías	**oigas**	**oyeras** *u* **oyeses**	**oye**/oí
		oye	oía	**oyó**	oirá	oiría	**oiga**	**oyera** *u* **oyese**	**oiga**
	oyendo	**oímos**	oíamos	**oímos**	oiremos	oiríamos	**oigamos**	**oyéramos** *u* **oyésemos**	**oigamos**
	oído	oís	oíais	**oísteis**	oiréis	oiríais	**oigáis**	**oyerais** *u* **oyeseis**	**oíd**
		oyen	oían	**oyeron**	oirán	oirían	**oigan**	**oyeran** *u* **oyesen**	**oigan**
47	**oler** [1]	**huelo**	olía	olí	oleré	olería	**huela**	oliera *u* oliese	
	(o:hue)	**hueles**/olés	olías	oliste	olerás	olerías	**huelas**	olieras *u* olieses	**huele**/olé
		huele	olía	olió	olerá	olería	**huela**	oliera *u* oliese	**huela**
	oliendo	olemos	olíamos	olimos	oleremos	oleríamos	olamos	oliéramos *u* oliésemos	olamos
	olido	oléis	olíais	olisteis	oleréis	oleríais	oláis	olierais *u* olieseis	oled
		huelen	olían	olieron	olerán	olerían	**huelan**	olieran *u* oliesen	**huelan**

Infinitivo Gerundio Participio	INDICATIVO					SUBJUNTIVO		IMPERATIVO
	Presente	Pretérito imperfecto	Pretérito perfecto simple	Futuro simple	Condicional simple	Presente	Pretérito imperfecto	
48 **pedir** [1]	**pido**	pedía	pedí	pediré	pediría	**pida**	**pidiera** *o* **pidiese**	
(e:i)	**pides**/pedís	pedías	pediste	pedirás	pedirías	**pidas**	**pidieras** *o* **pidieses**	**pide**/pedí
	pide	pedía	**pidió**	pedirá	pediría	**pida**	**pidiera** *o* **pidiese**	**pida**
pidiendo	pedimos	pedíamos	pedimos	pediremos	pediríamos	**pidamos**	**pidiéramos** *o* **pidiésemos**	**pidamos**
pedido	pedís	pedíais	pedisteis	pediréis	pediríais	**pidáis**	**pidierais** *o* **pidieseis**	pedid
	piden	pedían	**pidieron**	pedirán	pedirían	**pidan**	**pidieran** *o* **pidiesen**	**pidan**
49 **pensar** [1]	**pienso**	pensaba	pensé	pensaré	pensaría	**piense**	pensara *o* pensase	
(e:ie)	**piensas**/pensás	pensabas	pensaste	pensarás	pensarías	**pienses**	pensaras *o* pensases	**piensa**/pensá
	piensa	pensaba	pensó	pensará	pensaría	**piense**	pensara *o* pensase	**piense**
pensando	pensamos	pensábamos	pensamos	pensaremos	pensaríamos	pensemos	pensáramos *o* pensásemos	pensemos
pensado	pensáis	pensabais	pensasteis	pensaréis	pensaríais	penséis	pensarais *o* pensaseis	pensad
	piensan	pensaban	pensaron	pensarán	pensarían	**piensen**	pensaran *o* pensasen	**piensen**
50 **poder** [1, 4]	**puedo**	podía	**pude**	**podré**	**podría**	**pueda**	**pudiera** *o* **pudiese**	
(o:ue)	**puedes**/podés	podías	**pudiste**	**podrás**	**podrías**	**puedas**	**pudieras** *o* **pudieses**	**puede**/podé
	puede	podía	**pudo**	**podrá**	**podría**	**pueda**	**pudiera** *o* **pudiese**	**pueda**
pudiendo	podemos	podíamos	**pudimos**	**podremos**	**podríamos**	podamos	**pudiéramos** *o* **pudiésemos**	podamos
podido	podéis	podíais	**pudisteis**	**podréis**	**podríais**	podáis	**pudierais** *o* **pudieseis**	poded
	pueden	podían	**pudieron**	**podrán**	**podrían**	**puedan**	**pudieran** *o* **pudiesen**	**puedan**
51 **poner** [4]	**pongo**	ponía	**puse**	**pondré**	**pondría**	**ponga**	**pusiera** *o* **pusiese**	
	pones/ponés	ponías	**pusiste**	**pondrás**	**pondrías**	**pongas**	**pusieras** *o* **pusieses**	**pon**/poné
poniendo	pone	ponía	**puso**	**pondrá**	**pondría**	**ponga**	**pusiera** *o* **pusiese**	**ponga**
puesto	ponemos	poníamos	**pusimos**	**pondremos**	**pondríamos**	**pongamos**	**pusiéramos** *o* **pusiésemos**	**pongamos**
	ponéis	poníais	**pusisteis**	**pondréis**	**pondríais**	**pongáis**	**pusierais** *o* **pusieseis**	poned
	ponen	ponían	**pusieron**	**pondrán**	**pondrían**	**pongan**	**pusieran** *o* **pusiesen**	**pongan**
52 **predecir** [1, 4]	**predigo**	predecía	**predije**	**predeciré** *o* **prediré**	**predeciría** *o* **prediría**	**prediga**	**predijera** *o* **predijese**	
(e:i)	**predices/** predecís	predecías	**predijiste**	**predecirás** *o* **predirás**	**predecirías** *o* **predirías**	**predigas**	**predijeras** *o* **predijeses**	**predice**/predecí
prediciendo **predicho**	**predice**	predecía	**predijo**	**predecirá** *o* **predirá**	**predeciría** *o* **prediría**	**prediga**	**predijera** *o* **predijese**	**prediga**
	predecimos	predecíamos	**predijimos**	**predeciremos** *o* **prediremos**	**predeciríamos** *o* **prediríamos**	**predigamos**	**predijéramos** *o* **predijésemos**	**predigamos**
	predecís	predecíais	**predijisteis**	**predeciréis** *o* **prediréis**	**predeciríais** *o* **prediríais**	**predigáis**	**predijerais** *o* **predijeseis**	predecid
	predicen	predecían	**predijeron**	**predecirán** *o* **predirán**	**predecirían** *o* **predirían**	**predigan**	**predijeran** *o* **predijesen**	**predigan**
53 **prohibir** [3]	**prohíbo**	prohibía	prohibí	prohibiré	prohibiría	**prohíba**	prohibiera *o* prohibiese	
(i:í)	**prohíbes/** prohibís	prohibías	prohibiste	prohibirás	prohibirías	**prohíbas**	prohibieras *o* prohibieses	**prohíbe**/prohibí
prohibiendo	**prohíbe**	prohibía	prohibió	prohibirá	prohibiría	**prohíba**	prohibiera *o* prohibiese	**prohíba**
prohibido	prohibimos	prohibíamos	prohibimos	prohibiremos	prohibiríamos	prohibamos	prohibiéramos *o* prohibiésemos	prohibamos
	prohibís	prohibíais	prohibisteis	prohibiréis	prohibiríais	prohibáis	prohibierais *o* prohibieseis	prohibid
	prohíben	prohibían	prohibieron	prohibirán	prohibirían	**prohíban**	prohibieran *o* prohibiesen	**prohíban**

Infinitivo Gerundio Participio	INDICATIVO					SUBJUNTIVO		IMPERATIVO
	Presente	Pretérito imperfecto	Pretérito perfecto simple	Futuro simple	Condicional simple	Presente	Pretérito imperfecto	
54 **proteger** [2]	**protejo**	protegía	protegí	protegeré	protegería	**proteja**	protegiera *o* protegiese	
(g:j)	proteges/ protegés	protegías	protegiste	protegerás	protegerías	**protejas**	protegieras *o* protegieses	protege/protegé
protegiendo	protege	protegía	protegió	protegerá	protegería	**proteja**	protegiera *o* protegiese	**proteja**
protegido	protegemos	protegíamos	protegimos	protegeremos	protegeríamos	**protejamos**	protegiéramos *o* protegiésemos	**protejamos**
	protegéis	protegíais	protegisteis	protegeréis	protegeríais	**protejáis**	protegierais *o* protegieseis	proteged
	protegen	protegían	protegieron	protegerán	protegerían	**protejan**	protegieran *o* protegiesen	**protejan**
55 **pudrir/ podrir** [4]	pudro	pudría	pudrí	pudriré	pudriría	pudra	pudriera *o* pudriese	
	pudres/pudrís	pudrías	pudriste	pudrirás	pudrirías	pudras	pudrieras *o* pudrieses	pudre/pudrí
pudriendo	pudre	pudría	pudrió	pudrirá	pudriría	pudra	pudriera *o* pudriese	pudra
podrido	pudrimos	pudríamos	pudrimos	pudriremos	pudriríamos	pudramos	pudriéramos *o* pudriésemos	pudramos
	pudrís	pudríais	pudristeis	pudriréis	pudriríais	pudráis	pudrierais *o* pudrieseis	pudrid
	pudren	pudrían	pudrieron	pudrirán	pudrirían	pudran	pudrieran *o* pudriesen	pudran
56 **querer** [1, 4]	**quiero**	quería	**quise**	**querré**	**querría**	**quiera**	**quisiera** *o* **quisiese**	
(e:ie)	**quieres**/querés	querías	**quisiste**	**querrás**	**querrías**	**quieras**	**quisieras** *o* **quisieses**	**quiere**/queré
queriendo	**quiere**	quería	**quiso**	**querrá**	**querría**	**quiera**	**quisiera** *o* **quisiese**	**quiera**
querido	queremos	queríamos	**quisimos**	**querremos**	**querríamos**	queramos	**quisiéramos** *o* **quisiésemos**	queramos
	queréis	queríais	**quisisteis**	**querréis**	**querríais**	queráis	**quisierais** *o* **quisieseis**	quered
	quieren	querían	**quisieron**	**querrán**	**querrían**	**quieran**	**quisieran** *o* **quisiesen**	**quieran**
57 **rehusar** [3]	**rehúso**	rehusaba	rehusé	rehusaré	rehusaría	**rehúse**	rehusara *o* rehusase	
(u:ú)	**rehúsas**/rehusás	rehusabas	rehusaste	rehusarás	rehusarías	**rehúses**	rehusaras *o* rehusases	**rehúsa**/rehusá
rehusando	**rehúsa**	rehusaba	rehusó	rehusará	rehusaría	**rehúse**	rehusara *o* rehusase	**rehúse**
rehusado	rehusamos	rehusábamos	rehusamos	rehusaremos	rehusaríamos	rehusemos	rehusáramos *o* rehusásemos	rehusemos
	rehusáis	rehusabais	rehusasteis	rehusaréis	rehusaríais	rehuséis	rehusarais *o* rehusaseis	rehusad
	rehúsan	rehusaban	rehusaron	rehusarán	rehusarían	**rehúsen**	rehusaran *o* rehusasen	**rehúsen**
58 **reír** [1]	**río**	reía	reí	reiré	reiría	**ría**	**riera** *o* **riese**	
(e:i)	**ríes**/reís	reías	**reíste**	reirás	reirías	**rías**	**rieras** *o* **rieses**	**ríe**/reí
riendo	**ríe**	reía	**rio**	reirá	reiría	**ría**	**riera** *o* **riese**	**ría**
reído	**reímos**	reíamos	**reímos**	reiremos	reiríamos	**riamos**	**riéramos** *o* **riésemos**	**riamos**
	reís	reíais	**reísteis**	reiréis	reiríais	**riais**	**rierais** *o* **rieseis**	**reíd**
	ríen	reían	**rieron**	reirán	reirían	**rían**	**rieran** *o* **riesen**	**rían**

Infinitivo Gerundio Participio	INDICATIVO Presente	Pretérito imperfecto	Pretérito perfecto simple	Futuro simple	Condicional simple	SUBJUNTIVO Presente	Pretérito imperfecto	IMPERATIVO
59 **reunir** [3]	**reúno**	reunía	reuní	reuniré	reuniría	**reúna**	reuniera *o* reuniese	
(u:ú)	**reúnes**/reunís	reunías	reuniste	reunirás	reunirías	**reúnas**	reunieras *o* reunieses	**reúne**/reuní
	reúne	reunía	reunió	reunirá	reuniría	**reúna**	reuniera *o* reuniese	**reúna**
reuniendo	reunimos	reuníamos	reunimos	reuniremos	reuniríamos	reunamos	reuniéramos *o* reuniésemos	reunamos
reunido	reunís	reuníais	reunisteis	reuniréis	reuniríais	reunáis	reunierais *o* reunieseis	reunid
	reúnen	reunían	reunieron	reunirán	reunirían	**reúnan**	reunieran *o* reuniesen	**reúnan**
60 **roer** [3, 4]	roo *o* **roigo** *o* **royo**	roía	roí	roeré	roería	roa *o* **roiga** *o* **roya**	**royera** *o* **royese**	
(y)	roes/roés	roías	**roíste**	roerás	roerías	roas *o* **roigas** *o* **royas**	**royeras** *o* **royeses**	roe/roé
royendo	roe	roía	**royó**	roerá	roería	roa *o* **roiga** *o* **roya**	**royera** *o* **royese**	roa *o* **roiga** *o* **roya**
roído	roemos	roíamos	**roímos**	roeremos	roeríamos	roamos *o* **roigamos** *o* **royamos**	**royéramos** *o* **royésemos**	roamos *o* **roigamos** *o* **royamos**
	roéis	roíais	**roísteis**	roeréis	roeríais	roáis *o* **roigáis** *o* **royáis**	**royerais** *o* **royeseis**	roed
	roen	roían	**royeron**	roerán	roerían	roan *o* **roigan** *o* **royan**	**royeran** *o* **royesen**	roan *o* **roigan** *o* **royan**
61 **rogar** [1, 2]	**ruego**	rogaba	**rogué**	rogaré	rogaría	**ruegue**	rogara *o* rogase	
(o:ue) (g:gu)	**ruegas**/rogás	rogabas	rogaste	rogarás	rogarías	**ruegues**	rogaras *o* rogases	**ruega**/rogá
	ruega	rogaba	rogó	rogará	rogaría	**ruegue**	rogara *o* rogase	**ruegue**
rogando	rogamos	rogábamos	rogamos	rogaremos	rogaríamos	**roguemos**	rogáramos *o* rogásemos	**roguemos**
rogado	rogáis	rogabais	rogasteis	rogaréis	rogaríais	**roguéis**	rogarais *o* rogaseis	rogad
	ruegan	rogaban	rogaron	rogarán	rogarían	**rueguen**	rogaran *o* rogasen	**rueguen**
62 **saber** [4]	**sé**	sabía	**supe**	**sabré**	**sabría**	**sepa**	**supiera** *o* **supiese**	
	sabes/sabés	sabías	**supiste**	**sabrás**	**sabrías**	**sepas**	**supieras** *o* **supieses**	sabe/sabé
sabiendo	sabe	sabía	**supo**	**sabrá**	**sabría**	**sepa**	**supiera** *o* **supiese**	**sepa**
sabido	sabemos	sabíamos	**supimos**	**sabremos**	**sabríamos**	**sepamos**	**supiéramos** *o* **supiésemos**	**sepamos**
	sabéis	sabíais	**supisteis**	**sabréis**	**sabríais**	**sepáis**	**supierais** *o* **supieseis**	sabed
	saben	sabían	**supieron**	**sabrán**	**sabrían**	**sepan**	**supieran** *o* **supiesen**	**sepan**
63 **salir** [4]	**salgo**	salía	salí	**saldré**	**saldría**	**salga**	saliera *o* saliese	
	sales/salís	salías	saliste	**saldrás**	**saldrías**	**salgas**	salieras *o* salieses	**sal**/salí
saliendo	sale	salía	salió	**saldrá**	**saldría**	**salga**	saliera *o* saliese	**salga**
salido	salimos	salíamos	salimos	**saldremos**	**saldríamos**	**salgamos**	saliéramos *o* saliésemos	**salgamos**
	salís	salíais	salisteis	**saldréis**	**saldríais**	**salgáis**	salierais *o* salieseis	salid
	salen	salían	salieron	**saldrán**	**saldrían**	**salgan**	salieran *o* saliesen	**salgan**

Infinitivo	INDICATIVO					SUBJUNTIVO		IMPERATIVO
Gerundio Participio	Presente	Pretérito imperfecto	Pretérito perfecto simple	Futuro simple	Condicional simple	Presente	Pretérito imperfecto	
64 **seguir** [1, 2]	**sigo**	seguía	seguí	seguiré	seguiría	**siga**	**siguiera** *o* **siguiese**	
(e:i) (gu:g)	**sigues**/seguís	seguías	seguiste	seguirás	seguirías	**sigas**	**siguieras** *o* **siguieses**	**sigue**/seguí
	sigue	seguía	**siguió**	seguirá	seguiría	**siga**	**siguiera** *o* **siguiese**	**siga**
siguiendo	seguimos	seguíamos	seguimos	seguiremos	seguiríamos	**sigamos**	**siguiéramos** *o* **siguiésemos**	**sigamos**
seguido	seguís	seguíais	seguisteis	seguiréis	seguiríais	**sigáis**	**siguierais** *o* **siguieseis**	seguid
	siguen	seguían	**siguieron**	seguirán	seguirían	**sigan**	**siguieran** *o* **siguiesen**	**sigan**
65 **sentir** [1, 4]	**siento**	sentía	sentí	sentiré	sentiría	**sienta**	**sintiera** *o* **sintiese**	
(e:ie)	**sientes**/sentís	sentías	sentiste	sentirás	sentirías	**sientas**	**sintieras** *o* **sintieses**	**siente**/sentí
	siente	sentía	**sintió**	sentirá	sentiría	**sienta**	**sintiera** *o* **sintiese**	**sienta**
sintiendo	sentimos	sentíamos	sentimos	sentiremos	sentiríamos	**sintamos**	**sintiéramos** *o* **sintiésemos**	**sintamos**
sentido	sentís	sentíais	sentisteis	sentiréis	sentiríais	**sintáis**	**sintierais** *o* **sintieseis**	sentid
	sienten	sentían	**sintieron**	sentirán	sentirían	**sientan**	**sintieran** *o* **sintiesen**	**sientan**
66 **ser** [4]	**soy**	**era**	**fui**	seré	sería	**sea**	**fuera** *o* **fuese**	
	eres/sos	**eras**	**fuiste**	serás	serías	**seas**	**fueras** *o* **fueses**	**sé**
siendo	**es**	**era**	**fue**	será	sería	**sea**	**fuera** *o* **fuese**	**sea**
sido	**somos**	**éramos**	**fuimos**	seremos	seríamos	**seamos**	**fuéramos** *o* **fuésemos**	**seamos**
	sois	**erais**	**fuisteis**	seréis	seríais	**seáis**	**fuerais** *o* **fueseis**	sed
	son	**eran**	**fueron**	serán	serían	**sean**	**fueran** *o* **fuesen**	**sean**
67 **soler** [1]	**suelo**	solía				**suela**		
(o:ue)	**sueles**/solés	solías	*__soler__ is a defective verb (it does not exist in certain tenses)			**suelas**		
	suele	solía				**suela**		
soliendo	solemos	solíamos				solamos		
solido	soléis	solíais				soláis		
	suelen	solían				**suelan**		
68 **tañer** [4]	taño	tañía	tañí	tañeré	tañería	taña	**tañera** *o* **tañese**	
	tañes/tañés	tañías	tañiste	tañerás	tañerías	tañas	**tañeras** *o* **tañeses**	tañe/tañé
tañendo	tañe	tañía	**tañó**	tañerá	tañería	taña	**tañera** *o* **tañese**	taña
tañido	tañemos	tañíamos	tañimos	tañeremos	tañeríamos	tañamos	**tañéramos** *o* **tañésemos**	tañamos
	tañéis	tañíais	tañisteis	tañeréis	tañeríais	tañáis	**tañerais** *o* **tañeseis**	tañed
	tañen	tañían	**tañeron**	tañerán	tañerían	tañan	**tañeran** *o* **tañesen**	tañan
69 **tener** [1, 4]	**tengo**	tenía	**tuve**	**tendré**	**tendría**	**tenga**	**tuviera** *o* **tuviese**	
(e:ie)	**tienes**/tenés	tenías	**tuviste**	**tendrás**	**tendrías**	**tengas**	**tuvieras** *o* **tuvieses**	**ten**/tené
	tiene	tenía	**tuvo**	**tendrá**	**tendría**	**tenga**	**tuviera** *o* **tuviese**	**tenga**
teniendo	tenemos	teníamos	**tuvimos**	**tendremos**	**tendríamos**	**tengamos**	**tuviéramos** *o* **tuviésemos**	**tengamos**
tenido	tenéis	teníais	**tuvisteis**	**tendréis**	**tendríais**	**tengáis**	**tuvierais** *o* **tuvieseis**	tened
	tienen	tenían	**tuvieron**	**tendrán**	**tendrían**	**tengan**	**tuvieran** *o* **tuviesen**	**tengan**

	Infinitivo Gerundio Participio	INDICATIVO Presente	 Pretérito imperfecto	 Pretérito perfecto simple	 Futuro simple	 Condicional simple	SUBJUNTIVO Presente	 Pretérito imperfecto	IMPERATIVO
70	**teñir** [1]	**tiño**	teñía	teñí	teñiré	teñiría	**tiña**	**tiñera** *o* **tiñese**	
	(e:i)	**tiñes**/teñís	teñías	teñiste	teñirás	teñirías	**tiñas**	**tiñeras** *o* **tiñeses**	**tiñe**/teñí
		tiñe	teñía	**tiñó**	teñirá	teñiría	**tiña**	**tiñera** *o* **tiñese**	**tiña**
	tiñendo	teñimos	teñíamos	teñimos	teñiremos	teñiríamos	**tiñamos**	**tiñéramos** *o* **tiñésemos**	**tiñamos**
	teñido	teñís	teñíais	teñisteis	teñiréis	teñiríais	**tiñáis**	**tiñerais** *o* **tiñeseis**	teñid
		tiñen	teñían	**tiñeron**	teñirán	teñirían	**tiñan**	**tiñeran** *o* **tiñesen**	**tiñan**
71	**tocar** [2]	toco	tocaba	**toqué**	tocaré	tocaría	**toque**	tocara *o* tocase	
	(c:qu)	tocas/tocás	tocabas	tocaste	tocará	tocarías	**toques**	tocaras *o* tocases	toca/tocá
		toca	tocaba	tocó	tocarás	tocaría	**toque**	tocara *o* tocase	**toque**
	tocando	tocamos	tocábamos	tocamos	tocaremos	tocaríamos	**toquemos**	tocáramos *o* tocásemos	**toquemos**
	tocado	tocáis	tocabais	tocasteis	tocaréis	tocaríais	**toquéis**	tocarais *o* tocaseis	tocad
		tocan	tocaban	tocaron	tocarán	tocarían	**toquen**	tocaran *o* tocasen	**toquen**
72	**torcer** [1, 2]	**tuerzo**	torcía	torcí	torceré	torcería	**tuerza**	torciera *o* torciese	
	(o:ue) (c:z)	**tuerces**/torcés	torcías	torciste	torcerás	torcerías	**tuerzas**	torcieras *o* torcieses	**tuerce**/torcé
		tuerce	torcía	torció	torcerá	torcería	**tuerza**	torciera *o* torciese	**tuerza**
	torciendo	torcemos	torcíamos	torcimos	torceremos	torceríamos	**torzamos**	torciéramos *o* torciésemos	**torzamos**
	torcido	torcéis	torcíais	torcisteis	torceréis	torceríais	**torzáis**	torcierais *o* torcieseis	torced
	o **tuerto**	**tuercen**	torcían	torcieron	torcerán	torcerían	**tuerzan**	torcieran *o* torciesen	**tuerzan**
73	**traer** [4]	**traigo**	traía	**traje**	traeré	traería	**traiga**	**trajera** *o* **trajese**	
		traes/traés	traías	**trajiste**	traerás	traerías	**traigas**	**trajeras** *o* **trajeses**	trae/traé
	trayendo	trae	traía	**trajo**	traerá	traería	**traiga**	**trajera** *o* **trajese**	**traiga**
	traído	traemos	traíamos	**trajimos**	traeremos	traeríamos	**traigamos**	**trajéramos** *o* **trajésemos**	**traigamos**
		traéis	traíais	**trajisteis**	traeréis	traeríais	**traigáis**	**trajerais** *o* **trajeseis**	traed
		traen	traían	**trajeron**	traerán	traerían	**traigan**	**trajeran** *o* **trajesen**	**traigan**
74	**valer** [4]	**valgo**	valía	valí	**valdré**	**valdría**	**valga**	valiera *o* valiese	
		vales/valés	valías	valiste	**valdrás**	**valdrías**	**valgas**	valieras *o* valieses	vale/valé
	valiendo	vale	valía	valió	**valdrá**	**valdría**	**valga**	valiera *o* valiese	**valga**
	valido	valemos	valíamos	valimos	**valdremos**	**valdríamos**	**valgamos**	valiéramos *o* valiésemos	**valgamos**
		valéis	valíais	valisteis	**valdréis**	**valdríais**	**valgáis**	valierais *o* valieseis	valed
		valen	valían	valieron	**valdrán**	**valdrían**	**valgan**	valieran *o* valiesen	**valgan**
75	**vencer** [2]	**venzo**	vencía	vencí	venceré	vencería	**venza**	venciera *o* venciese	
	(c:z)	vences/vencés	vencías	venciste	vencerás	vencerías	**venzas**	vencieras *o* vencieses	vence/vencé
		vence	vencía	venció	vencerá	vencería	**venza**	venciera *o* venciese	**venza**
	venciendo	vencemos	vencíamos	vencimos	venceremos	venceríamos	**venzamos**	venciéramos *o* venciésemos	**venzamos**
	vencido	vencéis	vencíais	vencisteis	venceréis	venceríais	**venzáis**	vencierais *o* vencieseis	venced
		vencen	vencían	vencieron	vencerán	vencerían	**venzan**	vencieran *o* venciesen	**venzan**

	Infinitivo	INDICATIVO					SUBJUNTIVO		IMPERATIVO
	Gerundio Participio	Presente	Pretérito imperfecto	Pretérito perfecto simple	Futuro simple	Condicional simple	Presente	Pretérito imperfecto	
76	**venir** [1, 4]	**vengo**	venía	**vine**	**vendré**	**vendría**	**venga**	**viniera** *o* **viniese**	
	(e:ie)	**vienes**/venís	venías	**viniste**	**vendrás**	**vendrías**	**vengas**	**vinieras** *o* **vinieses**	**ven**/vení
		viene	venía	**vino**	**vendrá**	**vendría**	**venga**	**viniera** *o* **viniese**	**venga Ud.**
	viniendo	venimos	veníamos	**vinimos**	**vendremos**	**vendríamos**	**vengamos**	**viniéramos** *o* **viniésemos**	**vengamos**
	venido	venís	veníais	**vinisteis**	**vendréis**	**vendríais**	**vengáis**	**vinierais** *o* **vinieseis**	**venid (no vengáis)**
		vienen	venían	**vinieron**	**vendrán**	**vendrían**	**vengan**	**vinieran** *o* **viniesen**	**vengan Uds.**
77	**ver** [4]	**veo**	**veía**	**vi**	veré	vería	**vea**	viera *o* viese	
		ves	**veías**	viste	verás	verías	**veas**	vieras *o* vieses	ve
	viendo	ve	**veía**	**vio**	verá	vería	**vea**	viera *o* viese	**vea**
	visto	vemos	**veíamos**	vimos	veremos	veríamos	**veamos**	viéramos *o* viésemos	**veamos**
		veis	**veíais**	visteis	veréis	veríais	**veáis**	vierais *o* vieseis	ved
		ven	**veían**	vieron	verán	verían	**vean**	vieran *o* viesen	**vean**
78	**volcar** [1, 2]	**vuelco**	volcaba	**volqué**	volcaré	volcaría	**vuelque**	volcara *o* volcase	
	(o:ue) (c:qu)	**vuelcas**/volcás	volcabas	volcaste	volcarás	volcarías	**vuelques**	volcaras *o* volcases	**vuelca**/volcá
		vuelca	volcaba	volcó	volcará	volcaría	**vuelque**	volcara *o* volcase	**vuelque**
	volcando	volcamos	volcábamos	volcamos	volcaremos	volcaríamos	**volquemos**	volcáramos *o* volcásemos	**volquemos**
	volcado	volcáis	volcabais	volcasteis	volcaréis	volcaríais	**volquéis**	volcarais *o* volcaseis	volcad
		vuelcan	volcaban	volcaron	volcarán	volcarían	**vuelquen**	volcaran *o* volcasen	**vuelquen**
79	**yacer** [4]	**yazco** *o* **yazgo** *o* **yago**	yacía	yací	yaceré	yacería	**yazca** *o* **yazga** *o* **yaga**	yaciera *o* yaciese	
	yaciendo	yaces/yacés	yacías	yaciste	yacerás	yacerías	**yazcas** *o* **yazgas** *o* **yagas**	yacieras *o* yacieses	**yace** *o* **yaz**/yacé
	yacido	yace	yacía	yació	yacerá	yacería	**yazca** *o* **yazga** *o* **yaga**	yaciera *o* yaciese	**yazca** *o* **yazga** *o* **yaga**
		yacemos	yacíamos	yacimos	yaceremos	yaceríamos	**yazcamos** *o* **yazgamos** *o* **yagamos**	yaciéramos *o* yaciésemos	**yazcamos** *o* **yazgamos** *o* **yagamos**
		yacéis	yacíais	yacisteis	yaceréis	yaceríais	**yazcáis** *o* **yazgáis** *o* **yagáis**	yacierais *o* yacieseis	yaced
		yacen	yacían	yacieron	yacerán	yacerían	**yazcan** *o* **yazgan** *o* **yagan**	yacieran *o* yaciesen	**yazcan** *o* **yazgan** *o* **yagan**
80	**zambullir** [4]	zambullo	zambullía	zambullí	zambulliré	zambulliría	zambulla	**zambullera** *o* **zambullese**	
	zambullendo	zambulles/ zambullís	zambullías	zambulliste	zambullirás	zambullirías	zambullas	**zambulleras** *o* **zambulleses**	zambulle/zambullí
	zambullido	zambulle	zambullía	**zambulló**	zambullirá	zambulliría	zambulla	**zambullera** *o* **zambullese**	zambulla
		zambullimos	zambullíamos	zambullimos	zambulliremos	zambulliríamos	zambullamos	**zambulléramos** *o* **zambullésemos**	zambullamos
		zambullís	zambullíais	zambullisteis	zambulliréis	zambulliríais	zambulláis	**zambullerais** *o* **zambulleseis**	zambullid
		zambullen	zambullían	**zambulleron**	zambullirán	zambullirían	zambullan	**zambulleran** *o* **zambullesen**	zambullan

Glossary

Este glosario contiene el vocabulario principal de *Taller de escritores,* incluyendo las palabras y expresiones de mayor dificultad que aparecen en las lecturas. Los números indican la lección en las que aparecen.

Abreviaturas

adj.	adjetivo	*f.*	sustantivo femenino	*pron.*	pronombre
adv.	adverbio	*m.*	sustantivo masculino	sb.	*somebody*
art. def.	artículo definido	*pl.*	plural	sth.	*something*
conj.	conjunción	*prep.*	preposición	*v.*	verbo

A

a *prep.* to, at, into **1**
abajo *adv.* down **1**
abogado/a *m., f.* lawyer **5**
acariciar *v.* to caress
acarrear *v.* to lead to **5**
acechar *v.* to lie in wait for; to threaten **1**
aceitoso/a *adj.* oily **1**
acerca de *prep.* about **1**
acercar *v.* to bring closer **2**
  acercarse to get closer **2**
ácido/a *adj.* acid, sour **1**
acontecer *v.* to happen **2**
acoplado/a *adj.* coupled with **6**
acorde *adj.* in keeping with
acortar *v.* to shorten **4**
acostumbrar *v.* to be in the habit of doing sth. **1**
actualmente *adv.* currently **5**
además *adv.* moreover
  además de as well as **1**
aderezar *v.* to dress (salad) **1**
adjudicado/a *adj.* attributed **6**
adornar *adj.* to decorate, to adorn **1**
adulto/a *m.,f., adj.* adult **1**
advertir *v.* to warn **5**
afirmar *v.* to state **3**
afuerino/a *m., f.* non-resident **3**
agradable *adj.* nice **1**
agridulce *adj.* bittersweet, sweet-and-sour **1**
aguafiestas *m.* spoilsport **5**
agujero *m.* hole **4**
ahínco *m.* eagerness, intensity **3**
ahora *adv.* now **2**
  ahora mismo right now **1**
  de ahora en más from now on **4**
ahumar *v.* to smoke out **3**
ajeno/a *adj.* indifferent **4**
alabar *v.* to praise **2, 3**
alargado/a *adj.* long **1**
albero *m.* type of bullfighting ring **2**
alegre *adj.* happy **1**
alejar *v.* to move sth. away **2**
  alejarse to move away **2**
aliado/a *m., f., adj.* ally; allied **3**
alicantino/a *m., f., adj.* of/from Alicante, Spain **3**
allanar *v.* to raid **3**
alojar *v.* to house, to put sb. up **2**
  alojarse to stay **2**
alrededor *adv.* around **1**
  en los alrededores de around, surrounding **1**
altibajo *m.* up-and-down **5**
alto/a *adj.* tall **1**
amargo/a *adj.* bitter **1**
amargor *m.* bitterness **1**
ámbito *m.* sphere **5**; place
amo *m.* master **2**
amparar *v.* to protect **5**
anciano/a *adj.* elderly **1**
anhelo *m.* yearning **1**
animar a *v.* to encourage to **5**
anoche *adv.* last night **2**
ante *prep.* in front of, before, facing **1**
antes *adv.* before **1, 2**
  antes (de) que before **2**
antipático/a *adj.* unpleasant **1**
año *m.* year **1**
  todos los años every year **1, 2**
apacible *adj.* mild, gentle **1**
apático/a *adj.* apathetic **3**
apenas *adv.* as soon as **2**
apestar *v.* to stink **1**
aplastante *adj.* crushing **2**
apoderarse *v.* to seize
apreciación *f.* interpretation; opinion **3**
apresurar *v.* to speed up; to hasten
  apresurarse to hurry up **4**
aprisionar *v.* to trap **3**
aprontar *v.* to get ready **3**
aprovechar *v.* to take advantage of; to make the most of **3**
apuntar *v.* to point at, to aim; to note down; to point out **3**
apunte *m.* note
archivista *m., f.* archivist, filing clerk **3**
arcilla *f.* clay **1**
arena *f.* sand; bullring; arena
  aportar su granito de arena to do one's bit **4**
arrancar *v.* to tear away **3**
arrasar *v.* to destroy **3**; to sweep; to triumph **4**
arrepentirse de *v.* to regret **5**
arriba *adv.* up **1**
arriesgarse a *v.* to risk doing sth. **5**
arrugado/a *adj.* wrinkled **1**
arrullador(a) *adj.* flatterer, cajoler **1**
aseverar *v.* to assert **3**
así *adj., adv., conj.* like this; so (*in such a way*)
  así que so **3**
asiduamente *adv.* often **2**
asistir *v.* to attend **5**
asolar *v.* to devastate **3**
asombroso/a *adj.* amazing **3**
aspecto *m.* aspect **1**
aspereza *f.* roughness **1**
áspero/a *adj.* rough **1**
ataúd *m.* coffin **2**
atender *v.* to assist **5**
aterciopelado/a *adj.* velvety **1**
atizado/a *adj.* stirred up **5**
atlético/a *adj.* athletic **1**
atractivo/a *adj.* attractive **1**

atreverse a *v.* to dare to do sth. **5**
atropello *m.* abuse **5**
aullar *v.* to howl **1**
aun *adv.* even **2**
aún *adv.* still **2**
aunque *conj.* although, though; even if **3**
avanzar *v.* to move forward **2**
avergonzado/a *adj.* embarrassed **5**
avinagrado/a *adj.* sour **1**
aviso *m.* ad; notice; warning **4, 5**
avistar *v.* to sight **1**
ayer *adv.* yesterday **2**

B

bajo *prep.* beneath, under **1**
bajo/a *adj.* short **1**
bajonazo *m.* low thrust **2**
balbucear *v.* to babble **1**
baldosa *f.* paving stone **2**
barcelonés, barcelonesa *m., f., adj.* of/from Barcelona, Spain **3**
bellaquería *f.* trickery **5**
  bellaquerías gongorinas overrefined trickery **5**
belleza *f.* beauty **1**
berlinés, berlinesa *m., f., adj.* Berliner **3**
bermejo/a *adj.* crimson **2**
bicho *m.* bug
bilbaíno/a *m., f., adj.* of/from Bilbao, Spain **3**
billar *m.* billiards **2**
  salón de billar billiard room **2**
bitácora *f.* blog, journal **6**
bocacalle *f.* entrance, side street **5**
boliviano/a *m., f., adj.* Bolivian **3**
borronear *v.* to scribble **1**
brasileño/a *m., f., adj.* Brazilian **3**
brillante *adj.* bright **1**
brillo *m.* brilliance, shining **1**
brumoso/a *adj.* misty, foggy **1**
bruto/a *adj.* gross **4**
búho *m.* owl **3**
burlarse de *v.* to mock **5**

C

cabezadita *f.* nap **6**
cacatúa *f.* cockatoo **3**
cachivache *m.* knick-knack **2**
callado/a *adj.* quiet **1**
canadiense *adj.* Canadian **3**
cantamañanas *f., pl.* unreliable person **5**
canto *m.* singing **1**
caprichoso/a *adj.* whimsical, fanciful **4**
Carabineros *m.* Chilean national police **3**
caradura *m., f.* a person who has a lot of nerve **5**
carcajada *f.* loud laughter **2**
caricia *f.* caress **1**
carioca *m., f., adj.* of/from Rio de Janeiro, Brazil **3**
carnicería *f.* slaughter **2**
carpa *f.* tent **3**
cartón *m.* cardboard, carton **1**
  de cartón made out of cardboard **1**
casa *f.* house **2**
  casa cural parish house **2**
casi *adv.* almost **2**
caso *m.* case
  en caso de que if **3**
catar *v.* to taste **1**
causa *f.* cause, reason
  a causa de because of **3**
causar *v.* to cause **2**
cebar *v.* to fatten up (an animal); to bait
  cebarse con to be merciless to **4**
cejijunto/a *adj.* with bushy eyebrows **5**
centro *m.* center **1**
  en el centro in the center **1**
cerca *adv.* close **1**
cercanía *f.* nearness, closeness **1**
  en las cercanías de on the outskirts of **1**
cerradura *f.* lock **2**
cerrajero *m.* locksmith **2**
cesta *f.* basket **3**
chabacanería *f.* vulgarity **5**
champiñón *m.* mushroom **5**
chulería *f.* presumption **2**
chusma *f.* mob **2**
ciberacoso *m.* cyber bulling **4**
cima *f.* peak **2**
circundante *adj.* surrounding **6**
claro/a *adj.* light **1**
cloaca *f.* gutter **5**
coágulo *m.* clot, coagulum **3**
coartada *f.* excuse **5**
codazo *m.* nudge, jab **1**
códice *m.* codex **4**
colegio *m.* school **5**
coletazo *m.* whiplash **3**
colina *f.* hill **2**
colombiano/a *m., f., adj.* Colombian **3**
colonia *f.* neighborhood **1**
color *m.* color **1**
  de colores colorful **1**
colorido *m.* colorfulness **1**
como *conj.* as soon as; if **3**
complutense *m., f., adj.* of/from Alcalá de Henares, Spain **3**
componerse *v.* to be composed of
comprensivo/a *adj.* understanding **5**
comprometerse a *v.* to commit (to do sth.) **5**
conceder *v.* to give, to award; to acknowledge **3**
Concertación *f.* Coalition **3**
condenar a *v.* to sentence to **5**
condimentar *v.* to season **1**
conductor(a) *m., f.* driver **5**
confiado/a *adj.* confident, trusting **1**
conformarse *v.* to resign oneself
conforme *conj.* as **3**
consigna *f.* slogan **6**
consistir en *v.* to consist of **2**
constantemente *adv.* constantly **2**
constar *v.* to consist **6**
consuelo *m.* consolation, comfort **4**
contemplar *v.* to contemplate **1, 6**
contestar *v.* to answer **5**
contrariedad *f.* setback **6**
convenir *v.* to agree
  convenir en *v.* to agree on **5**
cordobés, cordobesa *m., f., adj.* of/from Cordoba, in Spain or Argentina **3**
corpulento/a adj. corpulent **1**
correr *v.* to run; to race
  de corrido nonstop, continuously **3**
corrillo *m.* group **4**
corte *m.* cut **3**
cortijo *m.* country estate **2**
costarricense *m., f., adj.* Costa Rican **3**
cotejo *m.* review **5**

coto *m.* limit **5**
creciente *adj.* crescent (phase of heavenly body) **3**
crepúsculo *m.* twilight **1**
cuadrado/a *adj.* square **1**
cuadro *m.* square **1**
  de cuadros plaid **1**
cuando *adv.* when **1, 2**
cuanto *adj., pron.* some or a few, as much as
  en cuanto as soon as **2**
cuarteado/a *adj.* cracked **2**
cubrir *v.* to cover **1**
cuerno *m.* horn, antler **4**
cuñado/a *m., f., adj.* brother/sister in law **1**
cura *m.* priest **2**
cutis *m.* complexion, skin **2**

D

danés, danesa *m., f., adj.* Danish
de *prep.* of, from **2**
dé *v.* (1st and 3rd person sg. pres. subj. of "dar") **2**
deambular *v.* to wander **3, 4**
debajo *adv.* below **1**
  debajo de below, under, underneath **1**
débil *adj.* weak **1**
decena *f.* set of ten **4**
degustación *f.* tasting **1**
degustar *v.* to taste **1**
delante *adv.* in front **1**
delito *m.* crime **3**
dentro *adv.* inside **1**
deportivo *m.* sports car **3**
deprisa *adv.* quickly **4**
derecha *f.* right **1**
  a la derecha to the right (of) **1**
deriva *f.* drifting **5**
derrotar *v.* to defeat, to beat **3**
derrumbar *v.* to demolish; to destroy; to knock **3**
desagradable *adj.* unpleasant **1**
desaguisado *m.* crime **5**
desanimar *v.* to discourage **4**
  desanimarse *v.* to become discouraged **4**
descollar *v.* to stand out **5**
descomunal *adj.* tremendous, enormous **1**
desconchado/a *adj.* chipped **2**
descortés *adj.* impolite, rude **4**
descubrir *v.* to discover **1**
descuido *m.* carelessness
  al descuido carelessly
desgracia *f.* misfortune **5**
  por desgracia unfortunately **4**
deslumbrante *adj.* dazzling **1**
desmán *m.* misdeed **3**
desmedro *m.* detriment **5**
desmoronar *v.* to crumble **3**
despacioso/a *adj.* slow **1**
despojar *v.* to strip **6**
despreciar *v.* to despise, to look down on **3**
desprovisto/a *adj.* devoid **5**
después *adv.* after **1, 2**
  después (de) que after **2**
detenidamente *adv.* carefully, thoroughly **3**
detrás *adv.* behind **1**
día *m.* day **1**
  todos los días every day **1, 2**
dictamen *m.* opinion; report **4**
difundir *v.* to spread, to disseminate **4**
digno/a *adj.* honorable; decent
  digno de worthy of **3**
dirigir *v.* to run, to manage; to direct **2**
  dirigirse *v.* to head for/towards; to speak/write to **2**
disparate *m.* nonsense **5**
dispositivo *m.* device **4**
diurno/a *adj.* day *(before a noun)* **3**
diversión *f.* entertainment **5**
divisar *v.* to spy, to make out, to distinguish **1**
docena *f.* set of twelve **4**
doquier *adv.* everywhere **5**
dorado/a *adj.* golden **1**
duro/a *adj.* hard **1**

E

e *conj.* *(used instead of* y *before words beginning with* i *and* hi*)* and **3**
echar *v.* to throw
  echar de menos to miss **4**
ecuatoriano/a *m., f., adj.* Ecuadorian **3**
el *art. def.* the **2**
él *pron.* he **2**
elaborar *v.* to produce, to make **2**
embarazada *f., adj.* pregnant (woman) **5**
emboscada *f.* trap, ambush **2**
emisario/a *m., f.* emissary, messenger **3**
empacharse *v.* to get indigestion **6**
empeñarse en *v.* to insist on **5**
emprender *v.* to embark on, to undertake **2**
  emprender el rumbo (a/hacia) to set off (for) **2**
  emprender la marcha to set out **2**
en *prep.* in, on, at, into **1**
encaminar *v.* to direct, to channel **2**
  encaminarse (a) to set off (for) **2**
encarcelar *v.* to imprison **3**
encargar *v.* to commission
  encargarse de *v.* to be in charge of **5**
encima *adv.* above **1**
  encima de above, on top of, over **1**
encontrar *v.* to find **2**
  encontrarse *v.* to find oneself, to be located **2, 4**
enfurecerse *v.* to infuriate, to madden
enorme *adj.* enormous **1**
enredado/a *adj.* entangled **5**
enriquecer *v.* to make rich; to enrich **3**
  enriquecerse to be enriched; to become rich **3**
ensordecedor(a) *adj.* deafening **1**
enterarse (de) *v.* to find out (about), to hear (about) **4**
enterrar *v.* to bury **2**
entierro *m.* burial **2**
entonces *adv.* then **2**
  en aquel entonces back then **2**
entramado *m.* structure, framework **4**
entrañable *adj.* profound
entrañar *v.* to involve **5**
entretanto *adv.* meanwhile **2**
esbelto/a *adj.* slender, slim **1**
escama *f.* scale; flake **4**
escaño *m.* bench, seat **2**
esclavizar *v.* to enslave **5**
escombro *m.* rubble **3**
escrutar *v.* to inspect,

to scrutinize **2**
escueto/a *adj.* bare, unadorned **2**
espada *f.* sword **1**
esponjoso/a *adj.* fluffy **1**
estar *v.* to be **2**
estar hecho/a(s) de to be made of **2**
estridente *adj.* strident, loud **1**
estropearse *v.* to break down; to go wrong; to go bad **4**
estruendo *m.* din, roar, crash **1**
estruendoso/a *adj.* noisy, clamorous **1**
estupefacto/a *adj.* astonished **4**
estupor *m.* amazement **2**
eventualmente *adv.* possibly, probably **5**
exhalar *v.* to exhale **1**
éxito *m.* success **5**
explosión *m.* explosion **1**
extraer *v.* to extract **3**
extravío *m.* loss **4**

F

fábrica *f.* factory **5**
fallido/a *adj.* failed, vain, unsuccessful **3**
fastidioso/a *adj.* annoying, fussy **5**
fasto *m.* luxury **2**
feo/a *adj.* ugly **1**
fin *m.* end **3**
a fin de que so that **3**
finalmente *adv.* finally **2**
fingir(se) *v.* to pretend to be
finlandés, finlandesa *m., f., adj.* Finnish **3**
fino/a *adj.* thin **1**
florentino/a *m., f., adj.* Florentine **3**
fogata *f.* campfire **3**
folleto *m.* flier; brochure **3**
frazada *f.* blanket **3**
frecuencia *f.* frequency **2**
con frecuencia frequently **2**
frecuentemente *adv.* frequently **2**
frondoso/a *adj.* leafy, dense **1**
fuera *adv.* outside **1**
fuerte *adj.* strong **1**

G

gajo *f.* segment **1**
gigante *adj.* giant **1**
golpe *m.* blow **1**
golpear *v.* to hit **1**
gongorino/a *adj.* relating to Luis de Góngora **5**
bellaquerías gongorinas overrefined trickery **5**
gota *f.* drop **3**
grabar *v.* to engrave, to record **4, 5**
granadino/a *m., f., adj.* of/from Granada, Spain **3**
grande *adj.* big **1**
gratuito/a *adj.* free (of charge) **5**
grieta *f.* crack **3**
grito *m.* scream **1**
grosería *f.* vulgarity **5**
grueso/a *adj.* thick **1**
gruñir *v.* to grumble **3**
guapo/a *adj.* handsome **1**

H

hablador(a) *adj.* talkative **1**
hacer *v.* to do, to make **2**
hacerse *v.* to take place **2**
hallar *v.* to find **2**
hallarse to find oneself **2**
hartarse de *v.* to be fed up with sth. **5**
harto/a *adj.* full; fed up **3**
estar harto/a (de) to be sick/tired of, to be fed up with **3**
hasta *prep* as far as, up to, until **2**
hasta que until **2**
hazaña *f.* feat **5**
hazmerreír *m., f.* laughing stock **5**
hediondo/a *adj.* stinking **1**
hedor *m.* stink, stench **1**
herir *v.* to wound, to hurt **3**
hondureño/a *m., f., adj.* Honduran **3**
horizonte *m.* horizon **1**
hoy *adv.* today **2**
hueso *m.* bone **4**
hule *m.* rubber **2**
hundir *v.* to sink; to bury **3**
hurto *m.* theft

I

igual *adj., adv.* equal; the same **3**
igual que (just) like **3**
implacable *adj.* relentless **1**
impronta *f.* imprint **5**
impudicia *f.* immodesty **5**
indicio *m.* sign **6**
indultar *v.* to pardon **2**
ínfimo/a *adj.* extremely low **1**
infundado/a *adj.* unfounded, groundless **4**
inicialmente *adv.* initially **2**
inmediatamente *adv.* immediately **2**
inmenso/a *adj.* immense **1**
insidia *f.* maliciousness **5**
insipidez *f.* insipidity, tasteless **1**
insípido/a *adj.* insipid, tasteless **1**
instaurar *v.* to establish **6**
intemperie *f.* outdoors
a la intemperie in the open
intempestivo/a *adj.* harsh, wild **2**
inútil *adj.* useless **1**
italiano/a *m., f., adj.* Italian **3**
izquierda *f.* left **1**
a la izquierda to the left (of) **1**

J

jamás *adv.* never **2**
joven *m., f. adj.* young **1**

L

ladrar *v.* to bark **1**
laguna *f.* lagoon **1**
lana *f.* wool **1**
de lana woolen **1**
laúd *m.* lute **3**
lectura *f.* reading **5**
lejos *adv.* far **1**
a lo lejos in the distance **1**
lema *f.* slogan **6**
librería *f.* bookstore **5**
liso/a *adj.* smooth, flat **1**
llevar *v.* to take, to carry; to wear **2**
llevar(se) a cabo to carry/be carried out **1, 2**
lloriquear *v.* to whimper
llovizna *f.* drizzle **2**
lomo *m.* back (of an animal) **2**
londinense *m., f., adj.* Londoner **3**
lucense *m., f., adj.* of/from Lugo, Spain **3**
lucir *v.* to look **2**
luego *adv.* after **2**
luminosidad *f.* brightness **1**

luminoso/a *adj.* bright **1**
luto *m.* mourning **2**
guardar luto to be in mourning dress **2**

M

madera *f.* wood **1**
de madera wooden **1**
madreselva *f.* honeysuckle **1**
maleante *m., f.* hoodlum **3**
maltrecho/a *adj.* battered, mangled **2**
manejar *v.* to handle, to operate **1**
mantener *v.* to keep; to maintain (assert) **2, 3**
mantenerse to keep oneself **2**
mañana *adv.* tomorrow **2**
mar *m., f.* sea **3**
en alta mar on the high seas **3**
marco *m.* framework **4**
marfil *m.* ivory **4**
mas *conj.* but **2**
más *adv.* more **2**
más tarde later **1**
a más de + ***distance*** more than + *distance* **1**
máscara *f.* mask **3**
matizar *v.* to explain, to put into context **6**
maullar *v.* to meow **3**
mediante *prep.* by means of **1**
mediático/a *adj.* media-related **5**
medida *f.* measure **2**
a medida que as **2**
medio/a *adj.* half **1**
en medio de in the middle of **1**
menguante *adj.* waning (phase of a heavenly body) **3**
menos *adv.* less **3**
a menos que unless **3**
a menos de + ***distance*** less than + *distance* **1**
menosprecio *m.* contempt **6**
mentiroso/a *m., f., adj.* liar, lying **1**
mestizaje *m.* miscegenation **6**
metal *m.* metal **1**
de metal made of metal **1**
mexicano/a *m., f., adj.* Mexican **3**
mezquindad *f.* pettiness **3**
mi *adj.* my **2**
mí *pron.* me **2**
miau *m.* meow **3**
mientras *adv.* while **1, 2, 3**
milagro *m.* miracle **3**
de milagro by a miracle, it's a wonder/miracle that… **3**
minúsculo/a *adj.* tiny, minute **1**
mirar *v.* to look **1**
mismo/a *adj.* same **3**
de la misma forma in the same way **3**
moho *m.* mold **1**
molestar *v.* to bother **5**
momento *m.* moment **2**
en el momento que at the moment when **2**
montés *adj.* wild **2**
moreno/a *adj* dark-haired, tan **1**
morirse por *v.* to be crazy about sth. or sb. **5**
mortandad *f.* loss of life **3**
mostrar *v.* to show **1**
multitud *f.* crowd
multitud de numerous; dozens of **3**
murmullo *m.* murmur **1, 2**
murmurar *v.* to mutter **1**

N

nave *f.* ship, craft **3**
neoyorquino/a *m., f., adj.* New Yorker **3**
ni *conj.* nor **3**
nicaragüense *m., f., adj.* Nicaraguan **3**
normativa *f.* regulation **4**
nublado/a *adj.* cloudy **1**
nudo *m.* climax (of a story) **3**
nunca *adv.* never **1, 2**

O

o *conj.* or **3**
o bien… or; either… or… 3
oaxaqueño/a *m., f., adj.* of/from Oaxaca, Mexico **3**
observar *v.* to observe **1**
ocasionalmente *adv.* occasionally **2**
ocio *m.* leisure **5**
ocioso/a *adj.* idle **6**
olisquear *v.* to sniff (at) **1**
onda *f.* wave **1**
opaco/a *adj.* opaque **1**
opinar *v.* to think; to express an opinion **3**
osar *v.* to dare **5**
oscuro/a *adj.* dark **1**
otredad *f.* otherness **6**
ovalado/a *adj.* oval **1**
oxidarse *v.* to get rusty **6**

P

paladar *m.* palate **1**
paladear *v.* savor **1**
palco *m.* box (or theater) **1**
palidez *f.* paleness **1**
pálido/a *adj.* pale **1**
palo *m.* stick **3**
palpar *v.* to feel, to touch **1**
panameño/a *m., f., adj.* Panamanian **3**
panceta *f.* bacon **6**
panorama *f.* panorama **1**
pañal *m.* diaper **3**
papel *m.* paper **1**
de papel made out of paper **1**
para *prep.* for; in order to; by; used for; considering **3**
para que so that **3**
pararrayos *m., pl.* lighting-rod **5**
parecer *v.* to seem; to look **1, 2**
pariente *m., f.* relative **5**
parisiense *m., f., adj.* Parisian **3**
paro *m.* unemployment
pasado *m., adj.* past, last, off, bad **1, 2**
el verano/mes/año pasado last summer/month/year **2**
pedir *v.* to ask for
pegajoso/a *adj.* sticky **1**
pegar *v.* to hit **1**
peldaño *m.* step **1**
pelirrojo/a *adj.* red-haired **1**
pequeño/a *adj.* small **1**
perezoso/a *adj.* lazy **1**
pergamino *m.* parchment **4**
permanecer *v.* to remain **1, 2**
pero *conj.* but **3**
perplejo/a *adj.* bewildered, puzzled **3**
persiana *f.* window blind **2**
perspectiva *f.* perspective **1**
perturbar *v.* to disturb **2**
pesar *m.* sorrow; regret, remorse
a pesar de que in spite of,

despite **3**
peste *f.* plague **4**
picante *adj.* spicy **1**
pillaje *m.* pillaging **3**
pimienta *f.* pepper **1**
pitón *m.* tip of a bull's horn **2**
plagio *m.* plagiarism **3**
planteamiento *m.* approach **4**
plaza *f.* spot **4**
plegar *v.* to fold up **4**
plenamente *adv.* full, completely **3**
plomo *m.* lead **3**
plumero *m.* duster **2**
podar *v.* to prune **4**
podrido/a *adj.* rotten **1**
polvo *m.* dust; powder **4**
por *prep.* in exchange for; for; by; in; through; around; along; during; because of; on account of; on behalf of; in search of; by way of; by means of **3**
por más que... no matter how... **3**
porque *conj.* because **3**
porrazo *m.* blow, whack **1, 2**
porvenir *m.* future **4**
poseer *v.* to own, to have; to hold; to possess **3**
posteriormente *adv.* later **2**
postrado/a *adj.* prostrate; beaten-down **2**
potestad *f.* legal authority **4**
práctico/a *adj.* practical, useful **1**
pregón *m.* proclamation **2**
presenciar *v.* to be present at, to witness **1**
presumir *v.* to suppose; to show off **3**
presumir de *v.* to boast about **3**
presupuesto *m.* budget; assumption **4**
prever *v.* to foresee, to anticipate; to plan **4**
primeramente *adv.* first **2**
primero *m., adv.* first **2**
procesar *v.* to prosecute **3**
producir *v.* to produce; to cause **2**
producirse *v.* to take place, to happen **2**
pronto *adv.* soon **2**
tan pronto (como) as soon as **2**
provenir de *v.* to come from **2**
provocar *v.* to cause, to provoke **2**
prudente *adj.* careful, cautious **1**
púa *f.* spike, barb **3**
pudiente *adj.* well-to-do **3**
pues *conj.* as, since; then **3**
pulido/a *adj.* polished **3**
pulsar *v.* to press **1**
puntapié *m.* kick **5**

Q

que *conj.* that; than **3**
quedar *v.* to have left; to be located **2**
quejarse (de) *v.* to complain (about); to moan **4**
quemado/a *adj.* burnt **1**
quincena *f.* fifteen days **4**
quitar *v.* to take off **5**

R

radicar *v.* to lie (in), to stem (from) **2**
radicarse *v.* to settle **2**
rajatabla *adv.*
a rajatabla strictly, to the letter, by all means **3**
rama *f.* branch **1**
rancio/a *adj.* rancid, stale **1**
rascacielos *m., pl.* skyscraper **5**
raya *f.* stripe **1**
de rayas striped **1**
realizar *v.* to make, to carry out **2, 5**
realizarse *v.* to take place **2**
rebuscado/a *adj.* over-elaborate **3**
rechazar *v.* to reject; to turn down **4**
reciedumbre *f.* strength **1**
recientemente *adv.* recently **2**
recomendar *v.* to recommend **1**
Se recomienda(n)... It is/They are recommended... **1**
recordar *v.* to remember **5**
recargarse *v.* to leaning against **1**
rectangular *adj.* rectangular **1**
redondo/a *adj.* round **1**
refugio *m.* shelter **6**
regar *v.* to water **1**
regresar *v.* to return **2**
rehén *m., f.* hostage **3**
reiterar *v.* to repeat, to reiterate **3**
reivindicar *v.* to defend **6**
rematar *v.* to round off, to finish off **3**
remezón *m.* earthquake **3**
repente *m.* impulse **2**
de repente suddenly **2**
repentinamente *adv.* all of a sudden **2**
repentino/a *adj.* sudden
repleto/a *adj.* very full, packed **1, 4**
requisitoria *f.* questioning **5**
resonante *adj.* resounding **1**
resultar *v.* to work (out) **2**
resultar + *adj.* to turn out (to be) + *adj.* **2**
retrasar *v.* to delay **4**
retrasarse *v.* to be late **4**
rigor *m.* accuracy
en rigor strictly speaking
rincón *m.* corner **1**
risa *f.* laughter **1**
risueño/a *adj.* smiling **1**
roce *m.* rubbing, friction **1**
rompecabezas *m., pl.* jigsaw puzzle, puzzle, riddle **5**
rondar *v.* to be about **4**
ronquido *m.* snore **1**
rozar *v.* to rub **1**
rubio/a *adj.* blond **1**
ruborizarse *v.* to blush, to flush with embarrassment **6**
ruedo *m.* bullring **2**
rugosidad *f.* roughness **1**
rugoso/a *adj.* rough, bumpy **3**
ruido *m.* noise **1**

S

saborear *v.* to savor **1**
sacacorchos *m., pl.* corkscrew
salado/a *adj.* salty **1, 5**
salar *v.* to season (cooking) **1**
salmantino/a *m., f., adj.* of/from Salamanca, Spain **3**
salpicar *v.* to splash; to sprinkle; to implicate **3**
salvadoreño/a *m., f., adj.* Salvadorian **3**
salvapantallas *m, pl.* screensaver **5**
santiagueño/a *m., f., adj.* of/from Santiago del Estero, Argentina **3**
santiaguero/a *m., f., adj.* of/from Santiago de Cuba **3**
santiagués, santiaguesa *m.,*

f., adj. of/from Santiago de Compostela, Spain **3**
santiaguino/a *m., f., adj.* of/from Santiago de Chile **3**
sazonado/a *adj.* seasoned **1**
sazonar *v.* to season **1**
se *pron.* himself, herself, themselves, etc. **2**
sé *v.* 1st person sg. of "saber" and imperative of "ser" **2**
seda *f.* silk **1, 4**
  de seda silken **1**
según *conj.* as **3**
sensible *adj.* sensitive **5**
sentado/a *adj.* sitting; set; wise (person)
  dar por sentado to assume sth. **3**
sentir *v.* to feel **1, 2**
  sentirse to be feeling, to feel **2**
ser *v.* to be **1**
  Es/Son para... It is/They are used for... **1**
sereno/a *adj.* calm **1**
serio/a *adj.* serious **1**
servir *v.* to serve **1**
  Sirve(n) para... It is/They are good for...; It is/They are used for... **1**
sevillano/a *m., f., adj.* Sevillian **3**
si *conj.* if **2, 3**
sí *adv., pron.* yes; himself, herself, etc. **2**
siempre *adv.* always **1, 2**
  siempre que every time; as long as **2**
  siempre y cuando provided (that) **3**
sigiloso/a *adj.* secretive **1**
silbido *m.* whistle **1**
simpático/a *adj.* nice **1, 5**
sincero/a *adj.* sincere **1**
sino *conj.* but (rather) **3**
  sino que but rather, but instead **3**
sinsabor *m.* worry
sobrecogedor(a) *adj.* overwhelming **1**
sobrio/a *adj.* simple **3**
sofocante *adj.* stiffing **2**
soler *v.* to be used to **1**
sombra *f.* shadow **1**
sombreado/a *m., f.* shading **4**
sopor *m.* lethargy, drowsiness **2**
sortear *v.* to deal with; to weather **4**
sostener *v.* to defend, to support (a statement) **3**
sotana *f.* cassock **2**
suave *adj.* soft **1**
suavidad *f.* softness **1**
súbito/a *adj.* sudden **2**
suceder *v.* to happen **2**
suceso *m.* event **5**
suplicar *v.* to beg for **5**
surgir *v.* to arise, to come up **2**
susto *m.* fright **2**
susurrante *adj.* whispering **1**
susurrar *v.* to whisper **1**
susurro *m.* whisper, murmur **1**

T

tachar *v.* to cross out **4**
tal *adj.* such
  con tal de que as long as, provided **3**
taladro *m.* drill **2**
tantear *v.* to feel one's way, to try **1**
tapa *f.* cover **4**
tarde *adv.* late **2**
  más tarde later **1**
tartamudear *v.* to stammer, to stutter **1**
tasa *f.* rate **4**
taurino/a *adj.* bullfighting **2**
te *pron.* (to) you, yourself **2**
té *m.* tea **2**
teclear *v.* to type **1**
tejido *m.* fiber **3**
telaraña *f.* spider's web **5**
temprano *adv.* early **2**
tener *v.* to have **1, 2**
  tener lugar to take place **2**
teñido/a *adj.* tainted **6**
testigo *m., f.* witness **3**
  testigo ocular eyewitness **3**
texano/a *m., f., adj. (also **tejano/a**)* Texan **3**
tocar *v.* to play (a musical instrument) **3**
  tocar una bocina *v.* to blow a horn **3**
tocino *m.* bacon **6**
todavía *adv.* still **2**
todo/a *adj., adv.* all, every **2**
  todos los días/meses/años every day/month/year **1, 2**
tono *m.* tone
toque *m.* knock **1**
  toque de queda *m.* curfew **3**
trabajador(a) *m., f., adj.* worker, hard-working **1**
trabilla *f.* clasp, buckle **2**
traicionar *v.* to betray **3**
traje *m.* outfit **2**
  traje de luces bullfighter's outfit **2**
tranquilo(a) *adj.* quiet, peaceful **1**
transeúnte *m., f.* passer-by **3**
trato *m.* deal; treatment **3**
trepidante *adj.* trembling, shaking **2**
tu *adj.* your **2**
tú *pron.* you **2**
tumba *f.* grave **2**

U

u *conj. (used instead of* o *before words beginning with* o *and* ho*)* or **3**
últimamente *adv. lately* **5**
usar *v. to use* **1**
  Se usa(n) para... It is/They are used for... **1**
útil *adj. useful* **1**
utilizar *v. to use* **1**
  Se utiliza(n) para... It is/They are used for... **1**

V

vaivén *m.* swaying, rocking **5**
valija *f.* suitcase **3**
veneciano/a *m., f., adj.* Venetian **3**
venerar *v.* to revere, to worship **3**
ver *v.* to see **1**
vestir *v.* to dress **1**
vez *f.* time **2**
  a veces sometimes **1, 2**
  muchas veces often **2**
  una vez once, one time **2**
vidriera *f.* glazed door; (shop) window **4**
viejo/a *m., f., adj.* old **1**
viento *m.* wind
  (ir) viento en popa full speed; to go extremely well, splendidly

vigente *adj.* in effect **5**
vivaz *adj.* alert, sharp **1**
vocablo *m.* word, term **3**
volcar *v.* to express (*fig.*) **6**
volver *v.* to come back, to return **2**
  volverse *v.* to turn around; to become **3**
voz *f.* voice **1**

X

xalapeño/a *m., f., adj. (also **jalapeño/a**)* of/from Xalapa, Mexico **3**

Y

y *conj.* and **3**
ya *adv.* already **2**
  ya que *conj.* because **3**
yacer *v.* to lie; to be lying **2**

Index

About the Authors

Paula Cañón studied Literature at the Universidad del Salvador in Buenos Aires, Argentina. She was an instructor of Spanish as a foreign language at the University of Buenos Aires, and has extensive experience as a writer and editor of educational materials for students of Spanish.

Photography and Art Credits

All images © by Vista Higher Learning unless otherwise noted.

Cover: Fernando Alda.

Lesson 1: 2: Ayal Ardon/Arcangel Images; **4:** Sashenka Gutierrez/EPA/Shutterstock; **24:** Martin Krause/Traveler/Shutterstock; **31:** (t) Nick Starichenko/Shutterstock; (b) Elena Elisseeva/Shutterstock.

Lesson 2: 32: Ashley Whitworth/Shutterstock; **34:** Piero Pomponi/Liaison/Getty Images; **36:** Esteban Corbo; **65:** Motmot/Shutterstock.

Lesson 3: 70: Ivan Zapata/AFP/Getty Images; **72:** Maury Tannen/EPA/Shutterstock; **84:** Patricio Murphy/ZUMA Press/Newscom.

Lesson 4: 102: Skynesher/E+/Getty Images; **104:** Carlos Rosillo/El País.

Lesson 5: 138: Fizkes/iStockphoto/Getty Images; **140:** Juan Manuel Serrano Arce/Contour/Getty Images; **143:** Mark Davison/Corbis; **158:** (tl, tr, bl) Martín Bernetti; (br) Noam/Fotolia.

Lesson 6: 174: Forest Woodward/The Image Bank/Getty Images; **176:** Silvana Flores.

Back Cover: Demaerre/iStockphoto.

Text Credits

4: Courtesy of Elena Poniatowsca; **34:** Gabriel García Márquez. *"La siesta del martes", Los funerales de la Mamá Grande* © Gabriel García Márquez, 1962 y Herederos de Gabriel García Márquez; **65:** © Arturo Pérez-Reverte. Published in XLSEMANAL (February 2000). By permission of RDC Agencia Literaria S.L.; **72:** Isabel Allende "Una bandera rota y embarrada" © Isabel Allende, 2010; **104:** Courtesy of El País; **140:** Mario Vargas Llosa "La civilización del espectáculo" © Mario Vargas Llosa, 2007; **176:** Flores, S. (2014). Sujetos en el margen: representaciones de los indígenas en la pintura y el cine latinoamericano. *Question*, 1 (43), 116-129. Recuperado a partir de https://perio.unlp.edu.ar/ojs/index.php/question/article/view/2210.